Korrekturhinweis

Durch ein technisches Versehen ist im vorl
201 abgedruckt. Der dortige Text ist identis
Seite 201 finden Sie auf der **Rückseite** die

Darüberhinaus sind folgende sinnentstellende Fehler zu korrigieren:

S. 31: Dritter Absatz, fünfte Zeile muß es heißen:
»***Un***beschäftigte«, statt »***Unter***beschäftigte«

S. 51: Der erste Satz des zweiten Absatzes muß lauten:
»In einem doppelten Sinn soll im schulischen Unterricht herausgefunden werden ...«

S. 135: Nach der Überschrift »2. Sachkunde« fehlt das folgende Brecht-Zitat:
»Ich weiß, daß die Güte unserer Schulen oft bezweifelt wird. Ihr großartiges Prinzip wird nicht erkannt oder nicht gewürdigt. Es besteht darin, den jungen Menschen sofort, im zartesten Alter in die *Welt, wie sie ist,* einzuführen.« (Brecht, Flüchtlingsgespräche)

S.192: Die Überschrift 2.1. heißt richtig:
Homo homini lupus est – oder: Wir leiten den Staat aus der Menschennatur ab (Politologie)

S. 211: Nach dem ersten Absatz fehlen ***; sie sollen signalisieren, daß nun eine Zusammenfassung folgt.

S. 214: Der erste Satz des letzten Absatzes lautet korrekt:
»Dieses doppelte Verfahren auf Leistungsunterschiede zu *dringen,* deutet ***nicht eben*** auf das Interesse an *Behebung* von Wissenslücken hin.«

S. 254: Der letzte Satz des zweiten, mittleren Absatzes lautet korrekt:
»Dies belegt eindrucksvoll die Klage über die ›Stofffülle‹: wer sich über den *Umfang* des Stoffes beschwert, der hat mit dem *Inhalt* kein Problem.«

Wir bitten um Entschuldigung!
VSA-Verlag Hamburg

Gemeinsam ist all diesen Ideologien eine grundsätzlich falsche Optik: Sie behaupten allen Ernstes, eine Lage *vorzufinden*, die ganz ein *Produkt* des Imperialismus ist. Der hat aus seinen ehemaligen Kolonien formell selbständige Souveräne gemacht. Er ist es, der ihnen den Ausverkauf ihrer Natur zu Schleuderpreisen für westliches Kapital aufträgt. Den wenigen Ausnahmen, die stattdessen eine einheimische Produktion mit der Versorgung der eigenen Bevölkerung in Einklang bringen wollten, macht der Imperialismus das Überleben unmöglich: Nicaragua war der letzte Fall, Kuba wird in Angriff genommen. Mangelnde Staatseinkünfte der Entwicklungsländer kompensieren die Metropolen durch Kredite, mit denen der staatliche Gewaltapparat finanziert wird, der für die Vertreibung unbrauchbarer Subsistenzbauern und die ordnungsgemäße Bedienung westlicher Rohstoffinteressen unerläßlich ist. Die *Staaten* der Dritten Welt können damit leben, die *Menschen* weniger.

Das alles ist für das westliche Gemüt so sehr zur Gewohnheit geworden, daß der Idealismus einer allmählichen Entwicklung der Dritten Welt mehr und mehr von der Gewißheit begleitet wurde, daß sie wohl nicht geht. Schuld daran soll nicht der Imperialismus, sondern ein »Teufelskreis der Armut« sein:

> *»Teufelskreis der Armut: Armut – mangelhafte Ausbildung – geringe Produktivität – Armut«* (Informationen zur politischen Bildung, Heft 221, 1988, 10)

Weil es an Ausbildung und technischem Gerät mangelt, soll der Status der Armut nicht zu beseitigen sein. Das ist mehr als befremdlich, weil auf diese Weise der *Grund* für jede Anstrengung auf dem Feld des Produzierens, der Mangel, zum unüberwindlichen *Hindernis* dafür erklärt wird. Wäre dem so, dann dürfte es auch in den Mutterländern des Kapitals keine florierende Wirtschaft geben. Denn auch deren Ausgangspunkt war vor gut 300 Jahren der Mangel. Hervorgebracht haben sie stattliche Überschüsse, und zwar in Form von *Kapital*. Die Unlogik des Teufelskreises leistet denn auch nur eines: Die Armut der Menschen, welche aus der imperialistischen Zurichtung der Staaten der Dritten Welt erwächst, wird einem vermeintlichen Sachgesetz des Mangels zugeschrieben, der nun einmal nicht zu beseitigen ist, weil es ihn gibt. Mit Ideologien dieses Kalibers sollten sich auch kritisch-engagierte Menschen die neuen Leitlinien der Entwicklungspolitik einleuchten lassen: Auch nur der Anschein westlicher Hungerhilfe durch symbolische Kredite hatte der weltweit siegreichen marktwirtschaftlichen Vernunft zu weichen. Entweder eine deutsche Mark lohnt sich oder sie ist verschwendet.

Diese Vernunft hat so sehr um sich gegriffen, daß heutzutage von den Armen in der Dritten Welt kein großes Aufhebens mehr gemacht wird. Jedenfalls nicht in dem Sinne, daß *sie* und ihre elende Lage der Gegenstand öffentlicher Anteilnahme wären. Die Dritte Welt mit ihren Hungerleidern gilt seit einiger Zeit als herausragendes *ökologisches Problem*. Jedes Kind weiß dank kundiger Anleitung durch den Bundespräsidenten und die Grünen,

Freerk Huisken

Weder für die Schule, noch für's Leben

Freerk Huisken ist Hochschullehrer an der Universität Bremen. Schwerpunkt: Politische Ökonomie des Ausbildungswesens, Erziehungswissenschaft.
Arbeitsschwerpunkte: Kritik der Friedenserziehung und der Ausländerpädagogik, Vorurteilstheorie (Rassismus und Nationalismus), Schultheorie, Kritik der Politischen Ökonomie
Letzte Veröffentlichungen:
- Anstiftung zum Unfrieden, Berlin 1984
- Ausländerfeinde und Ausländerfreunde, Hamburg (VSA) 1987
- Die Wissenschaft von der Erziehung, Teil 1
(Einführungen in die Grundlügen der Pädagogik), Hamburg (VSA) 1991

Freerk Huisken

Weder für die Schule, noch für's Leben

Vom unbestreitbaren Nutzen unserer Lehranstalten

Kritik der Erziehung, Teil 2

VSA-Verlag, Hamburg 1992

Druck: Druckerei Runge, Cloppenburg
ISBN 3-87975-608-2

Inhalt

B. Die Lerninhalte

F. Reform und Alternativen

A. Die Schule, ein Instrument der Volksbildung

I. Das staatliche Ausbildungsmonopol: eine Waffe gegen Indoktrination, gesellschaftliche Ungleichheit und Bildungsprivilegien?

1. Über die Selbstverständlichkeit des staatlichen Ausbildungsmonopols

1.1. Schulpflicht

Wer nichts anderes kennt und ohnehin keine Auswahl hat, dem erscheint ein *gegebener* Zustand wie der *natur*gegebene. Auf jeden Fall ist er ganz selbstverständlich, man richtet sich in ihm ein und bereits seine Existenz spricht für ihn. Sofern er Anlaß bietet für Beschwerden, so ist der Umgang mit ihnen vorgezeichnet. Das einzig zulässige Maß für die Behebung von Ärgernissen ist durch die ›Sachzwänge‹ jenes Zustandes bestimmt, der sie hervorbringt.

Bei Bildung und Ausbildung handelt es sich um eine derartige Selbstverständlichkeit. Sie findet, daran ist man gewöhnt, in der *Schule* statt, und diese ist natürlich eine *staatliche* Angelegenheit. Der Artikel 7(1) des Grundgesetzes lautet unmißverständlich:

»Das gesamte Schulwesen steht unter der Aufsicht des Staates.«

Und das ist noch untertrieben. Denn der Staat behält sich nicht nur die *Aufsicht* in Schuldingen vor. Er nimmt hierzulande auch ihre *Erledigung* ziemlich vollständig in die eigenen Hände. Damit niemand auf die Idee kommt, die Staatschule als ein Angebot zu verstehen, das man ebenso annehmen wie auch ablehnen kann, ist ihr Besuch als *Schulpflicht* geregelt. So hat sich ein jedes Mitglied dieser Gesellschaft darauf einzustellen, vor dem Eintritt in das Erwerbsleben und vor der vollberechtigten Teilnahme am öffentlichen Leben neun bzw. zehn Jahre in der Vollzeitschule zu verbringen, an die sich in der Regel noch zwei bis drei Jahre in der Berufsschule anschließen. Der Mensch ist also verpflichtet, ein gutes Sechstel seines Lebens unter Anleitung des Staates lernend seinen Kopf zu betätigen.

Die Durchsetzung der Schulpflicht bereitet keine Probleme. Denn sie wird als *Recht auf Bildung,* also als eine Art Dienstleistung der obersten Bildungsbehörde, welche die Bürger beanspruchen können, allseits gelobt. Daß die

Bildung allgemein ist und gleich, gilt als eine echte Errungenschaft, mittels derer jeder moderne Zeitgenosse sein Glück machen kann, wenn er sich nur ein wenig anstrengt. So liefern denn auch die Eltern ihre Sprößlinge nach dem fünften Lebensjahr geschlossen in der Schule ab und versprechen sich einiges von ihrer Bildungskarriere.

Verletzungen der Schulpflicht sind so selten, daß sie mit schöner Regelmäßigkeit in der Presse Erwähnung finden. Schule macht so etwas nicht. Denn als Kavaliersdelikt wird es nicht eingeordnet, wenn Eltern die Ausbildung zu ihrer *Privatsache* erklären und ihre Kinder gar nicht erst zur Schule schicken. Die Fälle mögen noch so selten sein, und die Schulkritik, mit der Eltern ihren gesetzwidrigen Schritt begründen, mag sogar zum festen Bestand der guten Meinungen über die Schule gehören (»Vermassung« bzw. »fehlende Individualisierung«, »Verkopfung«, »gefährlicher Schulweg«, »zu späte oder zu frühe Auslese«, »zu verweltlicht«...) und Gegenstand dauerhafter Verbesserungsbemühungen der Schulträger selbst sein.

Regelmäßig wird solche Eigenmächtigkeit der Eltern zum Anlaß genommen, ein Exempel zu statuieren. Nicht einmal als die Ausnahme, welche die Regel bestätigt, will der oberste Schulherr das Privatinteresse von Eltern als Maß in Bildungsdingen durchgehen lassen. Er ist unerbittlich und hält die gesetzliche Schulverpflichtung keineswegs für eine längst überflüssig gewordene Vorschrift. Abhängig machen will er sich von der Stellung der Eltern zur Schule selbst dann nicht, wenn er diesbezüglich keinen Grund zur Klage hat.

Es bleibt dabei, das staatliche Bildungs*angebot* ist als Bürger*pflicht* organisiert. Er hält daran fest, daß der Gesamtheit seiner Bürger die Bildung vorgeschrieben werden muß, die jedermann als selbstverständlichen Teil seines Lebens eingeplant hat. Warum eigentlich? Ist denn das Interesse, sich ordentlich mit Wissen und Kenntnissen auszurüsten, nicht allgemein vorhanden?

1.2. Schulhoheit total

Der *deutsche* Schulträger nimmt es bei der Ausgestaltung der Schulpflicht mit der Verstaatlichung der Bildung sogar besonders genau. Er hat sich Regelungen einfallen lassen, die selbst den Oberbefehlshabern der Schulsysteme in befreundeten und Nachbarstaaten nicht selbstverständlich sind:

– Erstens fallen staatliche Schulaufsicht und Schulträgerschaft so weitgehend zusammen, daß man die wenigen Privatschuleinrichtungen, die als *Ersatz* der allgemeinbildenden Schulen fungieren dürfen, fast an einer Hand aufzählen kann. Neben den Internaten, gibt es noch die Waldorfschulen, Alternativschulen und einige Landerziehungsheime. Privat*sache* sind diese wenigen *Privat*schulen damit noch lange nicht, wie dem Artikel 7 (4) des Grundgesetzes zu entnehmen ist:

»Private Schulen als Ersatz für öffentliche Schulen bedürfen der Genehmigung des Staates und unterstehen den Landesgesetzen. Die Genehmigung ist zu erteilen, wenn die privaten Schulen in ihren Lehrzielen und Einrichtungen sowie in der wissenschaftlichen Ausbildung ihrer Lehrkräfte nicht hinter den öffentlichen Schulen zurückstehen und eine Sonderung der Schüler nach den Besitzverhältnissen der Eltern nicht gefördert wird. Die Genehmigung ist zu versagen, wenn die wirtschaftliche und rechtliche Stellung der Lehrkräfte nicht genügend gesichert ist.«

– Zweitens hält der Staat den Zugriff auf die Köpfe des Nachwuchses auch dann noch für nötig, wenn dieser der Schulpflichtzeit entwachsen ist. Die staatliche *Schulträgerschaft* endet nicht dort, wo der Schul*pflicht* genüge geleistet worden ist. Wer nach zehn Jahren von der Bildung noch nicht genug hat, darf sich weiter im Bildungswesen tummeln, hat es aber bis hin zur Universität weiterhin ausschließlich mit Staatsbildungsanstalten zu tun.

– Drittens behält sich der politische Souverän hierzulande selbst in denjenigen Ausbildungsbereichen ein gewichtiges Mitspracherecht vor, in denen nach Maßgabe privatunternehmerischer Anwendbarkeit gelernt wird, also im sogenannten berufsbildenden Schulwesen.

– Viertens hat er sich eine Bildungs*verwaltung* geschaffen, die dafür sorgt, daß bei der Organisation der Schule, der Wahl der Mittel der Erziehung und vor allem auch bei der Festlegung der Inhalte der Bildung ausschließlich seine Hoheit gilt. (vgl. Heckel 1, 165)

– Fünftens schließlich sorgt er in dem gesamten Bildungswesen für ein Personal, das er nicht nur nach seinen Kriterien prüft, sondern das er nach bestandener Prüfung in das besondere *Treueverhältnis* der Beamtenschaft einbindet.

– Sechstens endlich trägt all dies dazu bei, daß an staatlich beglaubigten *Zeugnissen* kein Weg vorbeiführt. Jede gesellschaftliche Instanz, die sich für den ausgebildeten Nachwuchs interessiert, fragt nach ihnen, bezieht sie in die Personalentscheidung mit ein oder verläßt sich sogar ganz auf sie.

Im deutschen Schulwesen ist also das staatliche Bildungsmonopol mit einer besonderen, »typisch deutschen« Gründlichkeit ausgebaut worden, die sich so nirgendwo im Schulsystem des freien Westens findet. Da gibt es Länder, in denen es neben der allgemeinbildenden Staatsschule traditionell einen breiten Privatschulsektor – natürlich unter staatlicher Aufsicht – gibt. In anderen Breitengraden besteht das weiterführende Schulwesen, das nach Ableistung der Schulpflicht besucht werden kann, aus einem bunten Gemisch aus staatlichen, halbstaatlichen und privaten Einrichtungen. Einige Länder halten es für übertrieben, auf dem Staatsbeamtentum als dem allein passenden Arbeitsverhältnis für das pädagogische Personal zu insistieren. Und was eine Ausbildung gebracht hat, das wollen in vielen Ländern die Abnehmer des ausgebildeten Nachwuchses ganz nach ihren eigenen, außerschulischen Maßstäben überprüfen, die gelegentlich mit den Kriterien staatlicher Abschlußzeugnisse wenig zu tun haben. Doch wohlgemerkt, die Besonderheiten des britischen, des nordamerikanischen, japanischen oder des französischen Bildungswesens sind keine Abkehr vom, sondern nur Varianten der Ausgestaltung des staatlichen Monopols in Bildungsdingen.

1.3. Freiheit und Bildung

Allenfalls die ehemaligen *sozialistischen* Staaten hatten sich eine vergleichbare Monopolstellung des Staates im Erziehungssystem geleistet. Die diente – so wird es »Wessis« und »Ossis« eingebleut – allein der geistigen Unterwerfung der Bürger dieser Staaten. Das »Joch des Kommunismus« haben sie vor kurzer Zeit abzuschütteln begonnen. Auch bei ihnen sollte sich die Privatinitiative des einzelnen frei entfalten dürfen. Was die geistige Entwicklung des Nachwuchses betrifft, da wurden und werden sie jedoch von ihren westlichen Ziehvätern eines Besseren belehrt: In Bildungsfragen, so erfahren sie, ist die Privatinitiative nur erwünscht, wenn sie sich nach Maßgabe und im Rahmen der staatlichen Bildungsverpflichtung betätigt. Für die »Ossis« bedeutet das ein erneutes Umdenken. Hatten sie gerade von ihren Befreiern gelernt, daß staatlich organisierte Kleinkinderbetreuung in der DDR eine Form der Freiheitsberaubung war, die mindestens geistige Deformation zur Folge hatte, so müssen sie nun die *Fortsetzung* der Erziehungsverstaatlichung unter neuer Führung als das *Gegenteil* jener Entmündigung würdigen, die das SED-Schulwesen ihnen angeblich angetan hat. Nicht Verstaatlichung der Erziehung an sich ist das Übel, lernen sie, sondern immer nur der Zugriff durch solche Souveräne, die die bundesrepublikanische Führung partout nicht leiden kann.

Dabei ist es, selbst den Maßstäben des freien Westens zufolge, durchaus nicht selbstverständlich, gerade die Pflege des geistigen Horizontes der heranwachsenden Bürger so strikt der obersten politischen Gewalt zu unterstellen. So hält sich doch die Demokratie zugute, daß sie dem einzelnen die Teilnahme am politischen Leben freigestellt hat und ihm ein ganz freies, gleiches und geheimes Kreuzeln auf Wahlscheinen erlaubt. Und darauf, daß das Privatleben gleich so heißt und in der Freizeit stattfindet, bildet sie sich mindestens ebensoviel ein wie auf die grundgesetzliche Garantie der »freien Entfaltung der Persönlichkeit«.

Daß der kluge Kopf sich ins Theater begeben oder am Stammtisch sein eigenes Welttheater aufmachen darf, hält sie ebenso für ein Gütezeichen der Demokratie wie eine Freiheit in Meinungsfragen, welche den Glauben, das Gewissen, die Weltanschauung, die Wissenschaft und die Kunst umfaßt. Die Freiheit in Geistesdingen gilt sogar als höchstes Gut und wird deshalb auch besonders geschützt, solange jedenfalls, wie freie Geister diese Freiheit nicht gegen den Geist der Verfassung mißbrauchen.

Aber ausgerechnet in jener Sphäre, in der die freie Meinung *gebildet* wird, gelten andere Regeln. Hier hat der Staat die Finger drauf. Hier bringt er sich nicht als Schutzpatron für die freie geistige Betätigung seiner (Jung-)Bürger ins Spiel, sondern schreibt ihnen vor, was, ab wann, wie lange, wie und bei wem sie zu lernen haben. Aber vielleicht ergänzen sich ja der verstaatlichte Bildungsweg in der Schule und die politisch geschützte freie Betätigung des Geistes außerhalb der Schule auf diese Weise. Vielleicht trägt ja die Verpflichtung des Kopfes auf den Staatslehrplan in der Schule dazu dabei, daß weder mit der Freiheit der Wissenschaft noch mit der Meinungsfreiheit ein wirklich störender Mißbrauch getrieben wird.

Demokratische Schulbehörden sind wenigstens davon überzeugt, daß der richtige Gebrauch des freien Geistes das staatliche Schuldiktat zur Voraussetzung hat. Für sie fallen denn auch *politische Macht* einerseits und *Kompetenz in Geistesdingen* andererseits ganz umstandslos zusammen. Der gesellschaftlichen Einrichtung, die über das Gewaltmonopol verfügt, wird zugetraut, daß sie in Geistesdingen schon das Richtige tut. Und wenn einmal der Bildungsstand und die »Sprachkompetenz« eines hochrangigen Politikers despektierlich kommentiert werden, so ist damit zugleich ein geistiger Kniefall vor der von solchen »Mängeln« offenbar gänzlich unberührten Macht verbunden, welche den Mann auch als obersten Bildungsverweser ausweist. Irgendwie muß sich bei den Bürgern das Urteil festgesetzt haben, daß die Ausübung der *politischen Gewalt* ganz mit *guten Werken* für die Bildung ihres Verstandes zusammenfällt – ein Urteil, daß sie übrigens bei fremden Staatsgewalten durchaus zu ›hinterfragen‹ pflegen.

Bemerkenswert ist daran, daß sich solche Urteile halten, obwohl sie regelmäßig durch die Erfahrung widerlegt werden. Für viele Bürger erfüllen sich die persönlichen Erwartungen, die sie an das Schulwesen geknüpft haben, *nicht*. Von vermehrter Bildung, sprich: verlängertem Schulbesuch haben sie sich eine Verbesserung ihrer Lebenssituation bzw. der ihrer Kinder versprochen. Und regelmäßig müssen sie feststellen, daß diese Rechnung für sie nicht aufgeht. Das *allgemeine Lob des Schulwesens* und die Beurteilung des *Schulresultats für und durch den einzelnen* treten auseinander.

Da ist natürlich die Wissenschaft gefragt. Sie hat diese Lücke zu schließen. Und an Begründungen dafür, daß Bildung beim Staat auf jeden Fall richtig aufgehoben ist, daß staatliche Verantwortung für das Bildungswesen ein gutes Werk ist, welches den Bürgern Ärger erspart und Segen spendet, mangelt es denn auch nicht.

2. Das staatliche Schulmonopol: eine uneigennützige Einrichtung im Dienst der Menschheit

2.1. Der Staat im Kampf gegen kirchliche Indoktrination

Es war einmal... , so beginnt eines der Märchen über das Monopol, das sich der Staat hierzulande über das Bildungswesen gesichert hat. Es war einmal vor langer, langer Zeit, da drohte den unschuldigen Kinderköpfen eine Gefahr. Sie waren wehrlos einer übermächtigen Institution ausgeliefert. Diese Einrichtung hatte es nämlich geschafft, sich der Herrschaft über die Schule zu bemächtigen. Und so war sie in der Lage, unbehelligt ihr unseliges *Indoktrinationswerk* am Nachwuchs der Gesellschaft zu vollziehen; solange wenigstens, bis der Retter nahte und dafür sorgte, daß in den Seelen der Kinder kein Unheil mehr angerichtet werden konnte.

Die Gefahr, von der das Märchen[1] erzählt, ist von der *Kirche* ausgegangen. Und die Märchenerzähler, die sie so despektierlich zu den Kinderverderbern rechnen, das sind pädagogische Historiker und Schulrechtler. Auf den ersten Blick liegen sie mit ihrem Urteil über den Einfluß der Kirche auf die geistige Bildung der ihr Anvertrauten gar nicht einmal falsch. Die Erziehung zum Glauben ist nun einmal nicht ohne einen Angriff auf einen vernunftgeleiteten Lebensplan zu haben (s. Kritik der Erziehung, Teil 1, 56f). Doch wollen die Pädagogen die theologische Vorstellung vom Leben als Gottesdienst gar nicht kritisieren.

Gegen die *Kirche* haben die Historiker ebensowenig etwas einzuwenden wie der bürgerliche Staat selbst, der bekanntlich dieser aufklärungsfeindlichen Macht nach dem eigenen Sieg ein ganzes Schulfach zum Angriff auf das Seelenheil des Nachwuchses gänzlich frei überläßt. Vielmehr haben sie etwas gegen die unumschränkte *Herrschaft der Kirche* in Schuldingen. Dafür sind sie umso mehr für jene rettende Einrichtung, die die Nachfolge des kirchlichen Schulaufsichtsmonopols angetreten hat, den bürgerlichen Staat. Dessen Schulmonopol gilt ihnen als ein Segen, immerhin hat er die »Herrschaft der Kirche über die Schule ein für allemal beseitigt« (Heckel 1, 164). Einen anderen Grund kennen sie nicht. Und ihre Parteinahme kleiden sie in ein historisches Szenario, das selbst der »vereinfachenden«, geradezu alttestamentarischen Indoktrinationslogik folgt: Unschuldige Kinder in den Händen des Bösen werden befreit durch das Gute. Das Gute beendet die Herrschaft des Bösen dadurch, daß es die Herrschaft selber antritt.

Die Kirche wird es den mehr oder weniger frommen Wissenschaftlern nicht übelnehmen, daß ausnahmsweise einmal sie als Verkörperung des Bösen vorkommt. Dient dieser Rollenwechsel doch einem auch von ihr inzwischen gebilligten guten Zweck: Mag *Herrschaft* über die Schule auch im Prinzip eine schlimme, kinderfeindliche Sache sein, die Herrschaft des *demokratischen Staates* ist davon allemal ausgenommen.

So wird also begründet, warum es dieses staatliche Bollwerk gegen die bereits am Anfang des 20. Jahrhunderts ziemlich endgültig beendete kirchliche Schulaufsicht heute immer noch braucht: Das staatliche Ausbildungsmonopol soll es nur deswegen geben, weil allein dadurch eine Gefahr für die geistige Verfaßtheit der Gesellschaft abgewehrt werden kann – eine Gefahr, welche aber seit mehr als einem halben Jahrhundert dem Bekunden der Wissenschaft zufolge nicht mehr besteht.

Dieses Eigentor fällt selbst den Pädagogen auf. Und so legen sie nach: Zwar sei der *Grund* für staatliche Schulaufsicht entfallen, doch der *»Grundsatz* (sei)... gleichwohl nicht gegenstandslos geworden«. Die Wissenschaft hat nämlich neue Gefahren für die Kinderköpfe entdeckt. Die lauern in der »Mitwirkung kommunaler Schulträger« und in dem »grundgesetzlich garantierten(!) Privatschulwesen«. Es droht, so wird behauptet, der Verlust der *»Einheit«* des Schulwesens; es kann durch die genannten »zentrifugalen Kräfte zersplittert« (Heckel 1, 164) werden.

Verräterisch auch diese Begründung. Denn von der Rettung der Kinder aus den Klauen der *einheitlich* kirchlichen Schulaufsicht bleibt nichts mehr übrig. Mir nichts dir nichts wird das gegenteilige Anliegen als Segen vorgestellt: So wird aus einer Schutzmaßnahme gegen Einheitsbildung umgekehrt ein Bollwerk gegen Zersplitterung. Die Vorstellung, das Schulmonopol gebe den Rahmen ab für ein munteres, plurales, damit eben *uneinheitliches* Bildungstreiben, in welchem die auf Bildung erpichten Privatsubjekte ganz ihren geistigen Ambitionen folgen können, ohne uniform in eine Richtung gedrängt zu werden, wird ersetzt durch die Ausmalung einer Gefahr, die gerade in einem Übermaß an Freizügigkeit stecken soll, welche »zentrifugalen Kräften« Tür und Tor öffnet. Das Geheimnis der Pädagogen bleibt es nebenbei, wie aus den von der zentralen Bildungsbehörde selbst zum Zwecke arbeitsteiliger Wahrnehmung der Schulaufsicht eingerichteten kommunalen Schulverwaltungen oder aus den von ihr zugelassenen Privatschulen eine um den Einfluß auf die Schule *konkurrierende Kraft* hervorgehen soll.

Es scheint der Pädagogik also auf Einheit im Schulwesen schon sehr anzukommen. Nur muß sie heutzutage durch die *richtige* Schulherrschaft gesichert sein: nicht durch die kirchliche, sondern durch die staatliche.

2.2. Der staatliche Kampf gegen Privilegien

Daß es dringend der heutigen Form der Verstaatlichung des Schulwesens bedarf, wird des weiteren mit dem Verweis auf eine Zeit begründet, in der von preußischer Obrigkeit nur eine *Bildungs*pflicht und noch keine allgemeine *Schul*pflicht erlassen worden war. In der preußischen Verfassung von 1850 war festgehalten, daß »Eltern ... ihre Kinder ... nicht ohne den Unterricht (lassen) dürfen, welcher für die öffentlichen Volksschulen vorgesehen ist«. (Michael 1, 301) Den Eltern war es damit selbst überlassen, wie ihrem

Nachwuchs das 1x1 und mehr eingetrichtert werden sollte. Das durften die Erziehungsbeauftragten selber tun, sofern sie über Zeit, Muße und den dafür notwendigen Bildungsstand verfügten. Sie konnten ihre Kinder aber auch auf eine der damals bestehenden staatlichen, ständischen oder kirchlichen Schulen schicken. Und die Einstellung eines Privatlehrers war selbstredend ebenfalls erlaubt und in den entsprechenden Kreisen üblich.

Mehr an staatlicher Vorschrift wäre besser gewesen, lautet heute die Kritik an der Bildungspflicht. Denn so habe der Staat sein Ziel nicht erreichen können, nämlich durch den *Abbau der bestehenden Bildungsprivilegien* eine *gerechtere Reichtumsverteilung* und damit alles in allem eine bessere Gesellschaftsordnung herzustellen. Gerade die allgemeine Zulassung der freien Auswahl der Bildungsmittel und -wege habe dazu geführt, daß sich die Klassen- und Standesunterschiede im Bildungsgang reproduziert hätten, die Bildungsprivilegien also festgeschrieben und folglich die ökonomischen Unterschiede nicht angetastet worden seien.

Der doppelte Befund trifft zu: Die Angehörigen der unteren Klassen und Stände waren von den gesellschaftlich vorhandenen Bildungsmöglichkeiten durch ihre ökonomische Lage weitgehend ausgeschlossen; weswegen es ihnen natürlich auch nicht gelingen konnte, mittels erlaubter freier Wahl existenter Bildungsangebote die materiellen Lebensverhältnisse zu verbessern. Die damalige Bildungsgesetzgebung änderte daran nichts, sondern trug zur Befestigung dieser gesellschaftlichen Ordnung bei.

Schulpflicht und ökonomische »Ungleichheit«

Doch läßt sich die Ergänzung der preußischen Bildungspflicht um die heutige Form der Schulaufsicht und die allgemeine Verpflichtung zum Besuch ein und derselben Staatsschule auch bei bestem Willen nicht als ein Weg zur Umverteilung von ökonomischem Reichtum und zum Abbau von Klassenschranken deuten. Nicht infrage steht, daß heute jedermann ohne Ansehen seiner Herkunft und seines Geschlechts einen kostenlosen Zugang zum allgemeinbildenden Schulwesen hat, genauer: vorgeschrieben bekommen hat. An der Verteilung des produzierten Reichtums hat sich jedoch nichts Prinzipielles verändert. Gerade die Erwartung, »daß es mein Kind einmal besser haben soll«, mit der Eltern ihren Nachwuchs zum möglichst vollständigen Gang durch das Bildungswesen »motivieren« wollen, weist eindeutig auf einen gegenteiligen Befund hin: Wenn Generationen von Eltern ihren Kindern mit dieser Zielvorgabe das Leben schwer machen, dann sind erstens deren eigene Pläne für ein »besseres Leben« immer wieder *nicht* aufgegangen; und da dies nicht nur in besonderen Einzelfällen, sondern für erhebliche Teile der Gesellschaft zutrifft, ist zweitens die Frage angebracht, ob die Schule überhaupt das geeignete Mittel ist, um an der gegebenen »ungerechten Reichtumsverteilung« etwas zu ändern.

Wenn es denn dem demokratischen Staat wirklich darum gegangen wäre, die kleinen Unterschiede zwischen Hilfsarbeiter und Professor, zwischen Facharbeiter und Unternehmer, zwischen Büroangestellten und Staatsanwälten zu nivellieren, dann hätte er mit Sicherheit nicht das Schulwesen reformiert, sondern zu anderen Mitteln gegriffen. Die Verpflichtung, sich zehn Jahre lang am identischen *geistigen Besitzstand* der Nation abzuarbeiten, kann die Umverteilung des *materiellen Besitzstandes* wohl kaum zum Ziel haben. Denn Art, Umfang und Verteilung der recht disparaten Einkommensquellen sind nun einmal nicht das Resultat geistiger Anstrengung. Wissen ist eben nicht gleich Macht bzw. Partizipation am Reichtum per Macht. Und diese Gleichung wird auch nicht dadurch richtiger, daß sie sich die Arbeiterbewegung dereinst auf ihre Fahnen geschrieben hatte. Statt auf Bildung zu setzen, hätte es sich für die Angehörigen der unteren Klassen angeboten, etwas unmittelbarer die Veränderung der Besitzverhältnisse auf die Tagesordnung zu setzen.

Was soll denn auch die Verfügung über materiellen Reichtum mit der Aneignung von Bildung zu tun haben? Die geistige Ausstattung eines Kopfes mit Kenntnissen und Wissen ist das eine, die praktische Arbeit und die Verteilung der Produktionsresultate ist etwas anderes. Zwar wird die »Produktivkraft der Arbeit ... durch die Entwicklungsstufe der Wissenschaft und ihrer technologischen Anwendbarkeit« (Marx, Kapital I, 549) entscheidend bestimmt. Doch weiß jedermann, daß zwischen der Hervorbringung von schlauen Gedanken und der Erschaffung bzw. Verteilung von Reichtum *Eigentumsverhältnisse* stehen, von denen die Umsetzung des Wissens, die Produktion und die Verteilung wesentlich abhängen. Die Gleichung, Wissen sei Macht, blamiert sich fürchterlich an der *Trennung* von Wissen und den gesellschaftlichen Produktionsverhältnissen, die als Eigentumsverhältnisse den Ausschluß der unmittelbaren Produzenten von den Resultaten ihrer Arbeit als Voraussetzung und ewiges Resultat haben. Fortschritte in der Naturerkenntnis verwandeln sich nicht automatisch in einen Zuwachs an Reichtum in den Händen des Trägers bzw. des Produzenten dieser geistigen Potenz. Sie werfen bekanntlich erst dann etwas ab, wenn Unternehmer sie als Geschäftsmittel einsetzen oder wenn Staatsmänner sie als Geschäftsmittel fördern und als Gewaltmittel bzw. ideologische Herrschaftsmittel benutzen. Um aus richtiger Naturerkenntnis Macht oder Reichtum zu beziehen, muß man das eine, die Macht, das andere, die Reichtumsquelle, oder am besten beides zusammen schon besitzen.

Zwar steht man umgekehrt ohne höhere Bildung ziemlich dumm da, und die ökonomisch Erfolgreichen rühmen sich ausnahmslos ihrer Zugehörigkeit zur führenden gesellschaftlichen Schicht, doch läßt sich deswegen die Gleichung noch lange nicht umgekehrt buchstabieren: Daß sich heute der persönliche Erfolg in der Regel nur einstellt, wenn man alle Stufen der staatlichen

Bildung durchlaufen hat, macht das angeeignete Wissen noch lange nicht zum Grund dieses Erfolges.

Schulpflicht und Bildungsprivilegien

Die Verteidiger des staatlichen Monopols in Schulfragen sind inzwischen bescheidener geworden. Sie geben zu, daß das moderne Schulwesen zwar nicht »das Reichtumsgefälle« – wie sie die Klassenschranken nennen –, aber immerhin die Bildungsprivilegien habe aufheben können. Dieser Rückzug ist bemerkenswert: Denn das ursprüngliche gesellschaftspolitische Anliegen, die »gerechtere Reichtumsverteilung«, wird schlicht preisgegeben und die egalitäre Beschulung zum neuen eigentlichen und angeblich erfolgreich realisierten Anliegen erklärt. Als neues bildungspolitisches *Ziel* wird also propagiert, was ursprünglich nur als der *Weg* gedacht war, der den Massen aus ihrer Armut helfen sollte.

Dabei ist diesmal auch der Befund nicht zutreffend. Zwar besuchen alle Kinder heute kostenlos die gleiche Anstalt; weshalb es auch nicht ausbleiben kann, daß heutzutage – in zehnjähriger Schulzeit – im Schnitt mehr gelernt wird als noch vor hundert Jahren. Aber erstens ist damit das gesellschaftliche »Bildungsgefälle« nicht beseitigt. Und zweitens verläuft dieses Gefälle immer noch von »oben« nach »unten«: Die Angehörigen der unteren Schichten sind, wie jeder Bildungssoziologe statistisch zu belegen weiß, in den niederen Bildungsanstalten überrepräsentiert. Die Apologeten der Schule verwechseln hier die *Relativierung* der Rolle, die Herkunft, Geschlecht, Geld, Zeit und vorhandener Bildung der Eltern bei der Bildung des Nachwuchses durch den Egalitarismus des demokratischen Schulwesens spielen, mit der *Beseitigung* von durchaus klassenspezifischen Bildungsunterschieden.

Darüber hinaus muß hinter die immer mitgedachte Gleichsetzung von allgemeiner gleicher Schulpflicht und der Beseitigung von allgemeiner »geistiger Unmündigkeit« ein dickes Fragezeichen gesetzt werden. Denn ob die demokratische Schule tatsächlich *Unwissen* beseitigt und den Nachwuchs der unteren Schichten wenigstens geistig aus der sogenannten »unverschuldeten Unmündigkeit« befreit, das hängt weder an der *Egalität* noch an der Dauer der Beschulung, sondern allein am *Inhalt* der Bildung. Wenigstens ist soviel sicher: Die Dauer des Aufenthalts in der Staatsschule bürgt nicht automatisch für die *Qualität* der Bildung. Genausowenig wie Wissen Macht oder Reichtum garantiert, garantiert der zehnjährige Pflichtaufenthalt in der Schule ein Wissen, das die verständige Beurteilung von Natur und Gesellschaft erlaubt. Nahrung erhält solch ein Zweifel nicht allein durch die üppige Quote von Analphabeten, deren ›Entdeckung‹ vor einiger Zeit[2] erstaunlicherweise selbst schon wie eine Leistung der Bildungsverantwortlichen gewürdigt wurde. Überdies muß auffallen, wie hilflos die Mehrheit der auch höher gebildeten Alphabeten vor den Vergegenständlichungen neuester naturwissenschaftlicher Erkenntnis steht, oder wie schwer sich nicht eben geringe Teile der Schulabsolventen mit den »eingekleideten Rechenaufgaben«, dem Verfertigen von Protokollen oder der schriftlichen Niederlegung von Gedanken tun.

2.3. »Ohne Schule verblödet ein Volk!«

Es bleibt ein für den Verfechter des staatlichen Bildungsmonopols schlechterdings unschlagbares Argument, das ganz ohne Rückgriff auf die Geschichte des Schulwesens auskommt. Eingeladen wird man, sich die heutige Gesellschaft einmal ganz *ohne* das staatlich eingerichtete Bildungswesen vorzustellen. Es mag ja seine Mängel haben, konzediert der Pädagoge großzügig und verwandelt jede Schulkritik in einen Haufen Probleme, derer man mit ordentlicher Schulreform schon Herr werden könne. Aber ohne jenen enormen Aufwand an geistigen und finanziellen Anstrengungen des demokratischen Staates sei nun einmal das Volk nicht auf den Bildungsstand zu heben, der »unserer Zeit« angemessen ist.

Diese Einladung stellt eigentlich eine geistige Zumutung dar. Denn sie hat erstens vor, die Vorstellung der Abwesenheit einer allgemeinen Schulpflicht an den vom demokratischen Kapitalismus eingerichteten Ausbildungsnotwendigkeiten zu blamieren, und möchte zweitens mit dieser Blamage die Existenz des staatlichen Schulmonopols als allgemeines, gesellschaftsunspezifisches, also quasi natürliches Bildungsgesetz behauptet haben. Doch selbst wenn man sich auf diese Zumutung einmal einläßt, dann fällt der Beweis gar nicht so stringent aus, wie sich das die trickreichen Pädagogen vorgestellt haben.

Denkt man sich einmal das gesamte staatliche Schulwesen in der Bundesrepublik weg, dann steht man keineswegs vor einer Bildungswüste – wie der Staatsschulapologet nahelegen will. Denn das staatliche *Schul*monopol schließt keine Monopolisierung der *»Bildungsgüter«* ein. Und in mehr als einer Hinsicht werden heutzutage die Zugangswege zu Bildungseinrichtungen, die es neben dem Pflichtschulwesen gibt, auch nicht mehr durch Klassenschranken verschlossen. Die ›Bildungslandschaft‹, die sich vor, neben und hinter der Staatsschule etabliert, hat es wirklich in sich, weist erhebliche Bildungs*möglichkeiten* auf, die allerdings auf bemerkenswerte Weise mit dem tatsächlichen Bildungstand der Bürger in diesem Lande kontrastieren.

Hierzulande liegt in der Tat das gesamte akkumulierte Wissen einer Gesellschaft – das richtige und das falsche –, nicht selten sogar das der gesamten Welt, in gedruckter bzw. abgespeicherter Form für jedermann zugänglich vor. Es kann z.B. in Buchform gekauft oder in Bibliotheken gegen ein Entgelt entliehen werden, das der Geldbeutel auch der unteren Einkommensgruppen hergibt. Wer die »Kulturtechniken« beherrscht, dem steht die Welt des Geistes offen. Gelegentlich läßt sich sogar dem Rundfunk, Fernsehen und den Zeitungen das eine oder andere Trumm Wissen entnehmen, wenn man denn zu unterscheiden gelernt hat. Volkshochschulen sollen ja nicht nur Patch-work-Kurse anbieten; und was von Vereinen und Kommunen sonst noch offeriert wird – vom Museum, über den Sprachkurs bis hin zum Festival der modernen Musik –, ist zwar nicht in die Welt gesetzt worden, um aus Bürgern Geistesriesen zu verfertigen. Doch kundig kann man in all diesen Abteilungen allemal werden, wenn man sich seinen Reim auf das Gebotene macht. Und in den Büchertempeln finden sich, wenn denn das entsprechende Privatinteresse auf Suche geht, sogar jene Abteilungen des Nachdenkens über die Welt, die keinen Eingang in die Schule finden, weil sie schulisch verpöntes bis verbotenes Gedankengut enthalten.

All dies ist öffentlich, allgemein und häufig sogar in erschwinglicher Weise vorhanden. Und solche Veranstaltungen, die auch heute nur dem Teil der Menschheit vorbehalten sind, der sich Bildung etwas kosten lassen kann (z.B. die Bildungsreise »Auf den Spuren der Azteken«, oder der »Selbstfindungskurs« im Kurhotel von Bad Ischl für 2.450,-DM die Woche alles incl.), können getrost vernachlässigt werden. Kurzum, die Quellen für eine allseitige private Bildung liegen für jedermann zugänglich in gänzlich neuer Qualität und Quantität vor. So gesehen ließe sich Bildung ganz gut ohne staatliche Verpflichtung auf die Einheitsschule aneignen – wenn denn ein *privates Interesse* an Bildung solche Gelegenheiten nutzen möchte.

Aber genau damit hat es natürlich seine eigene Bewandtnis, weswegen auch der Einladung zum »Ohne-daß-Spielchen« nicht weiter Folge geleistet wird. Zwar könnte man mit dem Hinweis auf die allgemeine Nachfrage, auf die solche außerschulischen Bildungsangebote stoßen, noch ein paar matte Pünktchen machen, doch spätestens die Klärung der Motive für diese Nachfrage führt sofort zur Staatsschule zurück. Denn außer Frage steht, daß die gesellschaftlich zugelassenen außerschulischen Bildungswege in der Regel für gesellschaftlich hervorgerufene Bedürfnisse benutzt werden. Wo Bildung in erster Linie am Kriterium der Brauchbarkeit für das berufliche Fortkommen gemessen wird, da erweist sich die außerschulische Nutzung all dieser Bildungsquellen schnell als Fortsetzung des schulisch verfügten Interesses an Bildung mit privaten Mitteln. Bildung ist in erster Linie Fort- oder Weiterbildung, Umschulung oder Erwerb einer Zusatzqualifikation, mit der die vorhandene Verdienstquelle erhalten oder eine neue erschlossen werden soll.

Deswegen hängt auch vieles an fehlender Gelegenheit. Die Anstrengungen der Erwachsenen, ihren Lebensunterhalt zu verdienen, stutzen so manches geistige Interesse, das sich noch nicht dem beruflichen Brauchbarkeitskriterium unterworfen hat, auf ein Maß zurecht, so daß es bequem in ein Kreuzworträtsel paßt. Geistige Betätigung und körperliche Arbeit, theoretische und praktische Aneignung der Welt treten eben hierzulande für große Teile der Gesellschaft nicht nur vollständig auseinander, sondern überdies lebenslang in einen Gegensatz zueinander. Wer seine Schicht absolviert hat, widmet sich in der Regel bevorzugt dem Fernsehschlafen. Der Aufwand an geistiger Anstrengung, sich neben der Entgeltarbeit wissenschaftlich zu erklären, warum dies so ist und das Leben ausmacht, ist in der Tat enorm und wird regelmäßig für nicht lohnend erklärt.

Wer kein Problem mit den Gelegenheiten hat – weil er mehr freie Zeit oder keine Arbeit hat –, für den erweist sich das Bildungsangebot außerdem als Mittel, ein »Hobby«, eine »Freizeitbeschäftigung« der höheren oder niederen Güte auszubilden. Das stellt – wie der Name schon sagt – den expliziten Kontrapunkt zum Berufswissen dar und reflektiert darin gleichfalls den gesellschaftlich vorgeschriebenen Zusammenhang von Wissen und Nutzen – nur eben negativ: Es soll zu nichts taugen, vollständig nutzlos sein, dem Abschalten dienen, also einen Beitrag dazu liefern, ohne geistige Anstrengung, aber mit irgendeinem vorweisbaren Resultat die »Zeit totzuschlagen«. Was denn auch passiert!

Es darf also nicht verwundern, daß zwischen der Staatsschule und den außerschulischen Bildungsangeboten kein Konkurrenzkampf tobt. Für alles, was sich da so tummelt, erläßt der Staat zudem Auflagen, die getreulich erfüllt werden. Was vielen dieser Bildungsträger leicht fällt, weil sie selbst staatlich sind oder von Staatsorganen kontrolliert bzw. gefördert werden. Was *neben* der Schule an Bildungsmöglichkeiten existiert, ist eben kein *Gegenprogramm* zum Staatslehrplan. Umgekehrt: Diese Bildungsmöglichkeiten werden solange geduldet und gefördert, wie sie als *ergänzendes* und *kompensierendes* Angebot an das Privatinteresse nützlich sind. Und dort werden sie aus dem Verkehr gezogen, wo sie diesen Kriterien nicht genügen. Dafür braucht es in der Regel keine Zensurbehörde, die es allerdings für Notfälle auch gibt und die Bundesverfassungsschutz heißt. Zensur verläuft meist ohne Bücherverbrennung ganz demokratisch im Kopf des Bildungspublikums, vermittelt über dessen Kaufkraft und über die Einschaltquote in den Kalkulationsabteilungen der Verlage und Öffentlichen Anstalten ab.

Die Sorge um die gesellschaftsgerechte Bildung, die sich in diesem »Beweis« der Notwendigkeit des staatlichen Schulmonopols vorträgt, ist also ebenso unbegründet wie unehrlich. Denn wenn wirklich »jeder einfach machen (d.h. in diesem Falle: lernen) würde, was er will«, dann gäbe es dieses Beweisanliegen nicht, sondern vielleicht einen Streit über die Vernunft all dessen, was so im Bildungsangebot ist. Es zeugt umgekehrt von einem längst eindeutig zugunsten des Staates entschiedenen Kampf um Schulhoheit. Und nur deshalb läßt sich als Notwendigkeit von *Bildung überhaupt* vortragen, was ein durchgesetztes Erfordernis an Bildung für den und durch den *kapitalistischen Staat* ist. So umständlich kann man darauf insistieren, daß den Namen ›Bildung‹ nur verträgt, was auf die eine oder andere Weise staatlichen Segen erhalten hat.

2.4. »Ohne Zeugnisse ist Bildung wertlos!«

Einmal in Fahrt, legt der Verteidiger der Staatsschule noch nach: Wozu, fragt er mit gespielter Sorge, soll denn Bildung taugen, wenn sie nicht vom Staat testiert wird. Ohne so ein Zeugnis, das den einen oder anderen Schulabschluß bescheinigt, ist doch das gesamte Wissen und Können eines Menschen glatt wertlos!

Bestritten werden kann der Sachverhalt schwerlich. Doch ob er einen vernünftigen Grund abgibt, diese Praxis gutzuheißen und das staatliche Schulmonopol für unabdingbar zu erklären, ist eine andere Sache. Warum wird denn in weiterführenden Bildungseinrichtungen oder auf dem Arbeitsmarkt der Auskunft des Schulabsolventen über den Stand seiner Bildung ohne Zeugnis nicht geglaubt? Müßte er es nicht am besten wissen? Die Sache ist ganz einfach: Vielleicht glaubt man sogar seiner Beteuerung, daß er etwas weiß und *kann.* Deswegen wird ihm aber noch lange nicht zugestanden, was er *will* – studieren z.B. oder eine bequeme und einträgliche Arbeit erledigen.

In der Tat erteilt die Staatsschule Zeugnisse, gibt Diplome und Zertifikate aller Art aus. In denen wird Schulabsolventen bescheinigt, daß sie dies oder das nun *dürfen* und anderes ihnen *untersagt* ist. Und dafür braucht es in der Tat die Autorität des Staates: Wer außer ihm kann aus einem Zeugnis einen *Rechtsanspruch* machen, der *gesellschaftliche Verbindlichkeit* besitzt? In der Tat gelten Kenntnisse und Erkenntnisse hierzulande nur etwas, wenn sie staatlich beglaubigt worden sind. Alles andere fällt – im harmlosesten Fall – unter »brotlose Kunst«.

Die Verwechslung der Wahrheit eines Gedankens und die Tauglichkeit von Fertigkeiten mit einer staatlichen Erwägung, ob ein Gedanke brauchbar und deswegen sein Träger zu etwas berechtigt ist, wird am deutlichsten bei den Trägern von Amt und Würden. Professoren z.B. können sich der Hochachtung sicher sein noch bevor der katzbuckelnde Student auch nur ein Wort von ihnen gelesen, geschweige denn geprüft hat.

Gegen diesen Beweis ist wahrlich kein geistiges Kraut gewachsen: Wer das Staatsschulwesen als eine unschuldige *Bildungsgelegenheit* begründen will, diese dann aber als *Amt* zur Ausstellung *rechtsgültiger* Zulassungs- oder Ablehnungsbescheide einführt, der tut sich leicht damit, das staatliche Schulmonopol zu »beweisen«. Für die Verwandlung von Bildung in Rechtsansprüche braucht's wirklich das Recht und seine Hüter. Quod erat demonstrandum!

***

Die zusammenfassende Würdigung der vorliegenden Begründungen für die hier gültige und damit offenkundig selbstverständliche Form der Beschulung des Nachwuchses ergibt ein merkwürdiges Resultat:

Eigene Anliegen soll der Schulträger angeblich gar nicht verfolgen. Immer geht es ihm ganz selbstlos um die Beseitigung von Schranken und Hindernissen für die Bildung seiner Bürger. Immer geht es um den Kampf gegen Mächte, die der Ausbildung geistiger Mündigkeit gefährlich werden können. Die Kirche als Indoktrinationsgefahr hat er in ihre Schranken gewiesen und sich selbst ganz dem Versuch verschrieben, gesellschaftliche Privilegien, zumindest aber Bildungsprivilegien abzubauen und jedermann die Gelegenheit zu bieten, seine Unwissenheit zu überwinden.

Dabei sorgt der bürgerliche Staat mit der Einrichtung und konsequenten Durchsetzung eines staatlichen Schulmonopols dafür, daß in Bildungsdingen alles nach seiner Pfeife tanzt und der Nachwuchs der Gesellschaft mehr als zehn Jahre unter seiner Aufsicht den Kopf anstrengt. Dabei wird er rabiat, wenn sich diesem Procedere jemand verweigert. Dabei sorgt er dafür, daß die von ihm ausgestellten Bescheinigungen rechtlich bindende Form haben und für das »spätere Leben« ziemlich entscheidend bleiben. Und dann sollen sich alle staatlichen Anliegen in einen Dienst am Bürger auflösen, den er dafür in die Bildungspflicht genommenen hat! Die eigenen Anliegen wie die Absicherung seiner politischen Herrschaft, der Bedingungen seiner ökonomischen Existenz und die Mehrung von innerer und äußerer Souveränität werden dabei schon nicht zu kurz kommen.

Die Hüter der Staatsschule machen daraus gelegentlich kein Hehl. Es gab einmal eine Debatte, in der die Bundeswehr der Schule ihren Rang als oberste Erziehungseinrichtung streitig machen wollte. Willy Brandt war es, der sich berufen fühlte, diesen Angriff zurückzuweisen. Er wußte schon, wovon er sprach, als er eine Lanze für die Schule brach und sie zur kompetentesten Einrichtung für gelungene Nationalerziehung erklärte:

»Die Schule der Nation ist die Schule.«

II. Volksbildung: Die geistige Vorbereitung auf die nationale Identität des Volkes

1. Das moderne Volk

An der geistigen Verfassung seines Volkes ist dem demokratischen Staat sehr viel gelegen. Er macht die Volksbildung zu seinem Programm und läßt keinen Zweifel daran, daß nicht die Bildung der Individualität seiner Bürger, sondern deren geistige Zurichtung für die praktische Unterwerfung unter staatlich geschützte gesellschaftliche Belange sein Anliegen ist. Die Bildungsanstalten sind nicht der Leute wegen errichtet, sondern ihr Besuch ist als Staatsdienst bestimmt. Eine Verwechselung von Volksbildung mit der Sorge um eine gebildete Bevölkerung ist also von vornherein ausgeschlossen.

Vollständig erfaßt

Der demokratische Staat von heute definiert dabei die *Nützlichkeit* seines Volkes umfassender und zugleich abstrakter als die Souveräne in vorbürgerlichen Gesellschaften. Früher befand das feudale Staatswesen es für ausreichend, wenn in der Bevölkerung erstens genügend Nachwuchs an Kanonenfutter (z.B. »die langen Kerls« für die Infanterie) gefunden wurde und wenn zweitens in ihr genug Arbeitskräfte für ganz bestimmte, weitgehend agrarische und handwerkliche Tätigkeiten vorhanden waren, ausgestattet mit einer Arbeitsfähigkeit, die sich aus Kraft und tradiertem Geschick zusammensetzte. Und wenn die Bevölkerung drittens noch jede Obrigkeit als gottgewollte verehrte, dann war gesichert, daß auch diejenigen Teile der Bevölkerung die nötige Untertänigkeit an den Tag legten, an denen die Obrigkeit kein besonderes Interesse besaß. Ihre einzige »Aufgabe« bestand eben darin, nicht störend aufzufallen. Darin erschöpfte sich denn auch die politische Identität »des Volkes«. Alles andere war Sache der Stände.

Das nötige geistige Rüstzeug, das der Bevölkerung verpaßt wurde, hielt sich in entsprechenden Grenzen. Deshalb mußten auch die vom Feudalstaat und seinen Unterabteilungen für militärische, klerikale oder kommerzielle Bedürfnisse ausgehobenen Mannschaften von Grund auf gesondert zugerichtet werden. Über das heute gängige Fundament an allgemeiner Bildung, auf dem dann aufgebaut werden kann, verfügte *die Bevölkerung* nämlich nicht. Wer lesen, schreiben und rechnen konnte, gehörte fast schon zu den Gebildeten. Die hatten ohnehin mit dem »niederen Volke« nichts gemein, was sich nicht nur an den separaten Bildungseinrichtungen ablesen ließ, die den gehobenen Ständen vorbehalten waren. Wer über elementare Kenntnisse nicht verfügte, fiel auch nicht sonderlich auf.

Ganz anders seit dem Beginn des bürgerlichen Zeitalters: Heute umfaßt *das Volk* das *gesamte Staatsvolk* in einem nicht nur formellen Sinne. Volk, das ist jetzt mehr als die Summe von Menschen, die es mehr oder weniger zufällig auf ein Territorium verschlagen hat, auf dem eine politische Gewalt den Ton angibt. Die Gleichsetzung von Volk mit »Pöbel«, dem »niederen Volk«, also mit ökonomisch, politisch und geistig generell aussortierten Volks*teilen,* gehört der Vergangenheit an. »Das Volk«, das sind heute »wir alle«, egal ob das dem einzelnen gefällt oder nicht. Festgehalten wird damit ein bestimmtes Verhältnis jedes Menschen zur politischen Herrschaft, das ihn als Bürger qualifiziert: Ein Staatsvolk, das soll eben in toto das Volk *des* Staates und damit auch *für ihn* da sein. Offen fordert die moderne Obrigkeit dies z.B. immer dann ein, wenn sich Teile des Volkes als wenig staatsnützlich, mithin als nicht korrekt erzogen gebärden. Dann rutscht den Politikern schon einmal ohne alle Umschweife heraus, was sie von ihrem Volk halten und wollen: Teile des Volkes werden dann »Pöbel«, »Straße« oder »Chaoten« geschimpft; jedoch nicht in der Absicht, Demonstranten, Protestanten, Streikende und sonstige Unruhestifter aus dem Volk *auszugrenzen* und ab sofort links liegen zu lassen, sondern ganz umgekehrt, um politischen und pädagogischen Korrekturbedarf anzudeuten. Aus dem Volk werden sie nicht entlassen, sondern mit allen zu Gebote stehenden »Erziehungsmitteln« wieder auf den rechten Weg zurückgeführt. Es kann sich also *jeder,* der zum Volk gehört, sicher sein, daß das staatliche Interesse an einem nützlichen Volk auch ihn und seine geistige Verfassung einschließt. Die *allgemeine* Volksbildung läßt niemanden aus.

Dieses Verhältnis von Volkszugehörigkeit und staatlichem Benutzungsanspruch ist bekanntlich auch heute noch nicht überall auf der Welt durchgesetzt. In den sogenannten Entwicklungsländern etwa, denen es bekanntlich an »unserer Zivilisation« mangelt, wird als Bürger nur behandelt, wer von einheimischen oder auswärtigen Interessenten für irgendeine Arbeit gebraucht wird; und in der Regel auch nur so lange, wie dies der Fall ist. Dem Rest der Menschen, die auf jenen Territorien – im wahrsten Sinne des Wortes nur – existieren, schenkt der dortige Staat weniger Aufmerksamkeit als der hiesige irgendeinem Stück Natur. Gelegentlich fallen sie ihm auch auf, was in der Regel nichts Gutes für sie bedeutet. Wenn ihre Existenz einem staatlichen Rodungsprojekt oder einer Bananenplantage seiner in- und ausländischen Protegés im Wege ist, sind sie als Störung definiert und werden entsprechend behandelt, z.B. »umgesiedelt« – im günstigsten Fall. Wenn dabei ein Teil der Staatsbevölkerung vernichtet wird, so macht das dem Staat nichts, denn erstens gibt es noch genug davon und zweitens sind diese Kreaturen von ihm gar nicht als Bürger, d.h. als die mit einem politischen Willen ausgezeichnete Basis seines Gewaltverhältnisses bestimmt und zugerichtet.

... als Material des Staates bestimmt

Daß sich in den Zentren des entwickelten Kapitalismus die Sache umkehrt, macht denn auch schon den ganzen Segen von Zivilisation aus. Heute ergeht mit der Staatszugehörigkeit der generelle Anspruch auf gesellschaftsdienliche Benutz*barkeit;* und zwar noch vor jeder Festlegung auf ein ganz *bestimmtes* Verwendungsverhältnis, in dem sich der Bürger um seine Nation verdient zu machen hat, egal ob nun als Bundespräsident, Hausfrau und Mutter, Büroangestellte oder arbeitsloser Lehrer. Es gibt hierzulande für einen Menschen keine Lebensperspektive, die nicht Teil einer staatlich eingerichteten und überwachten gesellschaftlichen Arbeitsteilung wäre. Zu einem modernen Staatsvolk zu gehören, ist – in Abwandlung eines Marx-Spruches – also kein Glück, sondern ein Pech. Die Totalität der modernen Beschulungspraxis ist die konsequente Umsetzung dieses sehr *abstrakten* und darin so *totalen* Staatsinteresses: »Wer als Glied dieses Volkes geboren wird,« läßt er verlauten, »der fällt in meine Zuständigkeit und hat sich damit als dienstbarer Geist von der Wiege bis zur Bahre zu bewähren! Die geistige Ausstattung werde ich Euch schon besorgen.« Selbst dann ist man noch nicht aus diesem »Dienstverhältnis« entlassen, wenn die Hauptabnehmer des zugerichteten Volkes von sich aus kein besonderes Interesse mehr anmelden. Denn der letzte Dienst heißt dann immer noch, nicht auffallen, niemandem in die Quere kommen und voller Dankbarkeit für die Ordnung stiftenden Gewalten die Rente oder Sozialhilfe verzehren, also bis zum letzten Atemzuge dem Wahlrecht genügen und den Enkeln die gesammelte Lebensweisheit zu vermitteln: daß man im Leben nicht alles haben kann, im Schützengraben die Kameradschaft am schönsten ist und es einem früher nicht so leicht gemacht wurde wie heute.

Der moderne Staatsbürger, an dem die Obrigkeit ihre Freude hat, ist nur nützlich, wenn er mit einem ziemlichen Haufen an Kenntnissen und theoretischem Wissen ausgestattet ist. Das »moderne Industriezeitalter«, wie der Kapitalismus der 2. Hälfte des 20. Jahrhunderts genannt wird, spannt den Bürger in gänzlich neue Lebensbereiche ein: Der Mensch bewegt sich in einer Öffentlichkeit, hat eine Freizeit und ein Kulturangebot zu verkraften. Er bekommt es an allen Ecken und Enden seines alltäglichen Daseins mit Vergegenständlichungen von Naturwissenschaft praktisch zu tun. Seine Heimat markiert nicht mehr die geistige Grenze seines Horizontes. Er nimmt geistig an der Eroberung der Welt und des Weltraums teil. Darüberhinaus verlangen ihm auch die traditionellen Lebensbereiche, Familie und Versorgung, Arbeit und Gesundheit, Kirche und politisches Leben gänzlich neue Leistungen ab: Daß die Welt der Arbeit und die Familie zusammenfallen, ist selbst im bäuerlichen Bereich nicht mehr die Regel. Die Versorgung läuft heute über den Markt, auf dem man das Einkommen schneller wieder los wird, als man es sich nach den Gesetzen eines anderen Marktes, des Arbeitsmarktes, verdient hat. Die Einkommensquelle besitzt in jeder Hinsicht ihre

Tücken. Deswegen erfährt der Staatsbürger den Staat nicht nur als Steuereintreiber und Unterdrückungsapparat, sondern auch noch als Dienstleister mit einem Sozial- und einem Gesundheitswesen, in dem man sich auskennen muß, wenn man bei Arbeitslosigkeit und Krankheit in den Genuß jener Hilfen gelangen möchte, die erkennbar nicht als Alternativen zum Verkauf des Arbeitsvermögens taugen sollen. Für die Familie bleibt damit auch einiges zu tun, was sich nicht von selbst versteht, damit sie zum »Schoß« wird: Bei der Planung des Haushalts, der Kinderzahl oder des nächsten Urlaubs erweist sich, daß dieses Lebenszentrum nur eine abhängige Größe von Einkommenshöhe und -regelmäßigkeit darstellt. Dafür kann und sollen die Menschen beiderlei Geschlechts aber am politischen Leben teilnehmen und sich als kompetente Wahlbürger aufführen. Der Kirchenbesuch ist ihnen freigestellt und keineswegs nur mehr die einzige Abteilung, in der das sich schnell einstellende Bedürfnis bedient wird, dem Leben einen Sinn abzugewinnen.

Wie das kapitalistische Leben in seinen privaten und staatlichen Abteilungen eingerichtet ist und wie der Bürger in ihnen zu funktionieren hat, das *muß* er *wissen,* weil sie *sein Leben ausmachen* – egal ob er dereinst als Frührentner, als Arbeitsinvalide, als Couponschneider oder als diätenverwöhnter Pensionist endet. Und an diesem Wissen führt für ihn kein Weg vorbei. Denn eine andere Alternative als in dieser Gesellschaft einen der eingerichteten Dienste abzuleisten, ist für die Bürger nicht vorgesehen. Gerade das macht sie zum Staatsvolk. Deswegen wird auch die *geistige Vorbereitung* auf die *regelgerechte Ausfüllung* aller gesellschaftlichen Funktionen vom Staat so wichtig genommen: An der korrekten Ausübung all dieser Funktionen durch das Volk *hängt* diese Gesellschaft. Dadurch wird sie in ihrem Bestand gesichert, für den bekanntlich der Staat nicht nur mit seinen Bildungseinrichtungen Sorge trägt.

... und dabei als mündiger Bürger gefragt

Bei all dem ist heute der *mündige* Bürger gefragt. Als *Funktionär* der ihm vorgegebenen Zusammenhänge ist der Bürger *Herr seines Willens.* Die Zwangsverhältnisse, die sein Leben als Käufer, Mieter, Arbeiter oder Familienmitglied bestimmen und in die er hineingeboren wird, haben nicht mehr die Form *persönlicher Abhängigkeitsverhältnisse,* welche dem Leibeignen und Sklaven noch die Sorge um eine eigene Lebensperspektive »abnahmen«, weil der Wille ihres Herrn unmittelbar als ihr eigener galt. Der Staatsbürger von heute wird als *freier Mensch* geboren. Gesegnet ist er mehrheitlich mit Freiheit in dem Doppelsinn, daß er einerseits als freie Person ganz über sich verfügt und daß er andererseits »los und ledig, frei ist von allen zur Verwirklichung seiner Arbeitskraft nötigen Sachen«. (K. Marx, Kapital I, 183)

Wenn die Erziehergewalt von Eltern und Lehrern ihr Recht verliert, dann darf heute dem Bürger niemand mehr vorschreiben, *wie* er in dieser Gesellschaft *zurechtkommen* will: ob er heiraten oder in wilder Ehe leben möchte, ob er zur Miete wohnen oder sich sein Haus bauen will, ob er seine Haut zu Markte tragen oder »ein Geschäft« aufmachen, ob er »in die Politik gehen« oder sich nicht um sie kümmern will. Ob er rot, grün, gelb oder schwarz wählt, ist ebenso seine Sache wie die Gestaltung seines Haushalts oder die Wahl seines Urlaubsziels. Daß er sich dabei an Recht und Gesetz zu halten hat, ist ebenso selbstverständlich wie der Umstand, daß der freie Wille sich in seinen Möglichkeiten an den ihm zur Verfügung stehenden Mitteln orientieren muß.

Deswegen soll man die *Betätigung des freien Willens* auch nicht gleichsetzen mit der *erfolgreichen Realisierung von privaten Interessen.* Die regelmäßig sich einstellende Sortierung zwischen Erfolgreichen und Erfolglosen hat ihre Ursache nicht in fehlender Freiheit, sondern in den gesellschaftlichen Verhältnissen, in denen der Bürger ganz frei seine zumeist recht bescheidenen Wünsche zu erfüllen versucht. Im übrigen ist es ohnehin unangebracht, bei der Erwähnung des freien Willens in Jubelchöre auszubrechen. Denn aus der *Abwesenheit* eines unmittelbaren Zwangs, der jede Lebensregung vorschreibt, wird erst dann eine Errungenschaft, wenn dem frei gewählten vernünftigen Interesse auch die *Mittel zu seiner Realisierung* zu Gebote stehen. Und genau daran ermangelt es hierzulande der Mehrheit: Sie sind »frei, los und ledig« von allen zur Verwirklichung ihrer Interessen nötigen Sachen. Folglich – und so sollte man diesen Sachverhalt einmal betrachten – läuft hier kaum etwas, ohne daß die Bürger ihren freien Willen in Bewegung setzen. Gerade weil so gut wie jede Lebensregung, jedes sich geltend machende Bedürfnis auf empfindliche Schranken stößt, ist der freie Wille zu dauernder Entscheidung genötigt. Schon die Besorgung der Notwendigkeiten erfordert von den meisten Haushalten geschicktes Kalkulieren. Und selbst der Katalog von Vorschriften und Pflichten, denen der Mensch zu genügen hat, richtet sich an den freien Willen und verlangt ihm seine *Zustimmung* ab. Nur wenn diese ausbleibt, der Bürger da etwas mißverstanden hat, oder wenn er sich ausrechnet, bei der Pflichtverletzung vielleicht nicht ertappt zu werden, tritt die Schutz- und Garantiemacht des freien Willens auf den Plan und teilt ihm per Verwarnung, Bußgeld, Berufsverbot, Einweisung in eine Strafanstalt – und all dem, was die Zivilisation sonst noch erfunden hat, um einen Willen ganz ohne Appell an die Einsicht zur Raison zu bringen –, also durch *unmittelbaren Zwang* mit, wie das mit der Freiwilligkeit gemeint ist.

Zur Volksbildung gehört deswegen auch eine historisch ziemlich neuartige Belehrung. Der Mensch muß nicht nur wissen, auf wen er im Zweifelsfall zu hören hat. Da die »Bequemlichkeit« jenes Zustandes bekanntlich vorbei ist, als ihm ein »Herr« noch jede Entscheidung abnahm, muß er ausgerüstet sein mit einer Kiepe voller Argumente, mittels derer sein freier Wille überhaupt erst *entscheidungsfähig* wird. Für jedes Tun braucht er *seine guten*

Gründe, über die eines von vornherein feststeht: Sie dürfen nicht mit jener Dienstbarkeit kollidieren, für die er gesellschaftlich vorgesehen ist.

2. ... und seine Bildung

2.1. Erste Abteilung: Funktionswissen, damit man funktioniert

Die Kenntnisse und das theoretische Wissen, das den allgemeinen Kanon der Pflichtschulzeit ausmacht, zeichnen sich nicht nur durch eine, im Vergleich zur Volksbildung in vorbürgerlichen Zeiten und Verhältnissen enorm gewachsene Quantität aus. Die Menge an Bildungsstoff läßt sich erst würdigen, wenn man ihre *Qualität* im einzelnen erfaßt hat: Bei der – logisch, nicht chronologisch – ersten Abteilung von Schulbildung handelt es sich um das *Funktionswissen* und seine *Voraussetzungen.* Dazu gehören das methodische Instrumentarium für jedes weitere Lernen (Lesen, Schreiben, Rechnen und demnächst auch die PC-Bedienung) und die elementaren Orientierungstechniken und -regeln (Zeit- und Raumeinteilung, Gewichte, Maße, Farben, Formen usw.).

Der angehende Bürger lernt in dieser Abteilung, daß es eine Post, eine Feuerwehr, einen Schutzmann, einen Bäcker usw. *gibt,* wie sie *funktionieren* bzw. wie er sie *für sich* zum Funktionieren bringen kann; also wie das Telefon und der Feuermelder bedient werden, wie man beim Bäcker an Kuchen herankommt und daß der Schutzmann die Kinder im Straßenverkehr schützt. Später erfahren sie, daß wir alle eine Vergangenheit besitzen, in der sich ständig die Grenzen verändert haben, daß es »fremde Länder mit fremden Sitten« gibt, eine Europäische Gemeinschaft, eine NATO und verschiedene Herrschaftssysteme existieren usw.

Die geistige Leistung, die hier vom Nachwuchs verlangt wird, ist recht *bescheiden;* auch wenn so »komplexe« Einrichtungen wie die Familie, der Betrieb oder das Parlament zum Gegenstand gemacht werden. Sie ist – in Grenzen – vergleichbar mit der theoretischen Leistung, die zum Gebrauch beispielsweise einer Waschmaschine nötig ist. Neben der *Bekanntschaft* mit diesem zweckmäßigen Gerät, dessen Benutzung Zeit und Kraft spart, braucht es die *Kenntnisse,* um es seinem Zweck entsprechend in Betrieb zu nehmen. Diese liefert bekanntlich eine Gebrauchsanweisung. Durch deren Lektüre stellt sich denn auch kein *Wissen* über die Mechanik oder Elektronik dieser Erfindung ein. Wie sollte es auch! Denn das Anliegen der Anweisung ist gar nicht die *naturwissenschaftliche Erklärung* des Gerätes, sondern nur die Vermittlung von Bedienungsregeln. So *klappt* denn nach der geistigen Anstrengung, die die Lektüre des mehrsprachigen Papierkrams erfordert, in der Regel auch die Benutzung des Geräts – was ja keinesfalls gering zu schätzen ist.

Die schulisch vermittelten »Gebrauchsanweisungen« erzielen allerdings gerade nicht dieselbe praktische Wirkung; wenigstens nicht für alle diejenigen, die sich an sie halten. Die Unterrichtsthemen: Wie verhalte ich mich im Straßenverkehr? Wie kommt man zu Geld? Wie kaufe ich preisgünstig ein? Wie kann ich mein Interesse in der Demokratie zur Geltung bringen? usw. stellen die Welt von Politik und Geschäft zwar wie Einrichtungen vor, die sich durch zweckmäßige Benutzung ganz in den Dienst der schulisch getrimmten Bedienermannschaft stellen läßt. Sie muß dazu nur auf die richtigen Knöpfe drücken: Wer sich an alle Verkehrsregeln hält, kommt sicher und pünktlich an! Wer ordentlich lernt und fleißig ist, der hat sein Einkommen sicher! Wer immer die Preise vergleicht und sich nicht von der Werbung manipulierten läßt, hat keine Probleme mit dem Haushalten! Und wer seine Interessen bei den vorhandenen Parteien nicht unterbringen kann, der darf Leserbriefe schreiben, demonstrieren und sogar eine eigene Partei gründen! »Gewußt wie!« heißt die Masche, aus der sich die Logik dieser Sorte Unterweisung ergibt.

Die Beherzigung dieser Anweisungen sorgt in der Tat dafür, daß die entsprechenden Einrichtungen funktionieren, jedoch kaum zu Nutz und Frommen des »Bedienungspersonals«. Ein Blick auf den Arbeitsmarkt, die Einkommen, die demokratischen Institutionen und selbst auf den Straßenverkehr zeigt bekanntlich überall *Sieger* und *Verlierer,* was nach der Inbetriebnahme der Mikrowelle und der Waschmaschine nicht die Regel ist: Im Straßenverkehr, in welchem sich zur Stoßzeit oder im Autobahnstau nur tummelt, wer unbedingt muß; ebenso wie in der Warenwelt mit dem hübschen Gegensatz von prallen Schaufenstern und leeren Portemonnais. Im politischen Leben, in welchem die einen Steuern beschließen und die anderen sie ungefragt zahlen müssen, wie in der Welt der Arbeit, in der die Beschäftigung immer die Perspektive der Arbeitslosigkeit einschließt. Oder in der Familie, die ein Dach über dem Kopf haben muß, das in der Regel einem Hauseigentümer gehört, der an der Miete anderer Leute verdient usw.

Allerdings müssen sich weder das Familienoberhaupt von der in drei Zimmern untergebrachten vierköpfigen Familie von einem Hausbesitzer, weder der im Stau steckende Verkehrsteilnehmer von seinem Chef, weder der Arbeitslose vom Einkommensbezieher noch der Lohnarbeiter vom Unternehmer usw. vorhalten lassen, sie hätten die *»falschen* Knöpfe« gedrückt oder die Gebrauchsanweisung dieser Gesellschaft *nicht richtig studiert,* deswegen alles verkehrt gemacht und müßten sich folglich nicht wundern, wenn sie sich auf der Verliererstraße wiederfinden. Die Welt ist schon funktionell, wie gewünscht zur Kenntnis genommen worden, und es sind den Bürgern bei der Benutzung der Verkehrswege, des Wohnungsmarktes, der Warenwelt, der Wahlzettel usw. auch keine Fehler unterlaufen. Sie haben sich strikt an die theoretischen Kenntnisse, über die sie nach der allgemeinen Schulpflicht verfügen, gehalten. Es liegt vielmehr in der Natur dieser Einrichtungen im Kapitalismus, daß ihr Gebrauch gar nicht den Nutzen aller, die sich wohlgemut in ihnen zu schaffen machen, einschließt. Die Welt, die sich der Dienste von Bürgern versichern will, ist eben keine Waschmaschine, deren korrekte Bedienung jedermann saubere Wäsche beschert:

– Wenn in der Konkurrenz um einen Arbeitsplatz vom »Arbeitgeber« für den einen und gegen den anderen Arbeiter entschieden wird, dann hat dies seinen Grund nicht in einem Fehlverhalten des Ausgemusterten. Beide mögen die gleiche Schulbank gedrückt, sich ordnungsgemäß beworben und vorgestellt, d.h. alles getan haben, was ihnen als ihr Erfolgsrezept beigebracht worden ist. Genützt hat es dem einen deswegen nichts, weil der Unternehmer nur eben nur *einen* Arbeitsplatz zu besetzen hatte. Deswegen kann auch der Erfolg des anderen gleichfalls nicht dem schulisch vermittelten Rezept zugutegehalten werden.

Sie haben nämlich etwas Falsches gelernt: Daß der Markt ein Spiel von Kräften ist, auf dem das bessere Angebot sich durchsetzt, weswegen man bereits in der Schule sehr viel dafür tun kann und muß, um sich als Angebot unwiderstehlich zu machen. Niemand hat ihnen in der Schule mitgeteilt, daß es in der Konkurrenz um Arbeitsplätze *notwendig* Beschäftigte und Unterbeschäftigte und die sich regelmäßig damit einstellende Not gibt, daß Unternehmer mit jeder Rationalisierung auf die Überzähligmachung von Arbeitskräften als ein Geschäftsmittel setzen und daß die Existenz einer Anzahl von überzähligen Arbeitskräften (»Reserverarmee«) ein von den Hütern der Marktwirtschaft gebilligtes und gefordertes Instrument zur Verbesserung der »Standortqualitäten« einer Wirtschaft ist; daß infolgedessen das soziale Netz auch nicht dazu da ist, ihnen in ihrer Not zu helfen, sondern sie als verfügbares Angebot von verbilligter Arbeitskraft disponibel zu halten. Kurzum, in ihrer Bildung ist ihnen die lebensentscheidende *Wahrheit* über das Produktionsverhältnis, in das sie sich einfädeln müssen, vorenthalten worden: Daß nämlich über die ihnen zustehende Teilhabe am Wohlstand und ebenso über die dauerhafte wie vergebliche Anstrengung, mit der schmalen Geldbörse, ihr Leben und das ihrer Familie nach eigenen Vorstellungen zu gestalten, *längst entschieden war,* bevor sie sich als abgeklärte Realisten oder mit frischem Elan und einem Rucksack voller guter, sozial- und wirtschaftskundlich aufgepeppter Vorsätze auf den Arbeitsmarkt gestürzt haben.

Allerdings ist diese Vorstellung des Arbeitsmarktes damit noch lange nicht als nutzlos einzuordnen. Denn wenn sich der glückliche Besitzer des Arbeitsplatzes diesen »Erfolg« selbst anrechnet, seiner schulischen Leistung, seinem Wissen *um die* und das geschickte Ausnutzen *der* Marktregeln, seiner überzeugenden Vorstellung, dann liegt er zwar *theoretisch* ebenso *daneben* wie sein enttäuschter Konkurrent, der bei sich nach Fehlern sucht. *Ideologisch* liegen aber beide völlig *richtig*. So gesehen haben sie alles *wie gewünscht* gemacht: Sie haben das Schulwissen für die Wahrheit der Verhältnisse genommen, es erstens praktiziert und zweitens ihm auch noch die Erklärung für Erfolg und Scheitern entnommen. Das vermeidet böses Blut – und verweist bereits auf die nächste Abteilung der Volksbildung.

– So verdankt sich auch die Sortierung nach Hauseigentümer und Mieter nicht einer zu oberflächlichen Schullektüre der Regeln zur Benutzung des Wohnungsmarktes. Denn dieser unterstellt längst das Angebot, das Grundeigentümer und ihre Makler machen. Und daß solche Eigentumsverhältnisse nicht vom Himmel fallen, davon können dann auch diejenigen eine Moritat singen, die unter Verkennung der Gesetze des Grundeigentums »schlau« genug waren und es »aus dem Nichts heraus« zum Eigenheim gebracht haben – das nicht umsonst so heißt –; und zwar mit lebenslanger Verschuldung, »eigener Hände Arbeit« und dem dazugehörigen Ärger mit dem eigenen Nachwuchs, der undankbarerweise den Ärger nicht erben möchte, weil ihn seine »Mobilität« in andere Gefilde verschlagen hat. Alles »richtig« gemacht haben aber auch die gewöhnlichen Mieter, wenn sie regelmäßig nicht wissen, wovon sie ihre Miete zahlen sollen...

– Für den Bereich der Politik gilt Ähnliches. Wer der Steuerpolitik der Regierung überdrüssig ist, der weiß, daß er mit dem Wahlkreuz dagegen protestieren kann. Wenn sich dadurch an den Steuern nichts, sondern vielleicht nur an der Mannschaft der Steuerpolitiker etwas ändert, so hat auch der enttäuschte Wähler nichts falsch gemacht. Denn die demokratischen Instrumente, Einfluß auf Politik zu nehmen, hat der Wähler mustergültig benutzt. Nur hat er sie mißverstanden, wenn er sich von ihnen eine Senkung seiner Steuerquote versprochen hat – was dem aufgeklärten Wähler von heute denn auch nur noch selten passiert. Die Änderung der Steuern ist eine Sache der Politik, an die der Wähler per Wahlkreuzakt sein Interesse an Steuersenkung gerade abgetreten hat; was er so ähnlich inzwischen auch in neuen Sozialkundebüchern nachlesen kann. Auch ihm ist deswegen kein Fehler beim schulischen Studium der Gebrauchsanweisung für seine Funktion als Steuerbürger unterlaufen...

Gelernt wird also *nicht* die *Wahrheit* über die Lebenszusammenhänge des Kapitalismus. Die Herstellung einer staatsnützlichen Geistesverfassung kann sich nicht an der Richtigkeit des Denkens orientieren. Gelernt wird vielmehr, daß sich das Denken den vorausgesetzten Zwecken zu unterwerfen hat, statt diese zu prüfen und zu bestimmen. Der *geistige Instrumentalismus* läßt als »Wahrheit« nur gelten, was der Sicherung der *Funktionstauglichkeit* der Bürger dient. Die Unwahrheit dieser Kenntnisse hat folglich zwei Seiten: Erstens werden lauter falsche Urteile in die Welt gesetzt – etwa über das Geld, das eine zweckmäßige Einrichtung zur Güterverteilung sei, über die Demokratie, in der das Volk irgendwie das Sagen habe, oder über die Wiedervereinigung, welche das Werk der demokratischen Revolution des Volks der

DDR gewesen sei. Zweitens vermittelt das »Gewußt wie!« zugleich den Schein, es würde ganz ›nüchtern‹ über die Funktionsweise der gesellschaftlichen Einrichtungen aufgeklärt, die allesamt Einrichtungen *für die Bürger* seien. Oder anders gesagt: Die Welt der Wirtschaft und Politik wird dem Schüler dadurch als Mittel *seiner Interessen* bekannt gemacht, daß ihm *Kenntnisse für den Umgang* mit dieser Welt an die Hand gegeben werden; und dabei taugen eben diese Kenntnisse nur zur – praktischen und ideologischen – *Anpassung an vorgegebene Zwecke,* die ihm keineswegs durchgängig bekömmlich sind.

Gerade dieser Konzentration des geistigen Stoffs auf »Gebrauchsanweisungswissen« ist es zu verdanken, daß sich Bürger ziemlich uniform als die Subjekte ihres eigenen Geschicks wähnen, ohne daß sie dabei bereits gesondert mit theoretischen Lobeshymnen auf die Privatinitiative und die Bedeutung der Individualität ausgerüstet werden müßten. Was »im späteren Leben« ohnehin nur den Notwendigkeiten, also dem Zwang zum Geldverdienen folgt, existiert in dieser Abteilung der geistigen Ausrüstung des Volkes als die Wahrnehmung von Freiheiten bei der Verfolgung von Interessen. Die scheinen ebenso natürlich zu sein wie die dafür vorgestellten gesellschaftlichen Instrumente: *Lebensmittel,* die braucht doch der Mensch! Und deshalb muß er sich *Geld* verdienen! *Arbeiten* muß doch der Mensch! Also nichts wie hin zum *Arbeitsmarkt* und sich feilbieten! Wie soll er sonst an Geld kommen! Eine *Wohnung* mieten? Na, was denn sonst, wenn es zum Eigenheim nicht langt! Und deshalb muß die *Miete verdient* werden![3]

Es kommt hier einiges an Lernstoff zusammen. Vom ersten bis zum letzten Schuljahr und in so ziemlich allen Fächern erfährt der Nachwuchs immer wieder Neues über die Welt, in die er sich später einzufügen hat. Sogar Brocken naturwissenschaftlicher *Erkenntnis* spielen in dieser Abteilung der Volksbildung ihre Rolle. Wenn über »das Fahrrad«, »das Radio«, »den Bienenstaat« oder »die gesunde Ernährung« unterrichtet wird, dann liegt es in der Natur der Sache, daß der eine oder andere Zusammenhang aus der Mechanik, der Physik, der Biologie oder der Chemie dabei zur Sprache kommt. Es sind eben nicht einmal naturwissenschaftliche Wahrheiten dagegen gefeit, in Zusammenhängen geistige Dienste zu verrichten, die sich gerade nicht der systematischen Erkenntnis der Natur verpflichtet haben, sondern den angehenden Bürger auf die funktionelle Handhabung der Resultate naturwissenschaftlicher Kopfarbeit einstellen wollen: Mit dem Wissen um den Aufbau einer Fernsehbildröhre – um einmal hochzustapeln – wird eben noch kein Fernsehprogramm geändert, aber die nötige Selbstverständlichkeit im arbeitsteiligen Umgang mit diesem »Medium« hergestellt. Der Bürger schaltet es furchtlos ein, für die Programmgestaltung sind »Anstalten des öffentlichen Rechts« zuständig.

2.2. Zweite Abteilung: Gute Gründe, für die Praxis folgenlos

Nach Auffassung der Volksbildungsanstalten besitzt der Mensch gute Gründe für sein Tun nicht einfach in Gestalt *seiner begründeten Interessen.* Da mag er sich noch so gründlich über sein praktisches Interesse Rechenschaft abgelegt haben, mag alles Für und Wider erwogen und vielleicht sogar Personen seines Vertrauens um Rat gefragt haben. Vor dem Volksbildungsprogramm gilt dies wenig. Alle Gründe müssen vielmehr erst von der *Schule* für *gut befunden* werden. Und deswegen hat der angehende Bürger sich diese in einem ganz eigenständigen, staatlich kontrollierten Lernprozeß anzueignen. Das Prädikat »geprüft und für gut befunden« erhalten seine Gründe erst dann, wenn an ihnen jeder Gegensatz zu den Bürgerpflichten, für die er vorgesehen ist, getilgt ist.

Dabei muß er sich seine Anliegen nicht einfach abschminken, wenn sie nicht ganz »in die Landschaft« passen. Verlangt wird von ihm vielmehr ein Kunststück ganz eigener Art: Als gut begründet gilt nämlich ein Interesse, welches den ganz *privaten Inhalt* am Maßstab des *gesellschaftlich Erlaubten relativiert.* Der angehende Staatsbürger muß wissen, was sich *aus welchen Gründen* gehört und was nicht. Beherrscht er dies soweit, daß er seine eigenen Anliegen, ganz überzeugt von der Güte der erlernten Gründe, selbst am gesellschaftlich Gebotenen nach ›zulässig‹ und ›unzulässig‹ sortieren kann, dann darf er sich eines freien Willens rühmen. Wer dieses Kunststück der Verwandlung jeder Pflicht in eine Neigung oder zumindest in ein Gebot der Sache nicht hinkriegt, der muß so oder so nachsitzen.

Es sind *zwei* theoretische Leistungen, die dem angehenden mündigen Bürger dabei in dieser Abteilung der Volksbildung abverlangt werden.

Nur das Erlaubte liefert gute Gründe

Die erste Leistung besteht darin, alle *gesellschaftlich gültigen Regeln,* denen er sich anzubequemen hat, wenn er eine Familie gründen, Geld verdienen, eine Krankheit auskurieren oder einfach nur ein Verkehrsmittel benutzen will, wie *Gelegenheiten* zu betrachten, die *seinen Wünschen* nicht nur zugänglich, sondern auch dienlich, ja vielleicht sogar nur wegen seiner Wünsche geschaffen worden sind. Als *Eigenschaft* der Einrichtungen, denen sich der Bürger später praktisch akkomodieren soll, wird ihm ihre Nützlichkeit theoretisch in einer gesonderten Abteilung der Bildung vorgestellt. Was dem Funktionswissen immer schon impliziert ist, wird zum expliziten Gegenstand der theoretischen Unterweisung. Das »gewußt wie« wird komplettiert durch den theoretischen Nachweis, daß es an der funktional gehandhabten Sache dran ist, daß sie irgendwie dem Bürger zu Diensten ist. Die Frage: Wie kommt man an Geld?, erhält ihr theoretisches Fundament durch den Nachweis, daß Geld überhaupt die praktischste Sache von der Welt sei, weil ein leicht handbares Tauschmittel, obendrein ein Verteilungsmittel und ein Instrument zur Bedürfnisregulierung. Was sich alles gut dadurch belegen läßt, daß ohne Geld nur der umständliche Naturaltausch übrigbliebe. Ähnliches gilt für das Privateigentum. Daß man Arbeit und Wohnung in der Regel nur findet, wenn Privateigentümer die Mieteinnahme und die Lohnkosten für lohnend befinden, das lag bereits den Kenntnissen über Arbeit als Mittel für's Geldverdienen und der Mietzahlung als Weg zum »Schöner Wohnen« immer zugrunde. Aber was man am Privateigentum hat und daß ohne es ja alles Staatseigentum wäre und damit dem freien Spiel des Marktes entzogen, also ein Zeichen von Unfreiheit, von totalitärer Ordnung wäre, das lernt man in der zweiten Abteilung.

Diese Abteilung von geistiger Leistung, die die *Kenntnis* der Handhabung des Geldes um ein ökonomisches *Wissen* über seine Funktionsweise ergänzt, bedient sich der *theoretischen* Begründung. Doch halten die einschlägigen Argumente, die jeder Abiturient beherrscht, nicht einmal einer oberflächlichen Prüfung stand. Daß der Tausch so seine Tücken hätte, wenn er des Tauschmittels entbehren müßte, ist eine vergleichsweise alberne Beweisführung, die nur Zeugnis davon ablegt, daß diesem Begründen das Tauschen als die einzig denkbare Form der Güterverteilung gilt. Deswegen wird auch das Privateigentum komplettierend dazu als Segen vorgestellt, und die Gewalt, die nun einmal jeder Sortierung der Produzenten nach Eigentümern und Nicht-Eigentümern innewohnt erst dort entdeckt, wo das Privateigentum fehlt.

Es werden also nicht die *Gesetze* der Marktwirtschaft erklärt, wenn deren *Regeln* erläutert werden. Vielmehr werden gesellschaftliche *Interessen* nach ihrer unbedingten oder nur bedingten Gültigkeit sortiert. Erstere werden gleich in den Rang *gültiger* Regeln gehoben. An deren Spitze steht bekanntlich der Schutz des Privateigentums, der nur denen etwas nützt, die ein Eigentum zu schützen haben, das als sprudelnde Reichtumsquelle, auch »Kapital« genannt, auf die Masse eigentumsloser Bürger als dienstbare Geister reflektiert. Das Interesse an vernünftigen Lebensumständen, das sich nicht auf ein Privateigentum der gehobenen Sorte berufen kann, gilt als nur *bedingt* gültig. Das heißt, es wird in dem Maße erlaubt, wie es sich an den unbedingt gültigen Ansprüchen des Privateigentums relativiert. Das dabei so manches Interesse auch als *ungültig* verbucht wird, liegt auf der Hand.

So finden sich in den Schulbüchern denn auch nur gute Gründe *für* jene von der Schutz- und Garantiemacht des freien Willens eingerichteten Gesellschaft. Und zu den bedeutendsten Argumenten, mit denen der mündige Bürger seine ganz prinzipielle Zustimmung zu diesen Lebensverhältnissen erteilen soll, gehört ulkigerweise der Verweis auf die Gewährung des freien Willens selbst, zu dessen anständiger Benutzung der Mensch erzogen werden muß. Mit diesem Verweis wird jede Kritik blamiert und jeder Gedanke an eine Systemalternative für absurd erklärt. So lautet denn auch das letzte Argument:

Weil man sich ganz frei und mit einer Vielzahl von Entscheidungsvarianten seinem Staatsbürgerauftrag anbequemen darf, entzieht sich sein *Inhalt* jeder Kritik. Gerade die ›zivilisierte‹ Tour der ganz freien, mit Gründen ausgestatteten Akkomodierung an staatliche Anliegen gilt als der beste Beleg dafür, daß von Unterwerfung keine Rede sein kann.

Darin ist die erlaubte Form des Materialismus der Privatperson noch einmal auf ihren Begriff gebracht: Denn wenn Freiheit *für sich* als Wert hochgeschätzt werden soll, dann kann es mit ihrer Nutzung für die eigene Wohlfahrt nicht allzu weit her sein. Es hat sich eingebürgert, an der Freiheit die Abwesenheit des unmittelbaren Zwangs der persönlichen Abhängigkeit zu loben, und zugleich die Frage zu ächten, *wofür* die eingerichtete Freiheit genutzt werden darf.[4]

Gute Gründe für schlechte Erfahrungen

Die zweite Leistung hat zum Inhalt, die für das Mittun in der vorgegebenen Gesellschaft zugelassenen guten Gründe wasserdicht zu machen, d.h. gegen *schlechte Erfahrungen,* die die Schule also ganz generell antizipiert, immun zu machen. Zwar ist mit der Verwandlung der gesellschaftlich anerkannten Interessen der kapitalistischen Geschäftswelt und ihrer politischen Schutzmacht in einen gültigen Zwangszusammenhang, der für die weniger begünstigten Bürger nur Chancen enthält, bereits einiges geleistet. Daß sie ihren Materialismus eben nur bedingt zur Geltung bringen dürfen, das haben sie damit gelernt. Doch muß für den Fall vorgesorgt sein, daß sich bei der Wahrnehmung dieser Chancen ziemlich viele *Mißerfolge* einstellen, die eine erhebliche Korrektur der eigenen Lebensperspektive zur Folge haben. Der angehende Bürger wird mit Gründen für das ihm abverlangte »Ja« zu Marktwirtschaft und Demokratie ausgestattet, die dadurch jeder schlechten Erfahrung standhalten, daß sie diese auch noch systemkonform erklären können.

Das heute gestattete und nicht mehr gleich als gottlos und ketzerisch verurteilte Bedürfnis von Menschen, sich die sie umgebende Welt erklären zu wollen, wird in dieser Abteilung der Volksbildung schamlos mißbraucht. Wer nach den Gründen des eigenen Scheiterns fragt, der will wissen, ob er Fehler gemacht hat oder ob die ihn umgebende Welt ein ›Fehler‹ ist. Geboten bekommt er allerdings Auskünfte, die in der *Form* einer Antwort auf seine Frage daherkommen, aber doch nur die mit Argumenten ausgestattete gesellschaftlich *erwünschte* theoretische Stellung zu seinem Mißerfolg vermitteln.

Die grundlegende Antwort ist negativ und lautet: Am *System* kann es *nicht* liegen, wenn die Privatperson ihre Pleiten bilanziert. Und ist dem Bedürfnis nach Exkulpation des Systems auf diese Weise erst einmal Genüge getan, dann fallen auch die positiven Auskünfte nicht mehr schwer. Sie folgen einer ganz eigenen Logik und beginnen regelmäßig mit ganz besonderen

Schuldzuweisungen.

– Da wird – sieht man einmal von allen Übergängen in die Metaphysik, in das Walten von Über- oder Außerirdischem, von verborgenen Strahlenfeldern und den Sternen ab – der Grund für den Mißerfolg entweder in der Person des Scheiternden, in seiner Natur bzw. in einem korrigierbaren Fehlverhalten ausgemacht.

– Oder es wird irgendeine *unnötige* Abweichung des gesellschaftlichen Systems von sich selbst diagnostiziert, für die dann Schuldige in den Reihen der Verantwortlichen oder der Betroffenen gesucht werden dürfen. Sie kann z.B. daran liegen, daß falsche Wirtschaftspolitiker am Ruder sind oder die zuständigen Unternehmer Mißmanagement betreiben.

– Und schließlich darf sich der fortgeschrittene Bürger seinen eigenen Mißerfolg auch so als Lob der Gesellschaftsform zusammenreimen, daß etwas Fremdes – Ausländer, fremde Staaten, konkurrierende Systeme – dafür die Verantwortung trägt.

Sachzwänge

Auf den Nachweis der *Vermeidbarkeit* des Mißerfolgs folgt umgekehrt der ebenso beliebte Nachweis seiner *Unvermeidbarkeit.* Dies öffnet einerseits den Blick für die Zwänge, die von der *Menschennatur* ausgehen, und führt andererseits in die vielgestaltige Welt der *Sachzwänge* ein. Auch durch sie soll das System von Kapitalismus und Demokratie nur geadelt werden:

– Hier hat der Rekurs auf ›den Menschen‹, der eben auch sehr garstige Seiten hat, von Trieben und allerhand anderen leider nicht zu beherrschenden Anlagen gekennzeichnet ist und der deshalb auch ›dem Menschen‹ manches Leid zufügt, seinen Platz.

– Hinzu können nach Belieben alle Abteilungen der Gesellschaft, in denen unbekömmliche Interessen regieren, wie mit eigenem Willen belebte Sachen, denen sich Unternehmer, Politiker, Militärs und andere leider unterwerfen müssen, ausgebreitet werden: Nicht Unternehmer entlassen in Umsetzung ihrer ökonomischen Kalkulation lohnabhängige Menschen, sondern die Konkurrenz, der technische Fortschritt oder das Leistungsprinzip zwingt sie dazu. Politiker kürzen über Steuern, Abgaben, Preise und in Tarifrunden die Einkommen zusammen und folgen dabei nur dem Sachzwang des Staatshaushalts, der Weltwirtschaftskonjunktur oder den Wachstumsgeboten.

Vergleich

Wo ein eingetretener Schaden unvermeidbar ist, da ist er denn letztlich auch gar nicht so schlimm oder vielleicht sogar theoretisch gänzlich zum *Verschwinden* zu bringen. Am ergiebigsten erweist sich dafür der Vergleich:

– Dazu *suche man* sich einen Vergleichsmaßstab, an dem sich der eigene Mißerfolg dann mit tödlicher Sicherheit blamieren läßt. In den hiesigen

Breitengraden wird man schnell fündig, da die Verantwortlichen für kapitalistischen Reichtum und imperiale Gewalt weltweit erfolgreich waren: »Im Vergleich zur Nachkriegszeit, zu den Armen in der Dritten Welt, den Opfern des SED-Regimes..., geht es uns doch immer noch gold.«

– Um diese Sorte des gewußten Selbstbetrugs etwas anspruchsvoller auszustaffieren, bietet sich eine weitere Variante des Vergleichs an, die es zu erheblichem Ansehen in der Wissenschaft gebracht hat. Die Aufforderung, die Gesellschaft wie sie ist, mit ihrem von allen angeblichen Segensstiftern gereinigten Duplikat zu vergleichen, kennt man: Was wären wir denn *ohne* ...? Ohne Justiz, Polizei und Armee wären wir hilflos den Dieben, Mördern oder Feinden ausgeliefert, ohne Sozialstaat müßten wir bei jeder Notlage Not leiden, und ohne das Gesundheitswesen wären wir bekanntlich ständig krank. So verwandeln sich unter der Hand alle Einrichtungen, die die Gegensätze der Gesellschaft so regeln, daß sie handhabbar werden und sich damit produktiv für Staat und Kapital einsetzen lassen, in laut bejubelte wunderbare Friedens-, Wohlbehagens- und Gerechtigkeitsstifter. Dabei taugt auch in diesem Fall das Belegmaterial allenfalls dazu, das feststehende Urteil zu *bebildern.* Denn allzu offenkundig wird der an die Wand gemalte Schaden durch die genannten Einrichtungen gar nicht abgewehrt: Weder ist mit dem Sozialstaat die Not, noch mit dem Gesundheitswesen die Krankheit oder mit der Polizei das Stehlen aus der Welt geschafft. Was als theoretische Drohgebärde gedacht ist, entpuppt sich als eine recht realistische Darstellung all jener Ärgernisse, die es *mit* den segensspendenden Einrichtungen so gibt. Keine davon ist arbeitslos oder überflüssig, was schon für sich spricht. Die Logik, nach der die staatliche Verkörperung des Allgemeininteresses als Segen durchgeht, verläuft denn auch schlicht zirkulär: Wenn es nämlich immer wieder Bürger gibt, denen die guten Gründe für diese Gesellschaftsordnung nicht einleuchten und die sich nicht an ihre »Spielregeln« halten, dann darf es nicht wundern, daß sie nicht so funktioniert, wie eigentlich möglich. Auf jeden Fall aber – und das gilt als unwiderlegbar – gibt es *mit* Polizei weniger Überfälle und *mit* Sozialstaat weniger Elend als ohne. Daß es vielleicht ohne die geschützten Eigentumsverhältnisse weder deren Verletzung noch die Kompensationsversuche für das aus ihnen entspringende Elend gäbe, paßt in diese Logik nicht hinein. So etwas ist mit dem Grunddogma, daß wir im besten aller möglichen Systeme leben, nicht vereinbar.

– Dieses Dogma ist selbst Gegenstand eines Vergleichsverfahrens, mit dem sich jede Systemalternative gnadenlos erledigen läßt: Der aparte System»vergleich«, der im Sozialismus oder Kommunismus nur die Abwesenheit der Einrichtungen des demokratischen Kapitalismus entdeckt, kann in seiner denunziatorischen Absicht dann gar nicht scheitern, wenn klar ist, daß eine Gesellschaft ohne Arbeitslosenversicherung, Kündigungsschutz und Streikrecht ganz einfach unmenschlich ist.

Auf diese Weise ist die Gesellschaft, die sich so wenig geneigt erweist, den einfachsten Wünschen nach befriedigenden Lebensumständen Rechnung zu tragen, zu einem

Wert

erhoben, der nun gar *keiner Begründung* mehr bedarf. Da wird dann bei Demokratie Freiheit, bei Marktwirtschaft Individuum, bei Rüstung Frieden und bei Steuern Allgemeinwohl assoziiert. Und jeder, der noch nach dem *Nutzen* dieser Einrichtung zu fragen wagt, der also ein ihm einleuchtendes »Um-zu« erfahren möchte, der hat mit Ausgrenzungen der folgenden Art zu rechnen: »Keine Meinungsfreiheit für die Kritiker der Meinungsfreiheit!«

Kritikverbot

Für diese etwas härter gesottenen Bürger, die das eigene Interesse nicht schon dadurch *kritisiert* sehen, daß es gesellschaftlich *nicht bedient* wird, hat die Bildung noch eine besondere Meisterleistung auf Lager. Wer weiter daran festhält, daß auch ihm ein »Stück vom Kuchen« gebührt, der muß sich – in volkstümlicher Übersetzung – sagen lassen: »Aber wenn das alle machen würden!« Im Klartext: Wer kritisiert, ist ein Miesmacher, der nur meckern kann, jede *Konstruktivität* vermissen läßt und deswegen *selbst schuld* ist an den inkriminierten Zuständen. In gehobener Form lernt man diese Moral über den Zusammenhang von »Individuum und Gesellschaft«, von »Privatinteresse und Allgemeinwohl«. Begreifen soll man, daß die Zusammenfassung aller Einzelinteressen als Allgemeininteresse erstens vollständig in Ordnung geht, aber zweitens – deswegen – die Relativierung jedes Einzelinteresses zur zwingenden Notwendigkeit macht. Die unanfechtbare Güte des Systems wird hier damit untermauert, daß jede schlechte Erfahrung in ihm nur auf ein egoistisches Fehlverhalten der Mitmenschen zurückzuführen ist, also letztlich darauf, daß nicht alle – im Denken und Tun und rücksichtslos gegenüber den eigenen Wünschen – geschlossen zu ihm stehen. Damit muß sich im Prinzip jede theoretische Distanz zu den vorgetragenen guten Gründen, die für das Allgemeininteresse sprechen sollen, dem Verdacht aussetzen, hinter dem Schutzmäntelchen der theoretischen Prüfung zersetzende Absichten zu verfolgen. Jede Kritik, die prinzipielle Vorbehalte der genannten Art anmeldet, hätte folglich nur *recht,* sofern sie *unrecht* hat, lautet die verzwickte Logik dieses Kritikverbots. Denn das theoretische Anmelden und Praktizieren von »Spielregelverletzungen«, wird selbst als der Grund dafür ausgemacht, daß es die vom Kritiker ins Feld geführten ärgerlichen gesellschaftlichen Tatsachen überhaupt *gibt.*

2.3. Dritte Abteilung: Gefühle, die parteiliches Denken zur zweiten Natur machen

Was die moralische Einschwörung des Volkes betrifft, da kennt der Staat keinen Spaß. Gerade weil es immer auf die Ausstattung des Privatinteresses mit *Argumenten* zur Ein- und Unterordnung geht, begleitet er die stattfindende Unterweisung mit einem Verdacht: Allen guten Gründen haftet nämlich der »Mangel« an, daß sie als *Begründung* immer noch ernst genommen, geprüft und mit Überzeugung zu eigen gemacht sein wollen, wenngleich ihr Inhalt nichts als theoretische Vorentschiedenheit ist, der die weitere gedankliche Überprüfung gerade ausschließen soll. Da nun jede argumentative Beschäftigung mit einer Sache zugleich die *theoretische Distanz* zu ihr erfordert, erscheint ihm gerade in der *begründeten* Zustimmung zu seinen Werken immer auch der Keim zu ihrer Ablehnung zu stecken.

Nahrung liefert dem Verdacht der Umstand, daß die Kritik an seinen guten Taten einfach nicht auszurotten ist. Bis vor kurzem soll es sie sogar in praktizierter Form als veritablen Staatenblock gegeben haben, der es zu Weltmachtgröße gebracht hat. Nun hat sich diese Seite des Problems zwar – mit westlicher Hilfe – von selbst erledigt, weswegen auch die noch existierende linke Kritik nicht mehr unter die Freiheit der Meinung, sondern nur noch unter jene Freiheiten fällt, die sich die hauptamtlichen Freiheitsschützer herausnehmen.

Das besänftigt, aber räumt den Verdacht nicht aus, daß dort, wo das staatsfromme und zugleich selbstbewußte Begründen gelernt wird, das eine oder andere systemkritische Urteil auftauchen kann. Darin erblickt der oberste Volksbildner eine Gefahr: Den Argumenten *für ihn* entnimmt er die *inhaltliche Zustimmung,* den Einwänden *gegen* seine Werke dagegen entnimmt er eine Gefahr, die im *Argumentieren* selber liegen soll. So mutmaßt er, daß die eigentlichen Anliegen »zerredet« und durch den übermäßigen Gebrauch des Kopfes ungute Zweifel in den Nachwuchs gesät werden könnten. Die Entwicklung aller parteilichen *Gründe* zu einem *Standpunkt,* der sich auch durch den Nachweis der Unwahrheit der gelernten Begründungen nicht erschüttern lassen darf, soll durch die Ausbildung eines positiven *Gefühls* zur guten Sache erst so richtig narrensicher werden.

Gefühle haben ohnehin wieder Konjunktur: Man soll sie zeigen dürfen, auch als Lehrer. Mit Schulfesten zur Pflege deutscher Kultur (Weihnachten, Erntedankfest, 3. Oktober usw.) und in Projektwochen wird Raum dafür geschaffen, daß man sich »ganzheitlich einbringen kann« und zwar ohne die sonst in der Schule nötige »Verkopfung«. Das dient zwar in erster Linie nur der Pflege des guten »Betriebsklimas« in der Schule, betont aber zugleich den Stellenwert, der dem »Gefühl« in »unserer kalten Welt« und gerade auch in der Schule beigemessen wird. Sie selbst wird dadurch von der geistigen Zuchtanstalt selbst zu einem Stück Heimat aufgewertet. Da liegt es nicht fern, daß dann schon mal die Wiedereinführung des Morgengebets und die vermehrte Pflege des deutschen (und internationalen) Volksliedgutes empfohlen wird. Und von einem neuen Heimatgefühl, das auch mit der Verantwortung für die eigene saubere Umwelt bedient werden kann, reden nicht nur bayrische Kultusminister.

So hat denn die »Linke« vor einiger Zeit entdeckt, daß Themen, die das politische Gefühlsleben der Deutschen ausfüllen, »nicht von den Rechten besetzt werden dürfen«. Auf diese Weise schafft sie eine Marktlücke für linken Patriotismus und »besetzt« sie gleich selbst. Was natürlich bei Kritikern solcher Umtriebe gänzlich unverdächtig ist. Denn wenn sie auf dem Umweg über die Rettung von deutschem Feld, Wald und Flur vor der »ökologischen Katastrophe« die Heimatliebe propagieren, dann ist das bekanntlich etwas ganz anderes, als wenn die Heimat geliebt werden soll, weil sie noch für intakt und gesund gehalten wird. Einig sind sich beide Fraktionen eben darin, daß eine »gesunde Heimat« auf jedenfall liebenswert zu sein hat. Und den Kultusministern der Länder wird es recht sein, wenn die Grünen ihr »schwummeriges Gefühl« angesichts »vaterländischer Gefühlsduselei« dadurch in ein gutes Gefühl verwandeln, das richtiggehend genossen werden kann, daß sie die liebenswerte saubere deutsche Heimat erst noch herstellen wollen. An der Leistung der Gefühlserziehung ändert sich durch diesen Akzent nichts: Wer die Heimat liebt oder erst dadurch lieben können möchte, daß er zur Entrümpelung von Wald und Bach antritt, der hat in fühlender Brust auch noch den letzten gesellschaftlichen Gegensatz getilgt und sich mit allen gleichgemacht, die dasselbe Stück schwarz-rot-goldener Erde bevölkern.

Zur Pflege des Gemüts dient neben dem Gesang natürlich auch die Welt der gereimten Urteile. Die Gedichte, die »große Literatur« und das Theater erlauben die Aneignung der in literarischer Form vorgelegten Botschaften gleich als mehr oder weniger sinnlichen *Genuß*. Gegen den gibt es einiges einzuwenden, wenn er dem »künstlerischen Erlebnis« gilt, das sich die Gleichgültigkeit gegenüber den theoretischen Urteilen leistet, die da in gereimter, gesungener oder dramatisierter Form vermittelt werden. Allerdings kann sich der Genuß von der Beurteilung des Inhalts nur freimachen, weil der längst akzeptiert ist.

Darin liegt denn zugleich auch der Haken der Gefühlspflege. Gesetzt wird hier auf das *Ideal von Manipulation,* sich nämlich das konforme Gedankengut *einzuverleiben,* ohne daß es als *Gedankengut* willentlich zur Kenntnis genommen wird. Doch weder klappt so die Manipulation, noch soll Volksbildung so verlaufen. Selbst bei der Betreuung des Volksgemüts muß nämlich der Wille mitspielen. Ohne sein Placet zu Form und Inhalt dieser Sorte Betreuung landet nichts »im Bauch«. Wo sich beim Schmettern vom »Jäger aus Kurpfalz« oder von »Oh Tannenbaum« der wohlige Heimatschauer einstellt und beim Mitsingen von »Fraaaihaaait« (Marius Müller-Westernhagen) oder »Wind of Change« (Scorpions) der Triumph der siegreichen Heimat genossen wird, da ist längst dem *Gedanken* der Zuschlag erteilt worden, daß man in dieser Gegend, in dieser Kultur und in diesem Wertesystem richtig aufgehoben ist, auch wenn das eigene Interesse immer ein bißchen zu kurz kommt; vielleicht sogar deswegen! Der Erfolg der Gefühlsbildung liegt also ausschließlich im Erfolg der anderen, der »verkopften« Abteilungen der Volksbildung begründet.

3. Die geistige Identität des demokratischen Volkes: Nationalerziehung heute

Die mit der Volksbildung verfolgten Anliegen erbringen damit mehr als nur die Ausstaffierung der angehenden Bürger des kapitalistischen Gemeinwesens mit einem geistigen Inventar. Die Staatsschule ist jene geschlossene Anstalt, in welcher der bürgerliche Staat Anstrengungen unternimmt, seine Bürger ausnahms- und unterschiedslos *geistig* zu *einem Volk* zusammenzuschweißen. Hier bereitet er sie auf ihre *geistige Identität als Glieder eines bestimmten ›Volkskörpers‹* vor. Da dürfen und sollen sie ihre Zugehörigkeit zu einem Sprach- und Kulturraum für gewichtiger bewerten als ihre Zugehörigkeit zu einer »Schicht« oder Klasse. Da dürfen und sollen sie lernen, daß sich das Volk jenseits aller Gegensätze in der Gesellschaft durch eine Identität im Denken, Wollen und Fühlen auszeichnet, die ihr Maß allein in dem Dienstverhältnis zur Nation besitzt. Und allein deswegen sollen sie dies lernen: Denn die Benutzbarkeit des ganzen Volkes darf nicht darunter leiden, daß seine Angehörigen für sich als Arbeitskraft und »Arbeitgeber«, Hauseigentümer und Mieter, Steuerzahler und Finanzpolitiker usw. noch ganz andere Identitäten aufweisen. Volksbildung – und zwar in allen drei Abteilungen, also nicht nur dort, wo das politische Subjekt ›Nationalstaat‹ explizit zum Thema der Unterweisung wird – ist damit immer *Nationalerziehung*. Das Volk wird mit einem *geistigen* Fundus ausgerüstet, der es ihm dann erlaubt, sich überzeugt zu jener nationalen Identität zu bekennen, die der bürgerliche Nationalstaat mit Recht und Gesetz dann ›im Leben‹ ganz *praktisch* an ihnen herstellt.

Die verlangte Sorte Zustimmung zum Gemeinwesen, die schlicht *Nationalismus* heißt, kommt heute nicht mehr (allein) als »Deutschland hurra!« daher. Verpönt ist es, den Unterricht regelmäßig mit dem Hissen der Deutschlandfahne und dem Singen der Nationalhymne zu beginnen. Auch besteht das Volksbildungsmaterial nicht nur aus Lebensläufen guter deutscher Führer, aus deutschem Volksliedgut und Heimatkunde. Beliebt ist es heute, deutsche Nachkriegs-Friedlichkeit herauszustellen. Der Verzicht auf Atomwaffen und ihr Ersatz durch die Waffen des »Genscherismus«, die Zulassung (!) von Friedens- und anderen Bewegungen und vor allem die Auspinselung der »ersten gewaltlosen Revolution« auf deutschem Boden sind die Hits moderner Nationalerziehung. In ihrer Verlogenheit stehen sie den Heiligsprechungen von Wilhelm bis Adolf kaum nach. Denn ausgerechnet den Pazifismus als das besondere Kennzeichen deutscher Nachkriegspolitik herauszukehren, die immer mit der NATO als der größten Militärmaschinerie aller Zeiten im Rücken operierte, es dabei zur größten konventionellen westeuropäischen Streitmacht brachte, eine Rüstungsindustrie aufzog, die die ganze Welt mit Waffen aller Art beliefert und daran üppige politische Ansprüche knüpft, all dies als Zeichen eines grundsoliden Friedenswillens zu verkaufen, das gelingt nur überzeugten Deutschen, die es für eine nicht hoch genug zu rühmende Leistung deutscher Politik halten, daß sie den 3. Weltkrieg noch nicht angezettelt hat.

Pädagogen versprechen sich auch von modernen *Methoden* der Nationalerziehung eine *effektivere* Bindung des Nachwuchses an den Staat:

»Die Methoden vergangener Staatserziehung sind abzulehnen deshalb, weil sie ... alle Individuen auf eine nur allgemein-begriffliche Staatsidealität festlegen, die politische Aufgabe zu einer bloßen Deklamation (!) der Staatstreue verflüchtigen und sich in der Praxis mit dem abstrakt-formalen Bekenntnis (!) zu Gehorsam, Pflichttreue und Dienstbereitschaft begnügen (!).« (H. Netzer, Erziehungslehre, 161f)

Die *Erzwingung* des gehorsamen Bürgers zielt zwar schon auf das gewünschte Resultat, konstatieren die Pädagogen. Insofern ist die »vergangene Staatserziehung« auch keineswegs zu kritisieren. Nur wird am Resultat ein Mangel festgestellt: Es gibt keine Gewähr dafür, daß das »Hurra« auch wirklich aus Überzeugung und tiefstem Herzen erfolgt. Es kann »bloße Deklamation« sein, die sich höchstpersönlich immer eine Distanz zum Staat vorbehält; oder ein »abstrakt-formales Bekenntnis«, das vielleicht gar nicht dem »gegebenen Staat«, sondern der »Staatsidealität« gilt und deswegen aus Enttäuschung auch leicht in Ungehorsam übergehen kann. Und das ist viel zu wenig und zu riskant für das, was der moderne, demokratische Staat sich unter einem vielseitig verwendbaren Staatsvolk vorstellt.

Die moderne Nationalerziehung ist anspruchsvoller und unerbittlicher. Netzer fährt fort:

»Von diesem Ansatz her erscheint es notwendig, einerseits die politische Erziehung aus ihrer alten Bindung an Idealkonstruktionen des Staates zu lösen und an ihrer Stelle die Beziehung zu lebendig erfahrenen Aufgaben zu setzen, andererseits die junge Generation von unten her, d.h. von den täglich neu und subjektiv erlebten Tatsachen des sozialen Miteinanders in eine tätige politische Haltung hineinzuführen ... Staatsgesinnung ist über die allgemeine partnerschaftliche Aktivität hinaus auch die lebendige

Teilnahme an objektiv gegebenen Aufgaben (!), wie sie die jeweilige Situation fordert, mehr also (!) als eine persönliche Haltung schöner Menschlichkeit und sozialen Verständnisses, eben Verpflichtung ... Über die kritische und abwartende Auffassung vom Staat ... hinaus, muß positive Teilhabe (!) und Mitverantwortung entstehen...
Es geht um den sozialen Frieden, wie um die Bewährung im politischen Kampf; wir müssen erziehen zum praktischen Tun und dürfen die Bildung der politischen Erkenntnis nicht versäumen; unsere Aufgabe ist Humanität und doch wieder Hineinführung in den gegebenen Staat (!).« (H. Netzer, a.a.O.)

Für effektiver wird eine Nationalerziehung erachtet, die von den Systemwerten *überzeugen* will und es der »tätigen politischen Haltung« des einzelnen überantwortet, eine Kluft zwischen den Vorstellungen von »Freiheit«, »Humanität«, »sozialem Miteinander« und den »objektiv gegebenen Aufgaben« durch »positive Teilhabe und Mitverantwortung« zu schließen. Dabei hat die moderne Nationalerziehung das Thema »Umwelt« zum neuen Hit gemacht: Über den (industriellen) Dreck in Luft und Wasser beschwert man sich nicht. Man faßt sich an die eigene deutsche Nase und sortiert den (privaten) Müll verantwortungsbewußt in drei Tonnen.

Das ist denn auch schon der ganze Dreh, durch den sich die alte von der neuen Nationalerziehung unterscheidet: Wo das Prinzip von Befehl und Gehorsam als die Mitverantwortung aller vorgestellt wird, da soll der konstitutive Gegensatz von Staat und Volk in einer selbstbewußten nationalen Identität des Volkes aufgehen. »Wir sind das Volk!« oder »Der Staat, das sind doch (eigentlich) wir!« lauten die entsprechenden demokratischen Parolen. Mit der ersten mahnen selbstbewußte (Neu-)Bürger an, daß ihre Obrigkeit wenigstens ihrem Selbstbewußtsein Respekt zu zollen hat. In der anderen finden sich mündige Bürger mit der erfahrenen Wahrheit ihrer Dienstbarkeit dadurch ab, daß sie über Verstöße gegen einen erfundenen eigentlichen Sinn dieses Benutzungsverhältnisses maulen.

Bei dieser modernen Einschwörung auf das westliche *»Wertesystem«* kürzt sich die Parteinahme für den *deutschen* Nationalstaat keineswegs heraus. Der oberste Hüter der deutschen Volksbildung muß nicht befürchten, daß es seinem Volk gleichgültig ist, ob es sich unter deutscher, französischer, us-amerikanischer oder japanischer Flagge zu Demokratie und Allgemeinwohl bekennt. Daß der Franzose die Gleichsetzung von *System* und *Nation* französisch, der Deutsche sie deutsch und der Japaner sie japanisch versteht, hat seinen Grund in der bestimmten Staatsbürgerschaft, in die er »hineingeboren« worden ist. Es lebt der Staatsbürger eben nicht deswegen in Deutschland, Frankreich usw., *weil* es sich dabei insgesamt um Staaten höchster Güte handelt. Er hat die Logik umgekehrt gelernt: Weil er in Deutschland, Frankreich usw. lebt, deshalb gebührt dem jeweiligen Staat das Extralob. Es ist also immer schon an Deutschland gedacht, wenn aus deutschem Munde das Lob von »Freiheit, Gleichheit, Eigentum und Bentham« (vgl. K. Marx, Kapital 1, 189) ertönt.

Daß diese Tour der nationalistischen Volksbildung nicht als Nationalerziehung verdächtigt wird, das soll übrigens noch einmal besonders für Deutschland sprechen. Ebenso wie heute der deutsche Europa-Internationalismus, demzufolge demnächst »alle europäischen Völker ohne Grenzen eng zusammenrücken und eine einzige große Familie ohne Haß, Ängste und Streit bilden werden« (Genscher), natürlich nicht als deutsches Interesse an einer europäischen Führungsrolle gedeutet werden darf, sondern als Beweis dafür gelten soll, daß Deutschland endgültig aus seiner Geschichte gelernt hat – was natürlich wieder schwer für »uns« und »unsere europäische Führungsposition« spricht.

Ganz wie auch das Bemühen, zum Verständnis für alles »Ausländische« zu erziehen als kosmopolitische und multikulturelle Überwindung von engem Nationalstaatsdenken gilt, nicht aber als Beitrag zur geistigen Disponierung eines Volkes zu wahrhaft imperialer Benutzbarkeit: Es soll die fanatische Ausländerfeidlichkeit von Teilen des deutschen Volkes nicht zu häßlichen Tönen oder Szenen führen, wenn es darum geht, In- und Ausländer zusammen und ganz gleich dem Dienst an Wachstum und deutscher Souveränität zuzuführen.

Inzwischen ist solche Nationalerziehung jedoch in den umgekehrten Verdacht geraten: Eine Erziehung zu einem »gesunden Patriotismus«, der bekanntlich mit Chauvinismus nichts zu tun hat (vgl. Huisken, Anstiftung ..., S. 115ff) und außerdem nach der Erlangung der vollen politischen Souveränität keinem Deutschen mehr verwehrt werden dürfe, könne so nicht bewerkstelligt werden. Solche Töne hört man seit einiger Zeit von den Regierungsbänken. Damit ist die Regierungspolitik der 90er Jahre allerdings den Pädagogen um die obligatorische Nasenlänge voraus. Wo sich die pädagogischen Obleute von politischer Bildung noch alle Mühe geben, die Identität von Wertesystem und Nation in Szene zu setzen, da monieren die Kohls und Weizsäckers bereits, daß es den Deutschen, nachdem sie nun 45 Jahre lange ihr Büßergewand getragen hätten – und gerade mit dieser Charade zur Weltmacht aufgestiegen sind –, nun doch erlaubt sein müsse, auf Deutschland stolz zu sein. Damit ist die neue Richtlinie für die zukünftige Nationalerziehung in die Welt gesetzt.

4. Staatliche Korrekturen an der Volksbildung

Der Initiator der Volksbildung ist selbst der gestrengste Kritiker seines Werks. Immer dann wenn *das Volk* die von ihm erwünschten Leistungen *nicht* bringt, entdeckt er Korrekturbedarf und zugleich die Bildungsanstalten als ein geeignetes Instrument zur Eliminierung der Mängel.

Das schließt eine Reihe von Fällen ein: Da kann es ihm mißfallen, daß sich geistige Regungen im Volk breit machen, die seinen Vorhaben eher skeptisch gegenüberstehen; so etwa wenn Friedensbewegungen die zügige Erledigung der nationalen Aufrüstung erschweren, weil sie nationale Verteidigungs*ideale* mit militärischen *Strategien* verwechseln, oder wenn einer Arbeiterbewegung die gegebene Reichtumsverteilung ungerecht erscheint und sie – in bester Absicht – andere ökonomische Verteilungsmodelle ins Spiel bringt. Stören kann ihn aber auch, wenn im Volk eine Stimmung entsteht, die allem Fremden ziemlich fanatisch, also unterschiedslos ans Leder geht; zumal dann, wenn er selbst gerade vorhat, mit solchen Fremden eine staatliche Vereinigung einzugehen.

In all solchen Fällen ist natürlich immer auch und oft genug zu allererst jenes »Volksbildungsinstrument« gefragt, das ganz ohne Begründungen, dafür aber mit viel staatlich legitimierter Schlagkraft auskommt. Daneben aber ergeht ein Auftrag an alle staatlichen Volksbildungseinrichtungen – vom Bundespresseamt über Rundfunk und Fernsehen bis hin zur und besonders an die Schule. Da hat dann eine staatlich betreute Friedenserziehung solange Konjunktur, bis sie schließlich als Unterrichtsprinzip zum festverankerten Bestandteil der normalen schulischen Volksbildung werden kann, weil inzwischen jeder gelernt hat, sich um den Frieden *»seines Landes«* Sorgen zu machen. Da wird die Toleranz gegenüber Ausländern zwischenzeitlich ganz groß geschrieben, bis jeder weiß, daß Gewalt gegen Ausländer nicht seine Sache, sondern die von Grenzschützern und anderen Ordnungskräften ist.

Die auffällig gewordenen Abweichungen im gebildeten Volke bestehen zumeist in demonstrativ geäußerten Differenzen zwischen den gelernten Urteilen über die Welt und den auf der Grundlage von Erfahrung verfertigten Urteilen. Selten hat es sich in der Vergangenheit um wirkliche Kritik der Ideologien über Staat und Wirtschaft, Familie und Kultur gehandelt. Wenn etwa die Friedensbewegung gegen die Nachrüstung demonstrierte und den Austritt der BRD aus der NATO forderte, dann zeigte sie sich einerseits als Resultat der Nationalerziehung, die ihrer politischen Führung wirklich nur Frieden zutrauen wollte. Andererseits war sie durch die NATO-Strategie mit Pershings und Cruise missiles und den deutschen Nachrüstungsbeschluß irritiert und erblickte darin einen Widerspruch zu deutscher Politik. Den wollte sie unbedingt ihrer Führung vorhalten. Und je überzeugter sie von der nationalen Dignität ihres Anliegens war, desto mehr wähnte sie sich bei der Benutzung unkonventioneller Demonstrationsmethoden im moralischen Recht. Dem »Mißverständnis« des westdeutschen Bündnisnationalismus durch die Friedensbewegung begegnete der Staat mit Ordnungsmaßnahmen und Unterrichtseinheiten über die NATO, über Europa und über nationale

Sicherheitspolitik. Die Friedensbewegung hatte dann während des Golf-Krieges Gelegenheit, die Korrektur ihrer Mißverständnisse zu demonstrieren. Sie tat es.

Aber auch ganz neue Maßstäbe und Anliegen des obersten Souveräns vermögen zu Korrekturen an seinem inhaltlichen Volksbildungsprogramm zu führen. So basiert etwa die sich andeutende neue Nationalerziehung nicht auf Planabweichungen bei den Gebildeten, sondern auf Fortschritten der Führung.

Dabei leben zwei Seelen in deren Brust: So möchte sie einerseits dem Volke ganz offiziell ein Nationalbewußtsein gestatten, das den neuen Ansprüchen eines Großdeutschland entspricht. Andererseits kennt sie ihre Pappenheimer, die sich – verständlicherweise – schwer tun mit der politischen Dialektik, daß ausgerechnete durch die Preisgabe der nationalen Souveränität an ein neues politisches Subjekt namens Vereinigte Staaten von Europa der Grundstock dafür gelegt werden soll, wieder Stolz auf Deutschland empfinden zu dürfen. Dabei gibt es die Formel, in der die Erziehung für Europa und ein neues nationales Selbstbewußtsein verträglich gemacht werden, längst. Sie lautet ›Deutsches Europa‹, ist allerdings wenig bündnisfreundlich, weswegen denn auch erst einmal nur die Republikaner in ihr Programm offen hineinschreiben, was auch die Vorstellung von Kohl & Co. ist. Lehrplantauglich ist dieses Konzept noch nicht, weswegen die Volksbildungsanstalten sich bei einer Nationalindoktrination, die dem deutschen Europa-Projekt auf den Leib geschneidert wäre, etwas zurückhalten müssen – und zwar im Interesse seines erfolgreichen Abschlusses. So etwas geht wirklich nur bei und mit einem gut erzogenen Volk.

5. Bildung für alle, aber nicht für alle gleichermaßen

So wenig die Volksbildung mit einem Bemühen um ein wirklich gebildetes *Volk* zu tun hat, so wenig ist es ihr darum zu tun, *jeden einzelnen Bürger* auf ein *identisches* Niveau geistiger Funktionstüchtigkeit zu heben. Der »Deutsche Ausschuß für das Erziehungs- und Bildungswesen« stellt fest:

> *»Es wäre eine Illusion, wollte man damit rechnen, daß die Massen oder alle Einzelnen in einem aktiven Sinne gebildet sein können. Unsere Demokratie wird schon Festigkeit gewinnen, wenn keine Schicht von der Möglichkeit, sich zu bilden, ausgeschlossen ist.«* (Der deutsche Rahmenplan, zit. n. Schelsky, Anpassung und Widerstand, 81)

Nicht in der Bildung der Individualität besteht der Zweck der Volksbildung, sondern in ihrer Bornierung zu geistig tauglichen »Volksgenossen«, die der »Demokratie Festigkeit« verleihen sollen. Deswegen wird hier auch keine »Illusion« auf ein realistisches Maß zurechtgestutzt, sondern der in der »Illusion« steckende Anspruch auf »aktive Bildung aller Einzelnen« schlichtweg als nicht demokratiedienlich zurückgewiesen.

Der Veranstalter dieser Bildung geht in ihr ein Betreuungsverhältnis zu *einzelnen* Bürgern nur ein, weil bzw. sofern sie seinem *Volk* angehören, an dessen Dienstbarkeit ihm so viel liegt. Volksbildung meint damit mehr und zugleich auch weniger als die Summe der angehenden Staatsbürger, die das Vergnügen hatten, von ihm in die Bildungspflicht genommen zu werden.

Sie ist einerseits *weniger,* insofern die Qualität des dienstbaren Volks nicht an der *gleich erfolgreichen* Teilnahme eines *jeden Bürgers* am Staatsbildungsprogramm hängt. Daß sich immer wieder Schüler um die Schule drücken, eine erstaunliche Anzahl von Absolventen des allgemeinen Pflichtschulprogramms zu den Analphabeten gerechnet werden muß, die nicht einmal über die Voraussetzungen für die notwendigen geistigen Eigenleistungen eines tüchtigen Bürgers verfügt, und daß die Unterschiede in der Begeisterung von Schülern, sich dem Schulprogramm zu stellen, und damit auch die Unterschiede in ihrem Bildungsstand gewaltig sind, das hat mit Sicherheit für den einzelnen Nachteile. Für den Organisator der Volksbildung zählt nur, inwieweit sich dadurch eine Störung, eine Dysfunktion in der Benutzung des Volkes ergibt. Mag der einzelne es später »im Leben« schwer bereuen, daß er in der Schule in den Fremdsprachen oder in »Mathe« gepennt hat, mag er sich sogar einbilden, diese Jugendsünde sei der Grund für seine Schwierigkeiten »im Leben«, vom Standpunkt der Volksbildung aus betrachtet sind solche Defizite gleichgültig. Umgekehrt: Der mit weniger Wissen als mancher seiner ehemaligen Mitschüler ausgestattete Mensch ist ein voll-, wenn nicht sogar mustergültiges Exemplar des gebildeten Volkes. Denn hat er nicht nach dem Schulbesuch sein Leben in seine Hände genommen, schnell und voller Selbst- und Staatsvertrauen eine Familie gegründet, sich um eine Einnahmequelle bemüht, dort alles getan, damit er sie nicht verliert? Ist er nicht sogar in die DAG oder die IG Metall eingetreten und hat er nicht obendrein regelmäßig seinem Unmut über die Regierungspolitik in der Wahl Ausdruck verliehen? Hat er nicht nach einer Phase der Enttäuschung irgendwie sogar begreifen können, warum seine Firma ihn nach 18jähriger Betriebszugehörigkeit entlassen mußte? Ist ihm nicht gleich die Weiterbildung als Gegenmittel eingefallen und hat er nicht seine Kinder, »die es später einmal besser haben sollen«, immer hart herangenommen, wenn er an ihnen den eigenen Schulschlendrian beobachtet hat? Genau dafür hat es gereicht, und das reicht auch!

So gewinnt eben auch und gerade durch ihn die »Demokratie Festigkeit«. Und von Politik und Wissenschaft darf er sich anhören, daß es seine besondere »Bildung« ausmacht, wenn er als Nachzügler des Volksbildungprogramms, als der seinen Mitbürgern erst einmal unterlegene Zeitgenosse trotzdem seinen Pflichten als Bürger nachgekommen ist:

»Bildung hängt nicht an Zertifikaten, akademischen Prüfungen. Bildung hat, wer seine Person entfaltet in dem Raum und Rahmen, in den er hineingestellt ist und in dem er Verantwortung zu übernehmen bereit ist.«
(H. Maier, Ein Pyrrhussieg...)

Es macht den Bildungspolitikern gar nichts aus, einerseits vor der »Illusion« einer Bildung für »alle Einzelnen« zu warnen und zugleich diejenigen für wahrhaft gebildet zu erklären, die diese Pille schlucken und sich von der »Illusion«, selbst zu den Gebildeten zu gehören, gründlich verabschiedet haben.

Selbst die Absolventen der Volksbildung, die »es zu etwas gebracht haben«, gelten dem Staat zunächst einmal nicht etwa deswegen als Beleg für die Tauglichkeit seiner Volksbildungsanstalten, weil deren *privater* Lebensplan in etwa aufgegangen ist, sondern weil auch sie an ihrem Platz ihre Pflicht tun. Der Erfolg dieses Programms bemißt sich eben wirklich nur am Bildungsstand des »Volkskörpers«, der nicht zu unrecht wie *ein* identisches Subjekt, eben als *ein* aus vielen Teilen bestehender Körper bezeichnet wird.

Die Volksbildung ist deswegen andererseits *mehr* als die Summe der Bildung der einzelnen Volksangehörigen, insofern von ihr erwartet wird, daß *das Volk* für alle Fälle und Wechselfälle des politischen, ökonomischen, aber auch des privaten Lebens geistig gerüstet ist. Ungeachtet der Auswirkungen dieser Fälle auf individuelle Wünsche und Lebensziele soll sich jedermann aus freiem Entschluß in allen gewohnten, aber auch mobil in gänzlich neuen Lebenszusammenhängen, in die ihn »das Schicksal« verschlägt, bewähren. *Im* Volk soll sich soviel an »Potenz« und »Substanz« befinden, daß für alle und selbst für die zur Zeit der Bildung noch gar nicht absehbaren Varianten der Benutzung vorgesorgt ist. Das Ideal der staatlichen Volksbildung heißt: Aus dem Vollen schöpfen können, wenn neue Funktionen besetzt und alte neu bestimmt werden. Die Besten sollen die Ämter mit viel Verantwortung besetzen. Alle anderen sollen ihre Anpassungsfähigkeit und -bereitschaft dort unter Beweis stellen, wo sie einen (Arbeits-) Platz finden.

III. Volksbildung als Bewährung im schulischen Leistungvergleich

1. Die staatliche Sorge um den Nachwuchs an Führungskräften

1.1. Die Herstellung von Unterschieden ...

Die geistige Produktion des Volkes soll die Voraussetzungen schaffen für dessen Verwendung in allen gegebenen gesellschaftlichen Funktionen. Dabei denkt der oberste Volksbildner an sich selbst immer zuerst. Die Volksbildung muß gewährleisten, daß genug Ausgebildete zu seiner eigenen Verfügung stehen. Das sorgsam eingerichtete und verwaltete Verhältnis zwischen der politischen Herrschaft und »seinem Volk« braucht zu seiner Erhaltung *»Führungskräfte«*. Es muß der zum Staatsvolk aufgemachte Gegensatz gesichert, praktisch wie ideologisch betreut werden, und es will dafür gesorgt sein, daß die vom Volk verlangten *Dienste* erbracht und die geistige und körperliche *Dienstbarkeit* laufend erneuert wird. Nur die Tüchtigsten bei der Absolvierung des Volksbildungsprogramms, eben die zukünftigen Mitglieder der »geistigen Elite«, gehören in die politischen und ökonomischen, in die juristischen und journalistischen, in die medizinischen und militärischen, in die pädagogischen und polizeilichen, in die diplomatischen und kulturellen Spitzenpositionen. Denn hier sollen nur Leute Dienst tun, auf die sich der Staat in jeder Hinsicht verlassen kann. Er muß sich also bestimmter *Teile des Volkes* bedienen, um die demokratische Benutzung des *ganzen Volkes* sicherzustellen. Und die Aufgabe der Schule ist es, die *Volksbildung* mit der *Sortierung* des Nachwuchses nach gesellschaftlichem Führungspersonal und dem Rest der »Mannschaft« zu *verbinden.*

Wer zum Führen statt zum Geführtwerden taugt, das soll sich zunächst einmal in der Schule entscheiden. Das Zeug zum Führen wird bei denjenigen vermutet, die in allen Abteilungen der verlangten Volksbildung die Spitze halten. Daß sie dabei wenig Gelegenheiten haben, bereits »Führungsqualitäten« unter Beweis zu stellen, von ihnen vielmehr umgekehrt die vollständige Unterordnung unter das Volksbildungsprogramm verlangt ist, macht durchaus Sinn. Denn die Schule verläßt sich – durchaus im Widerspruch zu zahllosen pädagogischen Ratgebern – nicht auf »geborene Führer«, sondern nimmt ihre Herstellung in die eigenen Hände.

Und das beginnt mit einer fortlaufenden geistigen Bewährungsprobe des Nachwuchses. An den individuellen Unterschieden, die sich beim Lernen zwischen den Absolventen der Schule auftun, ist der Schulträger also schwer interessiert. Er sorgt dafür, daß sie als unterschiedliche Grade der Erfüllung seines Bildungsauftrags registriert werden. Deswegen ist die Bildung als

Pflicht organisiert, sich im schulischen *Leistungsvergleich* zu bewähren. Um Unterschiede zu *ermitteln, stellt* er sie durch die schulische Tat gleich *selber her.*

In einem doppelten Sinn im schulischen Unterricht soll herausgefunden werden, wer sich als besonders *anstellig* erweist: Verlangt ist nicht nur eine besondere Beflissenheit im Unterricht, sondern auch ein bestimmtes Können. Der Wille zur Leistung gilt zwar als lobenswert, er ersetzt jedoch die Leistung nicht; ebenso wie die Leistung, die jemandem »zufliegt«, zwar geschätzt wird, aber den Test auf den Willen zur Pflichterfüllung keineswegs überflüssig macht. So wird denn der Nachwuchs durchgängig mit Leistungs*anforderungen* konfrontiert, an denen Schüler *scheitern* können müssen, wenn das staatliche Programm *gelingen* soll. Es muß Sieger *und* Verlierer hervorbringen. Das geht nicht ohne entsprechenden *Druck* ab. Der wird dadurch erzeugt, daß das Bildungsprogramm dem gesamten Nachwuchs *ohne Unterschiede* als *Leistungstest* vorgelegt wird, in welchem das *Lernen von Stoff in vorgegebenen Zeiten* verlangt ist.

Der demokratische Staat hat sein Schulwesen zu diesem Zweck egalitär organisiert.

1.2. ... verläuft über die Chancengleichheit

Mit der Chancengleichheit wird die schulische *Lernleistung* zum bestimmenden Kriterium für die Sortierung nach geistiger Brauchbarkeit erklärt.

Damit grenzt sich das demokratische Bildungswesen von vorbürgerlichen und faschistischen Auswahlverfahren ab. Weder die Herkunft noch der Nachweis, zur bevorzugten Rasse zu gehören, sind heute noch gültige Persilscheine. Diese Kriterien sind vielmehr in den Ruf geraten, nicht nur ungerecht, sondern auch sonst moralisch äußerst zweifelhaft zu sein: Wo nicht Leistung, sondern Natur oder Herkunft zählen, da werde Teilen des Nachwuchses unverdientermaßen der Zugang zur Elite eröffnet und anderen der Zugang verschlossen, auf jeden Fall »dem einzelnen« keine Chance gelassen! In der Tat lassen sich Haarfarbe, körperliche Konstitution oder blaues Blut auch mit noch so viel individueller Anstrengung nicht verändern.

Doch sind es nicht moralische Bedenken dieser Art, die den demokratischen Staat zu seiner Kritik an Rassismus, ständischer Selbstrekrutierung oder »Nepotismus« bewogen haben. *Daß* das Volk nach Führung und Geführten sortiert werden muß, darin ist er sich mit seinen historischen Vorläufern durchaus einig. Nur über das *Verfahren* der Ausgrenzung hat er seine eigenen Vorstellungen. Es sind *Zweckmäßigkeitserwägungen,* die ihn dazu bewogen haben, die Auswahl für die »gehobenen Stände« nach dem Prinzip der Chancengleichheit zu veranstalten. An die Stelle einer *vor* der Beschulung erfolgten Auslese tritt die *Verbindung* des Bildungsprogramms mit der gesellschaftlichen Sortierung. Chancengleichheit ist die Installierung des Ausschlusses von weiterführender Bildung für einen Teil des Nachwuchses nicht *vor,* sondern *durch* die Bildung. Die Gleichheit jedes angehenden Bürgers vor dem schulischen Leistungstest hat es ihm angetan, weil er die schulisch erbrachte *Leistung* für ein besseres *Auskunftsmittel* über die Tauglichkeit seiner zukünftigen Funktionäre hält als historische Verdienste oder irgendeine Chromosomenanordnung. Über die Unterschiede in der *Herkunft* ihrer zur Einschulung anstehenden Nachwuchsbürger weiß die Bildungsbehörde Bescheid. Die muß sie sich nicht noch einmal in der Schule bestätigen lassen. Über den Grad ihrer *Tauglichkeit* für alle Dienste, die sie ihren Bürgern erst abverlangen wird, weiß sie dagegen noch nicht Bescheid; zumal sich der bürgerliche Staat bekanntlich zu dem Befund durchgerungen hat, daß beides *nicht identisch* sein muß. *Vergangene Verdienste* der Eltern geben für ihn kein abschließendes Urteil über die *zukünftige Brauchbarkeit* des Nachwuchses ab, lautet der ganz auf *Effektivität* bei der Auswahl der geistigen Creme bedachte egalitäre Standpunkt des Staates.

Nicht daß er *prinzipielle* Einwände gegen das historisch erprobte Verfahren der »Selbstrekrutierung« der Stände erheben würde. Die nötigen dienstbaren Geister würden sich auf diese Weise auch einstellen. Rücksicht hat er mit der Abkehr von diesem Prinzip auf die Klage von »Geführten« genommen, sie seien von der Teilhabe an »Führung« ausgeschlossen. Was der Staat in dem historischen Streit um die Schulreform schließlich zugelassen und gegen den Widerstand der ständisch organisierten »geistigen Eliten« durchgesetzt hat, das gibt diesem Interesse ganz demokratisch recht: Allen soll gleichermaßen die Chance geboten werden, sich in einem egalitären Bildungswesen zur Teilhabe an der Führung hochdienen zu *können.* Das zeugte und zeugt von einem gewissen Weitblick des bürgerlichen Staates in Schuldingen. Einerseits ließen sich auf diese Weise die Schulreformer von »links« ruhigstellen, die irgendwie die Verbesserung der Lage der arbeitenden Klasse mit der Chance verwechselt hatten, Herrschaftspositionen bekleiden zu dürfen. Zum anderen war er der Meinung, daß es den herrschenden Schichten nicht schaden konnte, in einem schulischen Leistungstest ebenfalls zu beweisen, was sie qua Standeszugehörigkeit für längst bewiesen erachteten, nämlich daß sie dazu prädestiniert seien, die Führungsschicht der Gesellschaft zu bilden.

So stellt der Schulträger jetzt Maßstäbe auf, an denen sich der *gesamte* Nachwuchs *unterschiedslos in der Schule* zu bewähren hat. Dabei ist es ihm gleichgültig, *wer* von seinen angehenden Bürgern sich schließlich *mehr* und *wer* sich *weniger* in der vorgesehenen Weise in der Welt auskennt, wer die Grundrechenarten des geistigen Zurechtkommens in der Arbeit, in der Politik und im Privatleben besser und wer sie schlechter beherrscht. Bei dem Urteil über die Bewährung der *Person* in der Bildung wird die *Klassenlage* nicht berücksichtigt. Der sonst gar nicht versteckten Vorliebe für die Privateigentümer von Produktionsmitteln und Grundeigentum gibt der Schulherr beim

Leistungstest keinen Raum. Auch der Nachwuchs der herrschenden Klasse muß unter Beweis stellen, daß er in die Fußstapfen der Eltern hineinpaßt. Daß ihnen das in der Regel leichter fällt als den Kindern der lohnverpflichteten Menschheit, ist weder bestritten noch eine Abweichung vom chancengleichen Verfahren und seinem Anliegen. (vgl. A. IV. 1.3.)

Nur deswegen wählt er auch aus allen möglichen chancengleichen Verfahren, die es sonst noch gibt, gerade dieses aus. An der Auswahl per Zufallsgenerator, die beispielsweise Lotto- und Totogewinner so ermittelt, daß jeder Mitspieler gänzlich unbeschadet seiner Herkunft, Rasse oder Religion die gleiche Chance hat, den Jackpot zu knacken, paßt ihm nicht, daß in der Tat der *Zufall* regiert. Das paßt nun einfach nicht zum Regieren. Und deswegen organisiert er die chancengleiche Sortierung auch nicht über irgendeine x-beliebige geistige Leistungskonkurrenz. Er will ja nicht wissen, wer in kürzester Zeit das Telefonbuch von Duisburg auswendig lernen kann, sondern wer sich in seinem ganz und gar nicht zufällig zustande gekommenen *Volksbildungsprogramm* am besten bewährt.

Das staatliche Interesse an diesem egalitären, nach Lernleistung sortierenden Verfahren faßt sich in drei Punkten zusammen:

– Wenn an der geistigen Austattung des Volkes schon die Ausübung aller gegensätzlichen Funktionen hängt, die diese Gesellschaft ausmachen, dann ist erstens einmal die *geschlossene Unterwerfung* unter das Volksbildungsprogramm geboten.

– Da dieser Akt geistiger Natur, eben ein Lernprozeß ist, kann es nicht ausbleiben, daß zweitens die Herstellung von Unterschieden als *Eigenleistung der Lernenden* organisiert ist.

– Das schließt drittens ein, daß über die *Grade der Tüchtigkeit* bei der geistigen Unterwerfung wirklich nur die *Staatsschulen nach ihren Leistungs-Kriterien* und keine außerschulischen »Verdienste« zu entscheiden haben. Jeder Bürger erhält die gleiche Chance, weil wirklich nur die schulisch ermittelte Leistung zählen soll.

1.3. »Gleiches Bildungsrecht für alle«: falsches Lob ...

Der oberste Schulherr ist mehr als ein halbes Jahrhundert damit gut gefahren. Das egalitäre Schulwesen gilt als Gütesiegel des demokratischen Staates. Und das Prinzip der Chancengleichheit ist in den Ruf gekommen, eine soziale Großtat ersten Ranges eingeleitet zu haben. Das wird dadurch untermauert, daß Beschwerden allenfalls der unzureichenden Verwirklichung der Chancengleichheit gelten. Auch die Schulkämpfer von einst haben sich in sozialdemokratischem Staatsvertrauen z.B. die Idee einer dauerhaften Kontrolle der Staatsschule durch Schulräte »des Volkes« schnell abkaufen lassen und heute schon gleich gar nichts mehr gegen das staatliche Ausbildungsmonopol einzuwenden.

Dabei verstehen sich die Maßstäbe der Lobeshymnen keinesfalls von selbst.
– Erstens hat es sich ärgerlicherweise eingebürgert, mit der Freude über die Abschaffung von ständischen Bildungsprivilegien zugleich dem ganzen Schulsystem, das die Nachfolge angetreten hat, ein dickes Kompliment zu machen. Das ist weder von der Logik des Gedankens noch von der Sache her begründet. Denn immerhin stünde erst noch zur Prüfung an, wodurch das ständische Bildungssystem ersetzt worden ist.
– Zweitens: Bereits in der Primarstufe wird gelernt, daß man sich über Gleichheit zu begeistern und Ungleichheit zu beklagen hat. Dabei gibt es an Gleichheit ebensowenig etwas zu feiern, wie es an Ungleichheit für sich etwas zu bemängeln gibt. *Worin* Menschen gleich oder ungleich sind, sollte allemal von größerem Interesse sein als der abstrakte Egalitarismus oder sein Gegenteil. Das ist auch dem Veranstalter der Schule durchaus geläufig. Er selbst sieht in der Chancengleichheit nicht ein bedingungslos zu verfolgendes *Ziel,* sondern ein praktisches *Mittel* seiner Auslese und verfällt deswegen selbst keineswegs dem von ihm propagierten Gleichberechtigungskult. Bei anderen Ausleseprozessen hält er denn auch das Kriterium der natürlichen Eignung für durchaus angebracht und schreitet nicht ein, wenn etwa Unternehmer Leute von ihren Lohnlisten streichen, die ihr Arbeitsvermögen in der Fabrik gelassen haben oder diejenigen gar nicht erst aufnehmen, die zufälligerweise weiblichen Geschlechts und im »gebärfähigen« Alter sind. Und auch eine Auslese nach Herkunft, also nach Stand und Vermögen weiß er zu schätzen, wenn es paßt. Das zeigt sich nicht nur an der Einladung zum »Wiener Hofball« oder an der Vergabe von Bundesverdienstkreuzen. So ist es hierzulande beispielsweise ganz selbstverständlich, daß bei einer Konkurrenz um Kredite bevorzugt diejenigen bedient werden, die über Reichtum in der einen oder anderen Form bereits verfügen.

Das offizielle Lob der Chancengleichheit als einer höchstmoralischen Veranstaltung stellt also eine rechte Heuchelei dar. So darf es nicht wundern, daß die Verurteilung von Gleichheit ein ebenfalls gepflegter Brauch ist. Wenn nämlich in irgendeinem Gemeinwesen systematische Anstrengungen beobachtet werden, die gesellschaftliche Hierarchie der Klassengesellschaft nicht einreißen zu lassen, dann gilt dies als *Gleichmacherei* und wird heftig befehdet.

Konjunktur hat die Feier von Gleichbehandlung im übrigen hierzulande deshalb, weil es in allen Lebensbereichen ständig Grund für *Beschwerden* gibt und es sich eingebürgert hat, die Überwindung von *Nachteilen* im Namen der ganz uneigennützigen moralischen Rechtstitel der bürgerlichen Revolution, eben der Gleichheit oder Brüderlichkeit, einzuklagen. Dabei beseitigt bekanntlich die aus einem Mangel an Geld oder Bildung abgeleitete Forderung nach Gleichheit den beklagten Zustand gar nicht. Denn *höheres Einkommen* (»Gleicher Lohn für gleiche Arbeit!«) und *verbesserte Bildung* (»Mehr

Bildungschancengleichheit für die unteren Schichten!«) wird nicht durch *Gleichheit* in Geld- und Bildungsdingen beschert. Da kommt es nämlich immer noch darauf an, mit welchem Einkommen und mit welcher Bildung sich dieser Maßstab *vergleicht.*

– Die Forderung nach gleichen (Bildungs-) *Rechten* hat – drittens – ohnehin einen besonderen Haken. Denn die Gewährung von Rechten setzt immer eine mit Interessen ausgestattete Gewalt voraus, welche gewährt, welche dafür die Maßstäbe festsetzt und folglich auch über die Grenzen von Rechtsge- und Rechtsmißbrauch befindet. Die sind in Schuldingen sehr simpel gestrickt, da ohnehin das allgemeine *Recht* auf Bildung mit der Schul*pflicht* zusammenfällt.

– Viertens wird – und das soll noch einmal gesondert betont werden – eine Form der gesellschaftlichen Beschulung nicht schon dadurch zu einem Schmuckstück, daß an ihrer Durchsetzung moralisch inzwischen unverdächtige Einrichtungen wie eine *historische* Arbeiterbewegung nebst ihren Parteiausläufern nicht nur beteiligt waren, sondern dabei mit der höchsten Staatsgewalt so manchen Strauß ausgefochten haben. Daß den Resultaten harter Gefechte allein deshalb schon ein Gütesiegel zustehen soll, weil sie *erkämpft* worden sind, ist zwar guter – gewerkschaftlicher – Brauch, vernünftig deshalb aber noch lange nicht. Denn es spricht weder für (noch gegen) eine Sache, daß sie *Kontrahenten* hatte. Und daß die Auseinandersetzung irgendwann einmal *beendet* worden ist, muß dem Streitgegenstand selbst keineswegs *gut* getan haben.

Die Berufung auf die Schulkämpfe der Arbeiterklasse – ein nicht auszurottendes »linkes« Argumentationsmuster – blamiert sich im übrigen inhaltlich sehr schnell. Es mögen sich zwar Teile der Arbeiterbewegung von der Verwirklichung von mehr Chancengleichheit im Bildungswesen auch eine Verbesserung ihrer ökonomischen Lage versprochen haben, doch kann ihnen ihr Irrtum nach mehr als einem halben Jahrhundert Erfahrung mit der Chancengleichheit nicht entgangen sein: Es gibt weiterhin eine Arbeiterklasse und die durchgesetzte Chancengleichheit!

1.4. ... und falscher Tadel
Gleichheit der Chancen ohne Gleichheit der Resultate

Bei Kritikern von Chancengleichheit ist eine besondere Verwirrung eingerissen. Für sie ist die »Gleichheit der Bildungs*chancen«* erst mit der »Gleichheit der Bildungs*resultate«*, der »Egalisierung der wirklichen Lebensbedingungen« (A. Flitner, 47ff) gegegeben. Partout wollen sie einen Widerspruch zwischen dem *Resultat* von chancengleicher Bildung und ihrem vermeintlichen *Anspruch* hindrechseln. Sie entdecken im Leistungsprinzip den Grund dafür, daß die Chancengleichheit nicht in ihrem Sinne funktioniert, d.h. immer wieder »nichtegalitäre Lebensbedingungen« herauskommen. Dabei soll sich an der gesellschaftlichen Rolle dieser und anderer »Schichten« dadurch, daß sich ihr Personal »fremdrekrutiert«, gar nichts ändern. Die kritischen Pädagogen deuten ein geändertes *Rekrutierungs-* als ein gesellschaftliches *Nivellierungs*verfahren. Daß es nach Absolvierung des demokratischen Bildungswesens nicht an Nachschub für die arbeitenden Klassen fehlt, ist nicht ein *Mangel* der Chancengleichheit, sondern ihr offiziell bezwecktes Resultat. Es ändert sich dadurch, daß jedermann unbeschadet seiner Herkunft seine Chance erhält, vielleicht die herkunftsmäßige *Zusammensetzung* des Personals einer »Schicht«, nicht aber ihre Stellung in der Gesellschaft.

Wo für jeden einzelnen die *Möglichkeit* besteht, in die »geistige Führung« aufzusteigen, da sind die »Geführten« allemal gefragt. Warum sollte es auch sonst eine Führung geben! Wie soll der Aufstieg eines Lohnarbeitersohnes zum studierten Personalchef in einem Großbetrieb – lang- oder kurzfristig – etwas daran ändern, daß Personalchefs wie eh und je nach Kriterien der Rentabilität über Ein- und Ausstellungen von Arbeitskräften befinden? Das gilt – keine Sorge! – auch umgekehrt: Selbst wenn Kinder von Pädagogikprofessoren einmal am Band landen, nimmt nicht die Zunft der Professoren Schaden, sondern allenfalls die Reputation des Vaters, über den der Nachwuchs Schande gebracht hat.

Das Geheimnis des Leistungsprinzips liegt nun einmal darin, daß die Gewährung *gleicher Startchancen* für die schulische Lernkonkurrenz *unterschiedliche Lernerfolge* erbringen *soll,* die es der obersten Bildungsbehörde dann erlauben, sich die geeignete Führungsmannschaft zusammenzustellen. Die Kritik, die im Namen der gleichen Startchancen die fehlende Resultatgleichheit beklagt, hält dagegen das bezweckte Ergebnis der schulischen Lernkonkurrenz für eine Entgleisung ihres Veranstalters. Daß Schüler zu Verlierern erklärt werden, ist keine unerwünschte Nebenwirkung dieses Prinzips, die der Veranstalter eigentlich abstellen müßte, sondern die gewußte Absicht des schulischen Bewährungsverfahrens. Für eine Konkurrenz zu sein, die ganz ohne Gewinner und Verlierer auskommen soll, das ist ebenso albern wie einen sportlichen Wettkampf zu veranstalten und anschließend jeden auf den ersten Platz zu setzen.

Chancengleichheit ohne gleiche Startbedingungen

Dieses Prinzip leuchtet dem Bildungskritiker Dahrendorf schwer ein. Trotzdem ist er nicht zufrieden. Für ihn hat die Chancengleichheit darin einen Mangel, daß sie bloß *»formelle* Chancengleichheit« ist:

»Rechtliche Chancengleichheit bleibt ja eine Fiktion, wenn Menschen auf Grund ihrer sozialen Verflechtungen und Verpflichtungen nicht in der Lage sind, von ihren Rechten Gebrauch zu machen.« Er betont,«...daß jede Chance ihre zwei Seiten hat, die der objektiven Möglichkeit – der

Erlaubnis – und die der subjektiven Möglichkeit – der Fähigkeit –, ...« (Dahrendorf, Bildung ist Bürgerrecht, 23f)

Wo er recht hat, da hat er recht! Wenn ein Kurzbein gegen das Langbein Carl Lewis zum Hundertmeterlauf antritt, dann stempeln ihn bei aller »objektiven (Gewinn-) Möglichkeit« seine begrenzten »subjektiven Möglichkeiten« von vornherein zum Verlierer ab. Doch wie kommt Dahrendorf darauf, daß diese Differenz in den »subjektiven Möglichkeiten« dem Prinzip der Chancengleichheit widersprechen könnte? Das staatliche Anliegen besteht doch gar nicht darin, mittels der Egalisierungen der *Konkurrenz-Voraussetzungen* ein permanentes *Rekrutierungskarussell* zu installieren.

Dahrendorf verwechselt auf seine Weise ebenfalls Mittel und Zweck. Für das Anliegen der Sortierung zwischen tüchtigen und weniger tüchtigen Schülern ist es vollständig gleichgültig, ob sie aus der Konkurrenz deswegen als Sieger hervorgehen, weil sie sich in der Schule fürchterlich angestrengt haben, oder weil ihr Elternhaus als Vor- und Nebenschule fungiert hat. Ein Versprechen gleicher Startbedingungen hat das Schulwesen mit der Einrichtung gleicher Chancen nie gegeben. Die aus diesem Geiste geborenen Versuche, mit kompensatorischer Erziehung den Eltern der »Unterprivilegierten« ein Angebot zum Ausgleich von unterschiedlichen Startqualifikationen zu bieten, sind denn auch schnell wieder eingestellt worden. Das Angebot wurde nämlich in der Regel nur von denen genutzt, die es nicht nötig hatten. An mehr als ein *Angebot,* das die Gemüter der Gleichheitsfans beruhigen sollte, war im übrigen sowieso nicht gedacht.

Außerdem muß man Dahrendorf eindringlich davor warnen, seinen Einwand bis zum Ende zu verfolgen. Die Forderung nach Beseitigung aller »gesellschaftlichen Ungleichheit« könnte diesen Freidenker glatt in Verruf bringen: Das gesellschaftliche Oben und Unten soll abgeschafft werden, damit am effektivsten und gerechtesten das Personal für die Betreuung des gesellschaftlichen Oben und Unten ausgewählt werden kann! Abschaffung der Klassengesellschaft (Herr Dahrendorf, das wäre Revolution!) als gerechteste Form der schulischen Bedienung der Klassengesellschaft!

So bleibt denn von Dahrendorfs Kritik nur das Ideal vom »Leistungsprinzip als einzig sozialneutralem (und daher demokratiegemäßem) Verteilungskriterium« (Maier, Die Schule ist kein Freiraum, These 2) übrig: Was immer die Schule mit den Schülern anstellt, wie auch immer sie ihre Sortierung vollzieht, das Resultat soll möglichst ganz auf das Konto der Leistung der Schüler gehen.

2. Das Leistungslernen

2.1. Lernen als geistige Anstrengung in vorgeschriebener Zeit

Dafür, daß kein Schüler die Bewährung im Unterricht mit einem gediegenen Begreifen der Lerngegenstände verwechselt, sorgt diese Veranstaltung selber. Die Dreifaltigkeit des Unterrichts von *Präsentation, Einübung* und *Kontrolle* des Pensums, die sich den Schülern als *Zurkenntnisnahme, Aneignung* und *Wiedergabe* darstellt, unterwirft sich nämlich den Gesetzen der Leistung. Dadurch verwandelt sich die harmlose Folge von drei Lernschritten, die sich in jedem Unterricht wiederholt, in eine Reihe von Fallgruben, in die *alle* Schüler plumpsen *können* und immer auch *einige* fallen *sollen.* Wer die *Präsentation* des Stoffes verschläft oder ihr nicht folgen kann, der wiederholt sie nicht einfach, sondern hat bereits etwas verpaßt, was sich bei der *Einübung* bitter rächt und bei der Kontrolle ans Tageslicht kommt. Wer sich bei der Einübung schwer tut, der übt nicht einfach solange weiter, bis der Stoff »sitzt«, sondern der arbeitet auf das drohende Datum der *Kontrolle* hin und versucht das fehlende Begreifen durch Auswendiglernen zu kompensieren. Die Kontrolle will nämlich nicht Mängel des bisherigen Lernvorgangs ermitteln, um sie zu beheben, sondern um mit ihrer Bewertung den Lernvorgang *abzuschließen,* unabhängig davon, ob ihn alle Schüler beendet haben oder nicht; genauer: *weil* den Stoff *einige noch nicht, viele ein bißchen* und nur *wenige ihn ganz* kapiert haben.

Unterricht ist das *Messen* der schulischen Leistung als *sachgemäße* und *dauerhafte Anstrengung in Zeit.* Das Messen geschieht dadurch, daß regelmäßig nach bestimmten Zeiteinheiten eine *Überprüfung* stattfindet. Da nicht alle Schüler das jeweilige Pensum sachgemäß begreifen sollen, sind diese Zeiteinheiten knapp bemessen. Und so stellt sich der gewünschte Druck von alleine her: Wer will schon zu den Verlierern gehören! An einer freiwilligen Anstrengung, die ganz dem *Interesse am Gegenstand* geschuldet ist und die darin auch ihr Lernzeitmaß besitzt, ist der Veranstalter nicht interessiert. Das Lernen unter dem Zeitdruck sorgt dafür, daß das vorgegebene Maß für die Anstrengung, nämlich die Erledigung eines Pensums, praktisch gültig wird. Wenn Lehrer den Schülern mit einem Anflug von Bedauern mitteilen, sie hätten nun »leider« keine Zeit mehr, dann stellen sie den Sachverhalt auf den Kopf. Daß der Zusammenhang zwischen der geistigen Operation des Lernens und bestimmten, dafür vorgegebenen Zeiteinheiten ein ganz *äußerlicher* ist, der das Begreifen des Lernstoff sowohl ein- wie auch ausschließen kann, ist nicht irgendwelchen außerschulischen »Sachzwängen« geschuldet, sondern verdankt sich dem Anliegen des Unterrichts, Unterschiede per Leistungslernen herzustellen. Lehrer wissen es wirklich besser, wenn sie sich zu ohnmächtigen Anhängseln eines bürokratischen Zwangs erklären, der – ausgerechnet – sie unter Zeitdruck setzt!

Die Aneignung von bestimmten Stoffmengen in bestimmten Zeitabschnitten bestimmt denn auch den Lernvorgang und seine geistige Bewältigung vollständig. So wird *allen* Schülern *derselbe* Stoff vorgesetzt, den sie in einer Zeit lernen sollen, welche sich *nicht am individuellen Lerntempo* der einzelnen Schüler und schon gar nicht am »langsamsten Schiff der Flotte« orientiert. Und wenn in der Schule schon einmal »mehr Rücksicht auf die lernschwachen Schüler« genommen wird, dann sollen damit nicht etwa die Schüler vom Zeitdruck befreit, sondern dieser vielmehr so eingesetzt werden, daß der Leistungs*zwang* nicht gegen das *Lernen* ausschlägt. Denn das ist die andere Seite dieses verrückten Prinzips: Wenn die Zeit zu knapp bemessen ist, dann *verhindert* der Druck schon mal das Lernen, dem er doch gerade die Form einer Bewährungsveranstaltung geben soll. Es unterbleibt dann die *sachgemäße* Anstrengung, weil der Schüler nicht über die Voraussetzungen und Fähigkeiten verfügt, den Lernstoff in der vorgegebenen Zeit so aufzunehmen und zu verarbeiten, daß er ihn anschließend in überprüfbarer Weise wiedergeben kann.

Hat sich der Testbeamte einmal mit der Zeitvorgabe in umgekehrter Weise vertan, den Schülern also zuviel Zeit zum Lernen eingeräumt, so daß beim Test nur »Einser« erwartet werden, ist er mit seinem Latein noch längst nicht am Ende. So etwas läßt sich durch das Überprüfungsverfahren selbst immer noch korrigieren. Dafür muß er nur sicherstellen, daß entweder die Wiedergabe des gelernten Stoffs die Schüler vor zeitliche Probleme stellt, oder die Aufgaben mit besonders schweren Fragestellungen gespickt sind. Dann scheitern mit Sicherheit Schüler, die sich ihrer Sache zunächst sehr sicher waren. Sie halten dann die Resultate der Klassenarbeit für »irregulär«, da mehr als der Stoff des vorangegangenen Lernabschnitts auf dem Prüfstand lag. Und den Lehrer halten sie für gemein, weil er sie mit unbekanntem Stoff oder viel zu kurzer Bearbeitungszeit hereinlegen wollte. Stimmt, das wollte er. Und zwar deswegen, weil er dies beim Lernen selbst versäumt hat.

Zugleich soll die Testarbeit noch einen weiteren Aufschluß über die Schüler erbringen. Es geht immer auch um die Bewährung in einer schulisch inszenierten Drucksituation:

> *»Erfolg und Mißerfolg des Prüflings hängt davon ab, ob er imstande ist, zu einem bestimmten Zeitpunkt unter außergewöhnlichen, physisch wie psychisch belastenden Bedingungen die verlangten Leistungen zu erbringen. Der Schüler muß sich in einer Ausnahmesituation bewähren.«* (Hekkel, 1, 341)

Die Beschwerden der Schüler über den »gemeinen« Lehrer, der sein Amt bösartig übertreibt, gehen also an der Sache gründlich vorbei. Die Klassen- oder Übungsarbeit hat nicht allein die Funktion, genau die Leistungen widerzuspiegeln, die in der Aneignungsphase erbracht worden sind. Erfolg und Mißerfolg *sollen* das Doppelte zum Ausdruck bringen: Was in Zeit *gelernt* worden ist und wie das Gelernte in der ausnahmsweisen *»Belastungsituation«* präsentiert werden kann.

Den Lehrern stehen also mit den drei *Lern*schritten gleich mehrere Instrumente zur Verfügung, mit denen sie verhindern können, daß alle Schüler als Sieger oder *alle* als Verlierer – ein vom Standpunkt des schulischen Bildungsauftrages gleichermaßen *zweckwidriges* Ergebnis – die Testbühne verlassen. Dabei darf es den Lehrer nicht stören, sogar einen solchen Schüler zum Verlierer zu machen, der den Stoff begriffen hat. Er gilt dann eben deshalb als Versager in der Lernkonkurrenz, weil er die besonderen Bedingungen der Präsentation des tatsächlich gewußten Stoffs nicht erfüllt hat, also den »stärksten seelischen Belastungen« (Handbuch des bremischen Schulrechts, 123) der Klassenarbeit nicht gewachsen war. Gelobt sei, was hart macht!

Dieser Unterricht enthält also eine Paradoxie, die für sein Gelingen unerläßlich ist: *Das Lernen selbst ist so eingerichtet, daß immer ein Teil der Lernenden vom Lernen ausgeschlossen wird.* Der Lehrer hat mit dem Beibringen aufzuhören, auch wenn längst nicht alle Schüler die Unterrichtsinhalte »gefressen« haben. Und er hat zusätzlich seine Tests so anzulegen, daß eine Rangskala von sehr tüchtig bis untüchtig ermittelt werden kann, die Auskunft über die »seelische Belastbarkeit« der Schüler gibt, also Schüler für untüchtig erklärt, die das tatsächlich Gelernte in der Streß-Situation nicht auf die Reihe kriegen.

Man stelle sich einmal eine Schule vor, in der es nur darauf ankommt, daß am Ende jedermann des Lerngegenstandes mächtig ist! In der jedermann sich nach eigenem Lerntempo der Sache widmen kann. Und in der Testarbeiten nur mit dem Anliegen geschrieben werden, den Lehrer über Lücken im Gelernten zu informieren, die dieser dann schleunigst zu schließen hätte! Die also ohne alles auskommt, was Druck macht! Diese Schule würde glatt den Staatsauftrag, Unterschiede in der Lerntüchtigkeit zu ermitteln, verfehlen!

2.2. Leistungsmessung ist Leistungsvergleich

Mit der Leistungsmessung wird darüber entschieden, ob jemand das Klassenziel als erster, fünfter oder letzter erreicht hat. Damit wird Auskunft über eine *Leistungsverteilung* gegeben, in der jedem Schüler mit seiner Leistung ein Rangplatz zugewiesen wird. Der ergibt sich aus dem Durchschnitt seiner gemessenen Leistungen in einem bestimmten Zeitraum. Alle Lernerfolge und -mißerfolge zählen dabei verrückterweise gleichermaßen. Die Schule ist nämlich ausgesprochen nachtragend. Hier wird nichts bei niemandem vergessen. Wer einige Zeit nach dem schlechten Abschneiden in einem Test den Nachweis erbringt, daß er den geforderten Stoff nun beherrscht, der kann nicht mit einer *Tilgung* der schlechten Bewertung, sondern nur mit ihrer *Relativierung* rechnen. Über die verbesserte Leistung wird nicht vergessen, daß ihr eine schulische Abmahnung zugrundelag. Interessiert ist die Schule also am Urteil über die *Kontinuität* in der Leistungserbringung. Das vom Schüler nachträglich korrigierte Versäumnis einer Lektion gilt ihr daher wie ein *Zufall,* der nicht allein die Grundlage der Beurteilung abgeben darf. Es kommt nicht auf einmalige »Höchstleistung« an, sondern auf das *Profil* der individuellen Bereitschaft, sich am Leistungslernen dauerhaft zu beteiligen.

Dabei ist diese Art der Bewertung individueller Leistungen streng genommen sehr ›ungerecht‹. Denn die Schule fordert dem Schüler *individuelle Anstrengungen* ab, die zwar in seine Leistungsbewertung eingehen, sie aber gar nicht allein *ausmachen.* Da mag er sich auf den berühmten Hosenboden gesetzt und Vokabeln oder Rechtschreibregeln gepaukt haben, da mag er vielleicht sogar zum ersten Mal das Prinzip von Groß- und Kleinschreibung begriffen oder eine Formel durchschaut haben, er mag also *für sich* dadurch einen geistigen Gewinn verbucht haben. Und doch kann er sich nicht sicher sein, daß sich auch seine *schulische Leistung* verbessert hat. Denn die zählt immer nur *im Vergleich* zur Leistung seiner Mitschüler in seiner Klasse oder seines Jahrgangs oder im Vergleich zu den als Norm festgeschriebenen Leistungen irgendeiner noch größeren Schüleranzahl. Was auch immer als Vergleichsmaßstab gewählt wird und wie strikt der auch immer angewandt werden mag, es bleibt dabei, daß die Resultate seiner *individuellen Anstrengung* als Leistung nur *relativ zu der aller anderen Mitschüler* zählen. Die Lernergebnisse müssen es sich gefallen lassen, nicht als jene bestimmte geistige Leistung, sondern immer nur als bessere oder schlechtere Leistung im Verhältnis zu der der Klasse oder irgendeiner anderen »Normpopulation« gewürdigt zu werden. Leistungsmessung ist vergleichende Leistungsmessung, d.h. sie mißt Leistung relativ. Alle Bemühungen um »objektive Leistungsmessung in der Schule« gehen an ihrem Prinzip vorbei.

Das ist schon vor mehr als 100 Jahren begriffen und ironischerweise als Verfahren kritisiert worden, welches gerade die Steigerung von Leistungen zu untergraben vermag, also Schüler nicht nur über-, sondern auch unterfordern könne:

> *»Hier wird der eine an dem anderen gemessen, und immer nur nach seinem Verhältnis zu anderen beurteilt, und da überdies die Leistungen den Wert der Lernenden entscheiden sollen, so gilt folglich die Leistung des einen verkehrterweise als Norm für die Leistung des anderen und als Zielpunkt für dessen Streben. Mit dem einen ist man zufrieden, weil er nur nicht hinter einem anderen zurückbleibt, mag er auch von der Höhe, die er erreichen könnte, noch so viel entfernt sein. Ja man schläfert ihn leicht ein, und erschlafft für ihn das Streben nach seinem höheren Ziele; denn man läßt ihm schon auf seinem gegenwärtigen Standpunkte Auszeichnungen und Belohnungen zuteil werden, weshalb er sich leicht einbildet, er habe bereits die höchste Stufe der Vollkommenheit erreicht.«* (T. Ziller, nach: Furck, 112)

Der schulische Umgang mit den Resultaten geistiger Anstrengung erfordert nicht nur die Herstellung der *Vergleichbarkeit* von höchst *unterschiedlichen* Leistungen der Schüler in einunddemselben Sachgebiet, sondern auch die Vergleichbarkeit der Leistungen einunddesselben Schülers in verschiedenen Sachgebieten. Dieses Kunststück gelingt erst auf der Grundlage der Übersetzung einer bestimmten Fehler*qualität* in eine Fehler*häufigkeit* (vgl. C. 1.)

So werden denn die Schüler einerseits zum Lernen von Unterrichtsinhalten angehalten, und andererseits wird ihnen bei der Bewertung der Lernresultate mitgeteilt, daß es auf den bestimmten Inhalt und das von ihnen *höchstpersönlich* Gelernte zugleich auch wiederum nicht ankommt. Immer abstrahiert die Benotung von den inhaltlichen Schwächen und Stärken, und immer erweist sich erst im Vergleich mit den Anstrengungen der Mitschüler, was ihre Anstrengung wert ist.

Das *einzige Mittel,* auf das sie verwiesen sind, wenn sie in der Schule auf einen grünen Zweig kommen wollen, ist demnach gar nicht *ihr Mittel,* sondern das Instrument der Schule zur Herstellung und Feststschreibung von Leistungsunterschieden zwischen ihnen.

2.3. Die Sonderschule: Keine Kritik des Leistungslernens

Daß Schüler sich diesem Unterricht nicht gewachsen zeigen oder sich ihm verweigern, darf nicht verwundern. Vom ersten Schuljahr an fallen einige Schüler dadurch auf, daß sie nicht einfach nur die Schlußlichter im Leistungsvergleich bilden, sondern den Anschluß gänzlich verpassen. Erzieher wissen dann, was zu tun ist: »Zum Besten des Kindes« erfolgt die Einweisung in eine Sonderschule. In der Regelschule kann danach alles seinen gewohnten Gang weitergehen. Eine Kritik des Leistungslernens will die Sonderschule also nicht sein.

Diese Schule, früher hieß sie »Hilfsschule«, – wobei beide Bezeichnungen der Sache nicht angemessen sind – sammelt den »Schulschrott« ein, der notwendig anfällt, wo das Lernen den Ausschluß vom Lernen einschließt. In die Schublade »Für die Fortsetzung des Leistungstest in der Allgemeinbildung ungeeignet« fallen dabei neben den Schülern, die einfach ganz besonders langsam oder unwillig sind, auch die körperlich Behinderten. Die Schule ist sich dabei sicher, daß es sich bei den Sonderschulfällen in der Regel um *»Gestörte«* handelt. Für die dann sogenannten »entwicklungs-« und »verhaltensgestörten« Kinder hält das Schulrecht eine besonders fürsorgliche Definition bereit:

> *»In die (Sonder-) Schule für Entwicklungsgestörte werden Schüler aufgenommen, deren psychische und soziale Entwicklung so schwer gestört ist, daß sie in den übrigen allgemeinbildenden Schulen nicht gefördert werden können und (!) durch ihr Verhalten das Lernen der Mitschüler nachhaltig beeinträchtigen. Hierunter fallen inbesondere Schüler mit Störungen im*

emotionalen, im psychosomatischen Bereich und im Arbeitsverhalten.« (Handbuch des bremischen Schulrechts, 146)

Ob einem Kind physische Voraussetzungen für das Lernen fehlen, ob es seinen Willen nicht der verlangten Disziplin fügt oder ob es einfach unwiderruflich in der Schulkonkurrenz abgehängt worden ist, das ist vor dem staatlichen Anspruch ziemlich gleichgültig. Wer die gebotene Schulkonkurrenz-Fähigkeit vermissen läßt, obwohl er doch im schulpflichtigen Alter ist, der gilt allemal als »gestört«, also *krank*. Wer stört, der ist gestört, lautet die schulische Logik, die auf diese Weise »Disziplinlosigkeit« als Anomalie der Person diagnostiziert und guten Gewissens die Einweisung in die pädagogische Variante der geschlossenen Anstalt vornehmen kann.

Denn aus der Schulpflicht mag der Schulträger diese »Problemfälle« auch nicht entlassen. Aber er erspart ihnen den Zwang der Schulkonkurrenz, richtet folglich eine Abteilung seines Schulwesens ohne Leistungslernen, ohne Noten und Zeugnisse ein. Als Modellfall für »angstfreies« Lernen sollte die Sonderschule dennoch nicht gewertet werden. Denn die pädagogische Betreuung der Sonderschüler – die tatsächlich geistig Behinderten stehen hier nicht zur Debatte – hat gar nicht vor, frei von Zeit- und Lehrplandruck diesen Schülern wenigstens die verpaßten Anfangslektionen in Lesen, Schreiben und Rechnen zu vermitteln. Auch eine Wiedereingliederung in die Schulkonkurrenz ist nicht die Absicht dieser Ausgliederung. Das Schulrecht liegt schon richtig, wenn es die Sonderschulfälle als Störungen des normalen Schulbetriebs klassifiziert: Nur negativ kommen sie dem Schulträger unter, weswegen sich das Anliegen der Sonderschulen auch auf eine pädagogische *Aufbewahrungsfunktion* zusammenkürzt. Daran bemißt sich denn auch das jeweilige Förderungs-Programm. Es stellt so etwas wie den letzten Versuch dar, diesen Schülern wenigstens das Analphabeten-Schicksal zu ersparen. Am Erfolg sind diese Programme nicht orientiert. Wo sie gelingen, da darf sich der Sonderschullehrer etwas auf sich einbilden. Wo sie mißlingen, da ist dann auch nur der Einweisungsbefund bestätigt: Hopfen und Malz war von Anfang an verloren. Einen bestimmten Bodensatz von Analphabeten nimmt der Schulträger als Resultat seiner Beschulung ohnehin in Kauf.

Die Sonderschüler arbeiten auf ein Abgangszeugnis hin, das man für den Rest des Lebens am besten versteckt. Die Gnade, aus der Konkurrenz entlassen und im konkurrenzfreien Raum »gefördert« zu werden, ist nämlich im bürgerlichen Leben das Schlimmste, was einem Menschen passieren kann. Konkurrenzunfähigkeit lautet das vernichtende Urteil, das bei Staat und Wirtschaft entsprechende praktische Konsequenzen nach sich zieht. In dieser Gesellschaft ist es also ein Pech, in einer Schule gelandet zu sein, die sich ausnahmsweise – je nach Lehreridealismus: mehr oder weniger – den individuellen Schwächen von Schülern zuwendet. Dieser Rücksichtnahme geht nämlich die vollständige Abqualifzierung der Schüler allemal voraus.

2.4. Die Kritiker des Leistungsprinzips

Die Kritik des Leistungsprinzips ist ein Dauerbrenner in der Pädagogik. Sehr geläufig ist ihr, zwar am Leistungslernen festzuhalten, aber ulkigerweise das Zeitdiktat abschaffen zu wollen:

> *»Es ist ... weniger die Tatsache der Leistungsbeurteilung als solche als vielmehr dieser Umstand von Nebeneffekten praktizierter Leistungsmessungen, der für uns heute Probleme aufwirft. ... Diese Praxis der Koppelung (!) von Leistung und Zeiteinheit macht darauf fußende Benotungen und Zeugnisse in der Tat zu Instrumenten einer problematischen Auslese. ... Diese Koppelung (ist) bedenklich, weil sie fortwährend zu Verfrühungen und dadurch bedingt zu Überforderungen führt, die individuelle Ungerechtigkeiten wie dann auch soziale Verzerrungen zur Folge haben können.«* (Geißler, 150)

Das Anliegen jeder Leistungsbeurteilung wird in einen vemeidbaren »Nebeneffekt« von Leistungsmessung verwandelt. Abschaffen will Geißler die »Koppelung« natürlich auch nicht. Er möchte sie nur ein wenig lockerer handhaben: Beim »sozial schwierigen Schüler« mal etwas nachhelfen und beim »Lernschwachen« mit der Zeit etwas großzügiger verfahren. Er wird sich dem Deutschen Bildungsrat anschließen:

> *»Das Leistungsprinzip, wie es im gesellschaftlichen Wettbewerb gilt, kann nicht auf den Bildungsprozeß des Jugendlichen oder gar des Kindes übertragen werden. Der Wettbewerb muß ... vielmehr in Formen eingeübt werden, die dem Alter entsprechen und frei sind von der Drohung lebenslanger Nachteile oder sozialer Deklassierung. Das Kind übersieht noch nicht, zu welchen späten Folgen ein Leistungsmangel führen kann.«* (Deutscher Bildungsrat, Strukturplan ..., 35)

Gemütsmenschen sind sie schon, die Pädagogen und Bildungspolitiker. Der Bildungsrat plädiert hier nicht für die Abschaffung des Wettbewerbs, dessen »späte Folgen« Kinder noch gar nicht übersehen. Vielmehr sollen sie gerade lernen, daß der Wettbewerb alles andere als ein lustiger Zeitvertreib ist. An der »Drohung mit lebenslangen Nachteilen« mißfällt dem Bildungsrat nämlich nur, daß sie zunächst einmal von den Schülern *nicht kapiert* wird. Folglich plädiert er für »Formen des Wettbewerbs«, die die Kinder auf den Ernst der Lage vorbereiten sollen.

Inwieweit dieses Programm gelingen kann, wenn es aus dem Wettbewerb eliminiert, was gerade an ihm ins Bewußtsein geholt werden soll, darf man getrost dem Bildungsrat und den in ihm vertretenen Pädagogen überlassen. Denn an der gesellschaftlichen Notwendigkeit einer Vorbereitung auf das Leistungsprinzip führt für ihn kein Weg vorbei, auch wenn er sich selbst nicht als sein Anhänger präsentieren möchte:

> *»Das pädagogische Leistungsprinzip gewährleistet ..., daß der Lernende am Ende seiner Schul- oder Ausbildungszeit den harten (!) gesellschaftli-*

chen Leistungsanforderungen nicht unvorbereitet gegenübersteht.« (a.a.O., 35f)

›Mögen hätten wir schon wollen, aber können haben wir nicht gedurft‹, lautet ihre Auskunft frei nach Valentin. Das ist natürlich schwer geschwindelt. Denn wenn dem Bildungsrat der »gesellschaftliche Wettbewerb« tatsächlich ein derartiges Ärgernis wäre, dann hätte er allen Grund, ihn nicht nur den Kindern, sondern auch allen Erwachsenen zu ersparen, statt umgekehrt den Nachwuchs allmählich auf diesen gesellschaftlichen Skandal auch noch vorzubereiten.

Solche Verrenkungen erpart sich jene Pädagogik, die – bei aller Kritik, versteht sich – dann doch recht umstandslos das Leistungsprinzip als *menschengemäß* bestimmt:

> *»Die Notwendigkeit der (Leistungsbe-) Wertung bleibt auf jeden Fall unangetastet. Dies betrifft nicht nur die Leistung in der Schule, sondern auch diejenige im Leben; denn ›Arbeit ohne Bewertung ergibt keine Befriedigung; ohne Befriedigung über sein Tagewerk wird der Mensch unglücklich und krank (!)‹.«* (Dohse, 174)

Lehrern geht das Material für diesen Dauerbrenner nicht aus. Sie selbst sind es, die ihr gesamtes Unterrichten darauf abstellen, daß Schüler scheitern. Ihre tägliche Tat beschert ihnen die Fälle, die sie zur pädagogischen Gewissenspflege brauchen. So geben sie – natürlich nur ganz gerechte – Noten und machen sich nebenbei so ihre Gedanken, ob es nicht Formen des Leistungslernens gibt, die den Schülern das Leistungslernen oder wenigstens seine Auswirkungen ersparen!

2.5. Das Zeugnis

Das Endresultat des permanenten Leistungsvergleichs ist der im Zeugnis dann rechtskräftig festgehaltene Noten*durchschnitt.* Der wird verdächtigt, über die mit 2,4 oder 4,2 beurteilte *Schülerperson* letztlich *nichts* aussagen zu können. Der Schüler ist doch mehr als eine Ziffer, lautet die um die Individualität besorgte Beschwerde, die Wert darauf legt, daß bei der Skalierung die Schüler »ganzheitlich« gewürdigt werden.

Der Verdacht liegt neben der Sache, auf die es der Schule ankommt. Denn in der Gesamtnote ist die ganze Schülerpersönlichkeit soweit zusammenfassend beurteilt, wie es in der Schule auf sie ankommt. Es wird die Note als die quantitative *Verobjektivierung* seiner geistigen Leistungsfähigkeit genommen, an deren *Gültigkeit* auch nicht mit dem Hinweis auf »schlechte Tage«, auf Lehrer, die einen auf dem berühmten »Kieker« haben, oder mit dem Versprechen von Besserung gerüttelt werden kann. Ein Schüler mag privat ein netter Kerl und auch sehr hilfsbereit sein, er mag sich mit dem Lernen schwer oder leicht tun, er mag *außerschulisch* am Schachcomputer Höchstleistungen vollbringen, *schulisch gilt er als die Verkörperung seiner Note* von, sagen wir, 3,0 und ist damit zunächst einmal als die schulisch hergerichtete geistige Persönlichkeit vollständig erfaßt.

So sagt seine Gesamtnote von 3,0 aus, daß er in dem schulischen Bildungsprogramm fast ebenso viele Mitschüler hinter sich gelassen hat, wie er selbst von anderen überholt wurde. Als die »geistige Gesamtperson«, zu der die Schule ihn zugerichtet hat, ist er Mittelmaß. Das *ist* er jetzt, weil dies das über ihn gefällte Schulurteil ist. Sooft etwa ein Schüler sich im Vergleich mit anderen als ungeschickt erweist, besteht die Berücksichtigung seiner Besonderheit darin, daß ihm die Wiederholung einer Klasse oder gar der Verzicht auf weitere Bildung »nahegelegt« wird. Dann weiß auch der Lernende endgültig, daß das Interesse an seiner Leistung nichts mit dem Interesse an seinen Kenntnissen zu tun hat.

Zu dem Urteil, das im Zeugnis über ihn gefällt wird, mag er selbst stehen wie er will. Er mag es für nicht zutreffend, ungerecht oder gar für nichtssagend halten. Das ist seine private Meinung, die aber an dem gesellschaftlich jetzt festgeschriebenen Urteil über ihn als relativer Geistesgröße nichts zu ändern vermag. Wenn der Schüler mehr aus seinem Leben machen will, dann kommt er nicht daran vorbei, daß seine Vorlieben und Abneigungen, seine Stärken und Schwächen in seinem weiteren Bildungsgang nur soviel zählen, wie es ihm die Note abschließend attestiert.

Deswegen nehmen sich Schüler auch das Zeugnis zu Herzen und richten sich wohl oder übel in dem Urteil ein, das das Zeugnis über sie abgibt. Immerhin – so beginnt das Unterfangen des gebildeten Schülers, das Selbsturteil und die schulische Einsortierung zur Deckung zu bringen – verdankt sich das Zeugnis der *eigenen Leistung*. Das ist zwar nicht die ganze Wahrheit über den schulischen Befund, aber daß es die Wahrheit über *seine Beteiligung daran* ist, reicht ihm völlig. Seine Erzieher sind von dieser Einschätzung sehr begeistert. Daß es sich bei dem Lernmodell des Nürnberger Trichters und all seinen Spielarten – vom Buch unter dem Kopfkissen bis hin zum direkt mit dem Hirn kurzgeschalteten Lerncomputer – nur um das pädagogische Ideal der Füllung von Kinderköpfen handelt, ist ihnen bekannt. Sie trauern ziemlich über die Unmöglichkeit von geistiger Determination und halten es für den größten Mangel von Erziehung, immer auf das Mittun der Schüler, die doch erst den vernünftigen Gebrauch ihres freien Willens erlernen sollen, angewiesen zu sein. Umso erfreuter sind sie, wenn Schüler ihnen den Gefallen tun und das *vergleichende* Urteil, das die Schule über ihre Leistung fällt, ganz auf *ihre* Kappe nehmen.

Der erste größere Dienst wird dem Volk also bereits im Stadium seiner geistigen Formung abverlangt. Es hat sich an seiner Sortierung nach Führungs- und »Boden«-Personal selbst zu beteiligen und das Resultat als Produkt der eigenen Anstrengung abzubuchen.

3. Ein allgemeines Resultat: Interessierte Gleichgültigkeit als intellektuelle Tüchtigkeit

Nicht zuletzt deshalb gibt der im Zeugnis festgehaltene Schulerfolg nicht nur Auskunft über die relative Lernleistung eines Schülers, sondern obendrein über eine ganz besondere Sorte von intellektueller Tüchtigkeit, die man nur beim Leistungslernen unter Beweis stellen kann.

Tüchtig ist der Schüler, der sich nicht ständig nötigen lassen muß, am Unterrichtsgeschehen aktiv teilzunehmen. Tüchtig ist, wer sich mittels seines Willens dazu zwingt, die schulischen Anforderungen, dem Inhalt und der (Konkurrenz-) Form nach zu erfüllen. Das schließt ein, sich ständig zu *verbieten,* den eigenen Neigungen und Sachinteressen nachzugehen, wenn sie nicht in den Unterricht passen; am vorgegebenen Stoff anderes für klärungswürdig zu befinden, als es der personifizierte Lehrplan vorsieht; innerhalb des Fächerkanons, in welchem jedes Fach erst einmal gleiche Aufmerksamkeit verlangt – die durch die Schule selbst gewichtet wird –, nach Vorlieben zu sortieren oder sich zum Zwecke der Klärung mehr Zeit zu nehmen, als dafür vorgesehen ist.

Positiv bedeutet dies, daß der Schüler sich recht unerfreuliche geistige Tugenden zulegen muß. Geistige Neigungen dürfen nicht nach eigener Begründung beurteilt, sondern müssen von vornherein am Gebotenen relativiert werden. Es ist schon eine Leistung eigener Art, bei jedem aufgetischten Lernstoff das spontane Desinteresse zu unterdrücken und jedes eigene Interesse nur schulförmig zuzulassen. Geboten ist die Ausbildung der Bereitschaft, sich ganz abstrakt, also ohne inhaltliche Prüfung den vorgebenen Stoff in der dafür vorgesehenen Zeit anzueigen. Dabei darf der Zwang, Leistung zu erbringen, deren abschließende Beurteilung man nicht in der Hand hat, die Einverleibung des Stoffes nicht behindern. Die Bewältigung des eingerichteten Widerspruchs des schulischen Lernens, sich mit der sachgemäßen Aneignung des bestimmten vorgegebenen Stoffes ihm gegenüber immer zugleich gleichgültig zu stellen, fällt ganz in die Zuständigkeit bzw. geht ganz zu Lasten des Schülers. Einerseits soll er ihn für sich aufnehmen, weil der Veranstalter schwer Wert auf ihn legt, andererseits darf er ihn nur als gleichgültigen Stoff behandeln, der das Material für die vergleichende Leistungsbeurteilung ist; einerseits soll er eine eigene Stellung zu ihm erarbeiten, weil es auf seine eigenständige Anwendung ankommt, andererseits soll er dabei keine »Fehler« machen, hat sich also an die Sortierung nach erlaubten und verbotenen Gedanken zu halten.[5]

Sich in diesem Widerspruch einzurichten, dazu braucht es mehr als nur das *Bekenntnis* zur geistigen Unterwürfigkeit. Und selbst ihre *Praktizierung* reicht allein nicht aus. Der brave Schüler, der vom ersten bis zum letzten Schultag dem Lehrer folgt, dessen Schultasche trägt, unfolgsame Schüler

»verpetzt«, ist nicht automatisch der *erfolgreiche* Schüler. Um in der Aneignung und Wiedergabe des geforderten Stoffes besser abzuschneiden als andere, ist eben immer zugleich mehr gefordert als Schleimerei. Da muß Leistung gebracht werden. Und so wie sich die Schule ihre guten Zeugnisse nicht allein durch abstrakte Anpassungsbereitschaft abhandeln läßt, so ist doch umgekehrt die Bravheit durchaus eine Voraussetzung dafür, daß Anstrengung sich als Schulerfolg auszahlt. Denn damit ist gewährleistet, daß sich Schüler ganz den vorgegebenen Inhalten in festgesetzter Zeit widmen und sich jeden Mißerfolg sofort in den Entschluß zu vermehrter schulischer Anstrengung übersetzen.

Auch seinen Charakter entwickelt der Schüler. Den Fortschritt seiner erlernten Fähigkeiten hat er vollständig als Mittel einzusetzen gelernt, um gegenüber anderen eine Überlegenheit zu erzielen. Keine Kraft darf auf Bildungsanstrengungen verschwendet werden, die einen im Vergleich zur Schülerkonkurrenz nicht voranbringen.[6]

Um an sich diese Sorte geistiger Tüchtigkeit auszubilden, braucht es *einige Zeit*. Es versteht sich ja wirklich nicht von selbst, seinen Verstand in Bewegung zu setzen und sich dabei ganz dem vorgegebenen Denken zu akkomodieren; sich anzustrengen und es sich gefallen zu lassen, daß die eigene Leistung überhaupt nur zählt, soweit sie zur Herstellung von Unterschieden in geistiger Leistungsfähigkeit taugt. Aber diese Zeit gibt die Schule dem Nachwuchs. Mindestens 10 Jahre hat er für die Pflichtschule reserviert. So wundert es denn nicht, daß nach permanenter Einübung in jedem Unterrichtsfach und an einer Vielzahl von Unterrichtsgegenständen diese Sorte von selbstbewußtem geistigen Opportunismus zur *zweiten Natur* der Schüler geworden ist.

Kopfnoten

Früher einmal hat das Zeugnis in seinen Kopfnoten diesem Erziehungsprogramm gesondert Rechnung getragen. Da gab es eine Beurteilung der »Beteiligung«, des »Fleißes«, der »Ordnung«, des »Verhaltens« und gelegentlich auch der »Sauberkeit«. Die Kopfnoten sind abgeschafft, das dazugehörige Erziehungsprogramm nicht. Auf diese Tugenden wird nach wie vor größter Wert gelegt. Nur gilt es inzwischen als pädagogisch nicht mehr seriös, die Tugendhaftigkeit der *Person* getrennt von den *Leistungen* in den Fächern, in denen diese Tugenden weiterhin gefragt sind, einer Beurteilung zu unterziehen:

»Das faule, aber begabte Kind erhält ... die gleiche Note wie das fleißige, aber eben weniger begabte. ... Schulnoten sagen immer nur etwas über die Resultate aus, aber nichts darüber, wie diese Resultate zustandegekommen sind. Anders gesagt: Sie sagen in Wahrheit überhaupt nichts über den jungen Menschen, der diese Note im Zeugnis stehen hat. Der Witz ist: Gerade das ist das Gute (!) an den Noten. ... Wenn diese Schule nun

auch noch das Recht erhielte, die Persönlichkeiten und das Verhalten unserer Kinder amtlich und ausführlich zu bewerten, wären die Kinder und wir ihr völlig ausgeliefert – ein Alptraum.« (SZ, 25.11.1991)

Es trifft zwar zu, daß der Lehrer sich bei der Notengebung an die Resultate der Leistungsmessung halten muß, daß also der »Charakter« des Schülers nicht als solcher zum Kriterium der Beurteilung gemacht wird. Dennoch wird immer zugleich ein Charakterurteil ausgesprochen: Denn die Noten halten nun einmal fest, wie erfolgreich der Schüler seinen Verstand in den Dienst der Anpassung an das schulisch Verlangte gestellt hat.

Und genau deswegen hat auch die Trennung der Leistungs- von der Tugendbeurteilung durchaus Sinn gemacht. Denn wo es auf Bravheit als Voraussetzung für den Lernerfolg ankommt, dieser aber *nicht* mit dem Gehorsam der Schüler *zusammenfällt,* da möchten Erzieher schon wissen, ob einem Schüler der Erfolg »in den Schoß« gefallen ist oder ob der Verlierer der Schulkonkurrenz sich wenigstens »Mühe gegeben hat«. So können bei Leistungsgleichheit durch die Beurteilung der Tugendhaftigkeit des Schülers noch Unterschiede hergestellt werden. Und außerdem haben Leistung und Tugenden bildungspolitisch durchaus unterschiedliche Konjunkturen.

Einer solcher Konjunktur sind denn auch die Kopfnoten zum Opfer gefallen. Sie wurden verdächtigt, einer nachlassenden Leistungsfähigkeit der deutschen Jugend Vorschub zu leisten. Wer sich durch schlichte Bravheit und andere gewünschte Charaktereigenschaften gute Zensuren verdienen kann, der – so wurde gemutmaßt – strengt sich vielleicht beim Lernen in den Fächern nicht mehr an. Jetzt gehen die Kopfnoten einerseits in die Leistungsbeurteilung (»Beteiligung«) mit ein oder werden als »Aussagen zum Arbeits- und Sozialverhalten« nach Bedarf im Zeugnis schriftlich vermerkt. So wird der sachgemäße Einsatz des Gehorsams in der Note beurteilt und zugleich Raum dafür gelassen, es dem Schüler gesondert 'reinzureiben, wenn er es daran fehlen läßt.

Kommt wegen der Lernkonkurrenz die Bildung zu kurz?

Die Schüler richten sich in dieser Sorte von Lernen entsprechend ein: Sie lernen häufig nur für die Noten, lernen also für's Vergessen, täuschen Sachkenntnis vor und sorgen dafür, daß spätestens nach der letzten Zensurenkonferenz im Unterrichts nichts mehr läuft. (vgl. C. 3.) Der im Lernen organisierte Widerspruch von *interessierter Gleichgültigkeit* bringt deswegen so manches Mal den Unterricht um den gewünschten Lerneffekt. Trotz allem muß der Veranstalter keine Sorge haben, daß dabei die *sachliche Aneignung* der Inhalte der Volksbildung zu kurz kommt. Das liegt zum einen daran, daß jedes Lernen als geistige *Aneignung* verläuft, gleichgültig ob nun dem Lernstoff besonderes Interesse entgegengebracht wird oder nicht. Das Lernen nimmt den Schülern bekanntlich niemand ab. Für andere kann man zwar

Bier holen, aber nicht lernen. Ohne die *eigene* geistige Anstrengung geht kein Lernen, auch das Leistungslernen nicht; weswegen bekanntlich auch das Mogeln ganz jenseits der zu erwartenden Strafen seine eigenen Grenzen besitzt.

Es hat zum anderen einen Grund, der im Wesen des Volksbildungsprogramms selbst liegt. Gefordert ist eine Sorte inhaltlicher Aneignung der Bildungsinhalte, die mit einer *Prüfung* des Stoffs auf seinen Wahrheitsgehalt und seine Vernunft nicht verwechselt werden darf. Dies ist mit der Bildungsabteilung »Immunisierung gegen Systemkritik« sogar explizit verboten. Damit sind *opportunistische* Qualitäten, ein Moment von Gleichgültigkeit gegenüber dem Inhalt beim Lernen sogar gefordert. Der Absolvent der schulischen Volksbildung soll über ihre Inhalte – mehr oder weniger – *verfügen.* Er soll sie *kennen,* er soll wissen, wozu sie *taugen* und wann ihre *Anwendung angebracht* ist. Mehr ist gar nicht verlangt. Dahinter stehen muß er gar nicht, denn als Richtschnur einer begründeten Praxis sind die Inhalte der Volksbildung gar nicht vorgesehen.

Es reicht in der ersten Phase der allgemeinen Volksbildung vollkommen, wenn er diese Inhalte als ein Arsenal von Kenntnissen über die Welt und von geistigen Stellungen zur Welt für alle die Fälle parat hat, in denen der »Ernst des Lebens« ihren Einsatz von ihm verlangt. Und dafür, daß solche Fälle auftauchen, sorgt bekanntlich das Leben selbst, das eben nicht »das Leben« ist, sondern eine Gesellschaft, in der jedermann bei festgesetzter Eigentums- und Machtverteilung ganz frei seinen Interessen nachzugehen hat. Die Schule rüstet die Schüler neben dem Funktionswissen »bloß« mit einem Arsenal von *Meinungen* und der Einsicht aus, daß es der Gipfel der Freiheit ist, irgendeine Meinung haben zu dürfen, sie nach Bedarf wie das Hemd wechseln zu können, weil es ja nur die »subjektive Meinung« ist, und daß man auf keinen Fall die eigene Meinung zu ernst nehmen darf.

Die notwendige Gleichgültigkeit gegenüber dem Lernstoff ist daher nicht allein ein Widerspruch zur inhaltlichen Aneignung, sondern zugleich auch ein Kennzeichen der *sachlichen Qualität* der *gewünschten* Aneignung. Es darf deswegen auch nicht verwundern, daß die perfektesten Schulschwänzer, die in der Schule nur »Blödsinn im Kopf haben« und deren Leistungen entsprechend ausfallen, durchaus über eine korrekte Meinung verfügen und genau wissen, wo Deutschlands Feinde stehen, daß »das Boot voll« und der Kommunismus gestorben ist, Arbeitslosigkeit in erster Linie die Faulen, also die anderen trifft, und daß Wahlen, die Straßenverkehrsordnung und ihre Hüter zwar »ätzend« sind, es aber ohne sie nicht geht ...

EXKURS: Die Vorbereitung auf die Schule in der Familie

Der Familie sei mit der Staatsschulpflicht die Zuständigkeit für die geistige Formung des Nachwuchses entzogen worden, lautet eine Klage von Pädagogen, die das Schulmonopol für eine etatistische Übertreibung halten. Diese Änderung der Erziehungszuständigkeit soll in der »sinkenden Erziehungsfähigkeit der Familie« (Schelsky, Schule und Erziehung, 35), also in einem Unvermögen der modernen Familie begründet sein:

> *»Die öffentliche Schule vermittelt ein elementares Wissen und Können, das die Familie nicht mehr ohne weiteres selber zu vermitteln imstande sind, das aber dennoch für alle Bürger eines neuzeitlichen Gemeinwesens nötig ist und in fast allen Berufen vorausgesetzt wird.«* (A. Flitner, 128)

Das Faktum trifft – zumindest für einen Teil der Eltern – einen historischen Sachverhalt. Mit dem Befund ist jedoch zugleich ein vernichtendes Urteil über die Schule ausgesprochen: Denn wie soll die Schule, die hier als notwendiger Ersatz für die versagende Familienerziehung propagiert wird, diese Kompensationsfunktion wahrnehmen können, wenn die Defizite der Familie gerade ihr Produkt sind. Doch täuschen sich die Pädagogen in einer Hinsicht: Es ist gar nicht ein Unvermögen der Familie, welches die Staatsschule als kompensierende Einrichtung auf den Plan ruft. Es ist vielmehr das staatliche Interesse an der Volksbildung, das der Familie die Alleinzuständigkeit für die Erziehung ihres Nachwuchses nach dem 6. Lebensjahr nimmt.

Dabei kommt die Familie in Erziehungsdingen nach wie vor nicht zu kurz. In den ersten Lebensjahren obliegt die Erziehung den Eltern, wie es das Grundgesetz befiehlt:

> *»Pflege und Erziehung der Kinder sind das natürliche Recht der Eltern und die zuvörderst ihnen obliegende Pflicht. Über ihre Betätigung wacht die staatliche Gemeinschaft.«* (GG, Art. 6 (2))

Und wie das mit »natürlichen Rechten« so zu sein pflegt, sind sie derart selbstverständlich, daß sie erstens als Vorschrift formuliert und zweitens staatlich kontrolliert werden müssen. Dafür, daß Art.7 (1) (»Das gesamte Schulwesen steht unter der Aufsicht des Staates.«) und Art.6 (2) des Grundgesetzes nicht in eine häßliche Konkurrenz geraten, sorgt »die staatliche Gemeinschaft«. Sie bestimmt, daß das »natürliche Erziehungsrecht der Eltern« sich an der Schule relativiert. So darf sich keine Erzeugergemeinschaft auf den Standpunkt stellen, entweder die geistige Bildung des eigenen Nachwuchses *ganz* in die Hände zu nehmen oder *gar nicht.*

Vielmehr hat der Staat eine ganz besondere Arbeitsteilung eingerichtet: Die Eltern haben die Aufgabe, ihre Kinder schulfähig zu machen und schultauglich zu halten. Das heißt, sie haben die »Drecksarbeit« – im wörtlichen und im nichtwörtlichen Sinne – zu verrichten. Und wenn die Kinder allmählich in der Lage sind, ihren Kopf in der erwünschten Weise zu benutzen, wenn Erziehung als geistige Zurichtung des noch relativ »unfertigen« Verstandes recht eigentlich beginnen kann, dann haben die Eltern ihre Zuständigkeit an die Staatsschule abzutreten. Dann will der Schulträger sich nicht mehr darauf verlassen, daß der »Lehrplan« der Familie deckungsgleich mit seinem eigenen ist. Und eine entscheidende Differenz im Erziehungsinteresse weiß er sofort zu benennen: Welche Familie schlägt denn für das *eigene* Kind schon freiwillig die Karriere als Aushilfskellner vor!

Daß diese Arbeitsteilung von Eltern selten kritisiert wird, liegt nicht unbedingt daran, daß es ihnen einleuchtet, wenn der Staat ihr »Einundalles« in seine Pflicht nimmt. Vielmehr sind die meisten Eltern froh, die Kinder ab dem 6. Lebensjahr wenigstens halbtäglich aus dem Hause zu haben und neben anderen Sorgen nicht auch noch die für das geistige Fortkommen der Kinder übernehmen zu müssen. Ihnen kommt es wie eine dem Staat zu dankende Erleichterung vor, wenn er sie von der Familienerziehung wieder befreit. Daß die Kindererziehung vielfach als notwendig zu tragende Last empfunden wird, verweist darauf, daß den Eltern gar nicht klar ist, wer sie ihnen aufgebürdet hat. Es ist nämlich überhaupt nicht selbstverständlich, daß die »Produktion« des Nachwuchses automatisch die Pflicht der Erzeuger einschließt, für die Erziehung und auch sonst noch sehr lange für das »eigene Blut« verantwortlich zu sein. Es ist allein die Leistung des bürgerlichen Staates, der mit seiner Familiengesetzgebung den Eltern Aufgaben zuweist und deren Grenzen bestimmt. Ein Naturgesetz wirkt da nicht. Auch wenn Eltern mit einschlägiger Erfahrung der felsenfesten Überzeugung sind, daß ihre Kinder in »fremden Händen« nie so gut aufgehoben sind wie in den eigenen. Woher sollen sie auch den Gegensatz zwischen verstaatlichter und vergesellschafteter Erziehung kennen?

Die erste Erziehung zur Moralität

Es spricht vieles dafür, daß die eingerichtete Arbeitsteilung das damit angestrebte Resultat, nämlich die Herstellung der *Schulfähigkeit* der Kinder, erbringt. Ohne daß den Eltern im einzelnen ein Lehrplan zur Erfüllung und eine pädagogische Ausbildung vorgeschrieben ist, erwartet die Schule, daß der Nachwuchs mit 6 Jahren über eine *»Schulreife«* verfügt, die mehr als die Beherrschung der Schließmuskulatur umfaßt. Wenn die lieben Kleinen in die Schule kommen, dann müssen sie nicht nur in der Lage sein, rechtzeitig das »Schullokal« zu erreichen, sich dort in ihrer Muttersprache zu verständigen, ihre Körperfunktionen der Pausenordnung zu unterwerfen, eine »normengerechte Sitzweise einzunehmen und einzuhalten« und einiges mehr von dieser Art (vgl. Petrat, 86). Sie müssen überdies wissen, daß der Lehrer nach den Eltern eine weitere Person darstellt, deren Wort auch dann gilt, wenn es nicht einleuchtet. Woher sie das wissen, ist kein großes Geheimnis. Denn wie Mutter und Vater ist auch er viel stärker und läßt sich durch die pure Kundgabe des abweichenden kindlichen Willens überhaupt nicht beeindrucken. Diese *Grundlage jeder Moralität* lernt der Nachwuchs im Elternhaus ziemlich schnell: Dort erfährt er nicht nur, daß dem eigenen Willen ziemlich viele sachliche Schranken entgegenstehen, sondern daß man sich an ihre Beseitigung oft nicht machen darf, weil man dann auf die Schranke in Gestalt des (elterlichen) Willens trifft, der dem eigenen konträr entgegensteht, mit überlegenen Mitteln ausgestattet ist und deswegen über »erlaubt« und »verboten« entscheiden kann. Im Widerstreit zwischen dem eigenen Anliegen und dem der Eltern hat man deshalb keine Chance, weil man noch »klein« ist; weswegen man auch schnell »groß« werden möchte, um ebenfalls anderen gegenüber die Gleichung aufmachen zu können, daß der Wille des Älteren *zählt*. Da mag es im Elternhaus noch so begründet zugehen, mögen es sich Mutter und Vater noch so sehr zur Aufgabe gemacht haben, die Androhung von »Haue«, »Spielverbot« oder »Liebesentzug« wirklich nur als das »letzte Mittel« gegenüber dem uneinsichtigen Eigengewächs anzuwenden, die rechtlich abgesicherte Erziehungsgewalt der Eltern bleibt allemal die Grundlage dieses Verhältnisses. Die Erfahrung, daß dann doch Strafe droht, wenn keines der elterlichen »Argumente« – »Das macht man nicht!«, »Du bist doch schon groß!«, »Das tut ein liebes Mädchen nicht!«, »Tue das mir zuliebe!«, »Denk doch mal an Deine Geschwister!« usw. – so richtig überzeugt, muß jedoch bereits verarbeitet worden sein, wenn sich das Kind das Prädikat »schulreif« verdienen will. Die Phase, in der es jedesmal von neuem einen Aufstand inszeniert, wenn ihm eine Anordnung nicht paßt, muß überwunden sein. Die aus der Erfahrung gewonnene »Klugheit«, die einen Grundstein seiner Lebenstüchtigkeit ausmachen wird, besteht darin, das eingerichtete Autoritätsverhältnis *für sich* zu akzeptieren. Die Kinder müssen sich zu der »Einsicht« vorgearbeitet haben, daß Eltern, Lehrer, Hausmeister und die Polizei *recht* haben, weil sie Erwachsene, und viel klüger, weil sie letztlich sowieso die *Stärkeren* sind. Diese Grundform jeglicher Moralität, die noch ganz ohne alle, erst später zur Kenntnis gebrachten Gründe für bestimmte Ge- und Verbote auskommt, enthält noch deutlich sichtbar die Nabelschnur zur gewaltmäßigen Relativierung oder Brechung des kindlichen Willens. Übrigens greifen alle Argumente, mit denen Imperative nachträglich ausgestattet werden, nur dann, wenn diese »Einsicht« sitzt. Daß den Kindern nichts Richtiges über die Gründe von und den Umgang mit widerstreitenden Interessen mitgeteilt wird, liegt also nicht daran, daß Kinder so etwas noch nicht begreifen würden. Es wird ihnen nämlich auch später *nicht* angeraten, den ganzen Unfug über Autorität, Erwachsenenrechte und Gewalt zu vergessen, der ihnen in frühester Kindheit eingebleut worden ist.

Kinder, die bei jeder schulischen Anordnung über die Sitzordnung, den Unterrichtsgegenstand, die Unterrichtsmethode, die Mitschüler, das Pausenzeremoniell usw. mit oder ohne großes Geschrei ihren Widerspruch anmelden, sind nicht schulreif, werden in den Schoß der Familie zurückgeschickt oder auch gleich als »verhaltensgestört« bzw. »sozial geschädigt« in eine Sonderschule eingewiesen.

Früher sollte man übrigens die fehlende Schulreife daran sehen können, daß diese Kinder nicht in der Lage waren, mit ihrer linken Hand über ihren Kopf hinweg bis zu ihrem rechten Ohr zu greifen. Heute ist dieser Biologismus durch Tests ersetzt worden, die noch einmal bestätigen, daß es keinen »natürlichen« Zusammenhang zwischen »Schulreife« und dem beendeten 5.Lebensjahr gibt. Warum die Schulpflicht im Alter von 6 Jahren und nicht mit 4 oder 10 Jahren beginnt, ist denn auch nur eine historische Erfahrungstatsache. Es drängt eben Sechsjährige nicht mit Macht in die Schule, sondern sie werden dann hinbestellt, und zwar deswegen, weil die Kinder in der Regel dann für den Schulbetrieb der Primarstufe zugerichtet sind. Daß die Schulbehörde durchaus in der Lage ist, das Einschulungsdatum zu korrigieren, zeigen die entsprechenden Debatten: Da wird gemutmaßt, daß die heutige Jugend viel früher »reif« sei, da wird ausgerechnet, daß sich die Lebensarbeitszeit verlängern lasse, wenn die Schulpflicht früher beginnen würde, oder es wird darauf verwiesen, daß die zunehmende Berufstätigkeit der Frau eine Entlastung von den häuslichen Pflichten notwendig mache; lauter wunderschöne Überlegungen, denen sich wieder einmal entnehmen läßt, daß die Sorge der Bildungsbehörde nur der Wohlfahrt des Nachwuchses gilt.

»In der Schule beginnt der Ernst des Lebens«

Der Nachwuchs soll möglichst schon einige Erfahrung in bestimmten Anwendungsbereichen dieser Grundeinsicht gemacht haben. So soll er die Unterscheidung zwischen Spiel und Ernst kennen, also wissen, was die Stunde geschlagen hat, wenn der Lehrer ihm bedeutet, daß es jetzt genug gewesen sei mit der Spielerei. Natürlich erfährt der Nachwuchs auch hier nichts Gescheites über den Unterschied zwischen Spiel und Ernst, etwa daß sich die spielerische geistige Betätigung nur an die selbstgesetzten Regeln seines freien, auch durchaus gelegentlich die reine Phantasie bemühenden Geistes hält, während sich in ernsthafter geistiger Betätigung der Verstand ganz diszipliniert den Bestimmungen des Gegenstandes unterwirft. Nichts davon. Das Kind soll wissen – und sich daran halten –, daß Spiel der Bereich ist, in welchem seinen kindlichen Interessen ein relatives Recht zugestanden wird, daß aber genau damit Schluß ist, wenn ein Erwachsener auf den Ernst der Situation verweist. Dann gelten allein *dessen* »Spielregeln«, dann herrscht Ruhe, werden die Hefte oder Bücher aufgeklappt, der »einheitliche Übergang von einer zur anderen Beschäftigung« (Petrat, 86) vollzogen und dem Unterricht gefolgt – egal, ob die gebotenen Einsichten Wahrheiten oder reine Phantasieprodukte sind.

Mein und Dein

Neben diesem Grundverhältnis gebietet die Chancengleichheit der Schule, daß auch die *Eigentumsfrage* vor Schulbeginn theoretisch prinzipiell geklärt sein muß. Daß mit »mein« und »dein« mehr festgehalten ist als die Kennzeichnung der jeweiligen Verfügung über eine Sache bei ihrem Gebrauch, wird frühzeitig festgeklopft. Man darf sich nämlich am Spielzeug des Spielkameraden nicht nur dann nicht vergreifen, wenn der selbst mit ihm spielt. Bekanntlich entfaltet der Rechtsanspruch des Eigentums seine Schönheiten erst dann, wenn das fremde Spielzeug überhaupt nicht in Benutzung ist. Dem kleinen Nichteigentümer muß beigebracht werden, daß er den Eigentümer zu fragen hat, wenn es ihn nach fremdem Spielzeug gelüstet. Und dem Eigentümer muß beigebracht werden, daß er gefälligst zu schreien hat, wenn dies unterlassen wird. So lernt er, daß da nicht etwa ein anderes Kind mit seinem Spielzeug hantiert, sondern daß ihm etwas »weggenommen« worden ist, auch wenn es ihm gar nicht fehlt. Und diese »Einsicht« ist es auch, die letztlich den arglosen »Dieb« zu überzeugen hat: »Stell Dir vor, jemand würde Dir Dein Lieblingsspielzeug wegnehmen!« In der Schule, gerade in der allgemeinbildenden, die keine Klassenschranken kennt, ist diese Schranke im Hirn von ziemlicher Bedeutung. Denn es läßt sich in ihr nicht immer vermeiden, daß der entsprechend ausgestattete Nachwuchs der begüterten Schichten neben die Kinder von Sozialhilfeempfängern zu sitzen kommt. Die erste Lehre über Chancengleichheit in der Schule, auf die die Kinder vor der Schule vorbereitet sein müssen, heißt nämlich kurz und knapp: »Vor der Schule seid Ihr alle gleich! Und alle sonstigen Unterschiede, bei denen ihr glänzende Augen bekommt, behandeln wir erst später. Also Finger weg vom Füller, Portemonnaie und Fahrrad der Mitschüler!« Wer das begriffen hat, der hat auch mit den Schulreifetests, in denen Grundformen des Abstrahierens und ähnliches geprüft werden, keine Probleme.

Staatsdienst aus familialem Interesse

Daß es bei den meisten Familien keiner zusätzlichen Aufforderung bedarf, diesen »heimlichen Lehrplan« des Staates für die Erziehung zur Schulreife zu erfüllen, darf nicht überraschen. Der Schulträger kann sich deswegen darauf verlassen, daß die von ihm eingerichtete Arbeitsteilung gut funktioniert, weil die Eltern an dem Erziehungsprogramm von sich aus Interesse besitzen.

Erstens: Egal, ob das Kind in der Familie als Last oder ob es als Einundalles bestimmt und behandelt wird, in jedem Fall erfordert es das Privatinteresse der Familie, daß die Autorität der Erwachsenen oberste Richtschnur über Ge- und Verbote darstellt, daß sie über Spiel und Ernst entscheidet, und daß dem Privateigentum äußerster Respekt gezollt wird, einschließlich der ganz in der Elternautorität liegenden Prinzipien der Eigentumsverteilung. Der Staat kann diese Abteilung der Vorschule getrost zur *Privatsache* der Familien erklären und sich auf reine Beaufsichtungsfunktionen zurückziehen. Die nimmt er aber auch wahr und hat sich mit dem Familienrecht, dem Jugendrecht und dem Sozialrecht die Grundlagen für's Eingreifen und mit Jugend- und Sozialämtern, inklusive der entsprechenden Strafanstalten die Einrichtungen geschaffen, um im Bedarfsfalle seinem Erziehung*auftrag* an die Familie Nachdruck zu verleihen.

Aber auch dort, wo nicht gesellschaftliche Notwendigkeiten die Moral diktieren, werden sie gepflegt. Die Moral nimmt die Form des Anstands an, ohne den man angeblich in der Welt nicht weit kommt, obwohl das Guthaben des Vaters weder Sparsamkeit noch Gerechtigkeit oder Formen der berechnenden Höflichkeit erzwingt.

Zweitens: Und außerdem wollen Eltern in der Regel, daß es »ihr Kind einmal besser hat«. Das sorgt dafür, daß die »Schulmotivation« (A. Flitner, 129) der eingeschulten Kinder nicht erlahmt, obwohl Kinder häufig noch keine Ahnung davon haben, was an ihrer Schulanstrengung hängt. Das macht nichts. Die Eltern richten es dann so ein, daß nicht erst »in der Zukunft«, sondern bereits in der Gegenwart der Nachteil, den die Lässigkeit in Schuldingen nachsichzieht, spürbar wird. Der Erhaltung der Schultauglichkeit als Erziehungsaufgabe der Eltern wird regelmäßig durch die Schule selbst nachgeholfen.

IV: Volksbildung als Auslese und Ausschluß: Das dreigliedrige allgemeine Schulwesen

1. Die Sortierung nach höherer und niederer Bildung

1.1. Wie aus Leistungsunterschieden Gründe für den Ausschluß von Bildung werden

Mit der ersten Phase der allgemeinen Bildung ist nicht nur die geistige Mindestausstattung des Volkes abgeschlossen, sondern eine Bewertung des gesamten Nachwuchses vollzogen, welche der Veranstalter der Bildung nun nach seinen sehr speziellen Interessen begutachtet. Das Zeugnis liefert ihm eine Auskunft über die *Resultate des Leistungslernens* der Schüler. Diese Resultate sind in Durchschnittsnoten festgehalten, die es erlauben, eine *Rangfolge* der an der Lernkonkurrenz Beteiligten zu erstellen. Damit erhält der Schulträger eine doppelte Information über den beschulten Nachwuchs:

Erstens darf er mit Befriedigung feststellen, daß sich alle, deren relative Leistung sich in einer Note darstellen läßt, an der Lernkonkurrenz *beteiligt* haben. Sie haben diesen Abschnitt des Volksbildungsprogramms nach Inhalt und Form absolviert, d.h. dauerhaft ihre Schul-*Pflicht* erfüllt, die nicht nur Anwesenheit, sondern Teilnahme an der permanenten Lernkonkurrenz bedeutet. Sie alle haben dafür gleichermaßen ihren Stempel »schultauglich« erhalten, für den die Noten, welche ihnen die Schule im einzelnen beschert hat, zunächst einmal gleichgültig sind. Dieses Ergebnis der ersten Schuljahre, die vollständige schulische Pflichterfüllung, gilt als so selbstverständlich, daß es nicht gesondert gewürdigt zu werden pflegt. Dabei gibt es durchaus Ausnahmen. Die sind jedoch nicht ein Resultat von *verweigerter* Schulpflicht, sondern ebenfalls ein Produkt ihrer Erfüllung. Immer wieder wird, wie gezeigt, eine ganze Reihe von Schülern, die von der Schule für lernkonkurrenzunfähig gehalten werden, frühzeitig aussortiert und einer anderen schulischen Behandlung zugeordnet. Dort, in den Sonderschulen, fallen diese »Gestörten« nicht mehr auf. Ins Gewicht fallen sie ohnehin nicht.

Zweitens bekommt die Bildungsbehörde mit der Hierarchie der Schüler eine Information darüber, *wieviele Schüler in welchem Grade* die Anforderungen des Bildungsprogramms erfüllt haben.

An dieser *Verteilung* des Nachwuchses auf die Notenskala zwischen ›sehr gut‹ und ›ungenügend‹ macht der Schulträger ein ganz spezielles Interesse fest. Er prüft nicht etwa, wie der festgestellte Erfolg der Volksbildung sich *quantitativ* ausdrückt. Für ihn ist eine normale Verteilung kein Grund, in Trauer über ein ziemlich ungebildetes Volk zu verfallen. Und ebensowenig bricht er in Jubel über sein gebildetes Volk aus, wenn sich mehr Schüler ober- als unterhalb des Durchschnitts tummeln. Die ermittelte Verteilung begutachtet er nicht als Resultat seines ersten Bildungsabschnittes. Vielmehr liefert sie ihm das *Material,* anhand dessen er nun den Zugriff auf die künftige geistige Elite der Nation in die Wege leitet.

Für seine speziellen Dienste braucht der Staat diejenigen, die sich im Volksbildungsprogramm als die Tüchtigsten herausgestellt haben. Denn an ihrer geistigen Zuverlässigkeit hängt die Effektivität der Erledigung von gesellschaftlichen Herrschaftsfunktionen. Jedoch *welche* Schüler sich als die *Tüchtigsten,* als die *geistig Zuverlässigsten* erwiesen haben, welche es sind, denen der Staat in Zukunft die Führungsrolle in der Gesellschaft anvertrauen kann, das läßt sich der Verteilung so gar nicht entnehmen. Denn die Zeugnisse geben nur Auskunft über die relative Lernleistung, weisen also nur nur *Unterschiede* in *quantifizierter* Form aus. Mit dem Resultat der 4-6jährigen Grundausbildung ist deswegen die Entscheidung über den weiteren Bildungsweg noch *nicht endgültig* gefallen. Ob die *Besten* nun bei einem Notenmittel von 2,3, erst bei 1,8 oder schon bei 3,0 beginnen, ist der Tüchtigkeitsskala so nicht zu entnehmen. Die Quantifizierung enthält in sich keinen Anhaltspunkt für einen irgendwie gearteten Übergang in jene andere Qualität, welche die geistige Elite ausmacht. Überall unterscheiden sich Schüler nur nach Stellen vor und hinter dem Komma, und doch soll irgendwo eine Zäsur liegen, in welcher bei einer *Differenz* von einigen Zehnteln der *Gegensatz* zwischen Führungspersonal und der Masse der dienstbaren Bürger angesiedelt ist. Daß ein Schüler mit dem Notendurchschnitt von 3,2 notwendigerweise zum gesellschaftlichen »Bodenpersonal« gehört, ein anderer, der es gerade noch auf 2,9 gebracht hat, dagegen das Zeug zum Staatsanwalt oder Bundespräsidenten hat, kann unmöglich an der Differenz von 0,3 liegen.

Die Zäsur liegt denn auch genau dort, wo der Schulträger sie *haben will.* Er legt je nach *seinem Bedarf* und *Interesse* eine Grenze *fest,* an der er die Geister nach Befähigung zur höheren Bildung scheidet. Die mag einmal bei einem Notenschnitt von 2,2 und einmal bei 2,9 liegen, je nachdem wie eng oder weit er die Grenzen zum Zutritt in die höheren Gefilde öffnen möchte. Möchte er mehr Schüler für die höheren Bildungsanstalten rekrutieren, entdeckt er beispielsweise eine »Bildungskatastrophe« (Picht), dann lockert er eben das Ausschlußkriterium und erlaubt den Besuch des Gymnasiums schon bei relativ schlechten Noten. Umgekehrt umgekehrt. Vorhandene Kapazitäten und finanzielle Aufwendungen spielen neben dem Kriterium des Bedarfs auch eine Rolle. Dann nämlich, wenn übergeordnete bildungspolitische Kriterien davon nicht tangiert werden.

Es ergibt sich also nicht aus einer bestimmten Notenverteilung die Übergangsquote. Es ist ganz umgekehrt: Von der bildungspolitisch begründeten Festlegung einer Übergangsquote hängt es ab, bei welcher Durchschnittsnote sich die Wege der Schüler endgültig trennen. Erst wenn die Quote feststeht, wird je nach Verteilung diejenige Durchschnittszensur ermittelt, an welcher die entscheidende Zäsur zu setzen ist. An der erfolgt dann der »Umschlag« von Lernleistungs-Quantität in bildungspolitische Bedarfs-Qualität. Dabei mag die Durchschnittsnote, die den Übergang gestattet, dadurch den Eindruck eines ein für allemal gültigen, also objektiven Kriteriums vermitteln, auf das man sich beim Lernen einstellen kann, daß sie sich über Jahre hinweg nicht geändert hat. Der Schein trügt. Denn wenn eines Tages von den Kultusministerien der Befund ausgegeben wird, daß »unsere Gymnasien wegen allzu großen Andrangs entwertet« sind, dann zeigt sich die Grundlosigkeit des Vertrauens. Das bildungspolitische Anliegen, das der alten Regelung zugrundelag, hat sich geändert. Eine neue Quote wird ausgegeben und dementsprechend entscheidet sich der Bildungsweg der einzelnen auch an anderen Zensuren. Die Schulkundschaft hat sich dann umzustellen. (vgl. F.I. Schulreform)

Damit ist auch das »Bildungsgesetz« widerlegt, demzufolge ein gutes Zeugnis den Weg in die höhere Bildung sichert: Zwar gibt eine gute oder schlechte Note Auskunft darüber, was eine erbrachte *Leistung wert* ist. Und was ein gutes und was ein schlechtes Zeugnis *ist,* das läßt sich ihm selbst im Vergleich zu allen anderen Zeugnissen entnehmen. Jedoch wird noch einmal gesondert darüber befunden, was denn nun die *Gesamtnote* für die weitere *Schulkarriere wert* ist. Das steht erst dann fest, wenn von der Kultusbehörde entschieden ist, wie viele Schüler zum Gymnasium zugelassen werden sollen. Das tangiert natürlich nur die Schüler mit den »besseren Zeugnissen«, denn mit einem Vierer-Zeugnis oder einem noch schlechteren ist der weitere Bildungsweg zweifelsfrei vorgegeben. Da bleiben die Überraschungen aus, die sich für die bessere Hälfte der Schüler durchaus ergeben können. Das hat nichts mit Willkür zu tun, wie verstörte Eltern sofort mutmaßen, sondern nur mit der Korrektur einer alten bildungspolitischen Entscheidung. Die neue Richtlinie hat dabei dasselbe durchschlagende Argument auf seiner Seite wie das alte: das politische Interesse des Schulträgers.

Wer am Gang zur höheren Schule gehindert wird, verdankt dies also nicht irgendwelchen an ihm ermittelten Grenzen seiner Lernfähigkeit, sondern allein den staatlichen Festlegungskriterien. Er könnte dem erneut entnehmen, daß das Leistungslernen als Instrument der privaten Schulkarriere so seine Tücken hat. Die doppelte Bewertung – die Bewertung der schulischen Anstrengung als Note und die anschließende Bewertung der Zeugnisnote als Zertifikat, das den Besuch der höheren Schule erlaubt oder untersagt – *begründet* sich nämlich nicht aus seiner Leistung, sondern *bedient* sich ihrer. Was ihm die Schule nach der ersten Phase beschert, das hängt zwar von seiner relativen Leistung ab, aber nur insofern, als die Schulbehörde nach Graden schulischer Tüchtigkeit sortiert. Wo sie das Sortierungskriterium ansetzt, das die Grenze zwischen »Töpfchen« und »Kröpfchen« zieht, das liegt ganz in seinem Ermessen.

1.2. Das Übergangszeugnis: Ein Berechtigungsschein, ...

Das Zeugnis erfüllt seine Funktion als »Glückslos« für die einen und als »Niete« für die anderen überhaupt nur dadurch, daß der Leistungsstand, über den Noten Auskunft geben, festgeschrieben und *irreversibel* mit einer *Berechtigung* verknüpft wird. Damit wird zugleich dafür gesorgt, daß die »gesellschaftliche Bedeutung« des Zeugnisses nicht durch private Förderung unterlaufen werden kann. Ein im Zeugnis einmal staatlicherseits ausgesprochenes und damit in seiner Rechtsförmigkeit besiegeltes Urteil läßt sich durch keine private Anstrengung korrigieren. Es nützt wenig, sich nach der Zeugnisvergabe per Nachhilfeunterricht auf den geistigen Stand des erfolgreichsten Schülers hochzuarbeiten. So sehr es der eigenen geistigen Verfassung nützen mag, sich in Heimarbeit jene Kenntnisse anzueignen, von denen man durch die Schulkonkurrenz ausgeschlossen worden war, an der gesellschaftlichen Wucht, die das Zeugnis als Berechtigungszertifikat darstellt, ist nicht zu rütteln. Und deswegen fällt es auch kaum jemandem ein, seinen Verstand systematisch anzustrengen, wenn er damit nicht einen Schein erwerben kann, der das Siegel der staatlichen Zensurbehörde trägt.

Am rechtsförmig gemachten Interesse der Behörde ändert sich auch dadurch nichts, daß an zentralen Stationen der Schulkarriere den Eltern freundlicherweise ein Mitspracherecht eingeräumt wird oder sie rechtzeitig durch die bekannten »blauen Briefe« über die drohende Nichtversetzung informiert werden. An dem Zeugnis, dem »Hoheitsakt der Schule« (Dohse, 123) führt kein Weg vorbei. Und wenn sich Eltern, die auf ihr Letztentscheidungsrecht pochen, einmal gegen die »pädagogische« Entscheidung stellen, dann ist das durch das Zeugnis beurkundet. Für die Eltern ist das gleichbedeutend mit einem erheblichen Risiko. Denn sie müssen nun gegen schulische Rechthaberei die Berechtigung ihres Gegenvotums beweisen.

... der weitere schulische Bewährung verlangt.

Umgekehrt schließt natürlich auch die staatlich erteilte Berechtigung *keine Erfolgsgarantie* ein. Denn berechtigt ist der angehende Gymnasiast allein dazu, sich erneut und zwar nun in der Lernkonkurrenz der höheren Schule zu *bewähren.* Weder einen Studienplatz noch das Abitur, nicht einmal das »kleine Abitur« hat er in der Tasche. Sein Zeugnis enthält nur das Urteil über ihn: »Geeignet für das Recht auf Bewährung in der höheren Schule!« Die Frage des zukünftigen Erfolgs des einzelnen Schülers stellt sich der Schule dabei nicht. Das ist gerade dessen Sache. Unter neuen Bedingungen darf er ein neues »Rennen« beginnen, in dem es auf neuem Niveau wieder Sieger und Verlierer gibt. Zweimal Sitzengeblieben! Und schon ist die weitere

Inanspruchnahme dieses Rechts deswegen verwirkt, weil die Bewährung in der Lernkonkurrenz nicht das geforderte Resultat erbracht hat.

Erziehungswissenschaftliche Prognose versus politische Entscheidung
Die staatlich geprüften Bewährungshelfer wissen dann sofort, daß dieser Schüler gar nicht auf's Gymnasium gehört, daß schon das Übergangszeugnis zu Skepsis Anlaß gab und daß sie sich damals eigentlich nur – und ganz gegen ihr pädagogisches Gewissen – dem Wunsch der Eltern gebeugt hatten. Dabei läßt sich kaum eine treffendere Widerlegung ihrer Einbildung finden, hier hätte eine falsche *Prognose* über die zu erwartende Leistung vorgelegen oder es sei einer richtigen nicht Folge geleistet worden. Denn wo sich ihre Urteile über die Befähigung zur höheren Bildung immer ganz beflissen an die staatlich vorgegebenen Quoten halten, da ergeben diese sich gar nicht aus wissenschaftlich erstellten Prognosen über zukünftige Leistungen. Mehr positive »Prognosen« als erwünscht kommen deshalb entsprechend selten vor! Ganz jenseits der recht albernen erziehungs*wissenschaftlichen* Frage, inwieweit denn eigentlich aus vergangener Leistung ein Schluß auf zukünftige gezogen werden kann, erklärt die Schulbehörde dies zu einer Frage ihrer *politischen Gewalt.* Wo der Pädagoge sich mit der Frage abquälen mag, ob es der ihm anvertraute Zögling auf dem Gymnasium wohl »packt«, also mit Erfolg das Abitur besteht, da interessiert die Schulpolitiker allein, wie viele Schüler sie zu diesem neuen Rennen zulassen sollen. Gelegentlich korrigieren sie eine Quote auch noch nachträglich dadurch, daß sie neue Regeln für das Abitur erlassen oder die Studienfachreife an einen bestimmten Abiturnotendurchschnitt knüpfen. Daß sie es nachwievor auf die relativ Tüchtigsten abgesehen haben, das liegt in der Logik ihres Interesses; und gerade dieser Umstand liefert ständig das Material, aus dem die Träume von der Zuständigkeit der pädagogischen Diagnostik gestrickt werden.

Allerdings gibt es auch eine schulpolitische Abteilung dieses Streits um die prognostische Eignung von Zeugnissen. Wenn etwa eine Schulbehörde die Frage aufwirft, inwieweit das Abgangs- oder Abschlußzeugnis der einen Schule um eine Eingangsprüfung der nächst folgenden Bildungseinrichtung ergänzt werden muß, dann läßt sie sich dabei nicht von der Unsicherheit des prognostischen Gehalts eines Abschlußzeugnisses umtreiben; die wäre im übrigen auch durch keine Eingangsprüfung aus der Welt zu schaffen, da das *Resultat* von einem erst anstehenden mehrjährigem Leistungslernen nicht *vor seinem Beginn* zu ermitteln ist. Vielmehr geht es um die Frage, durch welche Verfahren mehr oder andere oder weniger Kinder für bestimmte Schulzweige rekrutiert werden können. Dabei tauchen die bekannten Fraktionen auf, die ihre Rekrutierungsvorstellungen dann in pädagogische Ideologien verpacken: Die eine, die durch zuviel Gymnasiasten das Leistungsprinzip gefährdet sieht, möchte das Übergangszeugnis durch einen Eignungstest des

Gymnasiums ergänzt wissen, weil erst der zuverlässige Daten über zukünftige Leistung erbringt. Die andere, die in zu wenig Gymnasiasten einen Anschlag auf die Chancengleichheit wittert, hält dagegen und will die Förderstufe einführen, weil sichere Prognosen sich erst bei 12jährigen machen lassen. Es eint die Kontrahenten des Streits die Sorge um die *Effektivität der Auslese* jenes Menschenmaterials, mit dem der Veranstalter der höheren Bildung Höheres vorhat (vgl. F.I. Schulreform).

Ein prinzipieller Einspruch ist hierzulande ohnehin von keiner anderen »hoheitlichen« Seite zu erwarten. Es ist ausgeschlossen, daß das Zeugnis über die ersten Lernjahre als Auskunftsmittel über die Tauglichkeit für die höhere Bildung abgelehnt wird. Denn nichtstaatlich betriebene höhere Bildungsanstalten, die mit ganz eigenem Konzept den staatlichen Konkurrenz machen und die Tüchtigkeitskriterien der staatlichen Grundschule in Zweifel ziehen, sind in diesem Bildungsabschnitt gar nicht erst zugelassen. Die Behörde, die *bescheinigt,* daß die Voraussetzungen für den Besuch einer weiterführenden Schule gegeben sind, und jene Behörde, die über die Anerkennung der Berechtigung *befindet* und das Zeugnis prüft, sitzen bekanntlich unter einem Dach. Hierzulande attestiert sich der staatliche Schulträger selbst, daß es bei der Bewerbung um den Besuch einer höheren Bildungsanstalt mit rechten Dingen zugegangen ist.

Deswegen glaubt er sich selbst unbesehen und erteilt dem von ihm mit dem Berechtigungsschein ausgestatteten Bewerber auch den Zuschlag. Mit solchen Zeugnissen hat man neben dem rechtlichen *Anspruch* auch zugleich die *Garantie* auf einen Platz in der Höheren Schule. Doch sollte man sich nicht allzusehr an Zeugnisse gewöhnen, in denen der Berechtigungsanspruch und der garantierte Zugang zum anschließenden Karriereschritt zusammenfallen. Denn spätestens dann geht es ganz anders zu, wenn man mit einem solchen Abschlußzeugnis auf den privaten Arbeitsmarkt entlassen wird, der nicht umsonst so heißt.

1.3. Auslese ist Ausschluß: Der Klassencharakter der demokratischen Staatsschule

Mit der Entscheidung über den Zugang zur höheren Schule wird der Nachwuchs nach zwei Bildungskarrieren sortiert. Die eine, sie verläuft über das Gymnasium, ist der angehenden Elite vorbehalten. Ab sofort hält der Schulträger es für geboten, den Teil des Nachwuchses, den er für gesellschaftliche Führungsaufgaben ausgewählt hat, in einem *separaten* Bildungsgang weiter zu unterrichten. In dem will der Staat sicherstellen, daß er aus den Tüchtigsten der vergangenen Lernkonkurrenz eine geistige Elite rekrutieren kann, die alle seine Ansprüche erfüllt. Das heißt umgekehrt, daß der gesamte Rest von jenem Bildungsprogramm, das höhere Bildung verspricht, *ausgeschlossen* ist. Deswegen ist es auch Unsinn von einer Berechtigung zum Besuch der niederen Bildungsanstalten zu reden. Das staatliche Urteil lautet apodiktisch: Wer sich im bisherigen Bildungsgang nur für dienende gesellschaftliche Funktionen empfohlen hat, der benötigt keine höhere Bildung. Der darf sich in einer der beiden unteren Abteilungen des Bildungswesens um einen Abschluß bemühen.

Man mag vom Lehrplan des Gymnasiums viel, wenig oder – am besten – gar nichts halten, man mag sich sogar einbilden, für Kopfarbeit gar nicht »geschaffen« worden zu sein und es insofern auf der Hauptschule auch gar nicht so schlecht getroffen zu haben. Der staatlich verfügte Ausschluß der Mehrheit des Nachwuchses von dieser Sorte Bildung ist und bleibt ein Skandal von besonderer Güte. Er ist gar nicht darin begründet, daß großen Teilen der deutschen Jugend die »Einführung in wissenschaftliche Methoden«, die Ableitung des Staates aus der Wolfsnatur des Menschen, die Totalitarismustheorie oder der kategorische Imperativ vorenthalten wird. Darauf könnten sie gut und gern verzichten (vgl. B.II. Die höhere Bildung). Vielmehr liegt er in der *irreversiblen Verknüpfung dieser Sorte höherer Bildung mit der »Zuteilung von Lebens-Chancen«* (Schelsky, Schule und Erziehung, 18).

Nur deshalb wird von seiten der Eltern und Schüler diesem Zeugnis durchgängig die bekannte Aufmerksamkeit zuteil. An ihm hängt keine *ideelle Bewertung der Person,* die allenfalls das Selbstbewußtsein tangiert. Keinem Schüler kann es egal sein, was andere, in diesem Fall die Lehrer, von ihm halten. Nicht die Einordnung in das Zensurengefälle für sich kocht die hartgesottensten Schüler weich, sondern die *Verwendung* der hergestellten Rangfolge für *gesellschaftlich gültige* Entscheidungen über zukünftige, an bestimmte Bildungswege geknüpfte »Lebenschancen« durch die Bildungsbehörde. Damit sind dann die ersten entscheidenden Würfel gefallen: Wer zum Gymnasium zugelassen wird, der hat zwar nicht den Marschallstab im Tornister, aber immerhin die erste Hürde auf dem Weg in gesellschaftliche Führungspositionen genommen, in denen sich die »Last der Verantwortung« mit ebenso leichter wie gut dotierter Arbeit paart. Wer von diesem Weg ausgeschlossen wird, der weiß, daß ihm »Chancen« anderer Art offenstehen, die ihn von der Bürde der Verantwortung für's Allgemeinwohl entlastet, was sich bei ihm in der Regel in ziemlich harter und dafür – gerechterweise – mangelhaft dotierter Arbeit ausdrückt.

Allerdings gilt dies nur unter einer bestimmten Bedingung: Denn an der bestehenden gesellschaftlichen Reichtumsverteilung kommt auch die Schule nicht vorbei; was sie im übrigen auch gar nicht beabsichtigt. Zwar fangen alle Schüler mit *gleichen* schulischen Chancen bei Null an. Doch hängen deswegen noch lange nicht bei allen Schülern auch die »*Lebens*-Chancen« an der schulischen Bewährung. Ganz auf die Bewährung im Bildungswesen *müssen* diejenigen setzen, die über keine eigenen Reichtumsquellen in Gestalt von Fabriken und Geschäften, Erbhöfen und Grundstücken, Schweizer Konten, Aktienpaketen oder Familienschmuck verfügen. Wer reich ist, der kann ›dumm‹ bleiben, sprich: in der Schule versagen, ohne deswegen eine Einbuße an »Lebenschancen« erwarten zu müssen. Umgekehrt heißt dies natürlich auch: Wer von Haus aus mit Geld- und Kapitalreichtum gesegnet ist, der tut sich in der Schule leichter, weil er zum einen Familienangehörige mit Zeit und Bildung besitzt, die ihn für die Schule präparieren; und weil er zum anderen in der Lage ist, sich über Privatstunden, Internatsaufenthalt oder andere Formen der erlaubten Schmiere den Zugang zur wissenschaftlichen Ausbildung zu erkaufen.

Darin faßt sich denn auch der Klassencharakter des demokratischen Bildungswesens zusammen: Nicht durch den Ausschluß der Kinder ganzer Klassen von der Ausbildung, sondern durch den Leistungsvergleich, dem sich unterschiedslos und klassenneutral der gesamte Nachwuchs unterziehen muß, wird der Ausleseprozeß in der Ausbildung vollzogen. Er läßt allen die Möglichkeit des Aufstiegs offen, um ihn einigen zuzugestehen und den meisten zu verwehren. Da bei gleichen Chancen unter ungleichen Bedingungen diejenigen gewinnen, die aus ihren außerschulischen »Anlagen« das Beste machen können, darf es nicht verwundern, daß der Nachwuchs mehrheitlich dort wieder landet, wo er von der Schule abgeholt worden ist.

Dem Nachwuchs der arbeitenden Klassen bleibt nichts anderes übrig, als in der Lernkonkurrenz den Versuch zu unternehmen, »Lebenschancen« zu ergattern. Dabei gilt für ihn die Regel: Wer an der ersten und entscheidenden Hürde der Lernkonkurrenz in die Hauptschule aussortiert wird, dessen Chancen, im Leben jemals auf einen günen Zweig zu kommen, sind ziemlich gegen Null gesunken. Er lernt folglich nicht, um etwas zu *werden,* sondern er hat gelernt, um etwas *nicht werden zu müssen.* So bekommt er die Gelegenheit, beim Lernen sowohl zu beweisen, wie wenig geeignet er für Positionen der geistigen Elite ist, als auch daß Ausnahmen die Regel bestätigen.

Anders der Nachwuchs der begüterten Stände. Er darf mit den mitgebrachten Pfunden in der Schule – chancengleich – wuchern, ohne jedoch mit einem Ausschluß vom gesellschaftlichen *Reichtum* rechnen zu müssen, wenn die Schule ihm ein Versagen in der Lernkonkurrenz bescheinigt und ihn gar von *weiterführender Bildung* ausschließt.

2. Wissenschaft und Bildung

Mit der Separierung der Bildungswege ist zugleich über die Teilnahme an *wissenschaftlicher* Bildung entschieden. Wer auf Haupt- und Realschule allgemein weitergebildet wird, dem ist der Weg zum wissenschaftlichen Studium verbaut. Die Staatsschule hat damit über den immer noch größten Teil des gesellschaftlichen Nachwuchses das Urteil gesprochen, daß er sich weder die Ergebnisse des wissenschaftlichen Denkens über Natur und Gesellschaft systematisch anzueignen noch daß er sich am Fortschritt der Wissenschaften zu beteiligen hat. All dies bleibt der angehenden geistigen Elite vorbehalten. Sie bereitet sich mit dem Besuch der höheren Schulen auf die Universität vor. Und nach der wissenschaftlichen Ausbildung, die sie dort verabreicht bekommt, hat sich ein Teil von ihr sogar noch einmal gesondert auf die wissenschaftliche Laufbahn vorzubereiten.

Naturwissenschaft und Kapital

Wenn sich diese Gesellschaft nun zugleich ihrer besonderen wissenschaftlichen Leistungen rühmt, die der Menschheit Segen bringen sollen, sogar eine internationale Konkurrenz um die herausragendsten wissenschaftlichen Spitzenprodukte veranstaltet, ökonomische Theorien sponsert, in denen Wissenschaft als entscheidende gesellschaftliche Produktivkraft vorgestellt wird, die Bedeutung der Wissenschaftsförderung durch eigene Ministerien unterstreicht und überhaupt gern von der Jetztzeit als dem »wissenschaftlichen Zeitalter« redet, dann paßt dies durchaus zu einem Schulsystem, das nur einer Elite den Zugang zur Wissenschaft erlaubt, und ist nicht nur blauer Dunst.

Die Behauptung, Wissenschaft würde zum Wohl aller Menschen, zumindest aber der einschlägigen Bürger staatlich gefördert, verträgt sich zwar nicht mit dem strikten Verfahren, eben jene Bürger mehrheitlich vom Wissenschaftsprozeß auszuschließen. Warum muß es ihnen untersagt werden, sich mit Eifer in die (Natur-) Wissenschaften zu stürzen, wenn doch in ihnen nur Segen für sie selbst verborgen liegt? Daß hier ein Hüter des Gemeinwohls seine Bürger in den Genuß der Früchte wissenschaftlichen Forschergeistes bringen möchte, ohne ihnen selbst die dafür nötigen geistigen Anstrengungen zuzumuten, darf in doppelter Hinsicht als Fabel abgetan werden. Denn erstens vertrüge sich solche Fürsorglichkeit nicht mit einem Ausschlußverfahren, das regelmäßig zu »Heulen und Zähneklappern« führt; und zweitens kann bekanntlich nur der aus den Elaboraten der Wissenschaft Nutzen ziehen, der sie auch bezahlen kann. Aber genau daran mangelt es dank staatlicher Schulfürsorge mit Sicherheit denen, die als Hauptschüler abgestempelt den mühseligen Weg vom Tellerwäscher zum Millionär einschlagen müssen.

Keine Fabel aber ist das Urteil, daß die kapitalistische Gesellschaft wissenschaftlicher Großverbraucher ist. Die Angewiesenheit auf Resultate – zunächst einmal – von *Naturwissenschaft* und Technik ist ein Charakteristikum dieser Produktionsweise. Damit sind die *Zwecke,* denen naturwissenschaftliche Geistesprodukte dienstbar zu werden haben, ebenso bestimmt wie die gesellschaftliche *Form* ihrer Ermittlung. Wo es allein um die Produktion von Überfluß in abstrakter (Wert-) Form, von Profit also geht, da werden einerseits für die beständige Umwälzung der Produktionsweise die Fortschritte in der

Naturerkenntnis in Kapital *umgesetzt.* Da sind deswegen andererseits die Unternehmer an ihrer *Entwicklung* gar nicht in demselben Maße interessiert. Die umfassende Organisation naturwissenschaftlicher Forschung ist nämlich eine kostspielige Angelegenheit, die obendrein ohne jede Garantie für brauchbare Ergebnisse abläuft. Mit Forschung ist kein Geschäft zu machen, nur mit Forschungsresultaten.

Staatliche Garantie der Wissenschaft

Deshalb befinden sich gewichtige Forschungseinrichtungen getrennt von ihren zentralen Anwendungsbereichen. *Staatliche Institute* stellen sicher, daß das Interesse der privaten Hauptabnehmer an Wissenschaft, das sich auf seine Kapitalisierung richtet, nicht zu kurz kommt.

Sie stehen überdies dafür ein, daß im Bereich der Naturerkenntnis, in welchem es bei allem Fortschritt noch etliches ganz prinzipiell zu ermitteln gilt (»Grundlagenforschung«), auch ohne Behinderung durch die interessierte Frage nach der Verwendbarkeit für die Entwicklung neuer Produktionsmittel oder -verfahren geforscht werden kann. Gerade der Großverbrauch an Wissenschaft für Produktionsmittel i.w.S., den erstmals die kapitalistische Gesellschaft auf die historische Tagesordnung gesetzt hat, macht es bei den Naturwissenschaften notwendig, ihre Entwicklung ganz ihren eigenen Gesetzen zu überlassen. Wo sich Wissenschaft nämlich dem Diktat ganz spezieller Betriebs- oder Staatsinteressen unterwirft, da gerät neue Technologie nur auf der Grundlage von Erfahrungen in ihren Gesichts- und damit in den Wirkungskreis ihrer praktischen Anwendung. Das unfreie Erkennen der Natur in vorbürgerlichen Epochen blieb denn auch ganz verfangen in den spezifischen Zwecken etwa der Landwirtschaft oder des Kriegswesens. Unverträglich ist dies mit einer Wirtschaftsweise, die in ihrem Streben nach Geldreichtum kein Maß kennt und sich genau dafür der Naturwissenschaft bedient. Nicht selten fällt denn auch der bornierte, auf Rentabilität ausgelegte Nutzen umso größer aus, je *freier* von eben diesem *Anwendungsinteresse* sich die Wissenschaft betätigen kann.

Staatlicher Fürsorge für das Privateigentum ist es überdies zu verdanken, daß es hierzulande eindeutiger Voraussetzungen bedarf, um aus wissenschaftlicher Erkenntnis einen Nutzen zu ziehen. Nur wer über die entsprechenden materiellen Mittel, also über Kapital verfügt, der ist in der Lage, aus einer wissenschaftlichen Erkenntnis, die – beispielsweise – in eine neue arbeitsparende Maschine eingeflossen ist, einen Vorteil zu ziehen. Der fällt dann entsprechend aus, heißt ›Rationalisierung‹ und beschert dem Betrieb neben dem neuen Wunderding einen neuen Produktionsrekord, der nebenbei ganze Belegschaftsteile arbeits- und damit einkommenslos macht. Da die Verteilung dieser Mittel hierzulande erstens als Privateigentum einschlägig entschieden ist und zweitens den Segen der staatlichen Aufsicht hat, ist es keine Frage, daß mit der Wissenschaftsförderung im Kapitalismus zugleich noch einiges mehr gefördert wird: Es dürfen die Inhaber von Herrschaft und unter ihrem Schutz die Besitzer von Produktions- und Finanzmitteln über Entwicklung und Anwendung von Wissenschaft entscheiden. Gerade weil es keine Frage von richtiger Naturkenntnis ist, ob sie zum Bau eines Atommeilers, zu seinem Abbau oder zu seiner Verhinderung eingesetzt werden, ob sie als produktivitätssteigende Verfahren zur Verkürzung oder Verlängerung des Arbeitstages nützlich werden, wird auf die staatliche Pflege der Wissenschaft ein so großer Wert gelegt.

Wissenschaft als Herrschaftsmittel

So kommt mit Hilfe der Kopfarbeiter der gesellschaftliche Fortschritt voran und damit auch der gesellschaftliche *Gegensatz,* dem die Wissenschaft dient. Da bekommen Wissenschaftler die Rheinverseuchung ebenso in den Griff, wie sie alles daran setzen, auch die Volksseuchen in gesellschaftlich erträglichen Grenzen zu halten. Da erfinden gelehrte Damen und Herren und ihre Techniker manch schöne Teflonpfanne, die dann merkwürdigerweise als Raketenbausatz dabei Verwendung findet, alle zu »Unrechtsregimen« erklärten Staatsgewalten auf der Welt, die sich einfach nicht freiwillig westlicher Lebens- und Geschäftsart anschließen wollen, einzudämmen.

Und auch die Geisteswissenschaftler schließen sich diesem »freiheitlichen« Gebrauch ihres Kopfes an. Unmittelbar nützlich sind sie dort, wo sie gar nicht Wissenschaft, sondern Technik der Rechts- oder Bilanzenpflege sind. Aber auch die anderen Geistes- oder Kulturwissenschaften möchten da nicht zurückstehen. Sie überbieten sich darin, die besten Argumente zur Verteidigung von »Frieden in Freiheit«, von »Menschenrechten« und Marktwirtschaft zu erfinden und sie in eine Form zu bringen, die es erlaubt, sie schulstufengemäß zu vermitteln.[7]

»Freiheit der Wissenschaft«

Daß der Staat sorgsam die »Freiheit der Wissenschaft« hütet, macht damit gleich in mehrfacher Hinsicht Sinn. Wenn die Untersuchung aller natürlichen Phänomene unter staatlicher Aufsicht steht, dann ist damit der Schutz vor dem Zugriff durch irgendwelche partikularen gesellschaftlichen Interessen gewährleistet. Und genau dadurch ist garantiert, daß Wissenschaft allein als Mittel für staatlich kontrollierte und begutachtete Zwecke zur Verfügung steht.

So organisiert er den Zugang zur Wissenschaft denn auch als Beruf. Ein Mensch kann sich die gründliche Befassung mit ihr folglich nur leisten, wenn ihn irgend jemand dafür bezahlt: Das sind allein die favorisierten Nutznießer; in der Regel ebenfalls der Staat. Der sucht sich »seine Leute« nach ausgiebigen Tests aus, deren zweiter die Absolvierung der höheren Schule ist, befreit sie von körperlicher Arbeit und traut ihnen zu, daß sie das Kleinod der »Freiheit der Wissenschaft« nicht mißbrauchen. Diese läßt sich also gar nicht mißverstehen als staatliche Garantie einer Sphäre, in der jeder sich nach eigenem theoretischen Interesse tummeln und nach eigenem praktischen Interesse bedienen kann.

Wenn der Staat die freie Wissenschaft garantiert, dann bedient er also ein Erfordernis der kapitalistischen Produktionsweise, um deren Erhalt es ihm geht. Und deswegen ist die Förderung der Forschung auch nicht mit einem Interesse an Wahrheit und allgemeiner Wohlfahrt zu verwechseln. Der Staat sponsert die Wissenschaften, indem er sie per Bildung der Verfügung der Gesamtheit seiner Bürger gerade entzieht und es zur Aufgabe einer geistigen Elite macht, ihre Entwicklung und Anwendung berufsmäßig zu betreiben. Umgekehrt dürfen sich die von der wissenschaftlichen Bildung ausgeschlossenen Massen verdient darum machen, daß der kapitalitische Effekt der verwissenschaftlichten Produktion eintritt. Sie haben zu *arbeiten,* so wie es der rentable Einsatz von Maschine und Automat gebietet: dem Tempo folgend, das der Betrieb dem Stück vergegenständlichter Kopfarbeit einprogrammiert hat; dies solange, wie die kostbare Maschine an ihrer Amortisation arbeitet; die Wirkungen des Arbeitsplatzes aushaltend, die ebenfalls nach Rentabilitätskalkulationen behandelt werden. Und deshalb arbeiten sie manchmal gerade nicht. Dann nämlich, wenn sie dank des Pioniergeistes der Wissenschaft überflüssig oder nicht mehr einsatzfähig gemacht wurden. Es sage also niemand, den Absolventen der Hauptschulen würde die Wissenschaft +vorenthalten!

3. Das dreigliedrige Schulsystem

3.1. Das Gymnasium: Die Schule für die Gewinner

Das gesellschaftliche Wissen, das laufend in speziellen Institutionen wie Universitäten usw. entwickelt wird und zu seiner Weiterentwicklung den Wissenschaftlernachwuchs benötigt, muß seinen Weg in die berufenen Köpfe finden, damit aus seiner Anwendung auch der gewünschte Nutzen gezogen werden kann: Als Dienst an der Wissenschaft und als ihre Anwendung in Ökonomie und Gesellschaft.

Die höhere Bildung hat in den sieben Jahren, die nach der Orientierungsstufe bis zum Abitur zu absolvieren sind, nach der erfolgreichen Bewährung für den Eintritt in die Elitebildung die geistigen Voraussetzungen für die Bewährung in der Elite zu schaffen. Selbst funktionelles Glied der herrschenden Klasse zu sein, auch wenn man ihr vielleicht weder der eigenen Herkunft noch der Verfügung über Reichtum nach angehört, schließt eine spezielle Ausstattung mit Wissen und ein spezielles Selbstbewußtsein ein. Da höhere

Bildung Vorbereitung auf eine Tätigkeit als Kopfarbeiter ist, bedürfen die zukünftigen Eleven für den gehobenen Staatsdienst und die mit »Verantwortung« angereicherten Dienste in den Betrieben der wissenschaftlichen Ausbildung. Die höhere Bildung macht deswegen mit Methoden und Resultaten der Wissenschaft vertraut. Sie stellt damit immer zugleich eine Wissenschaftspropädeutik dar, mittels derer über die Studientauglichkeit entschieden wird.

Bildung in und über Wissen und Macht

Wer auf die diversen Funktionen der Kopfarbeit vorbereitet wird, der muß im Bereich von Wissen und Indoktrination frühzeitig den Beweis erbringen, zu Eigenständigkeit im gewünschten Denken in der Lage zu sein.

Zum gewünschten Denken gehört das mit Argumenten ausgestattete *Selbstbewußtsein* der Elite. Das gültige Verhältnis von Wissen und Macht muß ganz in die private Ausstattung verlegt werden. Daß mit der entschiedenen Machtfrage zugleich darüber entschieden ist, daß das Wissen als Mittel des gesellschaftlichen Fortkommens keineswegs allen zur Verfügung stehen darf, soll dann etwa dem Parteivordenker Biedenkopf wie folgt nachgedacht werden:

> *»Die Fähigkeit, Menschen zu führen, ist nicht jedem gegeben. Ziele für die organisierte Gemeinschaft zu formulieren, Mittel und Wege ausfindig zu machen, um diese Ziele zu erreichen, ist eine besondere Befähigung.«*
> (nach MSZ 4/87, 42)

Zur Entwicklung der nötigen Eigenständigkeit im Denken gehört, daß die Einverleibung des gewünschten Stoffes immer mehr als selbstbestimmte freie Meinungsbildung (dialektischer Besinnungsaufsatz) geschieht oder in Formen, die schon ganz der Sphäre der Wissenschaft entnommen sind (Referat, Protokoll, Lernen nach Wahl in Fachgruppen usw.). Die dafür taugliche Stellung zur Wissenschaft, daß sie letztlich noch schwer an der Wahrheitsfrage arbeite und es gar nicht sicher sei, ob sie sie jemals lösen wird, steht gerade denen besonders gut zu Gesicht, die von Wissenschaft nichts abhängig machen, aber der Abhängigkeit der Wissenschaft von der staatlichen Alimentierung ihren gehobenen Lebensstandard verdanken.

So geschieht die Vorbereitung auf die »Freiheit der Wissenschaft« nach Lehrplan. Sichergestellt werden muß, daß der zu besonderem Kopfgebrauch Auserwählte die Freiheit in Lehre und Forschung nicht mißbraucht, sondern sie ganz in den gehobenen Dienst stellt. Dafür muß die »Freiheit der Lehre« im Schulunterricht ganz den staatlichen Richtlinien geopfert werden. Daß dieser Widerspruch, der keiner der Ideologie ist, den Lehrern nicht unerträglich aufstößt, hat seinen Grund darin, daß das Verhältnis von Einschränkung und Gewährung von geistiger Freiheit funktioniert: Wer mehr als fünfzehn Jahre lang im staatlichen Ausbildungswesen eine besondere geistige Untertänigkeit bei sich ausgebildet hat, der entdeckt in der Freiheit des universitären

Geisteslebens eher den Mißbrauch durch die »68er« als die geistige Unterwerfung von (naturwissenschaftlicher) Wahrheitsfindung und (geisteswissenschaftlichem) Pluralismus unter die Staatsräson; und der begreift umgekehrt den Lehrplan der Schule als offenen »Rahmen« seiner grenzenlosen Freiheit (vgl. E. Der Lehrer).

Spezialisierung

Eine Spezialisierung ist in der Endphase der höheren Bildung neuerdings sehr geschätzt. Auch die Elite ist gegen eine geistige Sortierung nicht gefeit. Sie fällt bei ihr jedoch anders aus als beim Rest der Welt. Die angehende Elite hat ihren Verstand in der Schulzeit, die der Bezeichnung nach noch unter die Allgemeinbildung fällt, auf mehr naturwissenschaftliche oder sprachliche oder geisteswissenschaftliche Fächer zu konzentrieren. Der Allgemeinbildung scheint es keinen Abbruch zu tun, wenn man in der Sekundarstufe II zwischen verschiedenen Kursen, die allesamt dem Kanon der allgemeinen Bildung angehören, *auszuwählen* hat.

Die Logik des Ausschlußverfahrens setzt sich hier als Bornierung des Geistes fort. Man soll Fachmann auf einem Wissensgebiet werden, hat es auf diesem möglichst zu sein und darf sich die geistigen Scheuklappen auf einem Bildungsstand verpassen, auf dem die Volksbildung nun in elaborierter Sprache und Gedanklichkeit vorgeht. Auf diese Weise läßt sich auch die Wahl des späteren Studienfaches bereits auf dem Gymnasium treffen und nicht erst in einer aufwendigen, dem *bestimmten* Studium gar nicht förderlichen, also überflüssigen Schwerpunktsuche in den ersten Studiensemestern. Das Ideal des Studium Generale ist ohnehin längst als unzweckmäßig ad acta gelegt worden.

An dem Prinzip, daß sich der Nachwuchs im Leistungslernen zu bewähren hat, ändert sich auch bei den angehenden Kopfarbeitern nichts. Sofern die Kandidaten fürs Gehobene hier ihre Chance nicht zu nutzen verstehen, dürfen sie sich mit der »mittleren Reife« begnügen. Hier nimmt der Schulträger in Kauf, eine Fehlinvestition getätigt zu haben.

Abitur

Das Ziel, das angestrebt wird, heißt Abitur. Es ist das Zeugnis der Reife. Mit ihm bekommt man schwarz auf weiß die Zugehörigkeit zur geistigen Elite der Nation attestiert, was entsprechend kindisch gefeiert werden muß. Die »*allgemeine* Studienreife« ist mit dem Abitur nicht notwendig verbunden. Mit dem Numerus Clausus werden noch einmal die Abiturienten sortiert. Es muß ein bestimmter Notendurchschnitt erreicht werden, der zur Einschreibung in das gewünschte Studienfach berechtigt. Das Abiturzeugnis trennt damit die Auskunft über den Grad der Bewährung in der höheren Bildung noch deutlicher von der Erteilung einer Berechtigung ab als jedes andere

Zeugnis im hiesigen Schulwesen. Und was das erworbene Recht zum Studieren dann im einzelnen wert ist, das wird wieder einmal ganz variabel über den Notendurchschnitt geregelt, der sich aus der Übersetzung von Angebot und Nachfrage nach Uni-Absolventen in Kapazitäten der Universität ergibt. Diese Übersetzung erfolgt ziemlich frei, da es keinen »gesicherten Zusammenhang« zwischen Raumgröße, Bibliotheksbestand, Mensakapazität und Professorenquote gibt.

3.2. Hauptschule: Die Schule für die Verlierer

Solche Umsorgung kennen die Hauptschüler nicht. Das hat etwas damit zu tun, daß dem frühzeitig aussortierten Rest die *aktive* Teilhabe am Fortschritt der Wissenschaft erspart bleibt, wie sie für die höher Gebildeten charakteristisch ist. Dafür haben sie früher in der Arbeitswelt anzutreten und länger in ihr zu verweilen. Manch einer übersetzt sich dies falsch in die »Gelegenheit« zu frühzeitigem Geldverdienen. Was es mit dieser Gelegenheit auf sich hat, das erfährt er spätestens dann, wenn sie für ihn zur Notwendigkeit wird.

All dies bedeutet nicht, daß Volksschüler nach ihrem Ausschluß von weiterführender Bildung einfach vergessen werden. Ihre Ausbildung ist gleichfalls noch nicht abgeschlossen. Zwei bis drei weitere Jahre haben sie die Hauptschule zu genießen, obwohl vom Abschluß dieser Pflichtschulzeit nichts mehr abhängt. Egal wie sie sich in der Lernkonkurrenz aufführen, sie werden nach der Hauptschule ihre berufliche Ausbildung beginnen. Und dieses durchaus mehrheitsfähige Schicksal läßt sich durch kein noch so gutes Abschlußzeugnis umgehen.

Das Restprogramm für sie besteht darin, sich *berufsschulfähig* zu machen. Und dies heißt in erster Linie, daß sie drei Jahre lang Gelegenheit erhalten, etwas von den ›Versäumnissen‹ wieder wettzumachen, die sie in der Lernkonkurrenz mit ihren zukünftigen Herren aus Politik und Wirtschaft, Wissenschaft und Kultur kassiert haben. Der Lehrplan der modernen Hauptschule verspricht dagegen viel mehr, nämlich einen Stoff, der durchaus seine Parallelen zum Lehrplan der Real- und höheren Schule aufweist. Er stellt jedoch weitgehend Makulatur dar.

Denn die Lehrer der Hauptschule, die das Klagen über die Schüler besonders beherrschen, haben es jetzt mit dem Bodensatz der von ihnen selbst veranstalteten Auslese zu tun. Jetzt stellt die »untere Leistungs-Hälfte« einer Schulklasse mit einem Schlag die gesamte Schülerschaft dar, mit der nur genau das noch anzufangen ist, was sieben Jahre Lernen in Grundschule und Orientierungsstufe an ihnen hergestellt haben. Daß Lehrer in der trostlosen Gemeinde, die sich dann vor ihnen versammelt, nicht ihr Werk erblicken, liegt daran, daß sie es gerade in denjenigen Schülern sehen, die sie aufs Gymnasium geschickt haben. Wenn als Resultat der Lehreranstrengung immerhin die Hälfte den Übergang auf eine höhere Schule geschafft hat, dann lag beim Rest eben schlechtes Ausgangsmaterial vor! So einfach geht die pädagogische Logik, die dann auch konsequent in der »Restschule« (Preuss-Lausitz, 13) ins Werk gesetzt wird.

Damit überhaupt noch ein bißchen was läuft, hat sich die Bildungspolitik die Einführung eines differenzierten Hauptschulabschlusses ausgedacht, der neben dem »qualifizierten Hauptschulabschluß« für die besonders optimistischen Schüler sogar den »Realschulabschluß« bzw. den »erweiterten Sekundar-I-Abschluß« vorsieht. Von solchen Ausdifferenzierungen hängt wenig bis gar nichts Entscheidendes ab, da ein Hauptschüler mit »Realschulabschluß« in der Konkurrenz mit den echten Realschülern nichts zu melden hat. Das antizipieren die Hauptschulehrer und sind entsprechend knauserig mit diesen »Chancen« – natülich nur, um den Schülern »unnötiges« Scheitern zu ersparen. Der Druck auf die Hauptschüler, den sich die Bildungspolitik davon versprochen hat, hält sich entsprechend in Grenzen. Der Drohung mit knapper Lernzeit ist mit der Sortierung nach der Grundschule der entscheidende Stachel genommen worden.

Wichtig ist allein, daß ein Schüler in der Lage ist, sich dereinst auf dem Arbeitsmarkt in das Sammelsurium von geistlosen, vielfach noch mit erheblicher körperlicher Anstrengung verbundenen und durchgängig schlecht bezahlten Arbeiten praktisch einzufädeln und geistig einzurichten. Beim *praktischen* Einfädeln, da ist ihm der »Sachzwang« seiner Geld- und Anspruchslosigkeit ziemlich behilflich. An der *geistigen* Einrichtung darf die Erziehung der Hauptschüler noch etwas mitwirken. Die bekannten moralischen Kernsätze werden befestigt und vor allem an der Tugend noch etwas gefeilt, die eigene Einsortierung in die Abteilung der lohnabhängigen Massen als menschengemäße Rollenzuweisung oder als gesellschaftliche Notwendigkeit zu begreifen. Da ist es ganz praktisch, daß sich die Sortierung nach Elite und Rest auch umgekehrt interpretieren läßt, etwa indem man die körperliche Arbeit zur Tugend erklärt und die Gymnasiasten zu Schwätzern, die nicht einmal ordentlich zulangen können, und man sich obendrein sicher ist, daß an der Arbeit der »kleinen Leute« ohnehin alles hängt. Der Mensch, das weiß man als Verlierer frühzeitig, beginnt nicht beim Akademiker, zumal es auch »sehr gebildete Arbeiter und sehr ungebildete Akademiker gibt«. Nur darf nicht infrage gestellt sein, daß man im richtigen Moment immer noch auf bestimmte Persönlichkeiten, die der geistigen Elite angehören, zu hören hat. Die sind immer dann glaubwürdig, wenn sie Deutschland und Deutschlands Erfolge repräsentieren. Auch wenn es sich um Erfolge handelt, von denen die am wenigsten haben, die sie am ausgiebigsten feiern.

So trägt auch noch die Hauptschule weiter dazu bei, daß die Massen im Namen der Geisteswissenschaft verdummt werden, damit sie als lebenslanges Anhängsel kapitalistisch angewandter Naturwissenschaft tauglich sind und alles in allem bei Staatslaune gehalten werden.

3.3. Die Realschule: Eine reale Alternative für Verlierer

Daß in der modernen Bildungsbilanz von Lehrern und Schulpolitikern die Realschule gern den höheren Bildungsanstalten zugeschlagen wird, ist zwar von deren Erfolgsstandpunkt aus verständlich, die Wahrheit ist es aber nicht. Von der Realschule führt der Weg genauso wenig auf die Universität wie von der Hauptschule. Der Realschulabschluß ist nicht dem Abitur vergleichbar, weswegen er auch witzigerweise »mittlere Reife« heißt. Das Realschulabschlußzeugnis berechtigt zum Besuch eben jener Teilzeitberufsschulen, in denen jeder Hauptschulabsolvent ohnehin landet. Der Mittelschüler kann auch besondere Einrichtungen der Vollzeitberufsschulen, die sogenannten Fachoberschulen anstreben. Und unter ganz besonderen Bedingungen ist es ausnahmsweise möglich, nach der »mittleren Reife« aufs Gymnasium überzuwechseln. (vgl. Max-Planck, 256ff)

Die Realschulen, historisch aus preußischen Bürgerschulen hervorgegangen, die die sogenannten »Realien« wie Naturwissenschaft, Mathematik, Geographie oder Geschichte gegenüber den »Kulturfächern« der klassischen Gymnasien betonten, haben diesen Ausgangspunkt hinter sich gelassen. Die »Realien« haben längst Eingang in die Allgemeinbildung gefunden. Heute stellen die Realschulen ein Angebot für jene Schüler dar, die vom Zugang zur Elitenausbildung ausgeschlossen sind, aber deswegen ihre »Aufstiegsorientierung« bzw. ihren »Wunsch nach Erhaltung des sozialen Status »(Max-Planck, 266) nicht aufgeben wollen. Die begeisterten Urteile der von der Haupt- zur Realschule übergewechselten Lehrer über die »Motiviertheit« ihrer Klassen, in denen sie keine »Disziplinprobleme« kennen, sprechen Bände.

Daß die Welt der Berufe für die Masse der Lohnabhängigen selbst noch einmal Unterschiede macht zwischen Arbeiter und Angestelltem, zwischen Hilfsarbeiter und Facharbeiter usw., daß in ihr selbst noch einmal mindestens 8 Lohngruppen und diverse »Aufstiegschancen« zum Meister, Ingenieur oder Abteilungsleiter eingerichtet sind, ist die materielle Grundlage jener Sorte Einbildung, die der Realschule dauerhaft und durchaus mit zunehmender Tendenz Schüler zuführt.

Angeblich wird sie eine »Zwitterstellung« (Max-Planck, 263) zwischen Haupt- und Oberschule nicht los. Das wird auch kaum möglich sein, da sie diese Stellung nie gehabt hat. Und wenn zur Zeit eine »empirische Tendenz« beobachtet wird, nach welcher mehr Abiturienten auf Fachhochschulen, mehr Realschulabsolventen auf Teilzeitberufsschulen übergehen und mehr Hauptschüler unmittelbar und ungelernt ins Arbeitsleben eintreten, dann belegt das noch lange keine »Zwitterstellung«. Mit dieser Querverschiebung zwischen der Allgemeinbildung und den Berufsschulen, die sich traditionellerweise an die drei Züge der Schule anschließen, wird nicht nur der Charakter der »Mittelschule« als Vorbereitungsschule für die unteren Berufsgruppen unterstrichen, sondern auch der »moderne Trend« hin zum Gymnasium relativiert. Es müssen dann eben doch zu viele Grundschüler und unter ihnen viele falsche gewesen sein, denen großmütig und auf Drängen der Eltern der Besuch des Gymnasiums gestattet worden ist, lautet das bildungspolitische Urteil. So wird eine »Fehlsortierung« im allgemeinbildenden Sektor dadurch wieder wettgemacht, daß das berufsbildende Schulwesen seine Eingangsvoraussetzungen höher ansetzt. Das gibt einen gerechten Ausgleich und für die Realschüler die Gewißheit, daß auch ihre Bäume gewiß nicht in den Himmel der Akademikerjobs wachsen werden. (vgl. F.I.2.)

4. Warum Auslese und Ausschluß sein müssen

Die Dreiteilung des Schulwesens muß sein, ...

Die wenigsten Vertreter der pädagogischen Zunft haben ein prinzipielles Problem mit einem Schulwesen, in welchem Lehrer nach staatlichem Plan Schicksal spielen und Lebenskarrieren irreversibel festlegen, mit denen gar nicht einmal unbescheidene Lebensziele massenhaft zu Makulatur erklärt werden. Sie verfügen über ein Handwerkszeug, das es ihnen gestattet, den Nachweis zu erbringen, daß das demokratische Recht auf Bildung für jedermann sich mit dem ins Werk gesetzten Ausleseverfahren keineswegs beißt. Daß große Teile des Nachwuchses von höherer Bildung ausgeschlossen werden, ist dann entweder ein Dienst am Nachwuchs, gar nicht anders möglich oder einfach gar nicht der Fall.

... weil es drei verschiedene Begabungen gibt.

Der Deutsche Ausschuß für das Erziehungs- und Bildungswesen kennt sich gut in der Menschennatur aus:

> *»Die Dreiteilung werde auch den drei Haupttypen der Begabung gerecht: einem theoretischen, einem praktischen und einem (wer hätte das gedacht; FH) theoretisch-praktischen Typ.«* (zit. n. Schelsky, Anpassung und Widerstand, 9)

Demzufolge findet eigentlich gar keine Auslese statt. Denn wo die Natur längst sortiert hat, da kann der Pädagoge die dreigeteilte Menschennatur doch nur demütig zur Kenntnis nehmen. Alles andere als ein dreigliedriges Schulwesen wäre glatt widernatürlich, wie dies nicht nur der Philologenverband heute noch behauptet. Daß die Bildungsbehörde mit der Festlegung von Quoten, nicht aber nach einem genetischen Befund die Verteilung des Nachwuchses auf die Schulen vornimmt und damit Begabungen *festlegt*, muß nicht irritieren. Es verweist nur auf das erstaunlich innige Verhältnis zwischen der obersten Bildungsgewalt und der für die Menschennatur zuständigen ziemlich jenseitigen »Behörde« (vgl. Kritik der Erziehung, Teil 1,

107ff). Da kann es denn kaum überraschen, daß für den Deutschen Ausschuß gleich die ganze Gesellschaft ein Abziehbild des Begabungsprofils darstellt:

»Die Dreiteilung der Höhere Schulen, Volksschulen und Mittelschulen entspreche den drei Hauptschichten der Berufe, die sich im modernen Leben (!) herausgebildet hätten: einer geistig führenden, einer ausführenden und einer (das kommt aber nun wirklich überraschend !; FH) dazwischen vermittelnden Schicht praktischer (!) Berufe mit höherer Verantwortung.« (zit. n. Schelsky, a.a.O., 9)

... weil nicht jeder alles lernen kann.

Ingenkamp versucht die Notwendigkeit der Auslese über die Erfindung eines ganz maßstabslosen Maßstabs für das schulische Lernen zu begründen:

»So richtig es ist, daß jeder Schüler in den Genuß der für ihn optimalen Lernchancen kommen sollte und daß Lernen und Lehren in der Schule gegenwärtig durch Selektion belastet (!) werden, so wenig dürfen wir doch übersehen, daß wir nicht in der Lage sind, alle (!) alles (!) lernen zu lassen. Wir können es aus finanziellen Gründen nicht, und wir können es aus pädagogischen Gründen nicht, da unsere didaktischen Möglichkeiten nicht so effektiv sind, als daß wir alle in allen Gebieten unabhängig von individuellen Lernvoraussetzungen zu gleichen Zielen führen könnten. Wollten wir nun alle Schüler alle Lernbereiche ausprobieren lassen, so müßten wir ein außerordentliches Maß an Mißerfolgserlebnissen einkalkulieren.« (Ingenkamp, Pädagogische Diagnostik, 16)

Selektion, das mußte wieder einmal gesagt werden, stellt nicht etwa ein gewolltes Ausleseinstrument dar, sondern eine »Belastung«. Kein Zweifel, die Schulbehörde wäre die erste, die dieses Schulwesen abschaffen würde, wenn es nur möglich wäre. Aber leider geht das nicht, denn – so lautet Ingenkamps Alternative zum dreigeteilten Schulwesen – »alle alles lernen zu lassen«, stößt auf erhebliche Schranken. Das muß einfach einleuchten: Denn »alles« zu lernen, das geht nicht und jedes Bemühen darum würde in einen Alptraum ausarten. Ständig müßte man nur lernen! Da bliebe ja keine Zeit für irgendeine andere Beschäftigung!

In ihrer Kriterien- und Maßstabslosigkeit desavouiert sich diese Kritik jedoch selbst. Ist denn die Alternative zu dem schulischen Ausschluß von weiterführender Bildung diese vorgestellte Bildungstortur? Muß man sich, nur weil einem die Sortierung der Schüler nicht gefallen, deswegen schon jede Sortierung der Lerninhalte verbieten? Heißt es, entweder wird am Bildungsstoff so sortiert wie im deutschen Schulwesen, oder aber jeder *muß* alles lernen? Der Trick dieser Argumentation – er basiert auf der Verwechslung der Sortierung von Menschen mit der Auswahl von Wissensinhalten – ist billig: Wenn die erfundene Alternative nicht schmeckt, dann muß die staatlich eingeführte Kröte geschluckt werden. Dazwischen oder daneben gibt es nichts.

Im übrigen bemüht die Kritik die Vorstellung, bestimmte Teile des Nachwuchses, die Gymnasiasten nämlich, würden eigentlich schon so ziemlich *»alles«* lernen. Nur bei *»allen«* würde das eben nicht klappen, weswegen die Hauptschüler dran glauben müßten. Das glaubt der Herr Ingenkamp, der sich in schulischer Differenzierung, Spezialisierung und in der begrenzten Schuldauer bestens auskennt, selbst nicht. Das Argument ist ein Popanz: Es gilt für niemanden, und keiner vertritt es ernsthaft. Deswegen läßt sich so schön daraufeindreschen.

Mit dieser Alternative wird folglich eine Selektion für unumgänglich erklärt, die es so gar nicht gibt. Denn von der Chance, so ziemlich »alles« zu lernen, werden Hauptschüler ebensowenig ausgeschlossen, wie Oberschüler sie erhalten. Doch kommt es Ingenkamp auf diesen Effekt schon an: Wenn klar ist, was nicht geht, dann soll die Frage, was denn nun geht, mit dem schlichten Verweis auf die dreigeteilte Staatsschule beantwortet werden. Beweis: Die geht! Für diesen Pädagogen bedient offenbar das herrschende Schulwesen die »individuellen Lernvoraussetzungen« am besten – und dazu noch unter weitgehender Vermeidung eines »außerordentlichen Maßes« von »Mißerfolgserlebnissen«. Was will man mehr!

... weil nicht jeder Professor werden kann.

Es kann nicht ausbleiben, daß ›realistischere‹ Argumente nachgeschoben werden, die die Selektion, wie es sie gibt, zum Thema machen: Etwa daß nicht jeder Professor, Oberarzt oder Bundeskanzler werden kann, oder – was dasselbe in grün ist – daß bei knappen Stellen sich eben die Besten in der Konkurrenz herausschälen müssen:

> *»Wenn drei- bis viermal soviel Anspruchsberechtigte nach dem gleichen, nicht grenzenlos vermehrbaren Gut (!) – weiterführende Bildung, Studienplätze, Akademikerpositionen – nachfragen, dann wird der Wettbewerb härter. Eine zunehmend größere Zahl muß ausscheiden...«* (Maier, Ein Pyrrhussieg)

Man möchte es diesen Argumenten fast schon hoch anrechnen, daß sie weder die Existenz der schulischen Auslese in Zweifel ziehen wollen noch die staatliche Absicht, die ihr zugrundeliegt. Doch dafür sind die Begründungen zu dünn, die ihre Notwendigkeit begründen sollen. Die Aneignung von Bildung wird nämlich allein unter der Voraussetzung für möglich gehalten, daß die Ausgebildeten sich damit in der »gesellschaftlichen Arbeitsteilung« nützlich machen. Es scheint ein Naturgesetz zu sein, daß sich die Nachfrage nach Bildung immer der Nachfrage nach nützlich Ausgebildeten anpassen muß.

Daß es dabei ständig zu »Engpässen« kommt, also zu viele Leute nach den gleichen Positionen nachfragen, kann unmöglich an der »Arbeitsteiligkeit« liegen. Denn die hält eine Fülle verschiedener Positionen im Angebot und nicht nur den Professor oder Oberarzt. Was Geißler mit drohendem Unterton von der Arbeitsteilung behauptet, trifft sie gar nicht:

> *»Wer gegen Auslese argumentiert, müßte zuvor sachlich begründen und nicht nur in allgemeinen Wendungen zeigen, wie man Arbeitsteiligkeit wieder rückgängig machen kann, ohne die betroffenen Menschen in ein Chaos unabsehbarer (!) Nöte zu stoßen.«* (Geißler, 144)

Eine arbeitsteilige, also rein auf sachliche Effektivität der Arbeit zielende Produktion, die sich allein nach den inhaltlich-konkreten Tätigkeitsmerkmalen unterscheidet, kann den run auf ganz bestimmte gesellschaftliche Positionen nicht auslösen. Nicht die Arbeitsteilung selber, sondern das Prinzip, dem sie hierzulande dient, löst die befürchtete Kumulation der Nachfrage nach »Positionen« aus. Daß mit der Teilung der Arbeit und ihrer Aufteilung auf qualifizierte Menschen zugleich über die Teilnahme am und über den Ausschluß vom geistigen und materiellen Reichtum der Gesellschaft entschieden ist, läßt sich der Arbeitsteilung nicht anlasten. Wenn die Arbeitsteilung das Maß für Einkommen wäre, dann bekämen alle das gleiche Geld. Denn das System der Arbeitsteilung zeichnet sich eben durch den Zusammenhang von funktionell gleich notwendigen Arbeiten aus. Daß die Studierten im Schnitt das Mehrfache des Einkommens der Nichtstudierten erwarten können, hat seinen Grund weder in den konkreten Verrichtungen, die in »Akademikerpositionen« anfallen, noch darin, daß in ihnen größere Leistungen erbracht werden müßten. Und daß umgekehrt in der Gesellschaft Arbeiten erledigt werden, ohne daß dafür ein Studium absolviert werden muß, erzwingt weder den Ausschluß von wissenschaftlicher Bildung noch die lebenslange Kettung an solche, zumeist wenig beliebte Verrichtungen. Folgen tut dies allein aus der nicht unbekannten Tatsache, daß derjenige jede Arbeit annehmen muß, der über keine eigene Geldquelle verfügt; und daß andererseits auf diese Weise ziemlich viel Geldreichtum zustandekommt, an dem die Akademiker parasitieren, die gelernt haben, wie sie einen Beitrag zur Aufrechterhaltung dieses Produktionsverhältnisses leisten können. Arbeitsteilung ist eben im Kapitalismus nur das Instrument eines ökonomischen Zwecks, das den funktionellen Zusammenhang von Teilarbeiten in den Gegensatz von Lohnarbeit und Kapital verwandelt.

... solange die attraktiven Plätze in der Gesellschaft knapp sind.

In GEW-Kreisen weiß man den Verweis auf die »nun einmal bestehende Arbeitsteilung« mit einem kritischen Zungenschlag vorzubringen. Natürlich werde in der Schule nur *»notgedrungen«* ausgelesen, denn mit der Auslese

> *»unterstützen Schulen gesellschaftliche Ausgrenzungsprozesse und Tendenzen zur Entwicklung einer ›Zwei-Drittel-Gesellschaft‹«.* (GEW, Im Brennpunkt 8/86, 20)

Mit diesem kritischen Eingeständnis ist das ›Aber‹ gut vorbereitet:

»Solange (!) es verschiedene attraktive und erstrebenswerte Plätze in der Gesellschaft gibt, für deren Zugang die Platzverteiler Maßstäbe brauchen, gibt es Auslese. In der deutschen Tradition hat das Schulwesen die(se) Aufgabe ... Wenn wir die schulische Auslese ablehnen, müßten wir wissen, wem wir sie statt den auf die Verfassung vereidigten Lehrerinnen und Lehrern zum Zwecke künftiger größerer Gleichheit und Gerechtigkeit übertragen wollten. Da wir aber bisher keine Alternative zur schulischen Auslese gefunden haben, hilft (!) uns (!) nichts anderes als das Wissen, daß wir Kinder und Jugendliche auf verschiedene Berechtigungen hin verteilen und also auslesen.« (GEW., a.a.O.)

Bei der Auslese handelt es sich also nur um eine vorübergehende Angelegenheit, um ein »notgedrungenes« Zwischenstadium auf dem Weg zu mehr »Gerechtigkeit und Gleichheit«. Daß dieser provisorische Zustand sich nun schon seit mehr als einem halbem Jahrhundert unverändert hält, irritiert die GEW deswegen wenig, weil sie ja weiß, daß so etwas seine Zeit braucht. Gerade deswegen ist es für sie so beruhigend, daß die Auslese bei den »vereidigten Lehrern« in den besten Händen ist.

Die Frage nach den *Gründen* für Auslese ist dabei mit einem bekannten Kunstgriff durch die Erörterung ihrer *Methoden* ersetzt geworden. Kritik, das ist das Lebenselexier der GEW, ist nur dem erlaubt, der *realistische Alternativen* der Auslese anzubieten hat. Alles andere zeugt von Verantwortungslosigkeit, die sich der GEWler nicht einmal in einer Gesellschaft vorwerfen lassen will, welche diese verabscheuungswürdigen »gesellschaftlichen Ausgrenzungsprozesse« einrichtet.

Und da es für sie zur Schule als Sortierungsinstanz keine realistischen Alternativen gibt; wobei die Suche nach – gänzlich fiktiven – realistischen Alternativen zwangsläufig bei den eingerichteten Zuständen enden muß, da nun einmal allein das Bestehende den Realismus auf seiner Seite hat; da der Verweis auf den Beamteneid obendrein für sie irgendwie gleichbedeutend ist mit einer Verpflichtung der Lehrer zur ›Überwindung‹ jenes Schulsystems, dem sie dienen, kann sie sich denn auch in harmonischem Einklang mit ihrem schlechten pädagogischen Gewissen der Frage zuwenden, wie man denn nun in der Schule mit »dem Problem« umgehen kann:

»Auslese findet auch (!) in der Schule statt, auf deren Schild ›Integration‹ steht. Dies wird noch eine ganze Weile (!) so sein. Wir können allerdings in der Schule viel dazu tun, daß Auslese durchschaut und damit nicht zur lähmenden Ausgrenzung wird. ... Denn gefährlich wird in der notgedrungen auslesenden Schule erst die ›Ausgrenzungsmentalität‹ (A. Flitner), die sich nicht eingesteht, daß Ausgrenzung in der Gesellschaft deswegen funktionieren kann, weil sich die Manager der schulischen Auslese nicht damit auseinandersetzen, daß unter den gegebenen Verhältnissen noch lieber

die Schule statt Herkunft oder Markt die gesellschaftliche Platzverteilung organisieren sollte.« (GEW, a.a.O.)

Im Bewußtsein, daß das Kindersortieren ungerecht ist, läßt sich die *Auslese* also viel ungezwungener betreiben. Denn damit ist, die *»Ausgrenzungsmentalität«* überwunden. Dabei handelt es sich um eine Geistesverfassung, die das Ausgrenzen deswegen für vollkommen zweckmäßig erachtet und entsprechend betreibt, weil es bei ihr an der GEW-Auffassung zur Sache mangelt. Würde sie nämlich davon ausgehen, daß die Schule erstens nur »notgedrungen« ausliest, daß dies zweitens immer noch besser ist als die Auslese nach Herkunft und Markt – die im übrigen gar nicht abgeschafft ist, sondern den schulischen Auslesevorgang unterstützt und vollendet –, dann würde auch sie zweifelsfrei die Einbildung pflegen, daß die Schule etwas ganz anderes ist, als sie ist.

Diese kritische Affirmation von Auslese ist nicht damit zu entschuldigen, daß sich hier die Idealisten unter den Pädagogen ein *Überlebens*mittel zurechtgeschustert hätten, das allein ihre sensible Seele stabilisieren soll. Denn spätestens dann, wenn mit dem gesellschaftskritischen Ausgangspunkt der Beweisführung gegen ihren Schluß polemisiert wird, zieht der GEWler das ideelle Berufsverbot aus der Tasche: Ein Lehrer, der an seiner Schulkritik einfach festhält und sie nicht dieser mehrfachen Relativierung unterzieht, hat in der Schule nichts verloren. Auslese – die »notgedrungene« – gehört in die Hände von kritischen, verantwortungsbewußten und in größeren Zeiträumen denkenden Realisten. Auslese muß also sein, weil, wenn nicht die Lehrer sie erledigen würden, sie in ganz schlechten Händen wäre!

... weil es gar nicht vertikal gegliedert ist.

Den Deutschen Bildungsrat hat dieses »Problem« auch nicht ruhen lassen. Seine geniale Erfindung besteht in einem schlichten Etikettenschwindel, nämlich in der Umbenennung der Abteilungen des Schulwesens, die von der GEW denn auch sofort begrüßt worden ist. Er entdeckt in der vertikalen eine dominante horizontale Gliederung und ist damit sehr zufrieden. Denn dadurch sind für ihn Volks- bzw. Hauptschule, Realschule und Gymnasium nicht mehr getrennte Schultypen, denen man immer noch die gesellschaftliche Sortierung nach Oben und Unten so deutlich ansieht, sondern die Ausdifferenzierung (»äußere«) eines einheitlichen Schulwesens, das sich nach Elementar-, Primar-, Sekundarstufe I, Sekundarstufe II und dem Tertiären Bereich, also ausschließlich horizontal gliedert. (Bildungsrat, Strukturplan, 70ff)

Die Frage, wo denn beispielsweise die Sekundarstufe II der Haupt- und Realschule zu finden ist, darf man natürlich ebensowenig stellen wie die nach den Gründen für den vehementen Zug der Schüler zu den gymnasialen Abteilungen der beiden Sekundarstufen. Und schon gar nicht gehört sich die Erkundigung danach, warum überhaupt noch an der vertikalen Gliederung festgehalten wird, wenn doch das beherrschende Moment der Schule in einer schultypenübergreifenden, einheitlichen Folge von *Schulstufen* liegen soll. Es sei denn, man möchte sich Antworten der folgenden Art einfangen:

> *»Die Differenziertheit individueller Lernbedürfnisse und die Differenziertheit gesellschaftlicher Anforderungen machen ein (na, was wohl? Genau:) differenziertes Bildungswesen notwendig.«* (Bildungsrat, Strukturplan, 70)

Auf diese Weise wird wenigstens die uralte Antinomie zwischen »Auslesen und Fördern«, die bei den Pädagogen beträchtliche Mengen an Hirnschmalz locker gemacht hat, geradezu genial gelöst:

> *»Die Ansprüche auf schulische Bildung und freie Entfaltung der Persönlichkeit führen zu dem Grundsatz, daß jeder einzelne so weit wie möglich zu fördern (!) ist. Die Lernangebote müssen deshalb die unterschiedlichen Interessen und Möglichkeiten des Lernens berücksichtigen. Dies ... macht eine reiche Differenzierung der Bildungswege erforderlich. Zum anderen kann (!) die Differenzierung im rechten Zeitpunkt (!) eine berufliche Orientierung einleiten (!) ... Die verteilende Wirkung (!) der Differenzierung ergibt sich aus der Mannigfaltigkeit im curricularen Angebot. Die Schule muß fördern und verteilen...«* (Bildungsrat, Strukturplan, 31)

Aus dem häßlichen »ausschließen« oder »auslesen« ist das freundliche »verteilen« geworden. Die Dreigliedrigkeit ist ein Angebot an »unterschiedliche Interessen«. Daß jeder der drei Züge überhaupt nur auf ganz bestimmte Berufsbildungswege »orientiert« und andere ausschließt, fällt ebenfalls unter die »Differenzierung«, sprich: »Entfaltung der Persönlichkeit«. Und aus der zweckmäßig geplanten und ständig wieder effektivierten Auslese durch die Schulbehörde wird eine »Wirkung der Differenzierung«, die sich ganz der Neigung verdankt, die »Mannigfaltigkeit des curricularen Angebots« auszuschöpfen. So muß die Schule letztlich nicht einmal mehr ihr dialektisches Doppelprogramm des »Förderns« *und* »Verteilens« auflegen. Denn ihr Fördern ist ein Verteilen und ihr Verteilen ist ein einziges Förderungsprogramm!

V. Berufsausbildung: Die Verwandlung von Bildung in eine bedingte Einkommensquelle

1. Volksbildung im Dienst an gesellschaftlicher Hierachie und Volkseinkommen

Mit dem Abschluß der Allgemeinbildung ist die Bildung des Nachwuchses *nicht* abgeschlossen. Die geistige Ausrüstung für seine Funktion als Staatsbürger hat auf der einen Seite das erfreuliche Resultat hervorgebracht, daß er nun weiß, wohin er »im Leben« gehört. Auch fehlt es ihm nicht an Kenntnissen und Urteilen über dieses »Leben«: z.B. daß es so, wie es eingerichtet ist, im Prinzip seine Ordnung hat, daß es immer Menschen braucht, welche die Verantwortung und andere, die dafür »ihr Päckchen« zu tragen haben, und daß die Einordnung in eine dieser Schubladen im Einzelfall vielleicht schon einmal ungerecht sein kann, in der Regel jedoch mit der Begabung oder Leistungsfähigkeit des einzelnen ziemlich definitiv zusammenfällt.

Auf der anderen Seite fehlt dem Nachwuchs insgesamt noch eine entscheidende Qualität. Es ist langsam an der Zeit, einen jener Dienste, zu dem die verschlungenen Wege der Schule ihn bestimmt haben, auch *anzutreten*. Dabei erweist es sich, daß es zwei ganz verschiedene Dinge sind, von der Schule das Zeug zu Höherem bescheinigt zu bekommen, und sich in den höheren Gefilden der gesellschaftlichen Arbeitsteilung tatsächlich nützlich machen zu können. Gleiches gilt für die Absolventen der Hauptschule: Zwar wissen sie, welcher Arbeitsmarkt speziell auf ihr Angebot wartet. Doch deswegen können sie noch lange nicht mit einem speziellen Angebot aufwarten. Präsentieren können sie nur ihr unausgebildetes Geschick, ihre Körperkraft und eine Sorte Allgemeinbildung, die keinen Anbieter von Arbeitsplätzen vom Hocker reißt.

Dienst an der gesellschaftlichen Arbeitsteilung

Die Volksbildung wird als *Berufsausbildung* vollendet. Und weil es den *Gegensatz* von geistiger Elite und der Masse der einfachen Bürger als *hierarchisch geordnete, arbeitsteilige Berufswelt* gibt, wird in der Berufsausbildung jedermann auf eine bestimmte funktionelle Berufs-Tätigkeit vorbereitet.

Geistige Elite, das heißt jetzt, dem Staat als Lehrer, Rechtsanwalt, Berufsdiplomat, Wissenschaftler und General zu dienen oder als Dipl.ök. bzw. Dr.jur. im Management eines Unternehmens eine verantwortungsvolle Position auszufüllen. Und die *Restmannschaft* besetzt dann Positionen, die so schön klingende Bezeichnungen wie Kfz-Schlosser, Bürokauffrau, Starkstromelektriker, Krankenschwester oder Landschaftsgärtner besitzen.

Dabei erledigen die einen wie die anderen Arbeiten, denen man die *funktionelle Notwendigkeit* in der Arbeitsteilung nicht absprechen kann. Da fällt einiges an *nützlicher* Tätigkeit an. So repariert der Kfz-Schlosser dem Zahnarzt das Auto und dieser ihm die Zähne. Da schiebt die Krankenschwester dem Architekten die Bettpfanne unter, und dieser entwirft ihr den Bauplan für das Eigenheim am Stadtrand. Und ein jeder muß in der Lage sein, die Aufgaben zu erledigen, die an seinem Arbeitplatz anfallen. Auf all diese *konkreten Verrichtungen* bereitet die Berufsausbildung vor.

Mit der Angabe solch nützlicher Verrichtungen ist aber der bestimmte *gesellschaftliche Nutzen,* für den sie im Kapitalismus taugen sollen, noch nicht benannt. Der ergibt sich z.B. bei einem Müllwerker daraus, daß eine städtische Reinigung ihre ganz eigenen Ordnungs- und Hygienemaßstäbe besitzt, die sich an Stadträndern (Slums) und auf Mülldeponien studieren lassen; bei einem Maurer aus dem Umstand, daß ein Grundbesitzer aus dem gemauerten Haus eine Rendite zu ziehen gedenkt; beim Apotheker aus der Tatsache, daß eine Pharmaindustrie mit Krankheit ein Geschäft macht und beim Herrn Ingenieur liegt er darin, daß dieser mit seinem Büro der Konkurrenz die Aufträge vor der Nase wegschnappen ›muß‹, um im Geschäft zu bleiben. Es will also bei der Berufsausbildung bedacht sein, daß neben der Ausbildung in konkrete Arbeitsverrichtungen auch die gesellschaftlichen Zwecke, denen sie sich dienstbar zu machen haben, hinreichende Berücksichtigung finden.

Daß in dem arbeitsteiligen Zusammenhang von *gleich notwendigen* Tätigkeiten nicht jede Funktion wie die andere *gleich gilt,* sondern es das bekannte »Oben« und »Unten« gibt, läßt sich im übrigen an einigen solcher Arbeiten selbst ablesen: Die Leistung eines Aufsichtsratsvorsitzenden, eines Meisters oder Abteilungsleiters liegt erkennbar darin, durch Festlegung von Leistungsmaßstäben, ihre Durchsetzung und Kontrolle dafür zu sorgen, daß das Unternehmen schwarze Zahlen schreibt. Das schließt ein, daß die Befehlsempfänger von allen Tätigkeiten ausgeschlossen sind, die den Inhalt, die Dauer und die Art der Ausführung ihrer Arbeiten bestimmen. Die arbeitsteilige Funktion dieser Herren lebt von der vorgängigen Sortierung aller Verrichtungen nach ihrer Bedeutung für die Indienstnahme lohnabhängiger Arbeit: Die einen haben sie zu leisten, die anderen haben dafür zu sorgen, daß sie sich in der Bilanz positiv niederschlägt. Bei den Tätigkeiten eines Rechtsanwaltes, Polizisten, Werk- oder Verfassungsschützers schließlich geht es schließlich nur noch um die mehr oder weniger gewaltsame Austragung eines Gegensatzes innerhalb einer Gesellschaft. Ihre Aufgaben leben von den Kollisionen, die dort nicht ausbleiben können, wo die ganze funktionelle Arbeitsteilung allein für das Interesse an der Mehrung abstrakten Reichtums in Dienst genommen wird. Den konkreten Tätigkeiten dieses arbeitsteiligen Zusammenhangs ist also der Gegensatz vielfach selbst abzulesen, von dem die Bildungsverantwortlichen sich bei der Sortierung ihres Volkes haben leiten lassen. Berufsausbildung bereitet auch auf die konkreten Verrichtungen vor, die ihr spezifisches gesellschaftliches Markenzeichen bereits in sich tragen.

Das *erste Interesse,* das der Staat mit der Berufsausbildung verknüpft, besteht also in einem Dienst an dieser Sorte gesellschaftlicher Arbeitsteilung: Indem er es sich angelegen sein läßt, den eingerichteten *funktionellen* Zusammenhang per Berufsausbildung zu betreuen, sorgt er dafür, daß das *Interesse an Kapitalreichtum* nicht zu kurz kommt, das dieser Arbeitsteilung den Stempel aufdrückt.

Dienst am Volkseinkommen

Das Funktionieren des von seiner speziell ausgelesenen Mannschaft beaufsichtigten Produktionsverhältnisses schließt zweitens ein, daß dabei *Einkommen* abfallen, aus denen die Bürger ihren *Lebensunterhalt* zu bestreiten haben.

Für den ist hierzulande *jedermann selbst zuständig.* Nach einer bestimmten Schonfrist erwartet der Staat, daß sein Nachwuchs soweit ist, sich selber um ein Einkommen zu kümmern und nicht mehr Eltern bzw. ihm auf der Tasche zu liegen. Dies gilt gerade für die Fälle, in denen Bürger nicht »von Haus aus« über eine eigene Revenuequelle« (K. Marx) verfügen. Und da sie bekanntlich von all den bequemen Formen der Geldbeschaffung, die Staat und Geschäftswelt offenstehen, ausgeschlossen sind, sie weder bei anderen Steuern kassieren noch andere für sich arbeiten lassen können, da es ihnen auch verboten ist, sich entweder das Geld dort abzuholen, wo es gehäuft herumliegt (»Bei allen guten Banken und Sparkassen...«); oder mit handwerklichem Geschick die Gelddruckmaschinen der Bundesbank zu entlasten, müssen sie eben auf dem Arbeitsmarkt mit einer attraktiven Berufsqualifikation eine fremde Geldquelle auftun. Die liegt bekanntlich weder auf der Straße noch wird sie vom Staat zugeteilt. Das wäre ja Planwirtschaft und würde glatt der Freiheit und Privatinitiative in unserer Marktwirtschaft widersprechen. Eine Revenuequelle aufzutun, ist also eine *Bürgerpflicht.* Doch ist es deswegen noch lange keine Staatspflicht, die *Mittel und Wege* bereitzustellen, die ein Einkommen *sicherstellen.*

Was die Einkommensquelle jeweils hergibt, das hat denn auch zur Bestreitung der Kosten für Lebensmittel zu reichen. Dabei kommt einiges zusammen: Das Dach über dem Kopf, die Kleidung für wechselnde Jahreszeiten, die Ernährung, die – je nach dem – mehr nach physiologischer Notwendigkeit oder mehr nach geschmacklichem Genuß eingerichtet wird; die Pflege des Körpers, der Kleidung und der Wohnung verbraucht ebenso einiges an Kleingeld wie die Besorgung von geistiger Nahrung, deren Mindestausstattung heute in der Tageszeitung, der Lesezirkelmappe und dem Fernseher besteht. Darüber hinaus muß der Mensch seine mehr oder weniger kostspieligen Interessen pflegen, die selbst in Gestalt der »Hobbys« ohne Bares nicht bedient werden können. Die Mobilität – und zwar die lokale – will auch gesichert sein, zumal nicht alle Lokalitäten, die man aufsuchen will oder muß, wunschgemäß erreicht werden, wenn man sich nur auf das kostenneutrale, von der Natur gelieferte Fortbewegungsmittel verläßt.

Die *Mindestleistung,* die von den Bürgern erwartet wird, besteht darin, daß sie mittels des Einkommens ihren Bürgerpflichten innerhalb und außerhalb des Berufes nachkommen: Sie müssen später ihre Familie ernähren, am staatsbürgerlichen Leben nach Maßgabe der dafür vorgesehenen Einrichtungen teilnehmen können und in der Lage sein, regelmäßig eine Einkommen abwerfende Tätigkeit auszuüben. Dabei setzt der oberste Kontrolleur von Rechten und Pflichten darauf, daß seine Bürger auch über die Fähigkeit verfügen, ihre Bedürfnisse ihrem Geldbeutel anzupassen, wenn es angesagt ist. In der allgemeinen Volksbildung hat er sie zumindest mit den dafür einschlägigen (falschen) Gründen ausgestattet. Dafür setzt er nach *oben* weder dem Einkommen selbst noch der Art und Weise seiner Verauslagung größere Grenzen.

Großzügigkeit kennt er auch noch in einer anderen Hinsicht. Wenn einzelne seiner Bürger dieser Auflage nicht nachkommen können, dann läßt er Fünfe gerade sein und gibt sich damit zufrieden, wenn wenigstens das *Volk im Durchschnitt* über so ein Mindesteinkommen verfügt. Da kompensieren dann im statistischen Mittel die höheren Einkommen an einer Stelle ihren Totalausfall an anderer. Diese Rechnung geht an den einkommenslosen Bürgern natürlich vollständig vorbei, denn sie können sich bei den Großverdienern den statistischen Ausgleich nicht einfach abholen. Aber so war diese Rechnung auch nicht gemeint. Vielmehr steht sie für ein besonderes Anliegen des Staates. Am Einkommen seiner Bürger interessiert ihn, daß es ein *Volkseinkommen* in doppelter Hinsicht ist: Es hat das Mittel der Versorgung des Bürgers zu sein und soll zugleich ihm, dem Staat, seinen Aufgaben und seinem Apparat, finanzielle Mittel liefern. Die Erledigung der gesellschaftlichen Arbeitsteilung in der Form der Berufstätigkeit hat also einen Reichtum zu erbringen, der – ob er nun Lohn, Gehalt, Unternehmereinkommen, Rendite oder (Miet-)Zins genannt wird – es dem Staat erlaubt, sich an ihm zu bedienen. Er ist mit dem Volkseinkommen nur zufrieden, wenn es auch seine gehobenen Ansprüche erfüllt. Es muß Privat- und Staatseinkommen zugleich sein.[8]

Dabei weiß er durchaus um die unterschiedlichen Härten, die er Einkommensbeziehern bereitet, wenn er *ihr* Einkommen auch als *seine* Einkommensquelle benutzt. Dennoch läßt er niemanden aus. Nur setzt er seine eindeutigen Prioritäten in der Steuer- und Sozialpolitik. Wer sein Einkommen in erster Linie reichtumsfördernd einsetzt, der darf mit seinem Wohlwollen rechnen. Wer dagegen das Einkommen überhaupt nur konsumierend verwenden kann, dem bedeutet der Steuer- und Sozialstaat, daß die Abzüge gleich an der Quelle erfolgen müssen. So vermeidet er das Risiko, daß sich am Ende des

Monats nichts mehr finden läßt, was er einziehen könnte. Dabei kommen solche Abgaben natürlich und zuguterletzt nur ihm selbst zugute. In den unteren Regionen seiner Einkommensbezieher macht er mit dem *Volks*einkommen nämlich auch noch in der Weise ernst, daß er sie wechselseitig für einander in Sozialhaftung nimmt.

Dies ist das *zweite Interesse,* das der Staat mit seiner Berufsausbildung verfolgt: Nicht nur nützliche Dinge sollen erlernt werden, sondern sie müssen auch berufsfähig sein, d.h. den Berufstätigen die Aussicht auf eine Einkommensquelle eröffnen, mit der sie zugleich ihren Beitrag zum Volkseinkommen leisten. Daß dies für die Mehrheit des Volkes gleichbedeutend damit ist, sich an andere zu verdingen, erfreut wiederum jene Klasse, die mit dieser Arbeit ihren Schnitt macht.

1.1. Der Beruf ...

Der Mensch hat also einen Beruf zu erlernen, um seinen Pflichten als Staatsbürger voll und ganz nachgehen zu können. Er benötigt dafür eine *geistige Ausstattung seines natürlichen, also körperlichen Arbeitsvermögens.*

Dabei hat sich in der allgemeinbildenden Regelschule früh entschieden, bei wem das körperliche Arbeitsvermögen allein die physische Grundlage einer zu entwickelnden geistigen Qualifikation sein wird und bei wem umgekehrt eine vergleichsweise magere geistige Ausstattung zu kaum mehr als dazu dient, die Auswirkungen des eingesetzten natürlichen Arbeitsvermögens auszuhalten. Mit der Sortierung nach Elite und Masse ist zugleich über die Zugehörigkeit zur Gilde der Kopf- und der Handarbeiter entschieden und der Gegensatz zwischen beiden festgeklopft.

Die *erlernte* Berufsqualifikation taugt nur dann etwas, wenn sie auch *ausgeübt* wird. Nur so fungiert sie als Geldquelle. Dies hängt einzig und allein an *staatlicher* oder *privater Nachfrage* nach bestimmten Berufsqualifikationen. Ein Beruf ist nämlich nicht die Ausstattung eines Menschen mit einem Arsenal von Wissen und Können, das nützlich ist, weil es eine Aufklärung über die und eine Fertigkeit im Umgang mit der vorgefundenen Welt enthält.

Daß jemand sein Arbeitsvermögen mit allerlei Kenntnissen und Fertigkeiten aufpoliert, die es ihm gestatten, eine bestimmte nützliche Tätigkeit zu verrichten, mag ihm zwar einiges geben. Aber nur jene Ausbildung darf sich *Berufs*ausbildung schimpfen, die ihren Lehrplan gänzlich den Anforderungen privater und staatlicher, also ökonomischer und politischer Unternehmungen unterordnet. Denn nur wenn so ein Bündel an Fertigkeiten und Kenntnissen, das sich der Azubi aneignet, *fremden Ansprüchen* genügt, besteht die Chance, daß für ihre Anwendung *Geld* gezahlt wird. Berufsausbildung ist Anpassung pur an partikulare Interessen, welche die gesellschaftliche Nachfrage nach Arbeit bestimmen. Obwohl der Mensch mindestens so viel Zeit seines Lebens in der Ausübung des Berufs verbringt wie beim »Genuß« der Früchte des Berufs, geht das Interesse des Berufstätigen an einer ihn selbst geistig und körperlich befriedigenden Tätigkeit in die Modalitäten des Berufs nicht ein. Berufe und Berufsinhalte definieren sich allein durch die Nachfrage, wie sie die gesellschaftliche Arbeitsteilung hervorbringt. Darin Vorlieben zu entdekken, ist dem angehenden Berufstätigen natürlich unbenommen. Auch besitzt er die Freiheit, sich von einem Beruf zu verabschieden, der ihn nicht »ausfüllt«. Nur ist er dann mit der Berufsausübung auch das Einkommen los. An den Beruf den Maßstab anzulegen, er hätte das Interesse an einer nützlichen, dabei auch befriedigenden, zumindest aber vernünftig angelegten Tätigkeit zu bedienen, ist ein Luxus, den sich nur derjenige leisten kann, der in einer Person die Nachfrage definiert und sie zugleich als sein eigenes Angebot erfüllt.

Private Notwendigkeit und gesellschaftliches Interesse ergänzen sich bei der Suche nach Berufstätigkeit auf das beste. Dabei wird die private Notwendigkeit in der Regel nicht *bedient,* sondern nur weidlich *ausgenutzt.*

»Fürs Leben lernen«

Das Urteil, erst mit der Berufsausbildung beginne die Ausbildung »für das Leben«, eine Ausbildung, mit der man »etwas anfangen kann«, hat in dieser Anpassung an die Nachfrage seine Grundlage und seinen, allerdings nur bedingten Wahrheitsgehalt. Was in der Regelschule gelernt worden ist, hat zwar offenkundig noch nicht jenen Sachverstand hervorgebracht, der für einen *Beruf,* also für eine Einkommen abwerfende Tätigkeit erforderlich ist. Und was für die Berufs*ausbildung* von all dem noch verwendbar ist, das hängt allein von den Anforderungen der Berufswelt ab: Da kann ein Wissen gefordert sein, das in keinem Lehrplan der allgemeinbildenden Schule steht, und umgekehrt darf einiges von dem in Vergessenheit geraten, was als Bildungsgut in der Regelschule hoch geachtet ist. Doch daß es keinen Zusammenhang zwischen allgemeiner und beruflicher Bildung gibt, daß in der Regelschule nichts von dem gelernt wird, was man nachher »im Leben brauchen kann«, ist deswegen noch lange nicht die Wahrheit. Neben der Auslese des Nachwuchses für die hierarchisch angeordnete Berufsausbildung und der Vermittlung von Grundwissen und »Kulturtechniken« leistet die Schule der Berufsausbildung noch einen weiteren Dienst. Sie liefert nämlich den zukünftigen Berufstätigen als tüchtigen Staatsbürger in dem berufsbildenden Schulsystem ab. Das gilt allerdings als so selbstverständliche Zugabe für die berufliche Qualifizierung, daß sie fast nur zur Kenntnis genommen wird, wenn es im Einzelfall schwer daran mangelt. Wenn also beispielsweise der Abiturient sich als untauglicher Lehramtsaspirant erweist, weil er dem Irrtum anhängt, als Angehöriger einer »radikalen Partei« Staatsfunktionen ausüben zu können. Oder wenn der Berufsschüler partout nicht davon lassen will, im Meister nicht seinen »Ausbilder«, sondern seinen »Ausbeuter« zu erblicken.

Die Berufsausbildung unterscheidet sich also von ihrer allgemeinen Vorläuferin nicht darin, daß erst sie Kenntnisse und Fertigkeiten vermittelt, die »man später brauchen« kann. An der Scheidelinie »nützlich« versus »nicht nützlich« verläuft die Differenz zwischen allgemeiner und Berufsausbildung nicht. Nicht wenige Absolventen der Bildungsanstalten sehen dies allerdings ganz anders. Sie reklamieren (berufs-) »nützliches Wissen« bereits in der Regelschule mit der bekannten Frage: »Warum muß ich das lernen? Das brauche ich später doch sowieso nicht!« Dabei täuschen sie sich in doppelter Hinsicht. Einerseits geht ihnen der Sinn für die besondere Nützlichkeit allgemeiner Volksbildung ab. Wenngleich der Maßstab ihrer Beschwerde davon zeugt, daß sie gänzlich ahnungslos eine wichtige Lektion der Allgemeinbildung längst beherzigt haben und zur Anwendung bringen können: Kenntnisse und Erkenntnisse prüft man nicht auf ihre Vernunft und ihren Wahrheitsgehalt, sondern getrennt davon allein auf ihre Brauchbarkeit. Andererseits liegen sie mehrheitlich schief, wenn sie ihre Forderung nach *brauchbarem* Wissen immer mit der Vorstellung verbinden, der Nutzen, der an solchem Wissen hängt, würde sich automatisch bei *ihnen* einstellen. Nur wenn das berufliche Wissen und Können *für andere brauchbar* ist, dann ist die *Voraussetzung* für eine Indienstnahme gegeben, deren Nutzen für die Berufstätigen selbst höchst zweifelhaft ist.

Die freie Berufswahl: eine doppelte Festlegung

Für die Mehrzahl aller Azubis, für die es darum geht, sich eine Qualifikation anzueignen, die sich in klingende Münze umsetzen läßt, bedeutet deswegen die Berufsausbildung eine *doppelte* Festlegung: Mit der *Wahl eines Berufs* ist zum einen darüber entschieden, was jemand *können* muß. Für die gesamte Hierarchie der Berufe – vom Kfz-Schlosser über die Verwaltungsangestellte bis hin zum Lehrer oder Rechtsanwalt – ist über den Ausbildungsgang die Qualifikation determiniert, die erworben werden muß, wenn sie als Geldquelle taugen soll. Zum anderen ist mit der Berufswahl zugleich die *Qualität der Einkommensquelle* bestimmt. Ob man einen Stundenlohn von 18,50 DM oder ein Nettogehalt von 25.500 DM erwarten darf, ergibt sich aus der Stellung des Berufs in der Berufspyramide, die eine Einkommenspyramide ist. An ihr läßt sich ablesen, daß die Klassenscheidung nicht in unterschiedlicher Bildung ihren Grund hat, sondern daß Bildung nur *ein* Kriterium ist, nach welchem der Nachwuchs auf längst feststehende Berufskarrieren mit höchst unterschiedlicher »Lebensqualität« *verteilt* wird. Was ein Mensch in seinem Beruf verdient, das hängt nicht an seinem Wissen und Können; übrigens auch nicht an den Preisen der Lebensmittel, die in den Umkreis seiner Bedürfnisse fallen. Vielmehr bestimmt sich der Verdienst danach, wie die beruflich erforderte Qualifikation von den *Abnehmern bewertet* wird. Wie wäre auch sonst zu erklären, daß es Menschen mit gediegenem Wissen gibt, für das niemand einen Pfifferling zahlt; daß es umgekehrt offensichtlich immer wieder welche gibt, die über Reichtum verfügen, obwohl sie weder in der Allgemeinbildung eine Leuchte waren noch jemals eine Berufsausbildung abgeschlossen haben. Wissen und Fertigkeiten sind nur Größen, die nach ganz freier Kalkulation in einen Zusammenhang mit Stundenlohn und Gehaltsstufe gebracht werden. Denn über das Entgelt wird danach entschieden, was die zu erledigende *Funktion* dem zahlenden Geldbesitzer *wert* ist. Dabei sind ihm die Funktionsträger, die beispielsweise als Aufseher, Kalkulatoren, Einkäufer oder Arbeitseinrichter die produktiven Lohnarbeiter so oder so kapitalistische mores lehren, ganz besonders ans Herz gewachsen. Aus ihren kollektiven Anstrengungen, den getätigten Lohnvorschuß so rentabel wie möglich zu verwenden, ergibt sich das Grundprinzip dieser Hierarchie von ganz allein: Befreiung von körperlicher Arbeitsleistung und gehobene Einkommensklasse gehören an der Spitze der Pyramide ebenso zusammen, wie für die Mehrheit an der Basis der Pyramide immer noch viel körperliche Anstrengung und Lohngruppe 3-10 eine fast naturgesetzliche Einheit bilden. Der Schein, daß der Billiglohn die notwendige Konsequenz versäumter Bildungslektionen ist, wird gratis dazu geliefert und nicht selten noch über den Punkt hinaus geglaubt, an dem sich ein Akademiker im sogenannten akademischen Proletariat oder ein Facharbeiter mit mehreren Zusatzqualifikationen am Fließband wiederfindet.

Diese doppelte Festlegung *basiert* auf jener anderen Fixierung, die das allgemeinbildende Schulwesen mit der Zuweisung der Schüler auf die drei Züge der Regelschule bereits vorgenommen hat. Sie stellt klar, was mit dem Grundrecht auf freie Berufswahl bloß gemeint sein kann. Daß sich jedermann *seinen* Beruf *auswählen* darf, ist nicht einmal die halbe Wahrheit über die Berufswelt. Denn mit der Auslese durch die Allgemeinbildung ist nicht nur *entschieden,* wer sich in der Schublade für die Führungsmannschaft und wer sich in der für die Geführten wiederfindet. Es ist zugleich *vorentschieden,* was die zukünftige Berufsperspektive für beide Abteilungen bringt: Wer wegen seines »natürlichen« Geldmangels arbeiten muß und dafür einen Beruf erlernt, der hat die große Auswahl nur so lange, bis er seinen ersten Fuß in die staatliche Regelschule setzt. Deswegen darf er auch nur vor der Einschulung davon träumen, Astronaut, Filmstar oder Mannequin zu werden; und deswegen wird der Traumberuf von der elterlichen Seite aus auch »realistisch« auf jenen Beruf zurechtgestutzt, den man erlernen kann, ohne im Traum für ihn »berufen« worden zu sein. Der ist auf jeden Fall in der oberen Hälfte der Berufshierarchie angesiedelt, denn »mein Kind soll es einmal besser haben«. Aber genau darin erweist sich auch der elterliche Realismus als ziemlich unrealistisch. Ehe sich denn Eltern und ihre Kinder versehen, weist die Allgemeinbildung ihnen den Weg in die bildungspolitisch gewünschte Richtung. Dann lernt der Junge aus freien Stücken doch Maurer, weil eben nicht alle Arzt, und das Mädchen Friseuse, weil nicht alle Lehrerin werden können. Einige natürlich schon.

Die Berufs-*Wahl* erstreckt sich also nur auf jenes Spektrum an Berufen, zu welchem der entsprechende Bildungszug den Zugang *erlaubt*. Zusätzlich zu den an ihm hergestellten mangelhaften geistigen Voraussetzungen für das Absolvieren eines Studiums ist dem Hauptschulabsolventen durch sein *Abschlußzertifikat* jene gehobene Berufsausbildung rechtlich verschlossen, die dem Abiturienten eröffnet ist. Beim Übergang vom allgemeinbildenden zum berufsbildenden Schulwesen zeigen sich folglich *die schulisch zum Scheitern verurteilten privaten Lebenskalkulationen* in ihrer ganzen Härte. Hier treten dann endgültig das staatliche Urteil über das Bildungswesen und das der Absolventen auseinander. Dabei rechnet es sich der Bildungsträger durchaus als *Erfolg* seines Bildungswesens an, daß die Mehrheit der Schulabsolventen ihre Berufsperspektive begraben und mit dem vorlieb nehmen muß, was auf jener Stufe der Berufshierarchie, auf der sie abgeladen werden, im Angebot ist.

1.2. ... eine bedingte Einkommensquelle

Die geläufige Erfahrung, daß der erlernte Beruf überhaupt nur *bedingt* als Einkommensquelle taugt, verweist auf das besondere Interesse der Abnehmer einer Berufsqualifikation. Ein *Entgelt* wird nämlich für die Qualifikation nur dann gezahlt, wenn der Bewerber auch wirklich nach Qualität und Quantität unter die für *lohnend* erachtete Nachfrage nach Berufstätigen fällt. Die Nützlichkeit beruflichen Wissens und der Nutzen, den sich die nachfragende Seite davon verspricht, fallen nicht ohne weiteres zusammen. Davon legen all diejenigen Zeugnis ab, die zwar einen *Beruf* besitzen, aber *keine Arbeit* haben, die ihnen ein Einkommen sichert, die ihren Beruf also *nicht ausüben* können. Die privaten Abnehmer von Qualifikationen, die Unternehmen und staatlichen Einrichtungen, sind nämlich nicht nur daran interessiert, daß eine Ausbildung *inhaltlich* genau zu den konkreten Anforderungen paßt, die ihre Arbeitsplätze jeweils stellen. Besonders für die Geschäftswelt hat die arbeitsplatzadäquate Berufsausbildung erst dann die Bedeutung einer sachlich-persönlichen Voraussetzung für handfestes geldwertes Geschäftsinteresse, wenn sie die bei Einstellung fälligen *Lohnkosten* gründlich zum erwarteten Gewinn ins Verhältnis gesetzt hat. Eine Einstellung erfolgt also erst dann, wenn die verlangte Berufstätigkeit sich für sie auf die eine oder andere Weise *rentiert*. Und sie erfolgt selbstredend auch nur in dem *Umfang*, wie lohnende Arbeitsplätze eingerichtet sind. Der »Besitzer« eines Berufs wird nur dann Arbeitsplatz-»Besitzer«, wenn er zu dem *Quantum* von Arbeitskräften gehört, welches eingestellt wird; und er bleibt dies auch nur *so lange*, wie das ökonomische Interesse an ihm und seinem Berufswissen besteht. Und dafür hat die Geschäftswelt ihre eigenen Maßstäbe.

Die Summe an Kenntnissen, Fertigkeiten und Erfahrungen, die die Berufsqualifikation ausmachen, ist im Kapitalismus also kein hinreichender Grund für einen Lebensunterhalt. Wo keine Nachfrage existiert, da gibt es kein Einkommen. Das Wissen und Können hat dann als Einkommensquelle erst einmal ausgedient, auch wenn sich an der Qualifikation selbst gar nichts geändert hat, weder Kenntnisse in Vergessenheit geraten noch irgendwelche Fertigkeiten verlernt worden sind. Es bleibt der Mensch deswegen auch weiterhin im Besitz seines Berufes, er kann vielleicht sogar auf eine durch vermehrte Erfahrungen angereicherte Qualifikation verweisen. Kaufen kann er sich dafür aber – im wörtlichen Sinne – nichts. Sein Angebot schafft nun einmal keine Nachfrage – allen Nationalökonomen zum Trotz, die seit J.B.Say nobelpreisverdächtig die Marktgesetze theoretisch auf den Kopf stellen wollen.

Der Beruf, die zweite Natur des Menschen

Wer dann genötigt ist, seine Qualifikation wie Sauerbier anzubieten, stößt leicht darauf, daß seine Berufsausbildung ihn nicht nur als ein *funktionelles Moment der gegebenen gesellschaftlichen Arbeitsteilung bestimmt,* sondern ihn auf diese Funktion erst einmal *festgelegt* hat. Er erfährt, daß seine Berufsausbildung eine Sorte *Vereinseitigung* darstellt, die sich nicht so einfach abstreifen läßt. An den Anzeigen, mit denen auf dem Stellenmarkt Arbeitskräfte gesucht werden, kann er erstens studieren, was er als Absolvent einer Berufsausbildung alles *nicht* weiß und kann, und mag ihm zweitens deutlich werden, daß ein Beruf so etwas wie die zweite (oder dritte!) Natur eines Menschen ist. Einen Beruf, den *hat* man – für immer.

Und nicht wenige Berufstätige reflektieren diese gesellschaftliche *Definition* ihrer Person auch als bestimmende Eigenschaft ihre werten Individualität. Wer auf die Frage: »Was bist Du?« mit der Angabe seines erlernten Berufes antwortet, hat keinesfalls die Frage falsch verstanden. Sie ist so gemeint. Die Antwort: »Ich bin 27 Jahre alt, weiblichen Geschlechts, leidenschaftlicher Hobbygärtner, SPD-Wähler, Böll-Fan und und verachte alle Autofahrer!« wäre zwar in gewisser Weise informativer, aber ganz unpassend. Denn gefragt ist wirklich nicht, was der Mensch *ist,* wie er denkt und wofür er sich interessiert, sondern für welchen *Dienst* in der Arbeitsteilung er *vorgesehen* ist. Und das hat er dann gefälligst auch zu *sein!* Das unterstreicht die Ausbildung eines berufstypischen Habitus' und Bewußtseins, gepflegt durch zuständige Standesorganisationen, die am Tischler das gediegene Handwerk, am Bauern seine Leistung als nationaler Nährstand, am Arztberuf das hohe Ethos und am Architekten die künstlerische Befähigung festhalten, so daß sich schließlich jedermann seinen *Beruf* als seine *Berufung* zurechtlegen kann –

wenn er denn will und solange nicht ein ihm aufgenötigter mehrfacher Berufswechsel dieses Identitätsverhältnis »ankratzt« und der Beruf zum »bloßen job« wird.

Es ist also kein Glück, sondern ein Pech, als Einkommensbezieher *lebenslang* darauf verwiesen zu sein, daß die gesellschaftliche Arbeitsteilung den Komplex der Tätigkeiten, für den man ausgerüstet worden ist, weder für überflüssig noch durch andere Berufe für kompensierbar erklärt. Denn weder für den Fall, daß weniger Menschen nachgefragt werden, als für einen Beruf ausgebildet worden sind, noch für den Fall, daß sich »das Berufsbild geändert« hat oder der Beruf gar vollständig dem »technischen Fortschritt« zum Opfer gefallen ist, bedankt sich »die Gesellschaft« mit lebenslangem Einkommen für die geleisteten Dienste, die der Ausgebildete fortan nicht mehr leisten kann. Vielmehr bestraft sie *ihn* mit Einkommensverlust, weil *andere,* die privaten oder staatlichen Anwender, ihn nicht mehr brauchen können. Er ist damit nicht etwa um einen Anspruch betrogen worden – einen derartigen Anspruch begründet nicht einmal ein Berufswissen, das auf dem neuesten Stand ist –, sondern um die *Voraussetzung* gebracht worden, sich überhaupt in die Konkurrenz um Berufstätigkeit begeben zu können.

Verliererurteile

Daß er sich nun nach einer neuen Verdienstquelle umschauen und sich in Geduld und Anspruchslosigkeit üben muß, gilt allgemein als durchaus rechtens: Wenn es denn schon *sein* Beruf ist, den er sich gewählt hat, dann hat er auch die Folgen, die dieser »Besitzstand« mit sich bringt, auszubaden. Und wer nicht bereit ist, sich ständig neu umzutun, der verdient natürlich nichts. Und das hat er nach allgemeiner Auffassung dann auch verdient.

In der landläufigen Betrachtung steht alles auf dem Kopf: Die Berufsausbildung gibt ihm »etwas für sein Leben mit«, dem nicht selten sogar ein »goldener Boden« nachgesagt wird. »Kannst Du was, dann bist Du was«, weiß der Volksmund, ohne sich jedoch näher darüber auszulassen, »was«. Und jemand, »der ganz in seinem Beruf aufgeht«, der verfügt nicht etwa über eine veritable Knechtsnatur, sondern gibt ein Musterbeispiel für ein »erfülltes Leben« ab; was endgültig Aufschluß darüber geben könnte, wie das mit »dem Leben« gemeint ist, für das ein Berufsschulwesen ausbildet.

Schulabsolventen, die »vom Leben bestraft« werden, erinnern sich an das »non scolae, sed vitae discimus« und lasten es dann der Schule an, wenn aus ihnen »im Leben« nichts geworden ist. Die Schwierigkeiten, die ihnen aus der Ausbildung erwachsen sind – weder haben sie ihren Verstand auf Vordermann bringen können noch hat ihnen die Berufsausbildung eine Einkommensquelle verschafft – veranlassen sie nicht zu der Frage, warum die Staatsschule eigentlich dem Interesse des Nachwuchses so wenig entgegenkommt. Vielmehr hält ihre Beschwerde dem Schulwesen noch zugute, daß es letztlich nur ihr Wohl im Sinn habe. Die Schule hat das nicht geschafft, was ihre Aufgabe ist, behauptet der Verlierer. Gerade dann, wenn die Unwahrheit dieses Urteils über die Schule am eigenen Leibe spürbar wird, soll es sich eigentlich bewahrheitet haben! Dabei liegt der Fehlschluß auf ein Versagen der Schule, der hier gezogen wird, auf der Hand: Nur weil angehende Bürger die Schule *brauchen,* leisten sie sich die Einbildung, sie sei ausschließlich für sie *eingerichtet.* Nur weil in der Tat hierzulande *ohne* Schulbildung fast nichts läuft, ist deswegen noch längst nicht wahr, daß jedermann *mit* der Schulbildung ein Anspruch auf private Wohlfahrt erteilt wird.

Aber auch der gegenteilige Befund ist an der Tagesordnung, ist passend und gehört ebenfalls zum Fundus schulischer Bildung: So läßt sich mit den bekannten Traumkarrieren bebildern, daß man selbst dann, wenn man in der Schule »viel Pech« gehabt hat, noch längst nicht die Flinte ins Korn werfen muß. Da gibt es den Maurer, der es, »aus einfachen Verhältnissen stammend«, zum millionenschweren Chef eines Tiefbauunternehmens gebracht hat, und den Manager eines Großkonzerns, der seinen Hauptschulabschluß mit einer Lehre, viel Abendschule, eigenhändigem Zupacken und betrieblicher Fortbildung korrigiert hat und nun im Aufsichtsrat sitzt. Diese Versuche, sich den Glauben an »die Zukunft« zu erhalten, gehen allesamt nach hinten los. Sie sind nicht nur der Beweis dafür, daß »das Leben« mehrheitlich Verlierer braucht, sondern sprechen auch der Schule die Funktion ab, der Wohlfahrt der Bürger zu dienen. *Trotz* des schulischen Urteils hat »das Leben« diese selfmademen »nicht unterkriegen können«, lautet nämlich der Befund.

Gerade weil in diesen Fällen das schulische Urteil und die Lebenskarriere nicht wie erwartet im Einklang stehen, schwingt gelegentlich auch etwas *Häme* mit, wenn es mal wieder einer »trotzdem« geschafft hat. Der Schule soll dann ein Schnippchen geschlagen worden sein, mutmaßt der Bürger, der sich eben alle Abteilungen des Lebens – wie er es gelernt hat – als Chancen für sich zurechtlegt und dabei schon einmal ideell »das Leben« *gegen* »die Schule« ausspielt. Dabei besteht zu dieser Häme kein Anlaß. Denn die Schule legt gar keinen gesteigerten Wert darauf, daß die Sortierung, mit der sie den Nachwuchs zunächst auf die allgemeinbildenden Schultypen, später auf die Berufsschule verteilt und anschließend dem Arbeitsmarkt überläßt, auch auf jeden Fall an den Individuen *vollstreckt* wird. Wer in der Schule eine »Niete gezogen« hat, der ist nicht etwa zu lebenslanger Zwangsarbeit am Band *verurteilt,* sondern der hat sich mit diesem schulischen Stempel auf dem Rücken in die *Konkurrenz* zu begeben. In der gelten eigene Gesetze, für die die Schule allein das geistig vorbereitete und klassifizierte Angebot liefert. Das besteht aus den mehr oder weniger gebildeten Jungbürgern, die mehrheitlich gar keine andere Wahl haben, als mit viel Arbeit, Privatinitiative, zusätzlichem Lerneifer, spitzen Ellenbogen und einer gehörigen Portion von Opportunismus an Einkommensquellen heranzukommen.

Nur taugen eben die Geschichten jener Bürger, die, »aus einfachen Verhältnissen« stammend, nur mit einem Hauptschulabschluß, mehrfacher Umschulung, vielen Überstunden und zusätzlich an den Tag gelegtem Interesse für »Führungsaufgaben« am Band, in der Lackiererei oder in der Schlange auf dem Arbeitsamt stehen, weniger dazu, über die Betonung der *Freiheit* der Konkurrenz zu vergessen, daß es die Freiheit der *Konkurrenz* ist. Solche Geschichten belegen nämlich nur, daß auf dem Arbeitsmarkt allein denen die Freiheit zur Auswahl von Arbeitskräften für lohnende Arbeit eröffnet wird, die »Arbeitsplätze« besitzen und daß für diesen Sortierungsvorgang, der für Lohnabhängige ein Arbeitsleben lang andauert, in der Schule die Weichen eindeutig gestellt worden sind – nicht mehr, aber auch nicht weniger. Wer allerdings die schulische Vorsortierung für den Arbeitsmarkt für ein Gerichtsverfahren mit abschließender Urteilsexekution hält, der darf sich getrost den *Vollzug* der Konkurrenz der Anbieter von Ausbildung, der *notwendig* über die *Privatinitiative* aller Konkurrenten verläuft, als gänzlich neue und vielversprechende Chance vorstellen.

***

Es tritt also mit der Berufsausbildung das kapitalistische Regiment des Geldes und seiner Vermehrung unmittelbar auf den Plan. Wer Geld verdienen will, der muß etwas wissen und können, das privaten Unternehmern bei der Geldvermehrung nützt; oder das den staatlichen Einrichtungen dazu dient, diesen ganzen Geldvermehrungs-Zusammenhang – politisch, diplomatisch, juristisch, polizeilich, militärisch, medizinisch, pädagogisch, journalistisch oder kulturell – ständig neu zu erzeugen, zu erhalten, abzusichern und zu effektivieren. Dabei muß der staatliche Veranstalter der Berufsausbildung einfach nur seine eigenen Interessen verfolgen, um diesem Geldvermehrungsregiment aufs beste dienlich zu sein: Er muß nur darauf dringen, daß sich jedermann in der gesellschaftlichen Arbeitsteilung nützlich zu machen hat, und schon leistet er seinen Beitrag zur Kapitalakkumulation, dem diese Arbeitsteilung dient. Er muß es seinen Bürgern nur zu Pflicht machen, sich um ihren Lebensunterhalt unter strenger Beachtung der Regeln des Privateigentums selbst zu kümmern, und schon ist dafür gesorgt, daß die Mehrheit der Bevölkerung bei der Minderheit um Arbeit ansteht. Und sofern das Volk dann mit dem Geldverdienen beschäftigt ist, leistet es zugleich seinen Dienst am Volkseinkomen, was nicht nur staatlicherseits begrüßt wird. Denn die Abzüge vom gesellschaftlichen Einkommen werden für Leistungen verwendet, die das Herz der Unternehmerschaft häufig genug erfreuen, für die aber ihre eigenen Kapitaleinkünfte viel zu schade wären.

2. Berufsausbildung für die Verlierer: Das duale System

Mit der Berufsausbildung wird dem Umstand Rechnung getragen, daß ein besonderer Bereich der Gesellschaft, nämlich *die Arbeitswelt,* an das Bildungswesen Anforderungen stellt, die mit dem staatlichen Interesse an *allgemeiner* Volksbildung allein nicht abgedeckt sind. Sie wünscht sich entsprechend der Qualität und Quantität ihrer Nachfrage ausgebildete Arbeitskräfte und läuft damit beim Bildungsträger offene Türen ein.

Duale Anliegen

Die *Kontroversen,* zu denen es dennoch gelegentlich zwischen dem Staat und den Abnehmern besonders aus der Geschäftswelt kommt, stören diese Harmonie nicht sonderlich. Sie resultieren aus dem Umstand, daß es der Staat der Arbeits- und Geschäftswelt deswegen nie ganz recht machen kann, gerade *weil* er ihren unterschiedlichen Anliegen insgesamt gerecht werden will. Die staatliche Berufsausbildung orientiert sich nämlich an der *Gesamtheit* der Anforderungen aus der Arbeitswelt, sortiert nach Berufen und dem, was jeweils zu dem für den Beruf grundlegend nötigen Arsenal an Kenntnissen und Fertigkeiten gehört. Da diese Anforderungen der Arbeitswelt sich jedoch je nach den *spezifischen* Bedürfnissen der einzelnen Unternehmen und öffentlichen Einrichtungen recht unterschiedlich ausnehmen, für ein- und dieselbe berufliche Funktion durchaus je nach dem technologischen Stand des Unternehmens andere Kenntnisse und Fertigkeiten gefragt sind, ergibt sich für die Berufsausbildung ein ›Dilemma‹. Wo nachgefragte Berufsqualifikationen sich aus den Anforderungen bestimmter Arbeitsplätze definieren, da geht die Berufsausbildung an der Nachfrage anderer Betriebe mit Sicherheit vorbei. Wenn der staatliche Träger der Berufsschule sich – um ein durchaus aus dem Leben gegriffenes Beispiel zu nehmen – in der Ausbildung zum Starkstromelektriker an den besonderen Arbeitsbedingungen des ortsansässigen Großbetriebs orientiert, der zugleich die größte Nachfrage repräsentiert, dann wird er Ärger mit jenen Konkurrenzbetrieben bekommen, die für ihre Starkstromelektriker eine etwas andere Ausstattung wünschen. Daß sich dieser Ärger nie als das, was er ist, nämlich als Beschwerde über die mangelhafte Berücksichtigung der eigenen spezifischen Anforderungen an eine Qualifikation vorträgt, sondern als Klage über »mangelhafte Allgemeinheit« oder den »fehlenden Praxisbezug« der Berufsausbildung, tut nichts zur Sache. Die besteht darin, daß sich ein Konkurrenzinteresse dadurch ungerecht behandelt fühlt, daß einem anderen die Arbeit und damit auch die Kosten einer betrieblichen Einweisung von Arbeitskräften in die besonderen Arbeitsplatzanforderungen durch die überbetriebliche Ausbildung erspart worden sind. Zieht nämlich der staatliche Träger aus solcher Beschwerde den Schluß, jede Spezialisierung der Ausbildung auf die Bedürfnisse eines bestimmten Abnehmers zugunsten einer größeren »Allgemeinheit« der beruflichen Bildung aufzugeben, so kann er sich sicher sein, daß dann die Konkurrenten in schönster Eintracht der Beschwerde, daß nun niemand mehr speziell bedient wird, irgendeine wohlklingende Form geben.

So sehr nun die Anwender ausgebildeter Arbeitskraft die Resultate der Berufsausbildung als Voraussetzungen ihrer Geschäfte und Dienste schätzen, so wenig ausgeprägt ist ihr unmittelbares Interesse an einer *eigenen Herstellung* dieser Qualifikationen. Denn zum einen vermag kein Betrieb anzugeben, *wieviel Arbeitskräfte* mit einer *ganz bestimmten* Ausbildung *wie lange* für sein Geschäft benötigt werden. Die permanente Umwälzung der Grundlagen von produktiver Arbeit und Diensten macht jede Kostenkalkulation hinfällig, zumal – und das liegt nun einmal in der Natur der Sache – die Ausbildung immer einige Zeit vor der Anwendung des ausgebildeten Arbeitsvermögens liegen muß. Der Anwender verfährt nämlich zum anderen, obwohl er scharfer Kritiker der Marx'schen Werttheorie ist, streng werttheoretisch und versucht, alle *unproduktiven Kosten,* die sich hinsichtlich der Erträge nicht kalkulieren lassen, bei sich zu minimieren.

So »überläßt« man die Bildung lieber den staatlichen Einrichtungen. Der staatliche Träger der Berufsausbildung kann aber nur *den Arbeitsmarkt* bedienen, d.h. eine Berufsbildung anbieten, welche den Anforderungen aller Abnehmer von beruflich Ausgebildeten *gleichermaßen* zu Diensten ist; was nur geht, wenn von den besonderen qualitativen und quantitativen Anforderungen der konkurrierenden Betriebe abgesehen und stattdessen eine allgemeine Grundlage vermittelt wird, die – dem staatlichen Ideal nach – für jeden Betrieb gleiche Voraussetzungen für eine betriebsspezifische Letztspezialisierung bieten soll. Ob dann jedoch die konkurrierenden Anwender auf dem Arbeitsmarkt immer das für sie jeweils Passende vorfinden, also ausgebildete Arbeitskräfte, die ohne zusätzliche betriebsspezifische Ausbildung sofort ihren Dienst am Unternehmenszweck aufnehmen können, oder ob sie mit Zusatzausbildung dem Vorgebildeten den letzten Schliff geben müssen, das kommt dann ganz darauf an.

Allerdings kommen sie um bestimmte Aufwendungen für Ausbildungsarbeit, die unter der Schirmherrschaft des Betriebes vor sich geht, nicht ganz herum. Denn immer muß das georderte Arbeitsvermögen lernen, den ihm zugewiesenen Arbeitsplatz zu *beherrschen,* damit es dort auch zweckmäßig tätig werden kann. Eine Einarbeitungszeit ist in jedem Fall gefordert, in der sich noch nicht das optimale Verhältnis von Lohn und Leistung einstellt. Doch Unternehmer haben es verstanden, diese für sie selbst notwendige »Letztqualifikation« zu einem zusätzlichen Nachteil für den »lieben Mitarbeiter« werden zu lassen. Für die Unternehmensbilanz macht es nämlich etwas aus, ob Lohn dafür gezahlt wird, daß nicht oder erst langsam gearbeitet, weil die Kenntnisse und Fertigkeiten zur optimalen Unterwerfung unter die Arbeitsplatzanforderungen erst gelernt werden, oder ob die Arbeit gleich flüssig läuft. Am liebsten hätten es die Unternehmer, wenn ein vom ersten Stundenlohn an bereits vollwertiges Arbeitsvermögen überall betriebsspezifisch in der Arbeit eingesetzt werden kann. Das ist das betriebliche Ideal. Ein Versuch, es praktisch wahrzumachen, ist sogar einmal in den Ruf gekommen, ein pädagogisch hochwertiges Lernkonzept zu sein: »Learning by doing« nannte sich das Bemühen, das *Erlernen* einer Arbeit und ihren *Vollzug als Leistung,* also als Optimierung von Arbeit in Zeit in einunddemselben Prozeß unterzubringen. Wenn zusammengebracht wird, was einfach nicht zusammengehört, dann leidet entweder die gewünschte Arbeitsleistung darunter oder das Lernen – was dann aber ebenfalls dem geforderten Arbeitsvollzug nicht sehr bekömmlich ist. Wo der Arbeiter jedoch vor die Alternative gestellt wird, entweder mit dem Erlernen des bestimmten Arbeitsvollzugs ihn gleich zur betrieblichen Zufriedenheit zu erledigen oder den Arbeitsplatz zu räumen, da werden besondere Kräfte mobilisiert. So etwas geht nicht ohne Mehrarbeit in der einen oder anderen Form ab: sei es, daß die »Kollegen« dann zu ihrer großen Freude einspringen dürfen, sei es, daß das Pensum dann nur mit Überstunden erfüllt wird oder sei es, daß neben der Arbeit ganz freiwillig die Einarbeitung geleistet wird.

Duale Ausbildung

Dic hierzulande staatlich eingerichtete Form der Berufsausbildung, das *duale System,* stellt eine inzwischen EG-weit als vorbildlich anerkannte Arbeitsteilung dar: Für die »allgemeineren« Kenntnisse und Fertigkeiten hat die Schule zu sorgen, für den »konkreten Praxisbezug« sind die Betriebe zuständig.

Das System klappt bestens, auch wenn es gelegentlich Klagen gibt, daß die Kleinbetriebe ihren Ausbildungsverpflichtungen nicht nachkommen würden. Und umgekehrt trifft man auf die Beschwerde, daß die größeren überbetrieblichen Ausbildungsstätten an den Bedürfnissen der Betriebe schon deshalb vorbeigingen, weil kein wirklichkeitsnaher Leistungsdruck »erlernt« werde.

Die kleineren Handwerksbetriebe stehen in dem Ruf, in der Lehrlingsausbildung zu *versagen,* weil sie nach dem Motto, »Lehrjahre sind keine Herrenjahre«, die Lehrlinge als billige Hilfskräfte so lange benutzen, wie die Lehrzeit dauert, und sie dann anschließend darauf aufmerksam machen, daß der Spruch von den wenig »herr-lichen Lehrjahren« nicht umkehrbar ist. So endet nicht selten mit der Lehrzeit das besondere Benutzungsverhältnis, ohne daß sich ein geregeltes Arbeitsverhältnis zwischen dem Facharbeiter und dem Ausbildungsbetrieb anschließt. Der hatte ohnehin nichts versprochen, und der Lehrling hat dementsprechend auch keine Garantie auf Übernahme in den Händen. Und dort, wo es zur Übernahme kommt, da ist sich so ein Ausbildungsbetrieb sicher, daß der Lehrling beim »Meister alter Schule« etwas gelernt hat, was er in der Berufsschule nie hätte erlernen können: Zucht und Ordnung, Gehorsam und Pflichterfüllung.

In den Großbetrieben soll das alles ganz anders sein. Alle Begutachter von Berufsausbildung geraten angesichts der großzügig und modern ausgestatteten Ausbildungszentren von Großbetrieben ins Schwärmen. Da wird nicht das Bierholen und das Waschen des Chef-Autos gelernt, sondern in der Tat an Originalmaschinen und unter Betreuung von Ausbildungsmeistern beigebracht, wie in dem Betrieb die Arbeit tatsächlich abläuft und was man alles können muß, um in ihm seinen Mann zu stehen. Diese »moderne betriebliche Ausbildung« verdankt sich allerdings weder einer besonderen Großzügigkeit dieser Betriebe noch einer philanthropischen Neigung des Eigentümers, sondern einer strengen Kalkulation. In der Regel sind nur solche Betriebe zur Einrichtung dieser Lehrwerkstätten bereit, die regelmäßig einen Teil der ausgebildeten Lehrlinge als Facharbeiter in ihren Betrieb übernehmen. Sie bringen so während der offiziellen Berufsausbildung ihre Schäfchen ins Trockene: Sie sichern sich den auf ihre Bedürfnisse hin qualifizierten Nachwuchs, können aus ihm sogar »die Besten« auswählen und erhalten für ihre großzügigen Ausbildungeinrichtungen jede Menge staatlicher Zuschüsse, besonders wenn sie den Anforderungen an überbetriebliche Lehrwerkstätten gerecht werden.

Es wird der Lehrlingsausbildung in den Kleinbetrieben also ziemliches Unrecht angetan, wenn ihr Zweckverfehlung vorgeworfen wird. Denn wie in den Großbetrieben verfolgen auch die kleinen nur ihr Sonderinteresse. Nur sieht das eben etwas anders aus: Einsparung von Kosten durch ganz besonders billige Hilfskräfte ist doch gute kapitalistische Tradition, die von der noch längst nicht vollständig abgeschafften Kinderarbeit bis zu den in Mode gekommenen polnischen Saisonarbeitern reicht. Und wo solche Betriebe ohnehin nicht vorhaben, Lehrlinge nach ihrer Ausbildungszeit fest einzustellen, da wäre es glatt eine Sünde, Zeit und Geld auf die Ausbildung einer Arbeitskraft zu verschwenden, die dann vielleicht von der Konkurrenz geordert wird. Daß ein Lehrling dabei nichts lernt, ist auch nicht die Wahrheit. *Eine* Lehre ist ihm die Lehre auf jeden Fall: Lohnarbeiten heißt, da hat er eingeübt, frag- und klaglos zu tun, was einem aufgetragen wird. Die Bereitschaft zur Bedienung des betrieblichen Interesses ist in der Tat die *Voraussetzung* für jede Einstellung; eine *Garantie* – auch dies hat er über moderne Lohnarbeit gelernt – allerdings noch lange nicht. Natürlich kann und weiß er nicht das, was der Lehrling in der Lehrwerkstatt von Daimler-Benz, Siemens oder Bayer gelernt hat. Doch kommt er überhaupt nicht in die Verlegenheit, dies als Mangel zu empfinden, denn als gelernter Metzger konkurriert er nicht um einen Arbeitsplatz in der Reparaturkolonne am Montageband von VW. Was natürlich nicht ausschließt, daß sich der im Kleinbetrieb ausgebildete Metzger und der Starkstromelektriker aus der Ausbildungswerkstatt von VW doch irgendwann auf dem Arbeitsamt begegnen. Dann nämlich, wenn beide erfahren haben, daß der *gelernte* Beruf nur sehr bedingt eine (dauerhafte) Einkommensquelle ist.

Allerdings achtet der staatliche Träger der Berufsschule schon darauf, daß die Ausbildung nicht nur in dem Umfang stattfindet, wie Betriebe Lehrstellen anbieten. Wenn er einen Teil seiner Ausbildungsverantwortung an die Betriebe delegiert, dann muß schon sichergestellt sein, daß auf diese Weise auch der gesamte berufsschulpflichtige Nachwuchs die Ausbildung erhält, die ihn arbeitsmarktfähig zurichtet. Der Versuch von Betrieben, den Arbeitsmarkt dadurch zu umgehen, daß sie den unter ihrer Anleitung stattfindenden Teil der Berufsausbildung ausschließlich zur eigenen Nachwuchsrekrutierung benutzen, darf nicht als Regelfall durchgehen. Die staatlichen Stellen kritisieren dann schon mal, daß die Betriebe nur an sich und nicht an die allgemeineren und längerfristigen »Erfordernisse des Arbeitsmarktes« denken. Überbetriebliche Lehrwerkstätten, mit denen die Ausbildung des Nachwuchses unabhängig vom Lehrstellenangebot sichergestellt werden soll, stößt umgekehrt den Betrieben gerade wegen der »Überbetrieblichkeit« negativ auf. Diese Beschwerde gibt wiederum der Staat prompt mit dem Hinweis zurück, daß weder die Unternehmen noch die Kammern ihnen konkret anzugeben vermögen, wie denn eine »Berufsausbildung der Zukunft«, welche alle Wünsche befriedigt, aussehen soll, daß also Betriebe nie lang-, sondern immer nur kurzfristig denken würden usw. Deshalb gibt es einerseits ständig Beratungen über neue Ausbildungsordnungen, die sogar gelegentlich zu einem Abschluß gebracht werden (vgl. F.Huisken, in: Giger...), und es gibt die »pragmatischen« Lösungen, die den »Besonderheiten eines Standortes« entsprechen. Das heißt in der Regel, daß ein Großbetrieb mit dem Verweis auf andere Standorte, die ihn durchaus auch locken könnten, die stromlinienförmige Ausbildung seines Nachwuchses ziemlich gratis durch das duale System geliefert bekommt. Auf diese Weise setzt sich letztlich eine Qualifizierung des Nachwuchses durch, die den Arbeitsmarkt, also die Zusammenfassung aller konkurrierenden Unternehmensinteressen, bedient.

3. Die Inhalte der beruflichen Ausbildung im dualen System

Was in Berufschule, Fachschule und Lehrwerkstatt gelernt wird, hat sein Maß nicht in der Summe der (natur-) wissenschaftlichen Erkenntnisse, die den zukünftigen Arbeitsplatz oder Einsatzbereich des Facharbeiters ausmachen. Rechtzeitig hat die Schule dafür gesorgt, daß er sich nicht mit den wissenschaftlichen Grundlagen seiner Arbeitsmittel, – materialien, -organisation und -resultate belasten muß. Er kann seinen Kopf ganz frei allein den Kenntnissen und Fertigkeiten widmen, die unabdingbar dafür sind, daß er als lebendiges Moment des Arbeitsprozesses funktioniert. Anders gesagt: Er lernt jetzt garantiert nichts, was er für den Beruf *nicht* braucht. Nicht daß er *nichts* lernen würde, soll damit behauptet werden, wie überhaupt eine Sortierung zwischen der Lehre und der Universitätsausbildung nach dem bloßen *Umfang* des Wissens in die Irre führt.

Bornierte Teilhabe am gesellschaftlichen Wissen

In der Regel bekommt der Berufs- bzw. Fachschüler, dessen Perspektive im Umfeld der produktiven Arbeitsverrichtungen, also in der Industrie liegt, die Resultate der Naturwissenschaft, die heutzutage in den kapitalistischen Produktionsprozeß eingehen, als noch einmal spezifisch aufbereitetes *technologisches Wissen* mit. Weder erfährt er eine systematische Ausbildung in den *Wissenschaften,* deren Resultate in seinen Arbeitsplatz eingegangen sind. Er studiert nicht die Physik, Chemie, Biologie usw. Er wird auch nicht systematisch in die *Gesetzmäßigkeiten* eingeführt, die in angewandter Form sein zukünftiges Tätigkeitsfeld ausmachen. Auch eine gediegene Einführung in die *Technologie* einer Disziplin gehört selten zur Qualifikation dazu. Da er in der Regel nur wissen muß, was zu tun ist, damit das Ding *läuft,* an dem er Leistung zu erbringen hat, bzw. was zu tun ist, wenn es einmal nicht läuft, kann die Ausbildung in der technologischen Abteilung einer Wissenschaft sich in bescheidenen Grenzen halten. Er muß darauf vorbereitet werden, den in den Betrieben existierenden Anweisungen zur Inbetriebnahme bzw. zur Wiederinbetriebnahme der einschlägigen Arbeitsmittel Folge leisten zu können. Und da selbst die »anspruchsvolle« Arbeit der Instandhaltung und Reparatur heute deswegen weitgehend ohne eine Kenntnis der naturgesetzlichen Zusammenhänge auskommt, an denen eine Betriebsstörung hängt, weil die Meldung eines Fehlers durch das Betriebssystem in der Regel bereits das Signal enthält, das dem Arbeiter sagt, welche Schritte er zur Behebung des Fehlers zu unternehmen hat, ist auch der Unterschied zwischen Montage- und Reparaturarbeit nicht mehr sehr groß; zumal zusätzlich die Behebung der Störungen in der Regel über die Auswechselung einer ganzen Einheit eines nach dem Baukastenprinzip bereits »reparaturfreundlich« konstruierten Automaten verläuft. Also ist auch der Arbeiter nur noch das »Anhängsel der Maschinerie« (Marx), die ihm seine Arbeit weitgehend vorgibt. Nur wenn das nicht »funktioniert«, dann ist Sachverstand gefordert, den es natürlich im Betrieb auch noch – wenngleich in eine andere Entgeltklassifikation eingeordnet – geben muß.

Was der Absolvent der dualen Berufsausbildung auf dem Weg zum Arbeitsmarkt mitbekommt – und Vergleichbares gilt ebenso für die Ausbildung für kommerzielle Funktionen und die dazugehörigen Verwaltungsarbeiten wie für die unteren Positionen in Dienstleistungsbetrieben –, das ist also eine Übersetzung von Naturwissenschaft in ihre Anwendungsform zur Lösung von technischen Fragen, die ihm in Gestalt eines mehr oder weniger ausführlichen *Rezeptbuches* zugänglich gemacht wird, das möglichst den gesamten Umkreis seiner berufspezifischen Anwendungen enthalten soll.

Deshalb gibt es in dieser Ausbildung genug zu lernen. Zusätzlich muß er mit den einschlägigen Techniken und Geräten seines Fachs vertraut sein und möglichst schon eine gewisse Übung in ihrem Umgang besitzen. Damit er nicht verlernt, daß man nur so sein Geld verdienen kann, daß die Marktwirtschaft identisch mit vielen Chancen für ihn ist und die Gemeinschaft in einer Weise mit Gütern versorgt, wie dies die Planwirtschaft nie hinkriegen würde, und daß letztlich an »seiner Hände Arbeit« der Wiederaufbau Deutschlands und sein Aufschwung zur Großmacht hängt, muß er nach wie vor sozialkundlich betreut werden.

Erfahrung

Nebenbei erfährt der Lehrling, daß alles gelehrte Buchwissen natürlich nichts taugt und die eigentliche Ausbildung erst nach Eintritt in die Berufswelt erfolgt, also *Erfahrung* das A und O jeder Qualifikation sein soll. Danach richten darf er sich natürlich nicht, wenn er nicht dort landen will, wo er mit Sicherheit nicht hin will: bei den Ungelernten, also den Hilfs- und Gelegenheitsarbeitern, bei Tagelöhnern oder gleich auf »der Straße«. Gedacht ist das Lob der Erfahrung einerseits als Verweis auf die Notwendigkeit, sich den betrieblichen Anforderungen ganz *gewohnheitsmäßig* zu unterwerfen. Das Erfordernis einer solchen Vereinseitigung, die diese Subsumtion der ganzen Arbeiter-Persönlichkeit unter die besonderen Bedingungen eines Arbeitsplatzes darstellt, schließt ein, daß für keinen Gedanken, der nicht mehr dem Zurechtkommen in der Arbeit dient, Platz ist. Folglich kann umgekehrt auch all das an Wissen und Kenntnissen *vergessen* werden, was nicht mehr in den Umkreis der gewohnheitsmäßigen Arbeitserledigung fällt. So bleibt es nicht aus, daß mit der Erfahrung die geistige Vereinseitigung zunimmt.

Daß Erfahrung dabei immer als ein besonderes Qualitätsmerkmal einer Arbeitskraft, gar als Tugend gilt, hat seinen guten Grund. Zugute halten soll man es sich, wenn es gelungen ist, sich mittels der beschränkten Teilhabe am gesellschaftlichen Wissen ganz einer arbeitsteiligen Funktion zu unterwerfen. So verwandelt sich im Lob der Erfahrung einerseits die *Unterordnung* unter das Rentabilitätsprinzip in eine *Bewältigung* der arbeitsteilig zu erbringenden Leistung und die *Dienstbarkeit* für höchst unbekömmliche Zwecke gar in eine *Zuständigkeit* für sie. Das mag schließlich sogar die Einbildung nähren, mit wachsender Erfahrung vielleicht doch noch den Einstieg in eine jener »Karrieren« zu schaffen, von denen einen die Sortierung in der Regelschule längst ausgeschlossen hat. Die doppelte Lüge wird jedoch immer dann schnell offenbar, wenn – trotz bzw. wegen aller Erfahrung – mit einem Arbeitsplatz auch die Arbeit und damit das Einkommen entfällt.

Lernkonkurrenz in der Berufsschule

Auf die Lernkonkurrenz wird auch in der Berufsausbildung nicht verzichtet. Nach der Absolvierung der Pflichtzeit steht auch hier die Bewertung des Leistungslernens an. Sie hat den Sinn, vor dem Eintritt in den Arbeitsmarkt den Gelernten mit einem Zertifikat zu versehen, aus dem der Abnehmer ersehen kann, wie die Ausbilder den frisch gebackenen Facharbeiter im Vergleich zur Restmannschaft bewerten. In der eigenen Bewertung einer Qualifikation muß der Betrieb der schulischen Beurteilung *keineswegs folgen.* Es ist dem Unternehmer durchaus gestattet, sich ein gänzlich eigenständiges Urteil zu machen. Nicht wenige Abnehmer machen davon Gebrauch, so daß am Zeugnis, mit dem der Absolvent der dualen Berufsausbildung »ins Leben tritt«, oftmals weniger hängt als an den Zeugnissen, die während oder nach der Allgemeinbildung feierlich überreicht werden. Es ist eben nur ein Zettel, der zum *Eintritt in die Konkurrenz* um ganz bestimmte Arbeitsplätze auf dem Arbeitsmarkt berechtigt. Anders gesagt: Es ist die Erlaubnis, sich z.B. mit dem Etikett ›Facharbeiter‹ der Nachfrage und damit den ganz eigenen Auswahlkriterien der Arbeitsplatzbesitzer zu stellen. Dabei verlangen die dem zukünftigen »Mitarbeiter« nicht selten vor der endgültigen Einstellung eine *Probezeit* ab, die nicht nur die Möglichkeit der jederzeitigen Kündigung, sondern verminderte Bezüge einschließt. So etwas ist für den Betrieb eine rechnerische Selbstverständlichkeit: Wenn der Betrieb Zeit zur Personalentscheidung braucht, dann muß dafür natürlich der Arbeiter zahlen. Immerhin kann sich ja herausstellen, daß der probeweise Eingestellte den Anforderungen des Betriebes nicht genügt. Und da hätte er doch tatsächlich bei normaler Entlohnung draufgezahlt; was übrigens nicht heißt, daß bei erfolgter Einstellung eine Nachzahlung auf dem Konto des Arbeiters landet.

Der Grund für das Mißtrauen der Personalabteilung in die schulische Beurteilung liegt im Prinzip der Berufsausbildung selbst begründet: In der Tat fallen die absolvierte Bewährung im schulischen Leistungsvergleich und die verlangte Bewährung in der Arbeitswelt weit mehr auseinander, als dies zwischen allgemeiner Grundschule und weiterführender Ausbildung der Fall ist. Denn es soll ja nicht auf der Grundlage vergangener geistiger Leistung über zukünftige Teilnahme am geistigen Wettstreit geurteilt werden, sondern die absolvierte Bewährung in einer *Bildungsanstalt* soll Auskunft über die Tauglichkeit des Absolventen für *Arbeitsleistung* sein, die durch das geistige Moment des Arbeitsvermögens nicht einmal wesentlich bestimmt ist. Es kann dem Betrieb also nicht nur das Bemühen der Berufsausbilder um vielseitige Anwendbarkeit der Facharbeiter gerade als Mangel in einer ganz bestimmten Fertigkeit aufstoßen, die nun in dem Betrieb verlangt ist. Da vom Ausgebildeten ab sofort nicht weiteres Lernen, sondern die Anwendung des Gelernten unter den Bedingungen der kapitalistischen Produktion verlangt wird, d.h. unter den Bedingungen der Fabrik- oder Büro-*Disziplin,* bei einem

8-stündigen Arbeitstag, der zur Zufriedenheit des Unternehmens absolviert sein will, geraten vor allem auch *Wille* und *körperliche Verfassung* mindestens ebenbürtig auf den betrieblichen Prüfstand. Der Betrieb untersucht folglich den Bewerber um einen Arbeitsplatz auf all jene Eigenschaften, die seinen Einsatz als eine *lohnende Kost für Arbeit* ausmachen. Das Berufsschulzeugnis ist dabei nur ein und häufig genug untergeordnetes Kriterium in der betrieblichen Auswahlspraxis.

Zuhilfe kommt den Betrieben bei ihrer Sichtung des zukünftigen Personals der Umstand, daß die Absolventen der dualen Berufsausbildung selten vereinzelt auftreten. Dafür hat die Geschäftswelt mit ihren Rationalisierungsprogrammen selbst gesorgt. Und so kommt es, daß die frisch Ausgebildeten mit den erfahrenen alten Hasen um Arbeitsplätze konkurrieren müssen. Das wird ausgenutzt: Je nachdem wird aus der fehlenden Erfahrung ein Argument gegen die Lohnwünsche eines Frischlings und aus der fehlenden Taufrische ein Argument gegen einen bereits hinlänglich vom Arbeitsprozeß gezeichneten, erfahrenen Älteren gemacht. Auf jeden Fall lernt der Ausgebildete zu schätzen, daß er in der Hauptschule das Schreiben am Beispiel von Bewerbungsschreiben üben mußte.

4. Umschulung und Weiterbildung

Je länger die Suche nach einem Anwender seiner noch unverbrauchten Qualifikation dauert, desto mehr spricht das gegen *ihn*. Jemand, der mit dem *Makel* dieses Mißerfolgs herumläuft, darf sich über weitere Mißerfolge nicht beklagen. Unvermeidlich sind weitere Abstriche von dem Anliegen, seine Ausbildung in eine Geldquelle zu verwandeln. Und irgendwann, wenn er sich zum Notverkaufs-Standpunkt »Hauptsache Arbeit!« durchgerungen hat, stößt er auf die Wahrheit über die Lohnarbeit: Wenn man aus dem ausgebildeten Arbeitsvermögen für sich eine Einkommensquelle machen will, dann schminkt man sich am besten jeden Gedanken an ein bestimmtes Einkommen von vornherein ab. Denn das ausgebildete Arbeitsvermögen taugt überhaupt nur unter der Voraussetzung als Einkommensquelle, als es einen Anwender findet, der die Konditionen der Bezahlung nach seinen Kriterien, d.h. eben *nicht* nach Maßgabe der Lebenshaltungskosten der Arbeitskräfte, festlegt.

Viele kommen unweigerlich früher oder später zu dem Urteil, den *falschen* Beruf ergriffen zu haben. Dabei ist natürlich nicht ihr Beruf falsch. Es existieren vielmehr *zu viele* Bewerber für den Beruf, gemessen an den angebotenen Arbeitsplätzen, oder aber die Anforderungen an den Beruf haben sich gewandelt. Sie sind also ein Opfer der *Konjunktur* geworden oder der spezifischen ratio, der jeder »Fortschritt von Wissenschaft und Technik« hierzulande folgt. Allein aus einer arbeitszeitsparenden technologischen Umwälzung folgt nämlich nicht, daß braven Arbeitskräften Arbeit und Einkommen gestrichen werden. Nur dann geht der Einsatz von Wissenschaft in der Produktion zu Lasten der Produzenten, wenn die Arbeitszeitersparnis allein als Lohnkostenersparnis gewürdigt wird.

Deswegen kann man auch niemandem gratulieren, der sich zu dem Entschluß durchgerungen hat, sich durch *Umschulung* oder *Weiterbildung* auf den aktuellen Stand der Nachfrage zu bringen. Zwar bleibt ihm gar nichts anderes übrig, wenn nicht in der Zwischenzeit eine Erbtante das Zeitliche gesegnet hat. Doch liegt es wiederum nicht in seiner Hand, ob ihm diese zusätzliche Ausbildungsanstrengung zu einem sicheren Einkommen verhilft. Denn erneut hängt es nicht von seiner Ausbildungsentscheidung ab, wie viele Leute, die über dieselbe Qualifikation verfügen, eingestellt werden. Erneut wird seine Bildungsanstrengung in dem Maße entwertet, wie andere auf dieselbe Idee verfallen. Und schließlich ist er auch dieses Mal nicht davor geschützt, daß seine Qualifikation durch eine allgemeine Umstellung von Produktionsverfahren bereits nach dem Abschluß seiner Umschulung überholt ist.

Flexibilität

Eine zeitgemäße Antwort auf die »Was bist Du?«-Frage lautet also: »Ich bin Umschüler!« oder »Ich bin flexibel!« Die *lebenslange* Bindung des Menschen an ein Moment der gesellschaftlichen Arbeitsteilung hebt sich mit dem Tempo der Umwälzung der Produktion auf. Sein ›Beruf‹ besteht dann darin, ständig neue nachgefragte ›Berufe‹ dazuzulernen. Dabei vermag permanentes Dazulernen vielleicht den Horizont erweitern, doch kommt es darauf gerade nicht an. Die Protagonisten der Weiterbildung mögen die neuen Arbeits-»Tugenden« wie »Mobilität«, »Flexibilität«, »Vielseitigkeit« und »Kreativität« noch so sehr als Gewinn für die Azubis preisen. Gepriesen wird letztlich kein geistiger Gewinn für den Weiterbildner, sondern eine *Haltung* zu seiner ständig von der Ausmusterung bedrohten Qualifikation: Lebenslang hat der Mensch das Gelernte und Eingeübte zur Disposition zu stellen, neuen Berufsanforderungen hinterherzulaufen und sie *erneut* als seine *Qualifikation* – »als sei's ein Stück von ihm« – vorzuführen.

Wer in diese Mühle hineingerät, von dem wird auf diese Weise eine ganz bestimmte Sorte geistiger Beweglichkeit mit Sicherheit bis zum Ende seiner Lebensarbeitszeit gefordert: Es gehört jetzt zu seinem Beruf, die dauerhafte Anpassung an jede neu geforderte Qualifikation als ein eigenes zusätzliches Qualifikationsmerkmal an sich auszubilden. Honoriert wird auch das deswegen noch lange nicht.

5. Beruf: »Arbeiter«

Die zu lebenslanger Flexibilität erdonnerte Mannschaft kann sich für ihre neue »Berufung« auch bei denen bedanken, die ihre wissenschaftliche Kompetenz ganz in den Dienst des Produktivitätsfortschritts hiesiger Betriebe stellen. Die Verwissenschaftlichung der Produktion äußert sich nämlich als zunehmende Arbeitsteilung, die ganze Bereiche der »Arbeit von jedem Inhalt befreit« (Marx, Kapital 1, 446).

Es fallen dabei in dem kapitalistischen Fabriksystem nach der einen Seite hin immer mehr *einfache Tätigkeiten* an, zu deren Erledigung es keiner gesonderten Berufsausbildung bedarf. Nach der anderen Seite *hin* braucht es weiterhin das Personal, welches Produktionssysteme einrichtet, steuert, wartet, repariert, für ihren fließenden Verbund zuständig ist und dementsprechend Arbeitskräfte ein- und umsetzt.

Dieser »Tendenz« auf dem Arbeitsmarkt trägt auch das Berufsbildungssystem Rechnung. Wo zunehmend Hilfsarbeiter für einfache Arbeiten eingestellt werden, die keine besondere Lehre und schon gar keinen Facharbeiterbrief mehr brauchen, da ist der Bildungsträger der letzte, der sich dagegen sperrt. Deswegen gibt es inzwischen Formen des Ersatzes für die Lehre, die in einem Praktikum als voll eingesetzter Hilfsarbeiter bestehen. Obwohl sich dieses Verfahren immer mehr durchsetzt, gilt es doch immer noch als Ausnahme. Das macht weiter nichts. Denn mit der Ausnahmedeklaration ist keine Quantitätsbeschränkung ergangen. Außerdem beherrscht die Öffentlichkeit ohnehin das Thema »Facharbeitermangel«, und kein Betrieb macht einen Einwand geltend, wenn sich mangels anderer Angebote für seine einfachen Arbeiten Bäcker-, Friseur- oder Metzgergesellen melden und den Fließbandarbeiterlohn akzeptieren.

Wer nur für die einfachen Tätigkeiten eingestellt wird, der hat den Endpunkt seiner *Berufstätigkeit,* besser: seine letzte kapitalistische Bestimmung erreicht. Er arbeitet nicht in einem bestimmten Beruf, sein ›Beruf‹ ist es, *Arbeiter* zu sein. Es zeichnet ihn nicht mehr die ein- oder mehrmalige Identifikation seiner Person mit einem bestimmten Detailgeschick und -wissen aus. Er ist prädestiniert für einen größeren Umkreis von Arbeiten, sofern ihre Erledigung gerade kein bestimmtes Wissen und Können zur Voraussetzung hat. Seine vielseitige Anwendbarkeit resultiert nicht aus dem breiten Umfang seiner Ausbildung, sondern ganz umgekehrt aus der inhaltlichen Entleerung von immer mehr konkreter Arbeitstätigkeit, für die ebenso die Bandarbeit wie die Maschinenfütterung, bestimmte Formen der Maschinenbedienung oder Reinigungsarbeiten und entsprechende Tätigkeiten im Büro und in den Kaufhäusern stehen können.

Der Gegensatz dieser Mannschaften in der unteren Abteilung der Berufshierarchie zu den gebildeten Ständen, die in der Sparte Naturwissenschaft,

Technologie und Technik alles daran setzen, dem Fortschritt der Wissenschaft zu dienen, wird offenkundig. In der Schule *trennten* sich bloß die Wege zwischen dem Hauptschüler, der dual berufsgebildet wurde, und dem Gymnasiasten, der mit dem Abitur in der Tasche sein Studium aufnahm. Jetzt macht der »Eierkopf« eine segensreiche Erfindung nach der anderen, die sich der andere nicht oder nur dann leisten kann, wenn er auf eine andere Anschaffung verzichtet. Und dies deswegen, weil andere segensreiche Erfindungen seine Arbeit und damit seine Lohnkosten überflüssig oder seine Abgruppierung wegen »Überqualifizierung« notwendig gemacht haben. Naturwissenschaftlicher Sachverstand, mustergültig von Geschäftsleuten als Mittel zur Vergrößerung der Überschüsse über ihre Vorschüsse eingesetzt, steht dem Einkommensbezieher nun gänzlich *feindlich* gegenüber:

> *»Die geistigen Potenzen der Produktion erweitern ihren Maßstab auf der einen Seite, weil sie auf vielen Seiten verschwinden. Was die Teilarbeiter verlieren, konzentriert sich ihnen gegenüber im Kapital. Es ist ein Produkt der manufakturmäßigen Teilung der Arbeit, ihnen die geistigen Potenzen des materiellen Produktionsprozesses als fremdes Eigentum und als sie beherrschende Macht gegenüberzustellen. Dieser Scheidungsprozeß ... vollendet sich in der großen Industrie, welche die Wissenschaft als selbständige Produktionspotenz von der Arbeit trennt und in den Dienst des Kapitals preßt.«* (Marx, Das Kapital 1, 382)

Davon können Beschäftigte wie Unbeschäftigte ihr Lied singen.

Die Unbeschäftigten haben schnell ausgesungen. Und die Beschäftigten erfahren die segensreichen Wirkungen der Verwissenschaftlichung der Produktion daran, daß ihre Arbeit nur in einer Hinsicht *einfach* genannt werden kann: Ohne jede weitere Voraussetzung ist sie von jedermann mit normaler Durchschnittskraft und normalem Durchschnittsgeschick zu verrichten. Dafür, daß sie niemandem einfach von der Hand geht, daß sie weder identisch ist mit körperlich leichter noch mit geruhsamer Arbeit, nach deren Erledigung man nicht nur Zeit, sondern noch Kraft für sich selber übrig hat, sorgt die kapitalistische Form der Verausgabung mit ihren eigenwilligen Maßstäben von intensiver und extensiver Arbeit. Einfach im Sinne von ›schlicht‹ ist allerdings dafür die Entlohnung dieser Tätigkeit, mit der dafür gesorgt ist, daß keiner dieser Arbeitskräfte pur sich nach einigen Jahren vom Arbeitsleben zum Genuß der Früchte der eigenen Arbeit zurückziehen kann.

Qualifikation: Aushaltenkönnen

Die Qualifikation, die für diese Sorte von Tätigkeit gebraucht wird, steht so in keinem Lehrplan einer Berufschule. Und doch tragen allgemeine und berufliche Ausbildung das Ihre dazu bei, daß es keinen Mangel an ihr gibt: Verlangt ist das *Vermögen zum Aushalten* von Leistungsanforderungen am Arbeitsplatz. Wer diese Arbeit verrichtet, der muß über die Fähigkeit verfügen, den jeweiligen, nach Inhalt, Intensität und Extensität wechselnden Anforderungen verschiedener Arbeitsplätze genügen zu können. Das berufstypische Sondergeschick wird ersetzt durch körperliche und geistige Potenzen, die Voraussetzung und Mittel der Bewältigung dieser Sorte abstrakter Arbeit sind. In dieser Qualifikation zur Bewältigung einfacher Arbeit ist das Arbeitsvermögen einerseits ganz auf die *physische Natur* reduziert, die flexibel beanspruchbar sein muß, ohne daß es dafür eine gesonderte Ausbildung der dafür nötigen körperlichen Eigenschaften erfahren hätte. Andererseits sind die geistigen Potenzen dieses Arbeitsvermögens auf den *Willen zum Aushalten* beschränkt; ein Qualifikationsmerkmal, das immer dann besonders benötigt wird, wenn der geistlose Inhalt der Arbeit, die Vernutzung der Natur des Arbeitsvermögens und/oder der Ertrag der Arbeit schwer gegen sie sprechen.

Mit der *Bildung* von Natur und Willen hat es seine eigene Bewandtnis. Die Naturausstattung *entzieht* sich weitgehend der Ausbildung. Über sie verfügt der Mensch eben von Natur aus. Daß sie 40 und mehr Jahre die gegebenen Anforderungen von Büro und Fabrik unbeschadet übersteht, dazu läßt sich wenig durch »Körperbildung« beitragen. Allerdings tun der Sportunterricht und die Erziehung zur »richtigen Ernährung« ihr Bestes. Daneben sorgen Vorschriften zur Vermeidung riskanter Urlaubshobbys und andere Auflagen des Versicherungswesens dafür, daß der *Naturverbrauch* möglichst ausschließlich dort stattfindet, wo er mit einem Dienst am »Allgemeinwohl« identisch ist, und nicht dort, wo er nur dem privaten Vergnügen am Bergkraxeln oder Fallschirmspringen dient. Gerade weil – wie Frühverrentungsstatistiken, Krankenziffern und der Streit über die Anerkennung von Berufskrankheiten[9] zeigen – in der Arbeit der *Gebrauch* von natürlichem Arbeitsvermögen mit ihrem *Verbrauch* identisch ist, muß privat schwer mit diesem Vermögen gehaushaltet werden. So ist denn auch das *Alter* inzwischen ein wichtiges Auslesekriterium auf dem Arbeitsmarkt. Mit 40 Jahren gehört der Arbeiter zum »alten Eisen«. Und zwar nicht etwa deswegen, weil nun einmal die natürliche Regenerationsfähigkeit des Körpers mit dem Lebensalter abnimmt, sondern weil die »unnatürlich« extrem beschleunigte Naturruinierung durch lohnabhängige Arbeit frühzeitig »alte Eisen« *herstellt.* Vergangener Naturverbrauch in Fabrik und Büro ist für die Fabrik- und Bürovorsteher ein Entscheidungskriterium für die Zuteilung von Einkommensquellen. Anders gesagt: Je größer und selbstloser das Ausmaß der Pflichterfüllung eines Menschen in einfacher Tätigkeit war, desto geringer sind seine Aussichten, bis zur gesetzlichen Rente sein Arbeitsvermögen an diejenigen verkaufen zu können, in deren Dienst er seine Natur ver-braucht hat. Dieses Qualifikationsmerkmal ist eben nach Verbrauch unwiederbringlich dahin und durch keine Umschulung oder Weiterbildung zu regenerieren.

Der zweite Qualifikationsinhalt, der Wille zum Aushalten, ist weniger naturanfällig, deswegen auch – in Grenzen – erlernbar. Der Wille funktioniert bekanntlich über die Gründe, die ein Mensch für seine Vorhaben weiß. Kommen ihm allmählich die *»guten Gründe«* für den täglichen Gang in die Firma abhanden – was nach einigen Jahren dann der Fall sein dürfte, wenn er sich zu einer persönlichen Leistungsbilanz aufrafft –, dann ist jene geistige Leistung gefragt, mit deren Hilfe er ›trotzdem‹ jeden Morgen den Weg zum Arbeitsplatz antritt. Wenn der Vorrat an »guten Gründen« für die Fortsetzung von abhängiger Arbeit im unteren Drittel der Hierarchie der gefragten Arbeiten erschöpft ist, braucht der Wille neue »Tricks« zur Selbstüberlistung. Dabei hilft dem Willen auch weiterhin die eigene *Zwangslage.* Denn Alternativen zur Geldaneignung, die erlaubt sind, sind für ihn nicht vorgesehen!

Da der Mensch nun einmal an der »unheilbaren Krankheit« leidet, sich alles, eben auch die *praktizierte Unvernunft* begründen zu müssen, leisten dem Willen zum Aushalten ganze Abteilungen der Schulbildung, die auch nach Schulabschluß ständig auf dem Laufenden gehalten werden, gute Dienste (vgl. A.II.2.2. u. 2.3.). Hier schlägt die Stunde der Bewährung dieser Sorte Bildung. Weit entfernt davon, sich die tatsächlichen Gründe für das Scheitern seiner Geldbeschaffungsvorhaben zu erklären, trägt der längst praktisch zur Entscheidung genötigte Mensch zusammen, warum die erfahrene Unvernunft der kapitalistischen Arbeitswelt immer noch »die beste aller möglichen Wirtschaftsformen« ist, und es ihm überdies »im Vergleich« zu den Elendsgestalten der zweiten und dritten Welt, die ihm als Anschauungsmaterial für seine geständige Vergleicherei ständig bereitgestellt werden, immer noch ganz gut geht. Ein bißchen Räsonnieren über »die da oben, die doch machen, was sie wollen, und die ohne unsereins ganz alt aussehen würden«, darf immer mit dabei sei. Es erlaubt die folgenlose theoretische *Distanz* zur praktizierten Unterwerfung und leistet sich die geistige Umkehrung der tatsächlichen Abhängigkeitsverhältnisse, die den Dienst an fremdem Reichtum als allgemeinwohlfördernde, verantwortungsreiche Tätigkeit vorstellt. So ist denn auch der letzte »Trick« nicht mehr fern. Die Arbeit *ist* auszuhalten, sagt sich der Mensch; was einen gewissen Stolz auf den erfolgreichen Versuch verrät, den Willen zum Aushalten zu aktivieren, woraus so manch einer neue »Kraft« zur *Fortsetzung* dieses traurigen Unterfangens zu schöpfen versucht. Man kennt keinen anderen Grund mehr für die Fortsetzung dieser Sorte Schinderei als ihre *erfolgreiche Bewältigung in der Vergangenheit.* Aus*zu*halten ist die Arbeit, weil sie aus*ge*halten wird!

6. Die Berufsausbildung für die Elite

Die wissenschaftliche Ausbildung der Elite an den gehobeneren Stätten des Geistes, den Universitäten, zeichnet sich einerseits ebenfalls durch eine Bornierung aus. Wer »fachfremd« studiert, studiert länger, verliert u.U. den

Bafög-Bonus, muß sich parasitäre Absichten vorwerfen lassen und hat, wenn er es damit gar zu weit treibt, auch schon mal das Recht zum Weiterstudium in einem Fach verwirkt. Daß in der Ausbildung der Elite nach dem Erwerb der Eintrittskarte in die Universität kein Schlendrian einreißt, dafür sorgt einerseits der Numerus Clausus, der es gar nicht erlaubt, sich einfach einmal in verschiedenen Wissenschaftsdisziplinen nur aus Neugier und Wissensdurst herumzutreiben. Andererseits schaffen es Studien- und Prüfungsordnungen lässig, für die nötige Einseitigkeit und Zielstrebigkeit zu sorgen.

Doch seinem Inhalt nach erfordert so manches Studium gerade eine Abstraktion vom zukünftigen Berufsziel und -inhalt. In den Naturwissenschaften etwa erzwingt gerade die Orientierung an zukünftigen beruflichen Erfordernissen im Wissenschaftsbetrieb gelegentlich, daß man sich gänzlich der Logik der Disziplin hingibt, ohne nach Absichten zukünftiger Geldgeber Ausschau zu halten. Ihren Grund hat diese Dialektik in den bestimmten Anforderungen, die in den Forschungslaboratorien von Staat und Kapital an den Nachwuchs gestellt werden. Sie sollen nämlich in der Lage sein, sich jener »freigeistigen« Betätigung hinzugeben, die »Fortschritt der Wissenschaft« heißt und die Schließung der »weißen Flecken« auf den Landkarten der Naturwissenschaften meint. Weil diese Gesellschaft wie keine zuvor auf Wissenschaft als Mittel der Akkumulation von Kapitalreichtum und politischer Macht angewiesen ist, *muß* sie sich den Luxus leisten, auch um den Preis von Fehlschlägen der »Freiheit der Wissenschaft« Raum zu geben.

Für die Frage, was mit welchen Resultaten der Atomphysik, Molekularbiologie oder anorganischen Chemie *zweckmäßig* anzufangen ist, dafür sorgen dann ganze Heerscharen von »Forschern«, die ihr Studium eben bloß mit einem Diplom und nicht mit einem Dr.rer.nat. abgeschlossen haben. Für diese Berufsperspektive ist es allerdings außerordentlich nützlich, wenn man sich frühzeitig, also möglichst bereits nach der Zwischenprüfung oder dem Vordiplom auf einen der zukünftigen Brötchengeber einstellt. Die lassen sich denn auch nicht lumpen und organisieren wunderschöne Kooperationen zwischen »Theorie und Praxis«, denen im übrigen so mancher Professor ein ordentliches Zubrot verdankt. So wird es schnell selbstverständlich, den wissenschaftlich gebildeten Geist ganz nach der Devise »Wes Brot ich eß, des Lied ich sing!«, in Betrieb zu setzen. Bei den Gewissenswürmern, die an dem Oppenheimer-Syndrom leiden, hat es sich inzwischen durchgesetzt, nach folgendem Motto zu verfahren: »Wenn nicht ich jene Teflonpfannen erfinden würde, mit denen leider immer Kriege vom Zaun gebrochen werden, dann würde es bekanntlich ein anderer machen, weswegen ich es dann schon lieber selber mache; natürlich um größeren Schaden zu verhüten.« Da diktieren die Annehmlichkeiten des Berufs die Reichweite der politischen Moral, was während der Studentenbewegung sogar einmal von der Intelligenz selbst als Skandal bewertet wurde.

Die geisteswissenschaftlich auszubildende Elite, die sich nachher in den Einrichtungen der drei oder vier Gewalten – die Journaille zählt sich zur Legislative, Judikative und Exekutive als vierte Macht mit einer gewissen Berechtigung gleich dazu – in den Schulen, in sozialen Einrichtungen oder im Kulturbetrieb wiederfindet, hat solche gediegene Ausbildung nicht nötig. Allerdings braucht es seine 6 bis 12 Semester, bis man jene Ideologien und/ oder Techniken soweit drauf hat, daß man sich mit Aussicht auf Erfolg einer Prüfung unterziehen kann. Denn es häuft sich für den Juristen oder Ökonomen schon einiges an falscher Wissenschaft und Gesetzeswerken auf, in denen man sich auskennen muß, wenn man in der Konkurrenz um gute Abschlußnoten einigermaßen erfolgversprechend abschneiden will. Und zudem ist es gerade die Konkurrenz, die ein ziemliches Gedrängel in Hörsälen und Universitätsbibliotheken verursacht, was dann Wartezeiten unumgänglich macht.

Mit der erfolgreich abgelegten Prüfung sind sie endlich in die Walhalla für *Akademiker* aufgenommen. Sie gehören einem Stand an, der sich in der Tat erstens durch seine Ausbildung und zweitens durch seine berufliche Lebensperspektive vom Rest der Menschheit erheblich unterscheidet. Einbilden dürfen sie sich jetzt, daß ihre Zugehörigkeit zur Elite allein an ihrer höheren Bildung liegt, und daß sie wegen ihres überragendes Geistes auch notwendigerweise an die Spitze dieser so funktional arbeitsteilig durchorganisierten Gesellschaft gehören. Daß sie dabei Geistestätigkeit und höhere Bildung immer mit der *Dienstbarkeit* ihres Geistes für jene Zwecke verwechseln, denen sie in ihren Berufen vom ersten Tage an verpflichtet sind, das entgeht ihnen zumeist deshalb, weil sie begeisterte oder kritische *Anhänger* dieser Zwecke sind.

Einen Skandal entdecken sie, wenn es ihnen nicht gelingt, auf dem Arbeitsmarkt, der den Akademikern vorbehalten ist, Fuß zu fassen. Wenn sie sich gar in die Niederungen der Arbeitswelt begeben und einfach deswegen, weil auch sie von Haus aus über keine Geldquelle verfügen, mit Absolventen der unteren Berufsgruppen konkurrieren müssen, dann ist das Lamento groß. Was für die Masse der Berufstätigen ständige Praxis ist, das fällt bei den Akademikern unter eine nicht standesgemäße Zumutung. Und das bringen sie mit stilisiertem Selbstmitleid, schon fast zu einem »akademischen Proletariat« zu gehören, zum Ausdruck und dem Staat als Beschwerde zu Gehör. Der hat ein Einsehen und verspricht, in Zukunft wieder strengere Sortierungsmaßstäbe anzuwenden (vgl. F.I. Schulreform). Dann darf die Elite wieder ihr rassistisches Selbstbewußtsein genießen, zu einem zu Höherem berufenen Menschenschlag zu gehören, also auch etwas Besseres zu *sein*. Eine geschrumpfte Elite kann aufatmen, weil für sie endlich wieder Posten und Menschennatur zur Deckung gebracht werden.

B. Die Inhalte

Wer eine *Allgemeinbildung* sein eigen nennt, ist nicht etwa *universell* gebildet, also in allen Wissensgebieten gleichermaßen beschlagen. Er gehört vielmehr zum Kreis derjenigen, die eine *Mindestausstattung* an Fertigkeiten, Kenntnissen und Ideologien mitbekommmen haben, die ein Staatsbürger braucht, um sich durchs Leben zu schlagen. Und das brauchen alle. Ein Mindestmaß an Kunstfertigkeit im Lesen, Schreiben und Rechnen ist da ebenso vonnöten wie eine halbwegs gediegene Orientierung im Straßenverkehr und an den Verkehrsregeln eines demokratischen Rechtsstaates, der das Eigentum schützt, das manche haben und für das andere arbeiten. Die Unterscheidung von rechts und links will ebenso gelernt und akzeptiert sein wie die von mein und dein. Wer dann am Ende hilfreiche Konventionen für die Überquerung von Straßenkreuzungen und das *Gewalt*monopol von Parlament und Polizei für dasselbe, nämlich nützliche Mittel einer menschengemäßen Ordnung hält, bringt es zu jener Synthese von Kenntnissen und Ideologien, die den Namen Allgemeinbildung wirklich verdient.

Dieses Minimum an staatsbürgerlichen Fertigkeiten und Wissenselementen ist für nicht wenige Interessenten an Bildung auch zugleich das ihnen gewährte *Maximum*. Wem nach vier bis sechs Schuljahren der Zutritt zu weiterführenden Bildungsanstalten versagt wird, genießt für die verbleibenden Schuljahre den Status eines *Volks*schülers. Der heißt heute nicht mehr so, sondern Hauptschüler, macht aber dasselbe wie sein Namensvetter aus früheren Jahren. Er wiederholt und vertieft während der Restschulzeit seine Allgemeinbildung und widmet sich Aus- und Einblicken in die Sphäre, in der er künftig wirkt: die Berufswelt mit jenen Jobs, die schon immer der sogenannten *arbeitenden* Bevölkerung vorbehalten waren.

Für etliche andere dagegen stellt die Allgemeinbildung, die auch sie genossen haben, das Fundament für eine weitergehende Ausbildung dar. Zwar sind wir *ein* Volk von gleichen Staatsbürgern, aber einige sind gleicher, weshalb es neben der niederen Allgemeinbildung auch noch die *höhere* Bildung gibt. Das hat auch soweit seine Richtigkeit. In einem Volk, das durch Marktwirtschaft und Rechtsstaat *benutzt* wird, muß es ja außer der dienstbaren Masse auch noch eine Elite geben, die der Masse vorschreibt, was sie zu tun und zu lassen hat. Worin aber besteht sie, die Zusatzqualifikation eines Abiturienten, der auch noch von höherer Mathematik, Jamben in Goethe- und Schillerversen sowie dem kategorischen Imperativ gestreift worden sein muß, bevor er Soziologieprofessor, Peronsalchef oder Bundeskanzler werden kann?

I. Die Allgemeinbildung

1. Vom Lesen, Schreiben und Rechnen

1.1. Das Rationelle

Was zunächst das Lesen und Schreiben betrifft, so handelt es sich dabei um eine durch und durch vernünftige Sache. Ihren Ausgang nimmt sie bei der Sprache des Menschen. Mit *Namen* scheidet er die zunächst ununterschiedenen Gegenstände seiner Umgebung voneinander. Im *Wort* hält er die allgemeine Qualität fest, die einer Sache zukommt. Als *Vorstellung* wird sie im Subjekt fixiert und mit einer Lautkette bezeichnet. Das Wort Mensch hält ja an Fritz und Franz das Allgemeine der Gattung fest, das auch dann gedacht werden kann, wenn jene beiden konkreten Exemplare weder leiblich anwesend sind noch überhaupt in Rede stehen. In *Sätzen* drückt er die Eigenschaften von Subjekten und deren logische Beziehung zu anderem aus, wenn er urteilt. Oder er bedient sich derselben grammatikalischen Form, um aus vorhandenen auf neue Qualitäten zu *schließen.* In all diesen geistigen Operationen ist die Sprache das Mittel zur theoretischen Erfassung und Ergründung der Objektivität, auf die jedermann angewiesen ist, der sich ihrer praktisch bedienen will. Schließlich muß man *wissen,* was eine Sache ist, damit man sich ihre Eigenschaften auch zunutze machen oder sie als untauglich verwerfen kann. Der Mangel der bloß *gesprochenen* Sprache liegt nun darin, daß sie das von jeder Subjektivität getrennt existierende Objektive der Vorstellungen und Gedanken in der vergänglichen Form artikulierter Laute ausdrückt. Die Schrift überwindet diesen Mangel, indem sie den Lauten Zeichen zuordnet und so die im gesprochenen Wort gefaßten Gedanken fixiert, für sich und andere, die das Geschriebene lesen. Das Objektive, das verschiedene Subjekte mittels der Sprache festhalten und schriftlich niederlegen, verlangt natürlich, daß die gesprochene wie die Schriftsprache *einheitlich* und *allgemein* sind. Sonst redet und schreibt man aneinander vorbei.

Ähnlich Rationelles läßt sich vom Rechnen behaupten, dessen Grundlage im Zählen besteht. Die geistige Leistung dieser Operation besteht darin, Gegenstände getrennt von ihrer jeweiligen Qualität als *Quantität* zu fassen. Deren Einheit ist *Eins.* Die Zahl bestimmt dann die Einheit nach ihrer Anzahl. Die darauf fußenden Rechenoperationen wie die Addition und Multiplikation samt ihren Umkehrungen geben schließlich Auskunft darüber, wie die in Zahlen gebündelten Einsen zu neuen Bündeln zusammengefügt und voneinander abgezogen werden. Dieser rationelle Umgang mit dem Quantum von diversen Qualitäten hat selbstredend auch seine nützlichen Seiten, die jedem vertraut sind, der schon einmal drei Bier für vier Leute bestellt hat.[10]

1.2. Die schulischen Anliegen

Im Rationellen des Lesens, Schreibens und Rechnens liegt allerdings nicht der *Grund*, dessentwegen die staatliche Schulausbildung danach verlangt.

Zunächst einmal stellen diese sogenannten Kulturtechniken die unentbehrliche Voraussetzung dafür dar, daß die Kleinen überhaupt an der staatlicherseits mit ihnen veranstalteten *Konkurrenz* in Sachen Lernen teilnehmen können. Wer seine persönliche Meinung über die Segnungen der Marktwirtschaft oder den Welthunger dereinst in Besinnungsaufsätzen zur Benotung offenlegen soll, der muß schon über die Sprache in Wort und Schrift verfügen. Zum zweiten agitiert ein moderner Staat sein Volk rund um die Uhr, auf allen Kanälen und über Zeitungen jeden Formats. Da sind Lesekünste verlangt, damit der Bürger auch immer erfährt, was er zu tun, zu lassen oder zu denken hat. Sind die Russen heute Feind oder Freund? Darf man bei Smogalarm Auto fahren oder bei einem AKW-Gau durch den Regen spazieren? Das sind so Fragen. Der mündige Bürger braucht Antworten – und zwar von oben. Drittens schließlich benötigt er besagte Kulturtechniken, um sich in einem Rechtsstaat überhaupt bewegen zu können:

»Anforderungen in Deutsch:
– Schreiben einer Bewerbung und eines Lebenslaufes; Beantwortung von Anträgen und Anfragen; Ausfüllen wichtiger Formulare
– Gebräuchliche Formen des Beschreibens und Berichtens
– Wiedergeben und Zusammenfassen angemessener Textinhalte« (Hauptschule, 5)

Gewiß kommen bei der Ausfüllung amtlicher Formulare die gleichen orthographischen und grammatikalischen Kenntnisse zum Zuge wie bei der Abfassung eines privaten Erlebnisberichtes. Aber auf dem Lehrplan stehen solche Kenntnisse nicht deshalb, weil sie als geistige Operationen eines Subjekts geschätzt werden, das sich damit theoretisch wie praktisch frei zur Wirklichkeit stellt, diese prüft, an eigenen Interessen mißt und gegebenenfalls verwirft oder benutzt. Grund und Zweck ihrer Vermittlung liegen vielmehr darin, daß ein moderner bürgerlicher Staat seinen Insassen das geistige Rüstzeug abverlangt, *sich* in den *Rechts*verhältnissen bewegen zu können, die er ihnen diktiert. Rechtschreib- und Lesekünste gelten als Hilfsmittel, mit denen sich die Menschheit in der staatlich definierten Ordnung von Eigentum, Geld, Recht und Vertrag zurechtfinden und akkomodieren muß. Dieser Sphäre sind die genannten Beispiele des obigen Lehrplans entnommen, vom Bewerbungsschreiben über den Arbeits- oder Mietvertrag bis zum Antrag auf Arbeitslosenunterstützung.

Amtliche Dokumente dieser Art bezeugen, daß ein Staatsbürger dieser Tage *frei* ist. Frei nämlich von persönlichen Abhängigkeitsverhältnissen, wie sie von der antiken Sklaverei bis zur feudalen Leibeigenschaft mit ihren Spielarten die Geschichte durchziehen. Kein Herr, der seinen Knecht zur

Arbeit treibt und ihm sein täglich Gnadenbrot reicht; keine Obrigkeit, die mit Feuer und Schwert den Zehnten eintreibt oder den Bauern zum Hand- und Spanndienst abholt. Statt dessen unternehmen moderne Zeitgenossen ganz auf sich gestellt einen geistigen und willentlichen Kraftakt, wenn sie sich mit Bewerbungsschreiben darum bemühen, in Arbeit *genommen* zu werden. Kein Sklaventreiber, sondern der allgemeine Zwang zum Geldverdienen sorgt dafür, daß der Gebrauch des Rechts auf freie Berufswahl nicht zum Erliegen kommt, auch wenn für die Mehrzahl der Teilnehmer am sogenannten Arbeitsmarkt der Nutzen eher ausbleibt. Ein schriftlicher Arbeitsvertrag gehört zum Usus, weil die beiden Figuren, die sich da handelseinig werden, in einem Interessen*gegensatz* stehen. Während der Arbeitnehmer möglichst viel Geld für wenig Aufwand verdienen möchte, sieht sein Arbeitgeber die Sache genau umgekehrt. Insofern ist die Verpflichtung des Willens auf die ihm unangenehme Bringschuld in diesem Benutzungsverhältnis Sache eines Vertrages, in dem der erklärte Wille sich schriftlich verewigt, damit er im Bedarfsfall von Staats wegen zur Herausgabe zugesagter Leistungen gezwungen werden kann.

Alle Gegensätze sind staatlich beaufsichtigt und geregelt, sowohl die zwischen den wirtschaftlich so unterschiedlich gesegneten Bürgern als auch jene zwischen Bürgern und Staat. Aber keine Etappe auf dem Lebensweg eines mündigen Bürgers kommt ohne den angestrengten Gebrauch seiner Freiheit zustande. An die Stelle persönlicher Gewalt, die dem Willen sein Handeln unmittelbar und hautnah aufnötigt, ist nämlich die abstrakte, von allen individuellen Interessen getrennte Gewalt eines Staates getreten, der den Subjekten und ihrer Freiheit nur eines aufträgt: *Sich* nach Maßgabe ihrer jeweiligen wirtschaftlichen Mittel um ihren Erfolg zu bemühen, und zwar innerhalb der staatlich definierten Bahnen des Erlaubten. Die einschlägigen Gesetze und Benimmregeln zumindest in Umrissen zu kennen, entscheidet zwar nicht über den persönlichen Erfolg, ist aber unerläßlich dafür, ihn überhaupt verfolgen zu können. Wer seinen Wohnungswechsel nicht durch einen Meldezettel anzeigt, macht sich strafbar. Wer sich das Renovierungsversprechen eines Wohnungseigentümers nicht vor dem Einzug per Vertrag schriftlich zusichern läßt, macht sich lächerlich. Beide Rechtsakte sind ohne die Kunst des Lesens und Schreibens kaum zu haben.

Über die bürgerliche Nutzanwendung des Rechnens wäre damit bereits das Wichtigste gesagt. Wo der Schichtbeginn um 6.30 Uhr die Einteilung des Tages durch Sonnenauf- und -untergang abgelöst hat, und der Lohn durch einen Rechentrick bei der Steuererklärung mehr Aufschwung erfährt als durch jede Tarifrunde, da sind wenigstens elementare Kenntnisse der Arithmetik erforderlich. Nur sie erlauben es den Allgemeingebildeten, sich in der Einteilung von Zeit und Geld zurechtzufinden, die das bürgerliche Leben mit sich bringt.

1.3. Sprache und Nation

Die Beherrschung der deutschen Sprache in Wort und Schrift läßt sich zwar von Privaten fürs Private nutzen. Daß sie aber als Mittel des staatlichen Zugriffs *auf* Private zur Allgemeinbildung zählt, beweist am schönsten der Auftraggeber selbst. Mit einer Hochsprache für sich, die auf dem staatlichen Territorium allgemein gesprochen und verstanden wird, gibt sich kein Staat zufrieden. Er erhebt sie zur *Amts*sprache, die sich über Dialekte und abweichende Vorlieben hinwegsetzt. Sie ist sogar Voraussetzung für eine Einbürgerung. Als privates Hobby ist ein Dialekt zwar akzeptiert und sogar angesehen. Aber prüfungsrelevant ist ausschließlich die Amtssprache mit ihren staatlich dekretierten Normen. Daß es sich dabei nicht um eine penible bis übersteigerte Sorgfalt hinsichtlich der Allgemeinheit und Eindeutigkeit handelt, die einer Sprache vernünftigerweise eigen sein muß, beweisen Sprachenstreits und der staatliche Umgang damit. So sind die Südtiroler zwar alle des Italienischen mächtig, pflegen aber zugleich aus nationalistischen Gründen das Deutsche. Ein Verständigungsproblem im wörtlichen Sinne existiert deswegen nicht. Aber der italienische Staat weist dies als unerlaubte Entfernung aus der Amtssprache zurück. Im Falle Südtirols dadurch, daß er das Deutsche in dieser Region zur zweiten Amtssprache erhebt und den mittels der Spracheigenart vorgetragenen politischen Separatismus auf diese Weise zurückweist. Sprache *ist* zwar nicht Zugriff auf ein Volk, aber sie wird *in dieser Absicht* und *dafür* von Staats wegen dekretiert.

Den sprachlichen Separatismus, den eine zivilisierte Demokratie bei *sich* verbietet, den erhebt sie aus demselben Grund bisweilen andernorts zum Gebot. Die Sorge der Bundesregierung um deutschsprachige Schulen auf den Territorien der ehemaligen Ostblock-Staaten bis hin zu einer deutschstämmigen Wolga-Republik verdankt sich gewiß nicht dem Bemühen, die Fähigkeiten zu sprachlicher Verständigung bei einigen Zeitgenossen zu fördern. Deutschstämmige in Rußland wären unter rein linguistischen Gesichtspunkten mit dem Russischen sicher besser bedient, das in dortigen Amtsstuben und Supermärkten die Regelsprache sein dürfte. Aber als Rechtstitel auf deutsche Zuständigkeit und Einmischung ist die deutsche Sprache dort am rechten Platz. Verfahren wird dabei nach der beachtlichen Logik, daß man der *Sprache* eines Menschen ansieht, wem er *gehört* und welche Gewalt also über ihn das Sagen hat. Die Sache hat Tradition. Schon das Staatsministerium Wilhelms I. zeigte sich beunruhigt wegen der

> *»seit längerer Zeit gemachten Wahrnehmung, daß in den polnisch-katholischen Teilen der Monarchie die Germanisierungsaufgabe der Elementarschulen in den Hintergrund gedrängt, der deutsche Sprachunterricht vernachlässigt wird und zugleich das polnische Sprachgebiet zunimmt ... und somit Zustände eintreten, die ... einen staatsgefährdenden Charakter annehmen.«* (Geschichte der Erziehung, 359)

Daß am Ende ein allgemeingebildeter Staatsbürger das staatliche Verlangen als Gefühl pflegt, das in der Sprache eine vorpolitische, völkische Gemeinsamkeit verehrt, die zu ihrer Vollendung eines entsprechenden Staates bedarf, macht die Sache nicht besser, eher schlimmer.

***

Die zivilisatorische Errungenschaft des Lese- und Schreibunterrichts besteht darin, die Menschheit mit dem geistigen Rüstzeug für die Schulkonkurrenz wie die selbständige Einfügung in Staat und Recht auszustatten. Als Mittel wissenschaftlicher Großtaten kommen diese Fertigkeiten für die Mehrzahl nie in Betracht. Insofern ist verständlich, wieso ein Kultur- und Exportweltmeister wie die BRD damit leben kann, daß nach neun bis zehn Jahren Allgemeinbildung Heerscharen von Legasthenikern die Lehranstalten verlassen.

2. Sachkunde

Eine sachkundige Einführung in die Welt, wie sie ist: Dagegen kann man schwerlich etwas einwenden. Die Auffassungen auch der Kleinen sollten die Realität schließlich ein wenig treffen und nicht an ihr vorbeigehen. Der Realitätssinn, den Brecht mit seiner Ironie geißelt, ist allerdings von einem anderen Schlage.

Der bürgerliche Begriff des Realismus meint nämlich nicht die theoretisch korrekte Bestimmung der Realität, sondern deren Akzeptanz, und zwar ohne jede Prüfung. Es ist die Leistung des Sachkundeunterrichts, diesen Unterschied nicht zuzulassen, ja ihn nicht einmal zur Kenntnis zu nehmen. Die Sache, von welcher der gleichnamige Unterricht handelt, schließt nämlich *natürliche* ebenso wie *gesellschaftlich erzeugte* und *erzwungene* Lebensumstände ein, als sei beides von einer Naturnotwendigkeit, die nur noch eine Frage zuläßt: Wie muß man sich auf ihre Eigenarten einstellen, um sie handhaben zu können?

So ist der Sachkundeunterricht Ideologie, längst bevor eine bestimmte Thema ist. Lohn, Preis, Profit und Polizei rangieren im Lehrplan Sachkunde ungeniert neben Ampelanlagen, Füllfederhaltern und Sammelheftern. Und alles gilt gleichermaßen als Freund und Helfer für all diejenigen, die sich im Gebrauch dieser Einrichtungen sachkundig gemacht haben.

Und damit macht der Unterricht ernst. Er ist die *praktische Einübung* von elementaren Kenntnissen und staatsbürgerlichen Verhaltensweisen, die sich gehören. Zunächst einmal wird der frischgebackene Erstklässler unter dem Stichwort damit vertraut gemacht, daß die natürlichen Voraussetzungen seines staatsbürgerlichen Daseins einen Auftrag zur Pflege darstellen. Er lernt nicht nur, daß und wie man sich die Zähne putzt. Er weiß auch bald das Lied von der gesunden Ernährung zu singen:

> *»Er (der Schüler; F.H.) ist zur regelmäßigen Körperpflege und Hygiene angeleitet worden. Er weiß, daß seine Gesundheit und sein Wohlbefinden von gesunder Ernährung, ausreichendem Schlaf und Bewegung in frischer Luft abhängen. Er hat gelernt, die Bedeutung einer abwechslungsreichen Frisch- und Mischkost zu ermessen. Er kann selbst einfache Speisen zubereiten.«* (Lehrplan Sachunterricht, 21)

Kein Einwand gegen geputzte Zähne und frisches Obst! Bemerkenswert aber ist dennoch, mit welcher Selbstverständlichkeit hier den Kleinen eine gezielte Verwechslung nahegebracht wird. Die leiblichen Genüsse werden nicht daraufhin befragt, ob sie gut schmecken, sondern ob sie als gelungener Beitrag zur Gesundheit gelten können.

Es ist zwar heutzutage gute Sitte, Diät-Margarine gegen das Infarkt-Risiko und Onkel Dittmeiers Saft oder einen Schokoriegel gegen Abgespanntheit aufzutischen. Aber eine *Medizin* ist die Ernährung von Hause aus dennoch nicht. Trotzdem wird sie nicht nur in Werbespots als solche angepriesen und behandelt.

Die in einer Marktwirtschaft betriebene ausgiebige *Vernutzung* der Gesundheit hat nämlich dazu geführt, daß das Gros der Menschen in dieser bloßen *Voraussetzung* ihrer diversen Vorhaben selber einen *Zweck* sieht. Und zwar den obersten.

Dabei ist nicht einmal Ernährungswissenschaftlern verborgen, daß Herzinfarkt und Abgespanntheit in der Mehrzahl der Fälle von einem Arbeitsplatz herrühren, der die Leistungsverausgabung zum Zwecke der Gewinnsteigerung organisiert.

An der Güte und Normalität dieser Sorte Arbeit zweifelt niemand. Lieber werden Küche und Herd in eine Apotheke verwandelt, deren Utensilien von Reformhäusern und Ökobauern stammen. Das hilft zwar nichts, weil die kostengünstige Entsorgung von kapitalistisch produziertem und staatlich dosiertem Umweltdreck die Böden auch der schlauesten Bauern vergiftet, nicht erst seit Tschernobyl. Aber eine zukunftsträchtige Geschäftsbranche mehr ist dadurch schon entstanden.

Sinnlos ist die gesundheitliche Unterweisung der Kleinen dadurch nicht. Sie haben sich den Zynismus gegen sich selbst zur Gewohnheit zu machen, in *privaten* Fragen der Gesundheit und Ernährung alle erdenkliche Vor- und Rücksicht walten zu lassen, damit sie für den rücksichtslosen *gesellschaftlichen* Verbrauch ihrer Gesundheit physisch gerüstet sind. Die obligate Warnung vor

»gesundheitsschädigenden Wirkungen gängiger Alltagsdrogen (z.B. Alkohol, Tabletten, Nikotin), (deren) Wirkungen von der Werbung meistens verschwiegen oder verharmlost werden« (Lehrplan Sachunterricht, 21)

darf also auf keinen Fall fehlen. Denn wenn die marktwirtschaftlichen Dreckschleudern eine gar nicht verschwiegene gehörige Rate von Pseudokrupp-Erkrankungen produzieren, wissen sich die Kleinen wenigstens zu helfen und können das Rauchen auf dem Schulklo einstellen.

Unter die gesellschaftliche Inanspruchnahme des Körpers fallen auch die Keimdrüsen, obwohl sie im Regelfalle dem intimsten aller Verkehre vorbehalten sind. Der Sexualkundeunterricht der neunziger Jahre druckst nicht mehr mit der Geschichte von den Bienen und Blümlein herum, die ja doch nur dem Motto »Probieren geht über Studieren« Auftrieb gegeben hat. Heutzutage wird mehr Klartext geredet:

»Der Schüler hat erfahren, daß Geschlechtsverkehr, Zeugung, Schwangerschaft, Geburt und die Entwicklung des Kleinkindes in enger Beziehung zu Zuneigung, Zärtlichkeit und Liebe stehen sollten.« (Lehrplan Sachunterricht, 21)

Der Moralismus früherer Jahre ist nicht gestrichen. Das Geschlechtliche ist auch heute nicht schlicht eine Frage der Lust, wenn es nach dem Lehrplan geht. Es steht vielmehr in »enger Beziehung« zu jenem verantwortungsvollen Gebrauch der Geschlechtsorgane, der nach dem Willen des Staates in seiner Keimzelle, der Familie, mündet, mit oder ohne Trauschein. Aber dieser Moralismus wird nicht länger als Ersatz für einschlägige Hinweise auf das Liebesleben, seine Folgen und Verhütungsmittel präsentiert. Diesbezügliche Unkenntnis hat sich nämlich als staatlich dysfunktional erwiesen, ablesbar an der Zahl von Früh- und Mußehen sowie gefallenen Müttern. In solchen Fällen hat der unbedachte jugendliche Tatendrang nämlich dafür gesorgt, daß seine Folgen einer staatsbürgerlich geordneten Existenz zuwiderlaufen. Die frühreifen Eltern können die Früchte ihrer Neigung zumeist weder ernähren noch ihre eigene Ausbildung für den Ernst des Lebens fortsetzen. Gesellt sich das unausweichliche häusliche Drama hinzu, ist statt der politisch erwünschten Keimzelle endgültig ein Fall fürs Sozialamt und die Gerichte entstanden. Um sich solchen Ärger zu ersparen, hat der staatliche Familiensinn die geifernden Sittenwächter in den Schulen an die Kette gelegt und einen Sexualkundeunterricht eingeführt, der offen über das Geschlechtsleben redet, weil er dessen staatstragende Rolle im Auge hat. Von einem

2.2. Verkehr

ganz anderer Art ist in einem zweiten Block der Sachkunde die Rede. Der Nachwuchs wird mit der Funktion von Ampeln und Verkehrszeichen aller Art vertraut gemacht, damit er nicht nur frisch gewaschen, sondern auch ohne größere Verletzungen seine Schulklasse erreicht. Gegen eine Unterweisung bezüglich der konventionellen Bedeutung von rot und grün, links und rechts im Straßenverkehr ist natürlich nichts einzuwenden. Wohl aber gegen einen seltsamen Modus der Argumentation, der sich da in die Aufklärung der Knirpse einschleicht. Begründungen des Typs, daß man bei rot nicht über die Straße gehen *darf,* spielen eine gehörige Rolle bei der Erörterung von Regelungen, die eigentlich bloße, aus der Vernunft aller Beteiligten entspringende Übereinkünfte zu sein hätten. Die *Erlaubnis* ist hier der ganze Argument*ersatz.* Daß ein Standpunkt oder ein Interesse nichts zählen, wenn sie nicht den Segen der höchsten Autorität hinter sich haben, das Recht, ist verbreitete Unsitte im staatsbürgerlichen Denken. Sie macht auch vor dem Verkehrsunterricht nicht halt. Die Kehrseite dieser Untertänigkeit gegenüber dem Recht ist die Unverschämtheit, mit der solchermaßen geschulte Verkehrsteilnehmer nicht selten aufeinander losgehen. Wer sich im Recht wähnt, das viel höher steht als alle Vernunft, der erzwingt auch schon einmal seine Vorfahrt, selbst wenn es dann kracht. Die Verkehrserziehung dürfte also nicht nur manchen Unfall verhüten helfen, sondern auch etliche mit verursachen, und zwar dank des Rechtsbewußtseins, das sie verbreitet.

2.3. Das Verhältnis zu den Mitmenschen

umreißt das nächste große Thema für alle Einschüler. Das Material dafür ist zunächst dem Umkreis kindlicher Zwistigkeiten daheim und in der Klasse entnommen:

> *»Sich einigen ist die beste Möglichkeit, ein Problem zu lösen.*
> *Marion will den Tierfilm sehen, Jürgen die Sportschau. Robert will Schallplatten hören, Birgit muß Hausaufgaben machen. ... Ein Übereinkommen, bei dem jeder ein wenig nachgibt, nennt man einen Kompromiß.«* (Mein Weg in die Welt 3, 15)

Die skizzierten Streitfälle sind in der Tat einer vernünftigen Auflösung per Einigung fähig. Die genannten Interessen schließen sich ja nicht wechselseitig aus. Sie sind lediglich verschieden, so daß eine simple Absprache über den Zeitablauf oder ein Verfahren zur Abwechslung das Problem aus der Welt schaffen kann.

Der nächste Akt offenbart jedoch, daß hier ein Mißbrauch dieser Wahrheit vorliegt. Die Einigung um des lieben Friedens willen soll nämlich anhand solcher zutreffenden Fälle in der Hauptsache auf all jene Kollisionen übertragen werden, in denen wegen des Gegensatzes der Interessen eine einvernehmliche Absprache weder möglich noch wirklich bezweckt ist. Dazu erfreuen sich Rollenspiele zwischen Schülern und Lehrer großer Beliebtheit. Die Kleinen dürfen sich in die Pose des Pädagogen begeben und die Klasse, also sich und ihr Gebaren kritisieren. Umgekehrt müht sich der Lehrer, aus der Optik der Kurzen eine Mängelliste seiner Wenigkeit zu fabrizieren. Am Ende weiß dann jeder, daß es die anderen mit einem selbst auch nicht leicht haben und ein Kompromiß zwischen beiden Interessen das Richtige wäre. Im Unterschied zu Marion und Jürgen, die sich mit Tierfilmen und Sportschau abwechseln und tatsächlich einen Kompromiß schließen, läßt der Fortgang des Unterrichts ein ähnliches Verfahren allerdings vermissen. Den Stoff diktiert weiterhin der Lehrer, die Zensuren treffen die Schüler – und nicht umgekehrt oder halbe halbe. Das *Amt,* das der Pädagoge verkörpert, verlangt schließlich die Zurichtung des Nachwuchses und läßt sich von diesem nicht dreinreden. Die Relativierung des eigenen Standpunkts als Prinzip wird also auch mit den Mitteln des *Betrugs* eingeübt. Ja, es besteht in letzter Instanz aus nichts anderem. Wenn nämlich *jeder* sein Interesse zurücknehmen soll mit dem Hinweis auf entgegenstehende Interessen *anderer,* dann gilt eben *kein* Interesse für sich. Ob und wieweit es Gültigkeit beanspruchen darf, entscheidet dann die Gewalt. Nein, nicht die Fäustchen sind gemeint, sondern die geballte Faust des Rechts, die besser unter dem schönen Titel Gewaltmonopol bekannt ist.

Vorerst aber machen die Kleinen mit dieser Einrichtung hautpsächlich Bekanntschaft in Gestalt von Großen, die sie als Erziehungsberechtigte betreuen und umsorgen. Der pflichtschuldige Respekt vor der Autorität läßt sich hier besonders gut nahebringen, weil sie im Gewand der Menschlichkeit auftritt, die es gut mit einem meint und deswegen die Unterordnung des Willens verdienen soll:

»Sind Tischsitten notwendig oder überflüssig?
Es ist einzusehen, daß nicht jedes Gericht gleich gut schmeckt. Dennoch ist es schlimm, wenn man bei Tisch am Essen herumnörgelt und den halbvollen Teller einfach stehenläßt.
Ein Dankeschön an die Mutter oder an jene Person, die das Essen zubereitet hat, erfreut immer.
Wer gar nicht genug bekommen kann und sich stets als erster bedient, braucht sich nicht zu wundern, wenn man ihn einen Vielfraß nennt.«
(Heimat- und Sachkunde in der Grundschule, 50)

Tischsitten sind also gar nicht so einfach. Wer tüchtig zulangt, macht es genauso verkehrt wie derjenige, der sich zurückhält, weil es ihm nicht mundet. Gut im Trend liegt nur der Heuchler, der den ihm aufgetragenen Teller verputzt, obwohl es ihm nicht schmeckt, und der seine Leistung mit dem kleinen Schwindel krönt, daß er der Mutter für das gelungene Mahl dankt. Der geistige Nährwert dieser Übung besteht in der Moral, daß ein *Bedürfnis* in dieser Welt nichts zählt, weder beim Beladen noch beim Entsorgen von Tellern. Und seine Bedienung hat auch dann als unverdiente Gnade begriffen zu werden, die eine Dankesschuld nach sich zieht, wenn von einer *Erfüllung* des Bedürfnisses gar nicht die Rede sein kann. Der pädagogische Wunsch nach solcher Untertänigkeit aus Prinzip sorgt dafür, daß dem kindlichen Sprachschatz von Anbeginn an ein Modalverb entzogen, ein anderes dafür oktroyiert wird. Es heißt nicht »Ich *will*«, sondern »Ich *möchte*«, weil der Wille nur in der zurückgenommenen Form des Wunsches akzeptiert ist, über den andere befinden.

2.4. Die Familie

ist der Mikrokosmos, in dem die Kleinen nach dem Willen des Lehrplans zweierlei lernen sollen. Erstens will die staatliche Organisationsform des Geschlechterlebens wie ein natürliches Nest genommen und geschätzt werden. Und zweitens soll der Nachwuchs darin die Identität von Interesse und Gehorsam erleben und erkennen. Was der Staat in trockenem Beamtendeutsch Keimzelle tauft und zum Gegenstand von Erziehungs- und Steuergesetzen erhebt, ist deswegen in einem Sachkundebuch für Grundschüler zunächst einmal eine natürliche Lebensgemeinschaft. Nehmen wir zum Beispiel – wie könnte sie auch anders heißen –

> *»Familie Fröhlich:*
> *Wir brauchen einander (Bild: Vater, Mutter und Kinder einträchtig beim Abwasch).*
> *Wir verstehen uns (Bild: Blumenpflückende Kindlein sind mit Vati und Mutti in einen Plausch vertieft).*
> *Eine Freude machen, helfen, beschützen, Mut machen, sich aussprechen, trösten.«* (Mein Weg in die Welt, 30f)

Diese Idylle ist arg übertrieben und deckt sich nicht ganz mit den Erfahrungen der Kleinen, die mit dem Abwasch eher Streit und Tränen als das harmonische Gemeinschaftserlebnis verbinden. Dennoch erinnert sie nicht zu unrecht daran, daß die zwischenmenschliche Zuneigung in der Regel wohl den Gründungsbeschluß für die häusliche Gemeinschaft und ihre Vergrößerung durch Nachwuchs abgibt. Was sich dann allerdings in ihr als Gemeinschaftsleben abspielt, ist viel weniger von menschlichen Neigungen als den wirtschaftlichen und politischen Umständen diktiert, unter denen die Menschen sich mit wie ohne Familie zu bewähren haben:

> *»In vielen Familien geht der Vater zur Arbeit, um Geld zu verdienen. Die Mutter hält die Wohnung sauber, kauft alles ein und kocht das Essen: Sie führt den Haushalt und kümmert sich auch am meisten um die Kinder. Es gibt auch Familien, in denen Mutter und Vater arbeiten gehen. Die Kinder sind dann den ganzen Tag über allein zu Hause.«* (Sachbuch, 8)

Zwar haben sich Mann und Frau in einem Anfall überschäumender menschlicher Gefühle ein Gemeinschaftsleben vorgenommen. Die Alternativen, zwischen denen es sich dann bewegt, sind allerdings weniger dem Menschlich-Allzumenschlichen entsprungen. Entweder der Zwang zum Geldverdienen fixiert den Mann für den Rest seines Lebens auf einen Beruf und die Frau auf Heim, Kind und Herd; oder die Frau muß angesichts des bescheidenen Einkommens die Doppelbelastung von Hausarbeit plus Nebenerwerb auf sich nehmen. Die Konsequenzen sind immer die gleichen. Wer das Ärgernis einer allzu knappen Haushaltskasse entschärfen möchte, muß Zeit opfern und hat damit an dieser Front die Anlässe für den häuslichen Streit vorprogrammiert, die er in Gelddingen umgehen wollte:

»Der Vater will abends in Ruhe die Zeitung lesen, aber Bernhard möchte unbedingt mit ihm ›Mensch ärgere dich nicht‹ spielen.« (ebenda, 10)

Das ärgert den Vater, weil er von seinem aufreibenden Job gestreßt ist. Nicht auf seinen Beruf, der mit seinem maßlosen Zeitbudget den *Grund* des Konflikts ausmacht, schimpft er dann im Normalfall, sondern auf seinen unartigen Sprößling, der keinen Frieden geben will. Das ist zwar unlogisch, wirkt aber dennoch überzeugend, weil es mit einer Erpressung vorgetragen wird.

»Familie heißt unter anderem: Geborgenheit und Liebe erfahren; Anerkennung, Verständnis, auch Ablehnung und Korrektur erleben bzw. hinnehmen müssen.« (Sachbuch Lehrerheft, 13)

Der Nutzen und die Zuneigung, welche die familiäre Geborgenheit und Versorgung dem Nachwuchs bietet, soll den *Respekt vor der Autorität* der Erzieher begründen. Und zwar auf Feldern, wo eine Bedienung des kindlichen Interesses ebenso wenig auszumachen ist wie eine vernünftig begründete Anweisung – nur deswegen ergeht ja die Forderung nach Unterwerfung. Nutzen begründet Gehorsam! Das ist die Maxime, die natürlich den Gehorsam bezweckt und den Nutzen nur als Köder mitführt. Bleibt der aus, wird der Nutzen entzogen. Wer sich der elterlichen Autorität nicht beugt, bekommt auch nichts zu essen! Weil also der Gehorsam bezweckt ist, hat er absolut zu gelten, und zwar auch unabhängig von einer *Prüfung* der Nützlichkeit der familiären Verhältnisse für das Kind. »Ich bin dein Vater«, dieser Satz muß dem reiferen Kind als Argument für verlangte Unterordnung ausreichen. Daß der Vater eine solche Anerkennung als Autorität verdient, darf sich das Kind damit plausibel machen lassen, daß der *gute Wille* dieser Autorität unzweifelhaft ist, weil sie den Nachwuchs gezeugt und gewollt hat. Mit diesem Argument macht sich das Verlangen nach Unterordnung von jeder Erklärung frei. Eine echte Autorität begründet eben nicht den pflichtschuldigen Respekt, sondern ist der ganze Grund dafür. Das kommt dem staatsbürgerlichen Gehorsam dann schon sehr nahe, wie er gegenüber maßgeblichen Instanzen in Staat und Gesellschaft im späteren Leben verlangt wird. Die Familie legt den Grundstein dazu. Sie macht dem Kind den Gehorsam nicht nur mit dem Hinweis auf die erfahrenen Vorteile schmackhaft. Sie hält es auch dazu an, die Bereitschaft zum Gehorsam von jeder Nutzenerwägung zu *trennen*. Und das ist unabdingbar für die Unterwerfung unter eine staatliche Autorität, die einen dem Familienleben vergleichbaren Nutzen gar nicht erst abwirft und bezweckt.

2.5. »Wir entdecken unsere Welt«

Nachdem der Schüler gelernt hat, seine Natur als Aufgabe zu begreifen und seinen Willen den Maßstäben seiner kleinen Welt in Schule und Familie anzupassen, darf er auf Entdeckungsreise gehen und Einblick in die eher große Welt von Wirtschaft und Politik nehmen.

Diese große Welt liegt dabei gleich vor der Haustür. Weil Politik und Kommerz mit ihren Einrichtungen keinen Quadratmeter verschonen, kennt jedes Kind in der häuslichen Umgebung »unseren Bäcker«, »unsere Post« und vielleicht auch »unser Rathaus«. Die bloße *Nähe* zum Standort Familie trägt diesem Umfeld den Ruf ein, dem Menschen genauso *nahezustehen* wie diese. So erklärt sich der exzessive Gebrauch des Possessivpronomens »unser«, obwohl doch ein Besitzverhältnis im wirklichen Sinne gar nicht vorliegt. Und was ein Stück von einem selbst ist, das kann nur *gut* sein. Die bloße *Vertrautheit* mit den Bedingungen der Lebensführung führt so nach der Logik der Heimatliebe zu dem Urteil, daß diese dann auch *liebenswert* und *brauchbar* seien. Das in diesem vorpolitischen Gefühl nur implizit ausgesprochene Placet gegenüber Staat und Wirtschaft wird beim gereifteren Schüler zum expliziten Gegenstand und Bekenntnis: Zur *nationalen* Identität ist die Heimatliebe der Jüngsten gediehen, wo nicht mehr nur Wald und Flur sowie die Vertrautheit mit der Nachbarschaft, sondern die staatlichen Einrichtungen selbst als nützlicher Dienst an der Menschheit gewürdigt werden, deretwegen man zu ihnen zu stehen hat.

Belege für eine solche Nützlichkeit lassen sich dann schon konstruieren, wenn dieses Vorurteil erst einmal gefaßt ist.

Zumal dann, wenn die kindliche Neugier auf der Entdeckungsreise in die große Welt das Pech hat, von kundigen Pädagogen begleitet zu werden. Auf diese Weise macht ein Schüler nicht einmal unverfälschte *Erfahrungen* mit der Welt, in der er lebt, weil die ganze Expedition von dem Vorurteil einer prinzipiellen Nützlichkeit ausgeht und gleichlautende Interpretationen ausstreut.

Entsprechend fällt der Besuch bei einem

Arbeitsplatz

aus:

> *»Wir erkunden unsere Umwelt:*
> *Wir besuchen einen Arbeitsplatz.*
> *– Brotherstellung*
> *– Schiffbauer*
> *– Zigarrenmacher«* (Lehrplan Sachunterricht, 24)

Das Ergebnis der Erkundung hält derselbe Lehrplan so fest:

> *»Der Schüler hat erfahren, daß Menschen in Berufen wichtige Aufgaben erfüllen.«* (ebenda, 22)

Natürlich hätte die Klasse auch an der Börse oder bei Krauss-Maffei vorbeischauen können, wo es ja ebenfalls Arbeitsplätze gibt. Das hätte aber den Unterricht auf dieser Altersstufe ein wenig erschwert. Der Blick auf Brote, Schiffe oder Zigarren im Unterschied zu geplatzten Wechseln oder Infrarotraketen soll nämlich die Kinder in dem Fehler bestärken, daß die innerhalb auch ihrer Vorstellungswelt als nützlich zu begreifenden sachlichen Produkte den menschenfreundlichen Zweck der Produktion von Gewinn ausmachen.

Wie verkehrt diese ihnen nahegebrachte Anschauung ist, könnten sie auf ihrer zweiten Etappe lernen. Auf dem

Markt

begegnen ihnen zwar die zuvor inspizierten nützlichen Dinge. Aber nicht in der Weise, daß sie an ihre Produzenten und potentiellen Nutznießer verteilt würden, auch wenn der pädagogische Leitfaden diese Interpretation noch so sehr empfiehlt:

> *»Der Markt kann als ein Ort interpretiert werden, an dem Kinder in unserer arbeitsteiligen Gesellschaft dem Phänomen der Verteilung von Waren begegnen.«* (Sach- und Machbuch, 57)

Statt dessen müssen die Kinder mit einer gewissen Frau Semmler die Erfahrung wegstecken, daß König Kunde nicht nur durch den Preis der Waren von den Gegenständen des Bedürfnisses getrennt ist. Mit Angebot und Nachfrage lernen sie auch noch das erpresserische Verhältnis der Warenproduzenten zu ihren Kunden kennen, die eine Sache umso teurer machen, je mehr sie benötigt wird:

> *»Frau Semmler will Erdbeermarmelade kochen. Am Morgen geht sie auf den Wochenmarkt, um einzukaufen. ... Vier Wochen später braucht sie wieder frische Erdbeeren ... Erstaunt stellt sie fest, daß die Erdbeeren auf dem Markt nun viel teurer sind als vor vier Wochen. ... Der Händler erklärt: ›Jetzt ist die Erntezeit vorbei...‹«* (Wir entdecken unsere Welt, 36)

Unseren kleinen Marktbesucher darf natürlich nicht stutzig machen, daß weniger teurer heißt. Vielmehr trägt ihm sein Lehrbuch eine *praktische Einstellung* zu Waren und Preisen auf, die nur deswegen vonnöten ist, weil an der rührseligen Geschichte vom Markt als *Verteiler* nützlicher Dinge kein Wort gestimmt hat:

> *»Erst überlegen, dann kaufen!*
> *Regeln für einen guten Einkauf:*
> *Vor dem Einkauf: Einkaufszettel schreiben.*
> *Beim Einkauf: Nur kaufen, was auf dem Einkaufszettel steht.*
> *Nach dem Einkauf: Preise auf dem Kassenzettel überprüfen.«* (Mein Weg in die Welt 2, 60)

Weil Preise das ärgerliche Hindernis für den Zugriff auf die schönen Dinge des Lebens darstellen, heißt es, sich einteilen. Wer seine Lektion im weiter oben besprochenen Kapitel Tischsitten gelernt hat und Mami also zur Abstattung seiner Dankesschuld für ein mißratenes Essen eine kleine Aufmerksamkeit über den Einkaufszettel hinaus nach Hause trägt, hat schon wieder alles falsch gemacht.

Geld

regiert nämlich die Welt. Und das muß man erst einmal haben, bevor man es ausgeben kann.

> *»Wo kommt das Geld her?*
> *Herr Gruber ist Maschinenschlosser. Er arbeitet von Montag bis Freitag in der Fabrik und verdient hier sein Geld. Frau Mederle ist in einer Bäckerei als Verkäuferin tätig. Am Ende eines jeden Monats erhält sie für die geleistete Arbeit einen Monatslohn. ... Du siehst, daß das Geld also nicht aus den Wolken fällt.«* (Heimat- und Sachkunde in der Grundschule, 34)

Es ist zwar nicht von Hause aus logisch, daß das Interesse an frischen Brötchen und Kleidern sich um die Beschaffung einer ganz anderen Sache bemühen muß, Geld. Aber der eingerichtete »Sachzwang« verlangt eben dies. Grund genug, es einzusehen. Weil die fiktive Alternative nicht zu Gebote steht und das Geld nicht aus den Wolken fällt, soll man die *Lohn*arbeit für die einzig realistische Weise des Lebensunterhaltes ansehen. Gerade so, als würde sie nicht erst durch das *Diktat des Geldes* dazu gemacht. Ob sie dann aber überhaupt für den Lebensunterhalt taugt, steht auf einem anderen Blatt:

> *»Mit dem Einkommen auskommen:*
> *Herr Söffker, 30 Jahre alt, ist Verkäufer in einer Möbelhandlung. Er verdient im Monat, wenn Steuern und andere Abgaben abgezogen sind, 1545,50 DM.*
> *Seine Frau ist 31 Jahre alt. Sie arbeitet stundenweise im Büro und verdient 605 DM. ... Frau Söffker bemüht sich, günstige Einkaufsangebote zu nutzen. Sie schreibt alle Ausgaben, die die Familie im Monat hat, in ein Haushaltsbuch. So können Herr und Frau Söffker immer genau übersehen, ob sie mit dem Einkommen der Familie auskommen.«* (Erproben und Begreifen 3, 39)

Warum kann ein gesunder 30-Jähriger mit seiner Arbeit eine Familie nicht ernähren? Weshalb bleibt trotz Doppelbelastung der Frau, die sich auch noch um Haushalt und Erziehung kümmert, das Auskommen mit dem Einkommen ein allmonatliches Rechenkunststück? Herrscht Knappheit an Gütern in einem Land, das Exportweltmeister heißt? Für mehr als das blanke Auskommen scheint der Monatsverdienst der Familie nicht zu taugen. Selbst das ist noch fraglich. Wo bleiben da die Genüsse des Lebens? Oder lebt der Mensch doch, um zu arbeiten – für andere, versteht sich?

Das wären so Fragen. Die interessieren nicht, weil es um das Zurechtkommen *mit* dem Mangel geht. Als Trainingsfeld für die Kleinen bieten Sachkundebücher von Auflage zu Auflage immer wieder dasselbe an. Ein natürlich knapp bemessenes Taschengeld, an dem jeder die Kunst erlernen kann, an sich und seinen Bedürfnissen zu sparen und sich bei alledem doch reich vorzukommen:

»Was machst du mit deinem Taschengeld?
Äpfel, Birnen, Aprikosen, Hemden, Kleider, Strümpfe, Hosen, einen Farbstift und ein Buch, einen Ball, ein buntes Tuch und noch einen ganzen Haufen kannst du dir für Geld wohl kaufen. Doch es gibt auf dieser Welt sehr viel Schönes ohne Geld: Sternenhimmel, Sonnenstrahlen, dafür brauchst du nichts zu zahlen. Und dazu ist dir das Größte, Schönste, Kostbarste und Beste einfach als Geschenk gegeben. Was das ist? Dein eignes Leben.« (Mein Weg in die Welt 2, 62f)

Der

Staat

mit seinen diversen Einrichtungen macht den zweiten Teil jener Entdekkungsreise aus, die Kindern die Welt, in der sie leben *müssen,* so nahebringt, daß sie in ihr leben *wollen.* Großer Beliebtheit erfreut sich ein Besuch bei der Polizei:

»Wozu Polizei?
Er hat Schmuck gestohlen und rennt gerade weg. ›Nun ja, der Eigentümer wird es ihm schon abjagen.‹
Sabine hat im Gewühl der vielen Menschen ihre Mutter verloren. ›Nun ja, sie soll halt suchen oder die Leute fragen.‹
Der Präsident eines befreundeten Landes ist in Bonn zu Besuch. ›Nun ja, ihm wird schon nichts passieren. Er soll halt selbst auf Terroristen aufpassen.‹
Braucht man nun die Polizei oder hat jener recht, der seinen Satz immer wieder mit ›Nun ja...‹ begann?« (Heimat- und Sachkunde in der Grundschule, 44)

Natürlich braucht der Mensch seinen Freund und Helfer, will die rhetorische Frage sagen. Die Beweisführung dieser Bildgeschichte bedient sich dabei des Zirkels, die *Aufgaben* der grün berockten Staatsdiener unter *Abwesenheit* einer Polizei vorzustellen. Dann fehlt natürlich prompt, was zuvor weggedacht wurde. Ein Staatsbesuch ohne Polizeieskorte, einfach undenkbar! Leider krankt diese Argumentation daran, daß die grün uniformierte Staatsgewalt hier zur *Lösung* von lauter Problemen herbeigewünscht wird, die es *ohne* ihr Wirken gar nicht gäbe. Das Eigentum beispielsweise steht unter dem Schutz des Staates. Daß jeder eines hat, zählt er dagegen nicht zu seinen Aufgaben. Und da das Gros der Menschen von Arbeit so schlecht leben kann, weil sie der Vermehrung fremden Eigentums dient, bleibt es nicht aus, daß manch einer unter Umgehung der Gesetze des Eigentums versucht, ein solches zu erlangen. Diesen von ihm selbst *produzierten* Fall von Eigentumsverletzung degradiert der Staat dann mit seiner Polizei zur gesellschaftlich verkraftbaren Ausnahme, indem er das Risiko jedes Verbrechens durch immer perfektere Verfolgungsmethoden und Strafmaße in die Höhe treibt. So bleibt das Eigentum geschützt – und damit der Gegensatz von vermögenden Arbeitgebern und minderbemittelten Arbeitnehmern, der dem Wachstum des Kapitals so gut bekommt. Einem *menschlichen* Problem ist das Gewaltmonopol gar nicht beigesprungen. Es hat *sich* Probleme vom Hals geschafft, die Menschen *ihm* und seiner Rechtsordnung machen. Daß man es natürlich genau andersherum sehen soll, belegt die dritte Episode der obigen Bildgeschichte. In ihr wird – um auch einmal ein Bild zu benutzen – jenes traurige Geschöpf namens Sabine, das seine Mutter im Menschengewühl verlor, vom Polizeipräsidenten persönlich im Wasserwerfer nach Hause gefahren, damit jeder merkt, wozu die Polizei so seltsame Fahrzeuge benötigt.

2.6. Natur und Umweltschutz

Daß die Kleinen unter diesem Stichwort Blätter heimischer Baumarten sammeln und in ihrem Poesiealbum trocknen, ist die harmlose Seite der Veranstaltung. Daß sich dieselbe Übung bei Fröschen, Goldhamstern und höherem Getier nicht geziemt, muß auch nicht unbedingt ein verwerfliches Lernziel sein. Ansonsten aber gilt von dieser Sparte des Unterrichts, daß sie den Grundschüler nicht in die Natur und ihre Geheimnisse, sondern in die diesbezügliche bürgerliche Leib- und Magenideologie einweist:

»– *Der Schüler kennt mindestens eine typisch norddeutsche Landschaft, deren Nutzung und Gefährdung durch den Menschen.*
– *Der Schüler weiß um die Bedeutung des Umwelt- und Naturschutzes.*
– *Der Schüler kann die Trinkwasserversorgung darstellen. Er kennt die Gefahren durch Umweltverschmutzung und ist sensibilisiert worden, über Fragen des Umweltschutzes nachzudenken und dafür einzutreten. ...*
– *Er hat gelernt, preisgünstig und umweltbewußt einzukaufen.«* (Lehrplan Sachunterricht, 22)

Die Natur tritt den Pimpfen hier nicht in ihrer unschuldigen Rohform, sondern gleich als kapitalistisch benutzte und entsprechend ruinierte Lebensgrundlage gegenüber. Oberstes Lernziel ist die unter dem Begriff Umwelt zusammengefaßte Ideologie, die zwischen Tätern und Opfern nicht unterscheidet und den Menschen zum Schädling erklärt, der sich an der Natur vergreift. Dabei ist die Überdüngung von Böden mit den einschlägigen Folgen für das Grund- und Trinkwasser keine Erfindung des Menschen, sondern staatlich geförderte Praxis von Agrarkapitalisten, die mit Gülle und Gift ihre Hektarerträge steigern. Die Phosphate, die die trostlose Figur des Verbrauchers mit ihrem

Vollwaschmittel beisteuert, beweisen durchaus nichts Gegenteiliges. Der Konsument hat dergleichen als Zutat für die Ware nicht bestellt, kann es auch nicht abbestellen. Die Wahl zwischen Waschmitteln mit und ohne Umweltengel hat er auch nur dann, wenn Fabrikanten mit der Umweltmasche einen mindestens gleichwertigen Profit erzielen. *Der* entscheidet nämlich über die verwendeten Rohstoffe und Fertigungsverfahren. *Seinetwegen* finden zahlreiche Schadstoffe ihren Weg in die Natur, sei es, weil sie gewinnförderliche Mittel der Produktion, sei es, weil sie deren kostengünstig entsorgtes Abfallprodukt darstellen.

Das Lernziel verordnet eine andere Sicht der Dinge. *Dem Menschen* wird als Übeltat zur Last gelegt, was die Folgen seiner marktwirtschaftlichen Benutzung in Produktion und Konsumtion sind. So ist dafür gesorgt, daß Kritik nie an die Ursachen heranreicht, weil sie gar nicht mehr anders denn als falsche *Selbst*kritik das Licht der Welt erblickt.

Nach vier Jahren Schulunterricht besitzen solchermaßen gebildete Schüler eine beachtliche Reife. Das ganze System von Kommerz und Gewalt ist ihnen in seiner Elementarform als Dienst an der Menschheit vertraut. Die einzige Schwachstelle des Systems ist *der Mensch selbst*, der deswegen kundiger Führung und Aufsicht bedarf.

2.7. Die Logik der Sachkunde

die zu solch stattlichen Ergebnissen führt, faßt sich wie folgt zusammen:

Zunächst werden natürliche wie gesellschaftlich produzierte und diktierte Lebensumstände ineinsgesetzt. Beides gilt gleichermaßen als unabweisbar *sachliche* Voraussetzung der Lebensführung. Deren Brauchbarkeit wird – zweitens – dann nicht etwa *ermittelt,* sondern *vorausgesetzt.* Die Kinder sollen nach dem Willen der Pädagogen nämlich die Nützlichkeit der Welt für den Menschen *erfahren,* als wäre sie deren tatsächliche Eigenschaft. Der dritte Schritt zielt schließlich auf das *praktische Zurechtkommen* der Kleinen mit den ihnen vorausgesetzten Zwängen. Das Erziehungsprodukt liegt in der Fähigkeit zu selbständiger Akkomodation an die verlangte Dienstbarkeit.

Ein kleiner Widerspruch haftet dem ganzen Modus der Unterweisung gleichwohl an. Die *guten* Erfahrungen, die der geistige Ausflug an Vatis Arbeitsplatz oder auf Muttis Wochenmarkt den Kindern bescheren soll, kommen ohne die *schlechten* gar nicht aus. Gewiß kann man für Geld auf dem Markt alles kaufen.

Zählt man dergleichen zu den guten Erfahrungen, wird man auch die schlechte Erfahrung einräumen müssen, daß man wegen desselben Geldes etliche Sachen *nicht* kaufen kann, weil es fehlt. Und die angeblich gute Erfahrung, am Arbeitsplatz würde für die Wohlfahrt der Menschen gebastelt, kontrastiert ein wenig mit der anderen Erfahrungstatsache, daß Vati immer erst sehr spät und abgekämpft nach Hause kommt.

Auf dem Feld der blanken Erfahrungen würden sich so Plus und Minus die Waage halten. Der loyale Staatsbürgerglaube an das *Gute* in der Welt verlangt deshalb nach einer geistigen Vermittlung der erfahrenen Schlechtigkeiten. Eine *Theorie* ist verlangt, aus der sich gute wie schlechte Erfahrungen *begründen.* Und zwar auf eine Weise, die den Zweifel in die Tauglichkeit der Welt, wie er aus schlechten Erfahrungen nun einmal erwächst, tilgt. Diese Aufgabe erledigt der zweite Teil der Allgemeinbildung, der den ersten vier Grundschuljahren folgt. Die logische Zäsur ist am Jargon merklich: Von jetzt ab werden die nun Zehnjährigen unablässig mit der Forderung konfrontiert: »*Begründe* deinen Standpunkt...«. *Zweifel* in die Haltbarkeit von allem und jedem werden systematisch ausgestreut – als Aufgabe zu ihrer theoretischen Überwindung. Auch das Fach nennt sich nun etwas anspruchsvoller:

3. Gesellschaftslehre

In der Abteilung

3.1. Wirtschaft

lernt der entsprechend vorgebildete Nachwuchs nun, daß das

Tauschmittel,

mit dem er seine ersten Erfahrungen auf dem Wochenmarkt und beim Taschengeld gemacht hat, eine überaus sinnreiche und wohlbegründete Erfindung der Menschheit ist:

> *»Die arbeitsteilige Produktion erzwingt den Güter- und Leistungsaustausch. Wenn nicht mehr jeder alles herstellt, was er für seinen Lebensunterhalt benötigt, sondern auf die Herstellung eines bestimmten Gutes spezialisiert ist, ist jeder auf die Leistungen der übrigen Produzenten angewiesen. In einer Naturaltauschwirtschaft wurde Ware gegen Ware getauscht. Es war also für das Zustandekommen des Tausches nötig, daß derjenige, der z.B. ein Schwein gegen Getreide tauschen wollte, jemanden fand, der umgekehrt Getreide gegen ein Schwein hergab. Dadurch waren Tausch und Arbeitsteilung erheblich erschwert. Geld macht einen relativ reibungslosen Güter- und Leistungsaustausch möglich.«* (Grundlagen der Wirtschaftswissenschaften, 70)

Geld gilt also als Mittel der Tauscherleichterung, das angeblich die zeitraubende Umständlichkeit des Naturaltausches beseitigt. Dabei ist schon der liebevoll ausgemalten Produktion von Naturalien anzumerken, daß der allseitige Tausch ihr Prinzip wohl nicht war. Daß der Schweinezüchter den entsprechend interessierten Getreidebauern überhaupt auftreibt, ist ja selbst in der Erzählung zum bloßen *Zufall* herabgesetzt, kann also die Regel nicht gewesen sein. Es verhält sich vielmehr so, daß der oben ausgemalten Produktion von nützlichen Gebrauchswerten das im Kapitalismus herrschende Prinzip des allseitigen Tausches unterschoben wird – allerdings unter Abwesenheit des Tauschmittels Geld. Prompt fehlt der Naturalwirtschaft das Geld. Oder umgekehrt: Die Geldwirtschaft gilt als perfektionierte Naturalproduktion, die auf die Herstellung und Verteilung nützlicher Gebrauchswerte zielt.

Dabei macht der Tausch von Schwein gegen Getreide und der heute so beliebte Austausch von allem und jedem gegen Geld einen Unterschied ums Ganze. Wo nämlich jedes nützliche Ding für einen Markt, also den *Verkauf* hergestellt wird, da ist die Versorgung der Menschen mit Gebrauchsgütern nicht bezweckt. Der Hersteller ist an dem nützlichen Ding für sich *nicht* interessiert, weil es nur als Mittel der Geldeinnahme taugen soll. Und auf seiten des Abnehmers gilt ebensowenig, daß durch den Verkauf das Bedürfnis nach Brauchbarem befriedigt werden soll. Dies ist vielmehr der Erpressungshebel für den Verkäufer, möglichst viel Geld aus dem Kunden herauszuschlagen. Deswegen unterbleibt auch mancher Verkauf. Nicht, weil es am Bedürfnis fehlt, sondern an dessen Zahlungsfähigkeit.

Mit diesen geistigen Fehlleistungen läßt sich aber immerhin eine Marktwirtschaft, welche jedes Bedürfnis zum bloßen Mittel des Zwecks der Geldvermehrung herabsetzt, als das glatte Gegenteil feiern. Das Geld erspart der Menschheit angeblich einige Mühsal bei der Erlangung nützlicher Gebrauchsgegenstände.

Unter dem Regime des so hochgelobten Geldes bricht allerdings kein allseitiger Wohlstand aus. Der Mehrzahl ist das Geld weniger als Erleichterung denn als Hindernis des Tausches vetraut. Zu oft fehlt es nämlich an Barem. Daß also trotz der wundersamen Erfindung der Tauscherleichterung die Bäume nicht in den Himmel wachsen, will auch noch begründet sein.

Knappheit

heißt die lapidare Auskunft der studierten Lehrmeister:

> *»Wären die Produktionsfaktoren unbegrenzt vorhanden, so gäbe es keine wirtschaftlichen Probleme. Jedes Gut könnte in beliebiger Menge hergestellt, jeder menschliche Wunsch erfüllt werden. ... In der Welt, in der wir leben, gilt jedoch das Gesetz der Knappheit, auch für die Überflußgesellschaften der Industrienationen, hier freilich auf einer ungleich höheren Ebene als in den Entwicklungsländern oder zur Zeit unserer Vorfahren. Der Einzelne muß wählen, ob er seine knappen Mittel für einen Phonokoffer oder für ein Fahrrad, für mehr und feinere Nahrungsmittel oder für eine bessere Wohnung verwenden will.«* (Grundwissen Wirtschaft, 6f)

Daß die Mittel des Produzierens nur *begrenzt* vorhanden sind, ist kein Drama, nicht einmal eine Eigentümlichkeit, die Produktionsmittel von anderen Dingen des Lebens unterscheidet. Die Bedürfnisse, um deren Befriedigung es hier geht, eingeschlossen. Daß im *Ausgangspunkt* des Produzierens die Mittel der Produktion wie Konsumtion hinter dem Bedarf zurückbleiben, wird schon so sein. Diesen Zustand allerdings als dauerhaften und unüberwindbaren *Endpunkt* allen Wirtschaftens zu behaupten, ist eine interessierte Falschmeldung. Sie zehrt von der verkehrten Unterstellung, dem Bedürfnis eine *Maßlosigkeit* zu attestieren, deretwegen jedwede Vermehrung produktiver wie konsumtiver Mittel den Status der Knappheit nie überwindet. Dabei wird dergleichen schon bei so elementaren Verrichtungen wie dem Essen und Trinken widerlegt. Der Inhalt des Bedürfnisses gibt auch das Maß für seine Befriedigung vor, und das ist, wie selbst gute Esser und Trinker zu berichten wissen, *endlich,* statt *unbegrenzt.* Und neu geweckte Bedürfnisse, für die übrigens dasselbe gilt, haben es auch nicht an sich, ihrer Zahl nach unendlich zu sein. Schließlich überführt sich das sogenannte Gesetz der Knappheit im Zitat selbst der Lüge, weil es – ausgerechnet! – in der *Überfluß*gesellschaft gelten soll. Daß dennoch allgemeines Kopfnicken aufkommt, wenn von der Knappheit in unserer industrialisierten Welt die Rede ist, beruht auf einer Verwechslung. Dem Überfluß an *Kapital,* das in Warengestalt die Kaufhäuser füllt oder als Geld die Bilanzen aufbläht, steht die im Geldbeutel der Massen *erzwungene* Knappheit gegenüber. Wo das Wachstum von investierten Geldern den Lebensunterhalt derer, die es produzieren, als knapp zu kalkulierende Lohn*kost* behandelt, da werden für den Verbraucher tatsächlich Phonokoffer und Fahrrad zu sich *ausschließenden* Alternativen – mitten im kapitalistischen Überfluß, der einen Exportrekord nach dem anderen verzeichnet.

Solchermaßen geistig ausstaffiert, weiß der Siebtklässler nun, warum das liebe Geld, obwohl angeblich als allgemeine Lebenshilfe erfunden, zum Schlaraffenland nicht führt. Ein Mißverständnis haftet solchen Robinsonaden freilich an. Sie könnten ja immerhin den Schluß nahelegen, daß die Menschheit es angesichts der Knappheit mit ihrem Schmiermittel des Tausches zumindest dahin gebracht hat, daß alle zwar bescheiden, aber *gleichermaßen* gut von den Früchten einer arbeitsteiligen Naturalienproduktion zehren. Hier tut ein Blick in die Wirklichkeit not.

Die soziale Marktwirtschaft,
um deren Begründung zwecks Verehrung es ja geht, konfrontiert den Nachwuchs nach Schulabschluß mit Fragen ganz anderen Kalibers:

> *»Die erste grundlegende Entscheidung eines jungen Menschen lautet: Werde ich Lohnabhängiger oder Selbständiger? Die Wahrscheinlichkeit, daß die Entscheidung zugunsten der selbständigen Erwerbstätigkeit ausgeht, ist nicht mehr so groß wie noch vor dreißig oder fünfzig Jahren. ... Voraussichtlich werden über 40% deines Geburtsjahrgangs ihren Lebensunterhalt als Arbeiter oder als Arbeiterinnen sichern müssen.«* (Lernfeld Gesellschaft, 136ff)

Soeben bestand noch die Welt aus einem arbeitsteiligen Miteinander von Hinz und Kunz, die Schweine und Getreide füreinander produzieren und tauschen. Jetzt belehrt der Blick in die Wirklichkeit die staunende Jugend, daß die Welt der Arbeit im wesentlichen in zwei Tätigkeiten zerfällt, die in ihrem Namen auf gar keinen besonderen Gebrauchswert wie Schnitzel oder Brot bezogen sind: Lohnabhängige und Selbständige gibt es da. Die Entscheidung sollte da leicht fallen. Wer ist schon gerne *abhängig?* Dennoch weiß das Lehrbuch, längst bevor die Schulabgänger ihre Entscheidung getroffen haben, wie sie ausgeht: Knapp die Hälfte bevorzugt das Los der Abhängigkeit.

Das alles könnte den aufmerksamen Leser einigermaßen verwundern, weil es so gar nicht zu der vorher ausgemalten Idylle einer arbeitsteiligen Versorgungswirtschaft passen will. Es hat dennoch seine Richtigkeit, weil Robinsonaden dieser Art die Realität nicht *erklären,* sondern lediglich rechtfertigen wollen. Und in der geht es eben anders zu als in den wirtschaftswissenschaftlichen Märchen, die in die Schulen Einzug gehalten haben. Die Vermehrung des privaten Eigentums, das sich in Geld beziffert und mißt, ist der Zweck der Marktwirtschaft. Wer über ein solches Eigentum nicht verfügt, hat keine andere Wahl, als seine Arbeitskraft zur Vermehrung fremden Eigentums zu verkaufen. Mit diesem erpresserischen Gegensatz zwischen Lohnabhängigen und Eigentümern, daher Selbständigen, kann zumindest eine Seite gut leben: die kapitalistische Wirtschaft, die mit ihrem Wachstum auch manchen »sozial Schwachen« hervorbringt.

Das macht den Verehrern dieses Systems kein großes Kopfzerbrechen. Das Lob auf die freie Marktwirtschaft veträgt sich nämlich blendend mit der Entdeckung, daß es in ihr Arm und Reich gibt:

> *»Wohlstand für alle, das ist ein Ziel, das vermutlich nie alle erreichen werden, vielleicht auch nicht alle erreichen wollen. Es wird auch in Zukunft viele Leute geben, die in engen Wohnungen leben, die ärmlich gekleidet sind, die im modernen Schlaraffenland – in den Lebensmittelabteilungen der Warenhäuser – nicht alles kaufen können, was sie gern kaufen möchten. ... Was der einzelne Mensch besitzt oder besitzen möchte, wieviel Wohlstand er verwirklichen kann oder auf wieviel er verzichten muß, das hängt auch von seiner persönlichen Leistungsfähigkeit (Können) und seiner Leistungsbereitschaft (Wollen) ab.«* (Arbeitslehre 3, 83)

Daß Erfolg und Mißverfolg eine Frage der persönlichen Leistung sind, ist ein Gerücht. Ob ein Schulabgänger beispielsweise die gut dotierte Karriere des selbständigen Unternehmers oder die proletarische Laufbahn einschlägt, ist in erster Instanz nicht eine Frage dessen, was einer *kann* und *will,* sondern was er *hat.* Ein Eigentum, das für den Konsum nicht gebraucht wird und seiner Vermehrung fähig ist, sollte man schon mitbringen, will man die erste Laufbahn einschlagen. Daß heutzutage selbst Arbeiterkinder das Abitur und den Aufstieg in die gehobenen Positionen schaffen, sollte man tunlichst nicht als Beweis fürs Gegenteil anführen. Gewiß kommen solche Bildungsanstrengungen *ohne* die Bereitschaft und Fähigkeit zur Leistung nicht aus. Das *Kriterium* für den Erfolg liegt darin gleichwohl nicht.

Der geistige Nährwert dieser verkehrten Leistungsideologie ist unbestreitbar. Mit ihr lassen sich nämlich alle *notwendigen* Mißerfolge, die durch die Schönheiten der Marktwirtschaft erzwungen werden, als eigentlich *vermeidbare* wegstecken. Es gehört zur gesitteten humanistischen Allgemeinbildung, selbst die mißliche Lage von Arbeitslosen nicht der kapitalistischen Kalkulation mit deren Lebensunterhalt, sondern mangelndem Leistungswillen anzulasten.

Natürlich darf die brauchbare Seite dieser Ideologie nicht dadurch aufs Spiel gesetzt werden, daß die Schüler sie am Ende nicht nur *glauben,* sondern auch noch auf ihrer praktischen Einlösung bestehen:

> *»In einer Gesellschaft, in der wenige viel besitzen und die meisten im Verhältnis dazu nur wenig, hoffen die meisten, sie könnten durch Tüchtigkeit zu den wenigen Besitzenden aufsteigen. Warum kann bei uns nicht jeder Millionär werden? Der Volksmund bemerkt übrigens dazu: ›Wer nichts erheiratet und ererbt, bleibt ein armes Luder, bis er sterbt.‹«* (Lernfeld Gesellschaft, 145f)

Der Volksmund, der ist schlau. Er beherrscht den Idealismus, daß Erfolg von persönlicher Leistung kommt, wann immer er auf den Nachbarn herabblickt, der schlechter dasteht. Aber wenn er zu einem Millionär aufblickt, wird er ganz Realist, der seinem eigenen Schwindel mißtraut. Daß Leistung aus einem Tellerwäscher einen Millionär macht, führt nur zu Illusionen über den Aufstieg der Jugend, die am Ende in Unzufriedenheit münden, womöglich sogar noch zu einer Kritik an der Realität führen.

Für Unzufriedenheit besteht aber schon deswegen kein Anlaß, weil die Marktwirtschaft ja nicht nur Opfer produziert, sondern sich auch noch um diese kümmert.

> *»Mit der sozialen Marktwirtschaft wird versucht, die Ungerechtigkeiten der Marktwirtschaft zu vermeiden. (Zum Beispiel) in Form von Sozialhilfeleistungen, Renten und Ausgleichszahlungen, Wohnungsbauzuschüssen, Subventionen, Maßnahmen der Förderung der Vermögensbildung...«* (Gesellschaft und Politik, 124)

Jede der großartigen Hilfen ist nur deswegen nötig, weil zwar jedermann auf die Marktwirtschaft als alternativloser Erwerbsquelle verpflichtet ist, diese dazu aber gar nicht taugt. Durchaus willige und fleißige Enddreißiger finden sich als Arbeitslose wieder, wo die Rationalisierung eines Konzerns danach verlangt. Bezieher schmaler Einkommen werden schon einmal obdachlos, wo das Grundeigentum seine Mietansprüche neu kalkuliert. Die ganze Tat des Sozialstaats besteht darin, die durch seine Wirtschaft *produzierte* Armut für diese *brauchbar* zu erhalten. Und zwar durch spärliche Zuwendungen aus den Geldern, die er der arbeitenden Bevölkerung beizeiten zwangsweise von ihrem Lohn abknöpft.

Das feine Lernziel, das sich unter dem Stichwort »soziale Marktwirtschaft« präsentiert, stellt freilich alles auf den Kopf. Die anfallenden sozialen Opfer darf jedermann als »Ungerechtigkeit« betränen, also als eine angebliche *Abweichung* von einem menschenfreundlichen Recht, für die niemand etwas kann. Einer der maßgeblichen Verursacher der Produktion sozialer Notlagen wird dann im Gegenzug als Retter aus der Not gefeiert, wenn er seinen Sozialfällen ein paar Groschen spendiert, weil er sie noch braucht.

3.2. Politik

Die kleinen Bürger haben sich nicht nur »unsere Wirtschaft« als ihr künftiges und brauchbares Lebensmittel einleuchten zu lassen. Als angehende Staatsbürger müssen sie sich einer Geisteshaltung befleißigen, die in der großen Politik ein entscheidendes Mittel der eigenen Lebensführung sieht:

> *»Viele Menschen wollen von Politik nichts wissen. Sie sagen vielleicht: Was geht mich das an...oder: die da oben und wir hier unten...oder...*
> *Die Wirklichkeit aber ist anders: Politik betrifft uns alltäglich, und oft ›trifft‹ sie uns! Unser Leben wird ganz entscheidend durch Politik bestimmt. Wenn Steuern erhöht werden...wenn...wenn...*
> *Aufgabe und Ziel aller Politik ist es, Menschen einer Gesellschaft, mit unterschiedlichen Interessen zudem, zu ermöglichen, daß sie leben, überleben und gut leben können.«* (Demokratie lernen 2, 50)

Eine interessante Beweisführung. Unbestreitbar »betrifft« die Politik mit ihren Entscheidungen jedermann, ob sie die Steuern erhöht, Krankenkosten dämpft oder eine Pflegeversicherung einführt. Keine Lebensregung eines modernen Bürgers, die nicht durch Recht und Gesetz geregelt wäre. Nur rechtfertigt die erfahrene *Abhängigkeit* von staatlichen Beschlußfassungen, die manch einen »treffen«, noch lange nicht den Schluß, daß der Staat dann auch für die Abwendung all der Mißlichkeiten unterwegs ist, die er selber seinen Bürgern beschert.

Diese verkehrte Optik macht die Elementarform des nationalistischen Bewußtseins aus, um das sich die Allgemeinbildung nach Kräften bemüht. Dabei wird keine politische Missetat verschwiegen oder Kritik vermieden. Genau umgekehrt: Die nationalistische Denkungsart legt jedermann auf eine *verkehrte* Kritik an Staat und Politik fest, aus der die unverbrüchliche Einheit zwischen oben und unten hervorgeht. Wann immer ein Bürger sich in seinen Interessen beeinträchtigt wähnt, darf und soll er dergleichen als *Ungerechtigkeit* kritisieren, die er *unfähigen* Politikern zur Last legt. Denn die Kehrseite dieser schlechten Meinung ist die *gute* Meinung über Recht und Politik, die ganz im Dienste des Menschen stünden, würden sie *unverfälscht* und von *fähigen* Figuren exekutiert.

Herrschaft gilt folgerichtig diesem Denken als menschliche *Dienstleistung*, die das Volk seinen Vertretern aufträgt. Dieser Widersinn ist in dem Wortungetüm

Volksherrschaft

bündig zusammengefaßt und sollte jedem Hauptschulabgänger als Eindeutschung des Begriffs Demokratie locker von den Lippen gehen:

»Die demokratische Herrschaft beruht auf dem Volk. Das Volk ist souverän (= herrschend, überlegen, selbständig), und wir sprechen deshalb auch von der Volkssouveränität.

In der Urform der Demokratie – zu deutsch Volksherrschaft – besprachen alle erwachsenen Bürger ihre Probleme gemeinsam. Das ist in einem großen Staat nicht mehr möglich. Deshalb entsendet das Volk seine Vertreter, die Abgeordneten, zu den Besprechungen. ...

Kein Abgeordneter ist abwählbar. Für seine politischen Entscheidungen ist er nur seinem Gewissen verantwortlich.« (Sozialkunde, 59, 67)

Daß ein Marktplatz keine 80 Millionen Leute faßt, ist schon für sich genommen kein übermäßig starker Hinweis. Im Zeitalter von Computer, TV und TED bringen ja selbst mittlere Leuchten wie Emil Obermann (»Pro und Contra«) oder Thomas Gottschalk das Kunststück fertig, mit 80 Millionen Fernsehnarren zu kommunizieren. Befremdlich mutet auch die Vorstellung an, daß das Volk aus lauter Raumnot beim Diskutieren Abgeordnete mit der Vertretung seiner Interessen beauftragt, diese aber nicht aufs Volk, sondern das eigene Gewissen hören müssen. Abwählbar sind sie durch ihre Auftraggeber zu allem Überfluß auch nicht. Absurd schließlich ist die Charakterisierung dieses merkwürdigen Verhältnisses zwischen Volk und Vertretern durch den Begriff Volksherrschaft, weil darin das *Objekt* der Herrschaft als deren *Subjekt* fingiert wird. Es gäbe ja niemanden zu beherrschen, wenn das Volk, also *alle*, Herrschaft ausüben würde. Und umgekehrt: Wenn und insofern ein Volk einer Herrschaft unterliegt, besteht ein Gegensatz zwischen Herrschern und Beherrschten und nicht das oben dargelegte einvernehmliche Verhältnis zwischen Interessen und Delegierten, die diese Interessen wahrnehmen.

Wahr ist an der Macht, die vom Volke ausgeht, nur dies: Das Volk stimmt im Wahlakt einer Herrschaft zu. Aber diese macht sich weder von den verschiedenen Willen im Volk abhängig, noch ist sie auf deren Erfüllung berechnet. Politiker werden dazu ermächtigt, frei und unangefochten staatliche Notwendigkeiten durchzusetzen. Und weil diese nicht wenigen Leuten zum Schaden gereichen, sind Abgeordnete ihrem Gewissen und nicht dem Wähler verantwortlich. Wo immer sich zwischen den Wahlterminen einmal ein Einspruch gegen beispielsweise Kernkraftwerke oder Raketen demonstrativ vorgetragen hat, wurde er brüsk zurückgewiesen. »Wir sind gewählt!«, das mußte sich »die Straße« von einem Bundeskanzler hinter die Ohren schreiben lassen.

Daß es der Demokratie dennoch und trotz alledem um die Hege und Pflege ihrer Insassen geht, hat eines seiner zentralen Beweisstücke im vielgepriesenen

Parteienpluralismus

»Für den Bestand der Demokratie bedarf es mehrerer Parteien. Denn nur so können die verschiedenen Interessen der Bürger wirksam vertreten werden ...

Wer nicht wählt, wählt auch, und zwar die Partei, die er am meisten ablehnt.

Beispiel:

Mit dem Programm der A-Partei bist du etwa zur Hälfte einverstanden, mit dem Programm der B-Partei wenig und mit dem Programm der C-Partei überhaupt nicht. Du gehst nicht zur Wahl. Damit geht deine politische Entscheidung der A-Partei verloren; ihr fehlt diese Stimme, und die Differenz zur C-Partei ist kleiner geworden.« (Sozialkunde, 58, 67)

Das ist das kleine ABC für große Freunde der Demokratie, bei dem sich aber auch rein gar nichts reimt. Da stehen auf der einen Seite verschiedene bis divergierende Interessen der Bürger. Der eine ist für Kernkraft, Abtreibungsverbot und Berlin als Hauptstadt, der andere dagegen. Auf der anderen Seite werben Parteien, die diesen Interessen mit ihrem jeweiligen Programm entsprechen, so daß, dem Parteienpluralismus sei Dank, jede Interessengruppe auf ihre Kosten kommt. Bloß: Wenn man schon den Wahlakt in eine Interessendelegation umfälscht, sollte man auch konsequenterweise zugeben, daß das durch die Mehrheitspartei vertretene Interesse sich über alle anderen *hinwegsetzt,* sobald sie regiert. Das obige Beispiel will zwar die Wahl als Hebel des Wählerinteresses unterstreichen, gibt aber unfreiwilligerweise das Gegenteil preis. Der werte Anhänger der A-Partei muß sich ja glatt sagen lassen, daß er dank seiner Wahlmüdigkeit künftig von einer Partei regiert wird, die mit seinem Interesse eingestandenermaßen *nichts* gemein hat. Wären er und seine Gesinnungsgenossen zur Wahl gegangen, dann hätte eben die Freunde der C-Partei dasselbe Schicksal ereilt. Wie man die Sache auch dreht und wendet, daß die Parteien im Plural auftreten, garantiert gerade *nicht,* daß alle Interessen gleichermaßen zum Zug kommen.

Ginge es also um die bestmögliche Bedienung divergierender Interessen dadurch, daß ihnen ein Pluralismus der Parteien angeboten würde, so wäre das dadurch verfolgte Ideal allseitiger Interessenbefriedigung gerade notwendig verfehlt! Bloß: Darum geht es gar nicht. Der Wähler kreuzt nämlich in seiner freien, gleichen und geheimen Kabine nicht *Ziele,* sondern *Personen* an. Wer den Wahlzettel schriftlich als Wunschzettel mißbraucht, hat seine

Stimme nicht besonders sorgfältig abgegeben, sondern ungültig gemacht. Das sprachlose Kreuzchen, aus dem sie besteht, entscheidet eben nur über eines: darüber, welches Gewicht die favorisierte Partei und ihre Personagen bei der Konkurrenz um die Besetzung der Regierungssessel haben. Und das auch nur nach Maßgabe des Zufalls, der für eine entsprechend hochprozentige Kumulation des veinsamten Kreuzchens mit denen wildfremder anderer Zeitgenossen sorgt. Wird am Ende noch koaliert, müssen sich 49% der C-Wähler vom Vorstand der A- und B-Partei die

Gesetze

ins Stammbuch schreiben lassen, nach denen sie sich künftig zu richten haben. So freilich will kaum jemand die Sache sehen, Sozialkundelehrer schon gleich nicht. Das Kommando der Gesetze steht in einem unverwüstlich guten Ruf. Nicht nur wegen der Leistungen, die ihnen zugeschrieben werden. Schon die Form ihres Zustandekommens trägt ihnen das Lob unanfechtbarer Rechtsstaatlichkeit ein:

> *»Dazu gehört, daß Vorschriften gemacht werden, die für die ganze Bevölkerung gültig sind. Diese Vorschriften werden im Parlament diskutiert und von der Mehrheit der Gewählten beschlossen. Solche Vorschriften nennen wir Gesetze.*
> *Solange Menschen zusammenleben, gibt es geschriebene und ungeschriebene Gesetze, die das Verhalten der Menschen zueinander regeln. ... Sehr häufig dienen Gesetze auch dem Schutz des einzelnen Menschen. Sie ergeben sich bei uns aus der grundlegenden Bestimmung unserer Verfassung, dem Grundgesetz. Dazu gehören die garantierten Grundrechte wie die Freiheit der Meinungsäußerung, ... die Unverletzlichkeit der Wohnung u.a.«* (Lernfeld Gesellschaft, 159)

Noch bevor ein bestimmter *Gesetzesinhalt* zur Sprache kommt, ist das Gesetz prinzipiell durch die Art und Weise seines Zustandekommens geadelt. Es wird durch *Gewählte* per *Abstimmung* im Parlament beschlossen. Kritik hat da einen schweren Stand, weil dieses Procedere, das über die allgemeine Bekömmlichkeit eines Beschlusses rein gar nichts aussagt, schließlich auf jedes Gesetz seit dem Ende der Monarchie zutrifft. Was die Leistung der Gesetze anbelangt, so ist sie nur sehr unzutreffend damit charakterisiert, daß diese *Regeln* für die Menschen aufstellen. Diese Antwort unterschlägt nämlich das *Was* und *Wozu* dieser Regeln. Was da per Gesetz beaufsichtigt wird, betrifft in erster Linie die ökonomischen *Gegensätze* zwischen den Mitgliedern der Gesellschaft, die durch den staatlichen Schutz des privaten Eigentums und den Auftrag zu seiner Vermehrung die dauerhafte Grundlage der Marktwirtschaft abgeben. Da begegnen sich Mieter und Vermieter, Arbeitnehmer und Arbeitgeber auf Wohnungs- und Arbeitsmärkten. Die Eigentümer von Wohnraum und Produktionsmitteln nutzen ihre überlegene Stellung gegenüber Leuten aus, die weder ein Dach über dem Kopf noch ein Vermögen sonstiger Art ihr eigen nennen. Das führt zu ebenso scharf kalkulierten Löhnen wie Mieten, mit umgekehrten Vorzeichen, und zu einem munteren Heuern und Feuern ganz nach Maßgabe der sich verändernden Profitkalkulation. In den frühen Jahren des Kapitalismus hat diese Praxis einem Großteil der Bevölkerung eine halbwegs geregelte Reproduktion auf eine Weise bestritten, daß diese nicht nur für ihren Lebensunterhalt vergeblich arbeiten, sondern auch noch darum *kämpfen* mußte. Das Ergebis von 130 Jahren Klassenkampf ist der soziale Rechtsstaat. An den ökonomischen Gegensätzen hat sich nichts geändert. Nur hat der Sozialstaat den widerstreitenden Klassen gesetzliche Beschränkungen auferlegt, damit das ökonomische Benutzungsverhältnis nicht zur Unbrauchbarkeit einer Seite führt. Kündigungsschutzgesetze haben die Arbeitslosigkeit nicht ausgemerzt. Aber sie erlegen der durchaus erlaubten Entlassung zeitliche Schonfristen für die Betroffenen auf, damit ihnen zumindest die Möglichkeit eingeräumt wird, sich auf das Desaster einzustellen und sich anderweitig um Arbeit zu bemühen. Mit dem Normalarbeitstag sind weder Überstunden noch die Schichtarbeit ausgestorben. Aber mit der Überschreitung der bloß rechnerischen Begrenzung des Arbeitstages auf etwa acht Stunden ist die überdurchschnittlich ruinöse Wirkung der Fabrikarbeit gesetzlich anerkannt und zieht eine finanzielle Zulage nach sich. Im Gegenzug ist den so freundlich bedachten Massen aufgeherrscht, einer solchermaßen humanisierten Produktion von Profit uneingeschränkt zur Verfügung zu stehen. Arbeitsverweigerung ist kriminell, und Streiks haben sich nach dem Willen des Artikel 9, Grundgesetz, zur »*Wahrung* und *Förderung* der Arbeits- und Wirtschaftsbedingungen«, nicht *gegen* diese einzusetzen.

So sorgt die staatliche Regelung des wirtschaftlichen Gegensatzes der Klassen für dessen gedeihliches Funktionieren. Die *Benutzung* der Interessen eines Großteils der Bevölkerung durch das Eigentum wird damit gesichert. Mit einem *Schutz dieser Interessen* sollte man das ebensowenig verwechseln wie die oben erwähnte zweite große Leistung der Gesetze. Gemeint ist die sogenannte Schutzfunktion des Grundgesetzes. Freie Meinungen und unverletzliche Wohnungen werden nämich ausgerechnet durch die Instanz garantiert, die einzig und allein zu ihrer Verletzung fähig ist. Wer sonst späht aus, hört ab, tritt ungebeten ein oder verbietet auch schon einmal eine mißliebige Meinung, wenn nicht der Staat selbst. Folgerichtig unterbreitet er auch in den entsprechenden Grundgesetzartikeln das famose Angebot auf eine eigene Meinung oder spitzelfreie Wohnung gleich unter Angabe der Bedingungen, unter denen man beides verwirkt. Dann nämlich, wenn der Staat es für nötig hält, um unliebsame Kritik stillzustellen.

Deswegen muß der Hauptschüler noch lange nicht denken, wir lebten in einem Polizeistaat. Zwar gibt es bei uns beides, Staat und Polizei. Dazwischen aber liegt die historische Errungenschaft der

Gewaltenteilung

Darunter darf man sich folgendes vorstellen:

> *»Geblieben ist bis heute die Vorstellung, daß die gesetzgebende und die ausführende Gewalt ... unabhängig voneinander sein sollen. Das Parlament kontrolliert die Regierung. Dadurch soll die Regierung daran gehindert werden, ihre Macht zu mißbrauchen. ... Über die Einhaltung der Gesetze entscheiden die Richter. Über die Beachtung unserer Verfassung ... wachen die Bundesverfassungsrichter in Karlsruhe. ... Wenn der Richter unabhängig sein soll, darf weder das Parlament noch die Regierung einen Druck auf ihn ausüben.«* (Lernfeld Gesellschaft, 161)

Übersehen hat diese Theorie von den *drei* sich wechselseitig beschränkenden Gewalten nur eines: Regierung, Parlament und Justiz sind drei Organe *einer* Gewalt, nämlich der staatlichen, die sich selbst auch noch voller Stolz Gewalt*monopol* getauft hat. Und ein Monopol duldet keine Konkurrenz. Ihre parlamentarische Mehrheit sichert der Regierung die unangefochtene Durchsetzung der staatlichen Notwendigkeiten, von der Steuergesetzgebung bis zur Bundeswehr. Wann immer die parlamentarische Opposition Einspruch erhebt und die Gerichte anruft, findet in der Tat eine Überprüfung statt. Deren besonderer Reiz liegt darin, daß die Taten der Regierung an den Maßstäben der Verfassung, also an dem von ihr selbst wie von allen anderen Verantwortlichen geteilten staatlichen Willen gemessen werden. Selbst Grundgesetzartikel sind keine über Regierung und Parlament stehende Zielvorgabe, sondern deren eigener Beschluß. Der ist jederzeit revidierbar, wie man an der Debatte über die Änderung des Asylrechts oder den Einsatzbereich der Bundeswehr ablesen kann. Insofern löst sich die Überprüfung darin auf, ob die Regierung der *Pflicht* genügt, dem von ihr selbst mitgetragenen staatlichen *Willen* nachzukommen.

Mit einer Domestizierung staatlicher Autorität und Machtvollkommenheit hat das nichts zu tun, eher schon mit ihrer Bekräftigung. Denn mit diesem Verfahren ist das *Prinzip* jedweder Kritik umrissen, wie sie heute einzig und allein gesellschaftsfähig ist. Jeder Einwand hat sich zu den Maßstäben des Rechtsstaates zu bekennen. Auf dieser Grundlage darf er *deren* mangelnde Einlösung anprangern. Eine Kritik an den Maßstäben demokratischer Herrschaft selbst ist auf dem Boden der Freiheit nicht vorgesehen:

> *»Anders herum sieht unsere Verfassung auch vor, daß jene die Grundrechte verwirken können, die Freiheiten im Sinne des Grundgesetzes ›zum Kampf gegen die freiheitliche demokratische Grundordnung‹ mißbrauchen, wie es im Artikel 18 heißt. Dadurch sollen politische Radikale daran gehindert werden, die Bundesrepublik in einen Staat mit weniger Rechten und Freiheiten umzufunktionieren.«* (Gesellschaft und Politik, 201)

4. Naturwissenschaften

Der moderne Zeitgenosse ist in der Sphäre der Produktion wie Konsumtion mit den Naturwissenschaften und ihren technologischen Anwendungen zumindest konfrontiert, wenn er deren Nutznießer schon nicht ist. Dem trägt die Schule Rechnung. Naturwissenschaftliche Fächer nehmen eine Ausnahmestellung ein: Statt Ideologien steht zum ersten Mal richtiges Wissen auf dem Lehrplan. Allerdings, so muß man einschränken, auf merkwürdig gebremste Weise.

Der Naturwissenschaftsunterricht macht den Hauptschüler erstens mit elementaren Ergebnissen der Physik, Chemie und Biologie bekannt. Die Hebelgesetze werden ihm ebenso vorgestellt wie konkave und konvexe Linsen, die das Licht brechen. Dabei geht es weniger um eine *Erklärung* als vielmehr um die *Präsentation* grundlegender Einsichten von Naturforschern. Das ist nicht wenig. Immerhin macht der Schüler so wenigstens Bekanntschaft mit naturwissenschaftlichen Ergebnissen. Andererseits ist er von einem wirklichen Begreifen der Sache weit entfernt: Das Begründen und Beweisen, wie es für das Erkennen und Verstehen einer Sache nötig ist, hat in den Schulbüchern der Allgemeinbildung kaum seinen Platz.

Zum zweiten zielt der Unterricht auf die Ausstattung der Schüler mit elementaren Verhaltensweisen im Umgang mit naturwissenschaftlichen Anwendungen, soweit sie in den Lebensbereich eines Normalverbrauchers fallen. Im Zeitalter von Gasherd und Steckdose sollte ein Kunde der Stadtwerke nämlich nicht nur wissen, wo er seine Schulden begleicht. Gewisse Kenntnisse über die Entflammbarkeit von Gasen wirken sich sicher positiv auf die Unfallstatistik aus. Selbiges läßt sich erwarten, wenn stolze Besitzer von Video-Hightech dem qualmenden Fernseher nicht mit einem Eimer Wasser zu Leibe rücken und die Finger nicht als Phasenprüfer mißbrauchen:

> *»Themenbereich: Der elektrische Stromkreis*
> *Kenntnisse der Anschlußbedingungen und der Gefahren sollen sachgerechten Umgang mit Strom im Erfahrungsbereich der Schüler ermöglichen. ... An dieser Stelle muß eindringlich auf die Gefahren des elektrischen Stroms hingewiesen werden (z.B. Unfallberichte und Zeitungen).«* (Lehrplan Orientierungsstufe Naturwissenschaften, 24)

Ganz nebenbei und drittens stellt sich bei alledem auch noch eine Geisteshaltung ein, die nicht zu allen Zeiten des Kapitalismus selbstverständlich war. Die Bekanntmachung mit der Welt von Naturwissenschaft und Technik stiftet das Bewußtsein, daß der Mensch theoretisch und praktisch *Herr* der Natur ist, der diese zu seinem Vorteil verändert, statt ohnmächtig ihre unbegriffenen Kräfte wie eine überirdische und bisweilen feindliche Macht anzubeten. Der Hinweis mag im 20. Jahrhundert abwegig klingen, ist es aber nicht. Nicht nur die Indianer, auch zivilisierte Zeitgenossen haben noch vor gut 150 Jahren die Einführung der Eisenbahn mit einem Kampf gegen das Dampfroß beantwortet, hinter dem sie eine unerklärliche, daher schädliche Macht vermuteten. Eine große kapitalistische Industrie, die sich unter Zuhilfenahme der Wissenschaft aller natürlichen Reichtumsquellen bedient, verlangt anstelle mystischer Naturverehrung nach einem Bewußtsein auf seiten der Benutzten, das den Menschen als Herrn über Fauna und Flora wähnt, in die er eingreifen kann und darf, ohne den Zorn einer eingebildeten Gottheit auf sich zu ziehen.

So sehr es auf dieses Bewußtsein einer *ideellen* Teilhaberschaft des Menschen an der Ergründung und Benutzung der Natur ankommt, so wenig ist sie Realität. Nicht nur, daß die Entscheidungshoheit über das Wie und Warum der *praktischen* Nutzung von Naturstoffen ganz den gesellschaftlich maßgeblichen Interessen in Wirtschaft und Staat zufällt. Die große Masse bleibt selbst von einer gediegenen Verfügung über die *theoretischen* Kenntnisse weitgehend ausgeschlossen.

Die Präsentation einiger elementarer Resultate aus Physik, Chemie und Biologie stellt nämlich keineswegs den Auftakt für eine weitergehende Befassung mit den Naturwissenschaften dar, sondern umreißt deren Endpunkt. Mehr als die bloße *Bekanntschaft* mit ausgewählten Lehrsätzen ist für das Gros nicht vorgesehen. Wie wenig die mit einem wirklichen Begreifen der Sache zu tun hat, kann jeder daran merken, daß er auf die Warum-Fragen von Kindern in der Regel mit Ausflüchten und dummen Bildern antwortet, weil er es selber nicht besser weiß. Da geht die Sonne unter, weil sie schlafen muß, und elektrischer Strom ist, daß er aus der Steckdose kommt. Es gilt nicht als Schande in einer Kulturnation, sondern gehört fast schon zum guten Ton, wenn jemand im small talk damit prunkt, Naturwissenschaften und Mathematik noch nie begriffen zu haben. Interessant wird die Sache dann wieder bei Alexander von Kube, der 20 Jahre lang dem TV-Publikum die Naturwissenschaft als Ratespiel offeriert hat.

Diese äußerst beschränkte Einweisung des Hauptschulvolkes in diese Sphäre steht nicht im Widerspruch zur universellen gesellschaftlichen Anwendung der Naturwissenschaften, im Gegenteil. Weil die kapitalistische Industrie

> *»die Wissenschaft als selbständige Produktionspotenz von der Arbeit trennt und in den Dienst des Kapitals preßt«* (Marx, 382).

macht die Mehrzahl der arbeitenden Bevölkerung ohnehin nur in ihrer Eigenschaft als Objekt mit der Naturwissenschaft Bekanntschaft, die ihr in Gestalt einer kapitalistisch kommandierten Maschinerie feindlich gegenübertritt. Die Produkte naturwissenschaftlicher Anwendung, Maschinen und Fertigungsverfahren, erlauben es der Geschäftswelt nämlich, die Schranken der Kraft und Geschicklichkeit der arbeitenden Individuen zu überwinden. Das steigert die Masse der produzierten Waren ebenso, wie es ihren Kostpreis senkt. Die mit der Bedienung von Maschinen einhergehende Kraftersparnis und Vereinfachung von etlichen Handgriffen haben ihre wohltuende Wirkung auf die

Bilanz nicht zuletzt deshalb, weil sie zu einer Erleichterung für den *Arbeiter* nie führen. Einfacher heißt schneller bei jeder Verrichtung an rationalisierten Arbeitsplätzen. Manch einer davon wird überflüssig gemacht, weil es nicht um die Einsparung von Arbeit, sondern *bezahlter* Arbeit geht, während andere Arbeitnehmer mit der Errungenschaft des Schichtdienstes Bekanntschaft machen, damit die Investitionen sich möglichst schnell amortisieren.

5. Deutsch

Der Titel dieses Unterrichtsfachs ist irreführend. Das Deutsche als Sprache, ihre Orthographie und Grammatik, machen nur den einen Teil aus. Selbst da, wo dergleichen Thema ist, in der Spracherziehung, wird es zum Träger der *Moral* zubereitet, auf die es im Deutschunterricht mindestens ebensosehr wie im Fach Religion ankommmt. Die Aufsatzerziehung mit ihrem unvermeidlichen Besinnungsaufsatz schließlich, ebenso die Beschäftigung mit Dichtung und Literatur haben gleich gar keinen anderen Inhalt, als den Schülern mit immer dem gleichen Werte- und Tugendkatalog zu kommen.

5.1. Spracherziehung

Die Erfindungen der modernen Linguistik haben selbst in die Hauptschule Einzug gehalten. Die Beschäftigung mit der Sprache nimmt gern ihren Ausgang bei Bienentänzen und Buschtrommlern, so als käme man der Eigenart der Sprache am besten dadurch näher, daß man sich einer Sache zuwendet, die *nicht* Sprache ist:

> *»Der Buschtrommler als Nachrichtensprecher?*
> *Das Bild vom Buschtrommler zeigt uns mehr, als unmittelbar zu sehen ist: Wir wissen nämlich, daß der Trommler nicht nur so und für sich allein trommelt, sondern daß er für andere trommelt und eine Nachricht übermittelt. Er ist zwar kein Nachrichtensprecher, aber ein Nachrichtensender. Und die ihn hören und verstehen, sind dann die Empfänger der Nachricht. Wir können daher folgendes Schema zeichnen:*
> *S (Sender) – N (Nachricht) – E (Empfänger).«* (Mit-Sprache, Klasse 7, 49)

So harmlos sich dieses Sender-Empfänger-Modell auch ausnimmt, es legt doch den Grundstein für einen folgenreichen Fehler. Das »Bong Bong« des Trommlers hat zwar mit dem gesprochenen Wort den akustischen Charakter von Lauten gemein. Während aber beim Wort die Lautkette eine Bedeutung *hat,* bedarf es bei den an und für sich bedeutungslosen Trommelsignalen einer definitorischen Zuordnung des Gemeinten, die so oder anders ausfallen kann, je nach Konvention der Beteiligten. Fälschlicherweise identifiziert das Sender-Empfänger-Modell beide Modi der Verständigung und hängt dadurch der Sprache ein Problem an, das sie gar nicht kennt. Sender wie Empfänger sind aus dieser Optik nämlich damit beschäftigt, den angeblich bedeutungslosen Zeichen der wortlichen Lautkette nachträglich einen Sinn zuzuschreiben, der womöglich gar nicht übereinstimmenden subjektiven Bedeutungsreservoirs entnommen ist. Damit ist das Chaos vorprogrammiert, statt die Leistung der Sprache bei der Verständigung erklärt. Die Leute benutzen zwar dieselben Lautketten, meinen aber ganz Verschiedenes:

»Gestörte Kommunikation
Zwei Bekannte begegnen sich: ›Wo kommen sie her?‹, fragte der eine. ›Aus dem Theater.‹ – ›Was haben Sie gegeben?‹ – ›Fünf Mark.‹ – ›Ich meine, was für ein Stück.‹ – ›Ein Fünfmarkstück.‹ – ›Ich meine, was die Schauspieler gegeben haben?‹ – ›Gar nichts, die sind umsonst hineingekommen.‹« (Mit-Sprache, Klasse 8, 136)

Das etwas konstruiert wirkende Mißverständnis, das sich schriftlich nur um den Preis eines Rechtschreibfehlers durchhalten läßt – groß geschriebenes Sie im dritten Dialogsatz –, operiert mit der Doppelbedeutung zweier Wörter. ›Geben‹ kann auch ›aufführen‹ heißen, und das Wort Stück kann als Kürzel für Geld- oder Theaterstück stehen. Die Kommunikationsstörung, die hier aus der unterschiedlichen Bedeutungszuordnung von Sender und Empfänger erwachsen soll, ist ein Witz. Aus dem Dialog geht nämlich die *Kenntnis* der Doppelbedeutung ebenso hervor wie die Fähigkeit zu unterscheiden. Der erste Frager hat das darauf beruhende Mißverständnis ja durchschaut und dringt auf Korrektur, die an der Penetranz seines Gegenübers scheitert, das sich dumm stellen will. Und das alles nur deswegen, damit die sprachliche Kommunikation als Quelle von Uneindeutigkeiten und Mißverständnissen dasteht.

Die Sache wird erst recht prekär, wenn man den nächsten Fehler auch noch mitmacht. Er heißt auf lateinisch Konnotation und meint,

»daß die Bedeutungen bestimmter Begriffe nicht nur vom Wort selbst und seinem Kontext abhängen, sondern darüber hinaus von Standpunkten und politischen Auffassungen. Sogar die unterschiedlichen Vorstellungen von Aufgaben, Wirkungen und Zielen der Gewerkschaften führen zu unterschiedlichen Bedeutungsvorstellungen. Ungefähr haben wir das mit unserem Begriff ›Konnotation‹ ausgedrückt.« (Mit-Sprache, Klasse 8, 225)

Sender und Empfänger sind schon bemitleidenswerte Wichte. Sie müssen nicht nur bedeutungslosen Lauten aus ihrem großen Sinnvorrat nach womöglich gar nicht übereinstimmenden Regeln Bedeutungen zuordnen. Die Bedeutungen selbst, die da wie Spielmarken an Lautketten geheftet werden, sind nicht objektiv, sondern ein Produkt des jeweiligen Standpunkts beider Seiten. Da reimt sich dann rein gar nichts mehr – vor allen Dingen in dieser Beweisführung nicht. Es mag ja sein, daß die Leute unterschiedliche Standpunkte zur Gewerkschaft einnehmen und darüber streiten. Die einen mögen den DGB für eine Errungenschaft der Arbeiter halten, die anderen für Vaterlandsverrat. Daß aber das Wort Gewerkschaft eindeutig die Bedeutung einer Arbeiterkoalition hat und nicht rote Rüben oder Notariatsgebühren meint, ist den Streithähnen klar, wenn sie diesbezüglich unterschiedliche Auffassungen zum besten geben. Nicht die *Bedeutung* des Wortes Gewerkschaft, sondern die *Urteile* über sie fallen unterschiedlich aus.

Der Ertrag dieser Sorte Spracherziehung ist ein doppelter. Zum einen lassen sich so alle Interessengegensätze und Kollisionen in der Gesellschaft zu einem Produkt sprachlicher *Mißverständnisse* verharmlosen. Zum anderen wird dem *Skeptizismus* das Wort geredet. Objektive Urteile über die Welt scheitern angeblich schon an der Uneindeutigkeit von Sprache und Kommunikation. Eine Behauptung, die, nähme sie sich beim Wort, sich selber zurücknehmen müßte, weil auch sie unter das Verdikt fiele, objektive Urteile seien nicht zu haben.

Aus diesem Grund empfiehlt der Sprachunterricht dann die Tugend der *Toleranz*. Jede Auffassung ist danach geradesogut wie ihr Gegenteil, weil keine Seite Gültigkeit für sich beanspruchen kann. Urteile werden zu bloß subjektiven Meinungen zurückgenommen. Und wo schon auf dem Feld des Theoretischen jeder sichere Halt fehlt, da darf sich niemand herausnehmen, in die Praxis umzusetzen, was er womöglich für vernünftig hält. Damit die Gesellschaft auf diese Weise nicht zur allgemeinen Handlungsunfähigkeit verurteilt wird, muß natürlich eine Ausnahme von der Regel sein: Es gibt eine *herrschende* Meinung, nämlich die der Regierung, die praktisch darüber befindet, was gilt und was nicht.

Diese geistige Demutshaltung frommt künftigen Staatsbürgern so sehr, daß sie in einer eigenen Abteilung des Deutschunterrichts eingeübt wird, und zwar schriftlich:

5.2. Aufsatzerziehung

Daß ein Aufsatz aus Einleitung, Hauptteil und Schluß besteht, sollte man ihm nicht vorwerfen. Nachdenklich aber stimmt das folgende Regelwerk:

»Tag für Tag werden wir gezwungen, zu einem bestimmten Thema Stellung *zu* nehmen, *eine (strittige)* Frage *zu* entscheiden *oder ein Problem zu lösen. Oft müssen wir in solchem Zusammenhang unsere Meinung, Stellungnahme, Entscheidung oder unserern Lösungsvorschlag* begründen, *weil andere anderer Meinung sind, und wir ihnen unsere Ansicht nahe bringen oder sie davon überzeugen möchten.... D.h. wir müssen unsere Gedankengänge zielstrebig entwickeln, zu bestimmten Gesichtspunkten und Sachverhalten Behauptungen* (Thesen) *aufstellen und diese mit entsprechenden Gründen* (Argumenten) *erhärten. Gegenbehauptungen und Gegengründe anderer sind, wenn sie uns nicht überzeugen können, sachlich zu entkräften und zu widerlegen. ...*

Dabei darf nicht übersehen werden, daß ein und dasselbe Thema in aller

Regel von verschiedenen Gesichtspunkten aus betrachtet werden kann.« (Sprechen und Schreiben, 37, Hervorhebungen im Original)

In der Tat werden Schüler des öfteren gezwungen, Stellung zu nehmen. Von ihrem Deutschlehrer zum Beispiel, der ihnen einen Besinnungsaufsatz abverlangt. Siebt- und Achtklässler sind in der Regel nicht in der Position, Fragen praktisch zu entscheiden und Probleme zu lösen. Das besorgen Elternhaus und Schule. Und etliche Fragen und Probleme, mit denen sich die 14- bis 16-Jährigen tatsächlich herumschlagen, stehen nicht auf dem Themenplan: ›Wie komme ich an die 40 Mark für ein Dire Straits-Konzert und Susi ran?‹, und was der Sorgen mehr sind. »Technik – Fluch oder Segen?«, »Mein Freund, der Gummibaum: Frieden mit der Natur?«, »Stichwort Asyl: Ist das Boot voll?«, das ist der Stoff, aus dem Besinnungsaufsätze verfertigt werden. Hinweise darauf, daß Technik weder das eine noch das andere ist, weil ihr kapitalistischer Einsatz über Wohl und Wehe entscheidet, sind deplaziert. Selbst den Gummibaum sollte man im Zeitalter der Ökologie lieber ernst nehmen. Denn was ein denkwürdiger Gegenstand ist, entscheidet sich einzig und allein an der Bedeutung, die ihm *gesellschaftlich* beigemessen wird. Davor haben Vernunft und persönliche Interessen zu schweigen. Also begegnet man der Themenliste lieber nicht mit wachem Auge und Kritik, sondern mit zutiefst empfundener, geheuchelter Anteilnahme an den großen Problemen unserer Zeit. Darin liegt *Regel 1* für eine gekonnte Besinnung.

Viel gewonnen ist damit noch nicht. Wer jetzt den akzeptierten Stoff einfach beurteilt, hat schon wieder alles falsch gemacht. Er ist auf die obige Gebrauchsanweisung im Zitat hereingefallen, weil er sie offenbar nicht gründlich bis zu Ende studiert hat. Sicher, da ist die Rede davon, »unsere Gedanken zielstrebig zu entwickeln«. Aber das kann doch kein Freibrief dafür sein, einfach zu schreiben, was man denkt und für richtig hält. »Von verschiedenen Gesichtspunkten aus« muß nämlich dasselbe Ding auf Geheiß von oben betrachtet werden, so daß ein abwechslungsreiches Pro und Contra die beste Garantie dafür bietet, sich nicht auf objektive, als einseitig verrufene Urteile zu versteifen. Das ist *Regel 2*.

Zum Thema Asyl vermeide man deswegen besser, die sachfremde Vermischung von Politik und Nautik zurückzuweisen. Die Asylpolitik hat mit einer Rettung Notleidender rein gar nichts zu tun, kann also auch nicht an einem zu kleinen Boot scheitern. Schon gegenüber der eigenen Bevölkerung erfüllt ein Rechtsstaat nicht eine solche Fürsorge, wie die so oft zitierten sozial Schwachen belegen, die sich der Staat immer weniger kosten läßt. Erst recht nimmt er den Standpunkt der Mildtätigkeit nicht gegenüber Ausländern aus Süd und Ost ein, deren Lebensumstände durch 40 Jahre Entwicklungshilfe und seit der Befreiung des Ostens nun offenbar endgültig unerträglich sind. Die globale Not, ein *Produkt* auch deutscher Außenpolitik, wird an der Grenze zurückgewiesen, weil sie auf deutschem Territorium nicht zu benutzen geht und nur ein Ordnungsproblem darstellt. So kalkuliert die Asylpolitik, aber besprochen sein will sie anders, nämlich im Lichte eines verlogenen Humanismus. Als Pro für eine Öffnung der Grenzen eignet sich gut der Hinweis auf die deutsche Vergangenheit, die nach Reinwaschung durch tätige Reue verlangt. Selbst ein Pro, das schlicht an die Menschlichkeit der Herren in Bonn appelliert, ist genehm. Beides attestiert ihnen ja die lautersten Absichten und läßt die Nation in einem guten, weil humanistischen Licht dastehen. Natürlich zahlt sich diese treudoofe Zutraulichkeit nur aus, wenn die fälligen Contras nicht ausbleiben. Die dürften angesichts der neuen Lage nicht schwerfallen. Mit der deutschen Verantwortung für Gott und die Welt sind die Ausländer, die Einlaß begehren, auf ein Millionenheer angeschwollen. Bequem und glaubwürdig daher der Hinweis auf Wirtschaft und Wohnungsmarkt, die diesen Ansturm nie verkraften würden. Der Innenminister beispielsweise beweist auf diese Weise elegant, daß die Regierung gar nicht *kann,* was sie ohnehin nie *wollte.* So ist beiden Gesichtspunkten Rechnung getragen: dem Humanismus, den man der Regierung hinterherträgt, und dem Sachzwang, dessentwegen er nicht zu verwirklichen geht.

Damit ist schon viel gewonnen für den abschließenden dritten Schritt. Das Pro und Contra verlangt danach, einen eigenen Standpunkt zu beziehen. Aber *ausgewogen* – so lapidar läßt sich *Regel 3* zusammenfassen, die an die Quadratur des Kreises erinnert. Sie dringt darauf, eine eigene Stellung *begründet* einzunehmen. Andernfalls steht man im Verdacht, ein Opportunist zu sein, der keine *eigene* Meinung hat. Auf die kommt es aber an, weil man an ihr erkennt, ob und wie sich jemand zur nationalen Sache und ihren Problemlagen stellt. Andererseits aber muß diese Begründung den *gegenteiligen* Standpunkt genauso akzeptieren. Sonst muß man den Vorwurf gewärtigen, ein intoleranter Zeitgenosse zu sein, der auf seiner Auffassung beharrt und sie am Ende praktisch durchgesetzt sehen will. Das Kunststück besteht darin, glaubwürdig einen Überzeugungstäter vorzuheucheln, der niemandem zunahetritt. Schon gar nicht der Nation, die ihm mit ihren Taten auch die gewünschten Überzeugungen vorgibt. Das ist nämlich das Geheimnis der Besinnung, auf die der gleichnamige Aufsatz dringt: Sie soll keine aus dem Urteil über eine Sache genommene Überzeugung sein, von der ein Schüler sich bei der Verfolgung seiner Interessen praktisch leiten läßt. Umgekehrt: Er soll sich zu den von oben verordneten Maßstäben und Taten eine kritisch-bejahende Stellung zulegen, also seine Meinung nach der Logik des Vorurteils als abhängige Variable des gesellschaftlich Verlangten konstruieren. Weil das so unlogisch ist, braucht's viel Übung.

Wer jetzt Regel 3 auf das Boot mit den Asylanten anwendet, könnte auf die Frage ›Wolle mer se reilasse?‹ zum Beispiel mit einem ebenso kräftigen wie ausgewogenen ›Ja‹ antworten. Empirisch absichern ließe sich der Standpunkt durch gezielte Mißverständnisse der Äußerungen von höherer Stelle.

Deutschland muß und wird ausländerfreundlich bleiben (Kohl, CDU). Keine Streichung des Grundrechts auf Asyl (SPD). Natürlich darf man nicht mit einem weltfremden Spinner verwechselt werden, der Millionen Dunkelhäutige in die deutsche Nußschale bittet. Zur Vermeidung von Mißverständnissen und zur Abrundung des Plädoyers empfiehlt sich daher, die Mitmenschlichkeit in die wirtschaftlichen und politischen Sachzwänge einzubetten, etwa durch die Forderung nach europäischen Einwanderungsquoten (Die Grünen). Das sitzt.

So formuliert man als Vertreter eines ausländerfreundlichen Standpunktes gekonnt den *Ausschluß* als dosierte *Zulassung* von Ausländern. Selbstverständlich kann man auch umgekehrt *erst* einen Schutzwall gegen die neue »Migration« fordern, dann den Bedarf an Gastarbeitern und Vorzeigeasylanten als vertretbare Ausnahme rechtfertigen und eine europäische Einwanderungspolitik anmahnen. Beide Standpunkte liegen voll im Trend, weil sie sich im wesentlichen mit der Regierungslinie decken. Für eine Zwei im Aufsatz sollte das reichen.

Vorausgesetzt, man hat unterwegs nicht gegen *Regel 4* verstoßen: Der Jargon muß stimmen. Wo statt eines objektiven Urteils die Abwägung bloß relativ gültiger Meinungen gefragt ist, muß die deutsche Sprache entsprechend ausgemistet werden. Man meide die unscheinbaren Attribute ›wahr‹ und ›falsch‹ wie der Teufel das Weihwasser. Hilfsweise greife man auf das Wörtchen ›problematisch‹ zurück, das etwa dem deutschen Jein gleichkommt. Das Wort ›Grund‹ ist zwar im Duden verzeichnet, gilt aber als wissenschaftliche Entgleisung, besonders, wenn es im Singular auftritt. Wer will schon ›monokausal‹ argumentieren, wenn er auch unzählige ›Faktoren‹ bemühen kann, mit denen sich eine vorschnelle Festlegung vermeiden läßt. Mit irgendeinem Faktor wird sich sicher ein eigener ›Ansatz‹ begründen lassen, der dank der Vielzahl der Faktoren mit anderen Ansätzen friedlich koexistiert, auch wenn sie sich ausschließen. Wo es um praktische Interessenkollisionen geht, hat man seine Zwei schnell verspielt, wenn man von ›Gegensätzen‹ redet, wo es bei Lichte betrachtet nur ein ›Spannungsverhältnis‹ gibt, das zum Leben wie das Salz zur Suppe gehört. Überhaupt empfiehlt es sich, die grammatikalische Form des Urteils ›Es ist‹ schleunigst zu vergessen und durch das viel gefälligere ›Ich meine‹ zu ersetzen, das sich im Bedarfsfalle noch zu einem ›Ich würde meinen wollen‹ (Schmidt, Altbundeskanzler) steigern läßt.

5.3. Dichtung und Literatur

»Laß uns einfältig werden«

fleht ein berühmter Reimer den Allerhöchsten an, nachdem er vorher sein Werk mit einer auf den ersten Blick unverfänglichen Naturbeobachtung begann:

»Der Mond ist aufgegangen
Die güldnen Sternlein prangen
Am Himmel hell und klar.« (Lesebuch für das 7. Schuljahr, 73)

Der gute Mann ist von einem Drang nach Einfältigkeit befallen, weil er weniger die Natur als eine Moral im Auge hat, die er in seine Verse zwingt:

»Wir stolze Menschenkinder
Sind eitel arme Sünder
Und wissen gar nicht viel;
Wir spinnen Luftgespinste
Und suchen viele Künste
Und kommen weiter von dem Ziel.« (ebenda)

So ist das also: Der Mensch soll sich theoretisch wie praktisch lieber nicht zuviel vornehmen. Sonst geht er seiner Einfalt und damit Gottes Segen verlustig, in dem sich allein der Sinn des Lebens erfüllt. Diese Idee des unvermeidlichen Matthias Claudius in seinem berühmten »Abendlied« ist keineswegs auf Lesebücher in bayrischen Zwergschulen beschränkt. Sie verträgt sich in sogenannten kritischen Lesebüchern bestens mit Beiträgen aufgeklärter Poeten. Das kann kein Zufall sein.

Nehmen wir zum Beispiel Tolstoi. Der kannte einmal einen Reichen, dem der Singsang seines Untermieters auf die Nerven ging. Da dieser ein armer Teufel war, erkaufte der Reiche sich mit einem Sack voll Gold sein Schweigen. Und das Ende vom Lied?

»›Nehmt Euer Gold! Dürfte ich nicht mehr singen, der Kummer erdrückte mich.‹ Sprach's, gab dem Reichen sein Geld und begann wieder zu singen.« (Lesebuch für das 7. Schuljahr, 125)

Was lernen wir daraus? Richtig, Geld macht nicht glücklich, eher im Gegenteil. Genau das passende savoir vivre für Leute, die Geld eigentlich bräuchten, um sich die gröbsten Sorgen vom Hals zu schaffen, aber keines kriegen. Die wenigstens ideelle Ent-Sorgung bedient sich des kleinen Kunstgriffs, einen Gesichtspunkt zu wählen, unter dem das Leben als befriedigt erscheint. Wenn man schon ein armer Teufel ist, soll man sich wenigstens das Singen nicht verbieten lassen, muß Tolstoi gedacht haben.

In dieselbe Kerbe haut Brecht, auch wenn er sich ganz im Gegensatz zu seinen konservativen Kollegen als Revolutionär vorkam:

»Fragen eines lesenden Arbeiters.
Wer baute das Siebentorige Theben?
In den Büchern stehen die Namen von Königen.
Haben die Könige die Felsbrocken herbeigeschleppt? ...
Friedrich der Zweite siegte im Siebenjährigen Krieg
Wer siegte außer ihm?
Jede Seite ein Sieg.
Wer kochte den Siegesschmaus?« (B.Brecht)

Die Antwort schaut den rhetorischen Fragen natürlich aus allen Knopflöchern: Beim Aufbau Thebens und allen großen Schlachten und Siegen waren Arbeiter dabei. Nur die Geschichtsbücher verschweigen das und verklären alles zur Tat von Mächtigen, so lautet Brechts Vorwurf. Den hätte er besser unterdrückt. Natürlich geht ohne Mit-Macher kein Staat zu machen. Aber der uneigennützige Einsatz der Arbeiter für Volk und Vaterland, dem sie im Krieg selbst ihr Leben zu opfern haben, verdient *Kritik.* Stattdessen klagt Brecht für soviel aufopferungsvolle Dienstbarkeit einen ideellen Lohn ein, der in ihrer öffentlichen Anerkennung besteht.

Was dem einen der liebe Gott, ist dem anderen das Liedgut oder ein Eintrag in die Geschichtsbücher. Suchen tun sie alle dasselbe: einen jenseits aller praktischen Zwecke angesiedelten Sinn des Lebens, der es erlaubt, alle Widrigkeiten der Lebensführung als unmaßgeblich zu interpetieren und wegzustecken.

Nicht fehlen darf in diesem Zusammenhang die »Parabel vom Magen und den Gliedern«. Sie stammt zwar aus dem alten Rom, kann aber gerade den Menschenkindern unserer Tage viel geben, wenn man sie richtig betrachtet. Livius erzählt davon, wie die Plebejer wieder einmal über den Militärdienst und ihre Überschuldung sauer waren. Beides hatten sie den regierenden Patres zu verdanken.

Aus Protest verließen sie Rom und zogen sich schmollend auf einen Berg zurück. Weil sich's ohne brave Knechte aber so schlecht regiert, schickten die Patres Menenius Agrippa los, der schwer was auf dem Kasten hatte. Mit folgender Parabel betörte er die Plebejer so nachhaltig, daß sie reumütig heimkehrten:

> *»Es gab eine Zeit, wo im Menschen nicht wie heute alle Glieder in einem Ziel übereinstimmten, sondern wo jedes Glied seine eigenen Pläne hegte und seine eigene Sprache sprach. Zu dieser Zeit entrüsteten sich die Körperteile darüber, daß durch ihre Fürsorge, ihre Mühe und ihren Dienst alles für den Magen beschafft werde, dieser selbst aber ruhig mitten im Körper liege und nichts anderes tue, als die dargereichten Genüsse zu genießen.*
>
> *Darauf verschworen sie sich untereinander mit der Abmachung, daß die Hände die Speisen nicht mehr zum Munde führten, daß der Mund die Speisen nicht aufnehme und die Zähne sie auch nicht zerkleinerten.*
>
> *Während sie so aus Zorn den Magen durch Hunger bezwingen wollten, gerieten die Glieder selbst und schließlich der ganze Körper in äußerste Erschöpfung.*
>
> *Da wurde ihnen klar, daß auch der Dienst des Magens nicht nutzlos sei, daß er nicht mehr ernährt werde, als er selbst ernähre, schicke er doch in alle Körperteile jenes Blut, das erst durch die Verdauung der Speise gebildet werde.«* (Kritisches Lesen 2, 124)

Wer kennt sie nicht, die beliebte Beschwerde mündiger Steuerzahler, die Politik sei ein Wasserkopf, in dem Bonzen für ihren Müßiggang beachtliche Diäten kassieren. Wenn sie nur recht hätten! Dann bliebe die Menschheit wenigstens von den *Taten* der großen Politik verschont. Was wären schon ein paar Milliarden Diäten, wenn man ansonsten unbehelligt von AKW, Bundeswehr und Richard von Weizsäcker seiner Wege gehen könnte. Die Säuernis des kritischen Steuerzahlers aber *verlangt* geradezu nach politischen Leistungen, die als Gegenleistung für die erbrachten finanziellen Opfer vermißt werden. Für dieses staatsbürgerliche Bedürfnis ist die Parabel wie geschaffen. Sie bietet nämlich mittels einer falschen Analogie ein Bild an, mit dem sich der Leser das gesellschaftliche *Herrschafts*verhältnis zwischen Staat (der Magen) und Bürgern (die Glieder) als quasi *natürliches Ergänzungs*verhältnis zurechtlegen kann, das auf Leistung und Gegenleistung beruht. Eine etwas weltfremde Vorstellung. Die Leistungen, welche die Masse für wirtschaftliches Wachstum und Fiskus zu erbringen hat, ziehen nie eine Gegenleistung nach sich. Es wäre ja auch paradox, erst die Vermehrung des Kapitals zum obersten gesellschaftlichen Zweck zu erheben, vor dem der Lebensunterhalt der modernen Plebejer eine klein zu haltende Kost ist, und dann den Ertrag dieser Ausbeutung den Gebeutelten wieder zuzuschanzen. Die wirklich erbrachten politischen Leistungen, von der Autobahn bis zum Arbeitslosengeld, gelten nicht dem Unterhalt der Massen, sondern den Bedingungen ihrer *Benutzung*. Wie wenig *natürlich* schließlich Untertanen und Herrschaft in einer solchen Nation zusammengeschlossen sind, läßt sich soeben auf dem Balkan oder in der Ex-Sowjetunion studieren. Die Geburtsstunde von Nationen ist ein Akt des erlesensten Terrorismus.

Natürlich darf die Geschichte des Menenius Agrippa auch *kritisch* gewürdigt werden, und sie wird es in der Regel auch. Grüne Sozialkundelehrer finden das Bild vom natürlichen Miteinander von oben und unten unrealistisch und verweisen auf die Staatsverdrossenheit. Manch kritischer Geist favorisiert sogar eine demokratische Streitkultur zwischen Herren und Knechten, statt Friedhofsruhe und falscher Harmonie. Gemeinsam ist beiden Positionen, daß sie die Identität zwischen Staat und Bürgern nur dann verwirklicht sehen, wenn sie auf glaubwürdige Weise *angestrebt,* statt wie beim alten Agrippa als Natur *unterstellt* wird. Im Ziel sind sich also Moderne und Altertum völlig einig. Über das Ob und Wie seiner Realisierung gibt es milde Dissonanzen.

Was bringt sie also unter dem Strich, die schulische Beschäftigung mit Lyrik und Prosa? Eine Wiederholung all der Moralismen, mit denen die Allgemeinbildung den Staatsbürgernachwuchs ausgestattet wissen will. Statt auf seine materiellen Interessen zu achten, soll der Mensch sich in Bescheidenheit und Demut üben und einem höheren Sinn unterstellen; Geld macht ohnehin nicht glücklich; die Anerkennung der Knechte durch die Herren ist der schönste Lohn auf Erden; und überhaupt sind oben und unten letztlich ein Herz und eine Seele. Die Besonderheit der literarischen Darbietung solcher Weisheiten besteht lediglich in ihrer Form. Jamben, Kreuzreime und Parabeln zielen nicht auf die *Begründung* einer Moral. Sie bereiten diese vielmehr als Gegenstand des *Genusses* auf für Leute, die längst überzeugte Moralisten sind. Das macht den Luxus des literaturkundlichen Unterrichts aus. Sein Ziel hat er nach dem Willen seines Urhebers dann erreicht, wenn die Schüler nicht nur bei den großen humanistischen Werten glänzende Augen bekommen, sondern zu allem Überfluß auch noch die Macht und ihr Volk als Ausfluß dieses Geistes verehren:

> *»Deshalb müssen solche (literarische; F.H.) Texte im Deutschunterricht behandelt werden. Durch sie sollen Schüler die humanen, demokratischen und sozialen Traditionen unseres Volkes und anderer Völker kennenlernen.«* (Lehrplanentwurf Eigensprache/Fremdsprache, 3)

Und weil besagte Werte und Traditionen nicht nur im Deutschunterricht so wichtig sind, haben sie eine eigene Widmung verdient:

5.4. Werte und Ideologien

Ganz oben auf der Liste stehen Toleranz und Umweltschutz, über die das wesentliche bereits gesagt ist (vergleiche Abschnitt 5.1 und 5.2 sowie 2.5). Bleiben noch die folgenden Perlen abendländischen Denkens zu erwähnen.

Manipulation

Ein mündiger Staatsbürger läßt sich kein X für ein U vormachen. Die Warnung vor Manipulation gehört zum guten Ton:

> *»Die Art, in der uns Informationen oder vermeintliche Informationen präsentiert oder nicht präsentiert werden, trägt dazu bei, daß wir uns unsere Auffassungen bilden und unser Verhalten einrichten. Wie sehr wir auf solche steuernden Faktoren reagieren, zeigt der Erfolg der Werbung, das zeigen aber auch unsere Reaktionen auf politische Ereignisse. ...*
> *Solche Steuerungen bleiben den Betroffenen häufig unbewußt. Ihre Auswirkungen auf das Denken und Handeln erscheinen in vielen Fällen sogar als Ergebnis eigenen Nachdenkens. Daß Steuerung durch andere im Spiel ist, daß das vermeintlich eigene Nachdenken fremdbestimmt ist, kommt nicht in den Blick.«* (Kommunikation/Sprache, 5)

Manipulation, auch wenn sie noch so oft probiert wird, ist ein Ding der Unmöglichkeit. Sie bezweckt nämlich die Fixierung des Willens auf einen bestimmten Inhalt unter *Umgehung* des Willens. Gewiß arbeiten Werbefritzen und Politiker mit Haken und Ösen, wenn sie den weißen Riesen oder ihre Partei als Non plus ultra anpreisen. Aber ohne daß der Adressat sich die mehr oder weniger guten »Argumente« der Käufer- und Wählerbetörung zueigen macht, kommt kein Erfolg für die Rattenfänger zustande.

Es ist schon verräterisch, woran der Fachmann überhaupt Manipulation erkennen will. Die sogenannten künstlichen Bedürfnisse prangert er gern als manipulatives Produkt der Werbung an. Die einen bevorzugen Müsli und phosphatfreie Waschmittel, die anderen Porsche und Rolex. Natürlich in dem Sinn ist keines der vier Produkte. Wo also liegt sie vor, die Manipulation? Das hängt ganz vom *Standpunkt* des Betrachters ab. Ein Juppie wird den Luxus zum natürlichsten Drang des Menschen erklären und verächtlich auf die seiner Meinung nach ideologisch manipulierten Öko-Jünger herabblicken. Umgekehrt umgekehrt. Was also als Manipulation geziehen wird, entscheidet sich nicht am objektiven Inhalt einer Auffassung oder eines Verhaltens, sondern an der definitorischen Willkür desjenigen, der diesen Vorwurf erhebt. Seine verlogene Technik besteht darin, daß er den *mißbilligten* Willen eines anderen nicht kritisiert, sondern einfach als *nicht existent* zurückweist, weil er kein *eigener* sei. Dieser Anmaßung wegen ist der oben zitierte kleine Widerspruch unvermeidlich: Einerseits soll die Raffinesse der Manipulation darin liegen, daß sie dem Willen *un*bewußt bleibt. Andererseits nimmt sich der Kritiker von seiner eigenen Regel aus und will im Unterschied zum Rest ein Bewußtsein von der Fremdeinwirkung haben. Anders gesagt: Gäbe es sie, die dem Bewußtsein verborgene Steuerung des Willens, wäre sie für niemanden zu entdecken, weil alle der Manipulation unterliegen. Diese Ungereimtheit ist offenbar auch dem Manipulationstheoretiker nicht verborgen geblieben. Aus der Affäre zieht er sich mit dem Hinweis, daß nicht generell, sondern »häufig« Manipulation vorläge. Dadurch spricht er sich nun endgültig von jeder Beweislast frei, indem er *alles* mit dem bloßen *Verdacht* auf Manipulation überzieht.

Mit einer Kritik am Denken und Handeln anderer hat diese Stellung nichts zu tun, auch wenn sie sich so geriert. Es wird ja nie ein *Inhalt* zur Kenntnis genommen, geprüft und eventuell verworfen. Der ganze Verdacht besteht darin, daß eine Handlung möglicherweise nicht aus eigenem Entschluß, sondern *fremdbestimmt* vollzogen wird.

Und das ist gleich doppelt unvernünftig. Erstens ist »eigen« ebensowenig ein Gütesiegel, wie »fremd« kein Malus sein muß. »Selbstbestimmt« prügeln manche Eltern ihre Kinder, während es anderen Knirpsen hingegegen gut bekommt, wenn ihnen ganz »fremdbestimmt« der Griff zur heißen Herdplatte versagt wird. Zweitens entwaffnet dieser Standpunkt jede vernünftige Kritik. Wer sich, ganz aus eigenem Entschluß, beispielsweise gegen Kommerz und Politik wendet, nicht weil sie fremd, sondern *schädlich* sind, kann kaum auf Verständnis hoffen. Die Logik des Verdachts ist universell und wittert Manipulation konsequenterweise

> *»selbst in manchen vermeintlich gegen die herrschenden Vorstellungen entwickelten Einstellungen und Handlungsmustern, die gerade ›in‹ sind.«* (ebenda)

Was sich wie ein Aufbegehren gegen Bevormundung des Menschen gibt, ist also per Saldo nichts anderes als der Genuß der *Einbildung* von demokratischen Staatsbürgern, *frei* zu sein, wenn sie ihren *Pflichten* nachkommen. Man ›läßt sich doch nichts vormachen‹, wenn man gehorcht.

Es ist also nur konsequent, daß diese Geisteshaltung in den Begriffen

Autorität & Gehorsam

keinen Verstoß gegen die Freiheit des bürgerlichen Individuums entdecken kann:

> *»Autorität und Gehorsam:*
> *– Gehorsam als freiwillige Unterordnung unter andere beurteilen lernen. (Gehorsam aus Vertrauen in die Person, aus Respekt, aus Anerkennung einer Person, aus Einsicht in die Notwendigkeit u.a.)*
> *– Beispiele für unwürdige und sinnvolle Anpassung kennen. (Mitmachen in Banden, Unterwürfigkeit, Alkohol, Nikotin, Rauschgift; Umgangsformen, Körperpflege, Kleidung)«* (Werte und Normen, 11)

Wer sein wissenschaftliches oder praktisches Metier beherrscht, weil er etwas weiß und kann, mag von seinen Mitmenschen als Autorität geschätzt werden, von der sie viel lernen können. Von diesem harmlosen Begriff der Autorität ist in dem gleichnamigen Lernziel nicht die Rede. Die Sorte Autorität, auf die es zielt, handelt nicht von der gekonnten Beherrschung einer Sache, sondern von der Herrschaft über *Subjekte*. Gehorsam kennzeichnet nämlich die Unterordnung eines Willens unter eine Instanz, die Macht über ihn hat. Nicht qua Wissen und Können, sondern kraft ihres staatlichen *Amtes* beansprucht die bürgerliche Autorität die Fügsamkeit anderer. Und das ist kein Ergänzungsverhältnis zweier unterschiedlich ausgestatteter Willen, die mit- und voneinander lernen, sondern Herrschaft. Ausgeübt wird sie von Erziehungsberechtigten in der Familie, von beamteten Lehrern aller Schulen, von Vorgesetzten und Politikern, die auf Pflichterfüllung bestehen.

Beurteilen aber soll man den Gehorsam etwas anders, nämlich als *freiwillige* Unterordnung. Und das ist ein Widersinn. Denn was ein Mensch aus freien Stücken für vernünftig und vorteilhaft hält, dem muß er sich nicht beugen, weil er es zu *seinem* Willen gemacht hat. Mit dieser verkehrten Sicht der Dinge bemühen sich die Fanatiker von Werten und Normen seit Generationen, ein auf Gewalt beruhendes Beaufsichtigungsverhältnis als Ausfluß des freien Willens der Gegängelten auszumalen. Gerade so, als sei der pflichtschuldige Respekt gegenüber dem Schulrektor dasselbe wie das Vertrauen in die überlegenen Kenntnisse und Fähigkeiten eines guten Freundes.

Das Lernziel lädt zu dieser Verwechslung ein, aber nicht ohne gleichzeitig davor zu warnen. Es gibt auch »falsche« Freunde und »unwürdige« Anpassung, die man zum Beispiel an Alkohol und Nikotin erkennen kann. Zur Vermeidung von Fehlleistungen verläßt man sich also besser nicht auf seinen privaten Geschmack in Sachen Autorität, sondern folge den Kriterien, die von der amtlichen Autorität selber erlassen werden. Lehrer, Personalchefs und Minister sind da eine gute Adresse, selbst dann, wenn sie ein intimes Verhältnis zu Alkohol und Zigaretten pflegen.

Übertreiben darf es der Gehorsam bei alledem natürlich nicht. *Unterwürfigkeit,* auch Kadavergehorsam gescholten, ist verpönt. Die Autoritäten genauso wie die Untergebenen erheben nämlich den Anspruch, daß jede Gehorsamsleistung mit dem *glaubwürdigen Schein der Freiwilligkeit* versehen wird.

Am Ende einer gelungenen Erziehung sind Pflicht und Freiheit dann ununterscheidbar geworden, zumindest im *Bewußtsein* mündiger Staatsbürger. Selbst ohne Anleitung und Aufsicht und in den privatesten Sphären unterziehen sie nichts und niemanden einer vorurteilsfreien Betrachtung. Alles wird an einem Maßstab gemessen, welcher der Autorität des *Rechts* entlehnt ist und obendrein den Ruf von gediegener Kritik ebenso wie von mitmenschlicher Anteilnahme genießt:

Gerechtigkeit

> *»Die Gerechtigkeit bezieht sich immer auf das Verhältnis zweier miteinander streitender oder miteinander rivalisierender Parteien, zu denen sich der Gerechte in einer bestimmten Weise verhält. Das aber bedeutet zugleich: Es gibt eine bestimmte gesellschaftliche Funktion und einen bestimmten, durch diese Funktion gekennzeichneten Stand, nämlich den Richterstand, dem die Ausübung der Gerechtigkeit in besonderer Weise zugeordnet ist. ... So ist der Vorgesetzte gerecht, insofern er keinen seiner Untergebenen dem andern gegenüber vorzieht oder zurückstellt. ... Die Unparteilichkeit ist die unentbehrliche Voraussetzung für die Gerechtigkeit.«* (Bollnow, 186f)

Nicht nur unter Erwachsenen, schon in den Kinderstuben ist die Klage von der *Ungerechtigkeit* verbreitet. Sie kommt immer dann auf, wenn sich jemand bei seiner Eis- oder Lohntüte im Unterschied zu Bessergestellten benachteilgt wähnt.

Vernünftig ist diese Beschwerdeform nicht. Sie hält ja nicht einmal einen eingetretenen Schaden eines Individuums objektiv fest, weil er nur im *Vergleich* zu anderen in Betracht kommt. Dabei ist gar nicht wahr, daß alle Interessen zum Zuge kommen, wenn sie nur gleich behandelt und bedient werden. Eine Taschengeld- oder Gehaltskürzung gereicht doch nicht deswegen zum Vorteil, weil sie alle gleichermaßen trifft. Zum zweiten wird der schon im Ausgangspunkt verkehrt als Nachteil bilanzierte Schaden auch noch auf einen falschen Grund zurückgeführt. Ungerecht kommt den Betroffenen ihr Los vor, weil sie darin eine *Abweichung* vom Recht erblicken. Und zwar umso hartnäckiger, je eindeutiger die Maßnahmen, die ihnen Ungemach bereiten, durch die *Anwendung* geltenden Rechts zustandekommen. Es findet sich kein Paragraph, der allen Menschen eine *gleiche* Ausstattung mit den Notwendigkeiten der Lebensführung zusagt, schon gar nicht eine gleich *gute*. Umgekehrt aber fallen Steuerhöhungen hier, Ermäßigungen und Subventionen dort und worüber der Mensch sich sonst noch aufregen mag, unter geltendes Recht. Der hartnäckige Glaube, daß dennoch ein eklatanter Fall von *Unrecht* vorliege, rührt von der moralischen Einbildung her, die sich ein Staatsbürger vom Recht macht. Weil er auf die staatlich diktierten Bahnen des Erlaubten und Verbotenen als *Voraussetzung* seines persönlichen Erfolgs verwiesen ist, verwechselt er sie gern mit einem dafür brauchbaren *Mittel*. Der dienende Charakter der staatlichen Gewalt leuchtet ihm schon deswegen ein, weil sie in der Form des Rechts vollstreckt wird. Das gilt nämlich als Garantie dafür, daß staatliche Gewalt nicht ihrer eigenen Zwecksetzung oder auch Willkür folgt, sondern an Gesetze *gebunden* ist, daher *dienen* muß, natürlich einer guten Sache. Der Umstand, daß die Staatsgewalt es selber ist, die sich an von ihr selbst erlassene Gesetze bindet, fällt da nicht weiter ins Gewicht.

Durch die gegenteilige Erfahrung läßt sich diese Auffassung nicht verunsichern. Statt sich *ihres* Fehlers bewußt zu werden, erklärt sie lieber dieses oder jenes inkriminierte Gesetz zur Abweichung vom eingebildeten guten Recht. Daß aus einem solchen kritischen Rechtsbewußtsein ein praktischer Protest gegen erlittene Schäden wird, bleibt die Ausnahme, die in Gestalt eines Michael Kohlhaas die Literatur bevölkert. In der Wirklichkeit kommt sie so gut wie nicht mehr vor. Die Kehrseite ist nämlich der Glaube an die *gute* Macht des Rechts. Darin ist es als Kriterium allen gesellschaftlichen Treibens anerkannt. Jeder Widerstand dagegen würde sich da selbst als Ungerechtigkeit desavouieren. Ein beleidigtes Rechtsgefühl bestreitet eben nicht das Recht, sondern verlangt nach einem *guten Richter*.

Heimatliebe

Ziffel: Es ist mir schon immer merkwürdig vorgekommen, daß man gerade das Land besonders lieben soll, wo man die Steuern zahlt. Die Grundlage der Vaterlandsliebe ist die Genügsamkeit, eine sehr gute Eigenschaft, wenn nichts da ist.

Kalle: Die Vaterlandsliebe wird schon dadurch beeinträchtigt, daß man überhaut keine richtige Auswahl hat. Das ist so, als wenn man die lieben soll, die man heiratet, und nicht die heiratet, die man liebt. Warum, ich möcht zuerst eine Auswahl haben. Sagen wir, man zeigt mit ein Stückel Frankreich und einen Fetzen gutes England und ein, zwei Schweizer Berge und was Norwegisches am Meer und dann deut ich drauf und sag: das nehm ich als mein Vaterland; dann würd ichs auch schätzen. Aber jetzt ists, wie wenn einer nichts so sehr schätzt wie den Fensterstock, aus dem er einmal heruntergefallen ist.

Ziffel: Das ist ein zynischer, wurzelloser Standpunkt, der gefällt mir. (B. Brecht: Flüchtlingsgespräche)

Wo die Heimatliebe in Gestalt von Trachtenvereinen und Blaskapellen ihr Wesen treibt, löst sie bei den kritischen und gebildeten Ständen ein gewisses Naserümpfen aus. Dieselben finden dann wieder Gefallen daran, wenn sie mit Rockmusik unterlegt wird. BAP besteht aus »echt Kölsche Jungs«, HERNE 3 verbreitet Ruhrpottlaune, und Herbert Grönemeyer betet in Dur und Moll die graue Schönheit Bochum an. Selbst ganz linke Gesellen möchten auf die Heimatliebe nicht verzichten:

»In allen Gegensätzen steht – unerschütterlich, ohne Fahne, ohne Leierkasten, ohne Sentimentalität und ohne gezücktes Schwert – die stille Liebe zur Heimat.« (Tucholsky 1929: Deutschland, Deutschland über alles)

Der Mann will die Heimatliebe vor dem Nationalismus und seinen aggressiven Folgen retten. Ein Ding der Unmöglichkeit, weil beides zusammengehört.

Die Heimatliebe meint nämlich keineswegs den banalen Umstand, daß jemand den Daseinsort schätzt, wo es ihm gut geht. Es ist umgekehrt: Der Landstrich, wohin es den Menschen durch den bloßen Zufall des elterlichen Wohnsitzes oder durch die Launen des Arbeits- und Wohnungsmarktes verschlagen hat, wird als Heimat gewürdigt. Eine Prüfung bezüglich der Lebensqualität, die man geboten oder vorenthalten bekommt, findet nicht statt. Auch Arbeitslose und Anwohner von Kernkraftwerken sind lieb zu ihrer Heimat.

Nicht selten erklären Heimatfans ihr Gefühl mit schönen Erinnerungen an die kindliche Geborgenheit in der Familie und an einen ausgedehnten Freundeskreis. Die Mundart der jeweiligen Region wird als Inbegriff vertrauter Gemeinschaftlichkeit geschätzt, Wald und Wiesen werden trotz saurem Regen und Waldsterben als einmalig besungen. Das bemerkenswerte Ergebnis: Obwohl alle Zeitgenossen dieselben Kriterien anlegen und ihren Standort nach heimeligen Erinnerungen, Natur- und Sprachmerkmalen taxieren, kommt jeder zu einem anderen Ergebnis. Die Bayern lieben Bayern, die Hessen Hessen, die Friesen Friesland usw. Heimat scheint also überall zu sein. Das ist nicht weiter verwunderlich, weil die Heimatliebe kein aus den Erfahrungen gezogener *Schluß* auf die Lebensqualität, sondern ein *Be*schluß ist: Da, wo es einen zufällig hinverschlagen hat, hat man es gut getroffen.

Die Lebensumstände, in die der Mensch mehr oder weniger zwangsweise hineingestellt ist, werden von ihm auf diese Weise als Lebensmittel begriffen und geschätzt. Aber nicht durch Reflexionen auf das Geschäftsleben, seine Arbeitsplätze und das Verhältnis von Leistung und Ertrag. Auch nicht durch Vor- und Nachteilsrechnungen hinsichtlich der Politik und der sie tragenden Parteien. Die Heimatliebe gibt sich unökonomisch und unpolitisch zugleich, weil sie die durch Kommerz und Staat verordnete Berufs- und Lebenswelt unter rein menschlichen Gesichtspunkten würdigt. Nämlich als Ort zwischenmenschlicher Gemeinschaft mit demselben Dialekt, die in Wald und Flur ein Stück natürlicher Lebensgrundlage vor sich hat. In der Heimat kennt man sich nicht nur, man kennt sich auch aus. Diese *Vertrautheit* mit Umständen, in denen sich doch bloß die *Benutzung* von jedermann abspielt, kultiviert die Heimatliebe als Gefühl.

Nationale Identität

Richard von Weizsäcker hat mit seinen Reden zur nationalen Identität alle Klassenzimmer erobert:

»Was ist das eigentlich: deutsch?

Zunächst ist es ein naturgegebener Sachverhalt, deutsch zu sein. Es ist die Folge der Tatsache: hier geboren und aufgewachsen zu sein, die deutsche Sprache zu sprechen, sich hier zu Hause zu fühlen und damit ein Teil des eigenen Volkes zu sein. ... Es gibt eine starke Überlieferung, die mich als Deutschen durchdringt, ob ich mir dessen bewußt bin oder nicht: Die Überlieferung des Glaubens und der Kultur in Deutschland, der sozialen Entwicklung und der politischen Vergangenheit haben auch meine Existenz mitbestimmt.« (von Weizsäcker 2, Bundespräsident, 537)

Starke Worte. Nicht nur Sprache, Kultur und Geschichte, auch noch die Natur wird als Kronzeuge für die nationale Identität der Deutschen ins Feld geführt. Nun mag man die Geburt als naturgegebenen Sachverhalt betrachten, wenn man die Vorgeschichte wegläßt. Daß aber mit dem Geburtsort feststeht, daß der Nachwuchs sich durch einen Paß von anderen unterscheidet, ist ausschließlich das Werk des Staates, der sich des Menschenmaterials bemächtigt, das sein Territorium bevölkert. Ebensowenig stiftet die Sprache eine Interessengemeinschaft aller Deutschen. In gesetzten deutschen Worten teilen sich Arbeitnehmer und -geber, Mieter und Vermieter ihre Gegensätze mit, nicht selten vor Gericht. Von einer Interessengleichheit und einem gemeinsamen Willen dank einer einheitlichen Sprache keine Spur. Nicht anders verhält es sich mit der Kultur. Da sollen Volksschulabgänger und Bundesbankpräsidenten ihre innige Verbundenheit in Beethovens Eroika und Goethes Faust entdecken, obwohl besagte Kulturgüter dem Gros weder bekannt noch lieb und teuer sind. Abgesehen davon, daß beides auch gar nicht für eine deutsche Leitwährung im EWS, Bundeswehreinsätze jenseits des NATO-Bezirks und die Mehrwertsteuererhöhung erfunden wurde. Das alles ist und macht Deutschland. Assoziiert werden aber will es mit geistvollen und menschenbeglückenden Sinfonien und Dramen. Schließlich auch noch der unvermeidliche Hinweis auf eine gemeinsame Geschichte: Was beweisen eigentlich Bismarcks Sozialistengesetze, Deutsch-Südwest, Auschwitz und die deutsche Wiederbewaffnung nach 45? Weil sich das Wüten und Wirken der deutschen Staatsgewalt durch die Geschichte hindurchzieht, also von Dauer ist, will es als Kontinuität gewürdigt werden, die von der Unabweisbarkeit einer Gemeinschaftlichkeit zeugt, die nur durch Gewalt zusammengeschweißt wurde.

Wozu taugen also die Hinweise auf eine gemeinsame Sprache, Kultur und Geschichte? Die Schaffung von eingetragenen Vereinen zur Pflege der deutschen Grammatik und Musik wollen Weizsäcker und andere damit gar nicht begründet haben. Unter einer Staatsgewalt mit Bundesadler tut es keiner. Denn die ist das Ziel all der geistigen Verrenkungen. Was ein Akt der *Gewalt* ist, die Zusammenfassung der Bewohner eines Territoriums zu einem Volkskörper, soll als vorpolitische Gemeinsamkeit der Menschen aufgefaßt werden, die zu ihrer Vollendung nur noch des Staates bedarf, in dem sie sich ausdrückt. Darin besteht es, das Bewußtsein von der nationalen Identität, das die Allgemeinbildung jedermann einimpft: Der Untertan soll in der nationalen Gewalt, die über ihn herrscht, ein Stück von sich selber sehen, mit dem er sich auf quasi natürliche Weise identisch weiß.

(Hinweis: Zum Thema Werte und Ideologien in der Schule finden sich weitere Erläuterungen in: Kritik der Erziehung, Teil 1, S. 51ff. Unter anderem werden die Erziehungsziele Lebenstauglichkeit, Gottesfürchtigkeit, Wahrhaftigkeit, Kritikfähigkeit, Konfliktfähigkeit, Solidarität, Emanzipation und Selbstbestimmung besprochen.)

6. Geschichte

Schon die alten Griechen waren glühende Verfechter der Demokratie. Das Römische Weltreich ist dem ausschweifenden Leben zum Opfer gefallen. Der alte Fritz mit seinen preußischen Tugenden war nicht nur streng, sondern auch gut zum Volk. In solchen Sentenzen faßt sich der Geschichtsunterricht zusammen, der

> *»Einsichten in die Zusammenhänge zwischen Vergangenheit und Gegenwart vermitteln«* (Hauptschule. Übersichten zu den Lehrplänen, 38)

soll. Der Zusammenhang bleibt dabei nicht dem vorurteilsfreien Studium der Geschichte überlassen. Er steht vielmehr im Rang einer eindeutigen Lernzielvorgabe:

> *»Erzieherischer Beitrag des Faches Geschichte zur Erfüllung des Bildungs- und Erziehungsauftrages:*
> *Der Schüler soll fähig und bereit sein*
> * *aus der Geschichte Orientierungs- und Handlungskategorien für Gegenwart und Zukunft zu gewinnen ...*
> * *die Wert- und Ordnungsvorstellungen des Grundgesetzes der Bundesrepublik Deutschland anzuerkennen und seine künftige Rolle als Staatsbürger anzunehmen und auszuüben ...«* (Arbeitspapier. Überlegungen zu Fachzielen, 17)

Geschichte ist, mit den Augen eines historisch gebildeten Pädagogen betrachtet, nicht eine Ansammlung von Zwecken und Taten durchsetzungsfähiger

Mächte, die sich manchmal logisch aufeinander beziehen, häufig aber auch nur zeitlich aufeinander folgen. Geschichte gilt vielmehr als Inbegriff und Produkt eherner Prinzipien. Die guten erhalten und veredeln sich in der Zeit, wie man an der Aufklärung, der Demokratie, aber auch der preußischen Disziplin sehen kann. Die schlechten sterben aus, wie das römische Laster und der Kommunismus beweisen sollen. Das wirkliche Verhältnis von Geist und Macht stellt der Geschichtsunterricht also auf den Kopf: Die Ideen, mit denen sich Staaten bei ihrer gewaltsamen Betätigung schmücken, gelten als die eigentliche Wirkkraft, denen Staaten mit ihrem Tun nur nachkommen. Daher spielt das Argument *Tradition* eine gehörige Rolle im Geschichtsunterricht, der Nationen gern als Erben jahrtausendealter tradierter Werte und Kulturen präsentiert. Die Güte einer Sache wird damit in die bloße Dauer ihrer Existenz gelegt – so als hätten die Hexenverbrennungen vor 200 Jahren zurecht im Range einer liebgewordenen Tradition gestanden, weil sie schon so lange Usus waren. Wo die Vergangenheit für die heutzutage verlangten Prinzipien und Tugenden nicht das passende Material hergibt, wird sie entsprechend umgedeutet. Am Ende sollte dann die Gegenwart der Bundesrepublik Deutschland streng teleologisch als historische Vollendung alles Guten dastehen. Die dunklen Punkte der eigenen Geschichte müssen dabei gar nicht verschwiegen, sondern nur interpretiert werden. Dann gilt das Hier und Heute nicht nur als Erbe alles Guten, sondern auch noch als Überwinder alles Schlechten. Das ergibt ein ziemlich unwidersprechliches Qualitätsurteil, weil die Nation sich jenseits ihrer Absichten und Zwecke als Vollstrecker eines Prinzips feiern läßt, das seine Unwidersprechlichkeit durch seine tausendjährige historische Tradition beweist.

Ein geistiger Ausflug zu den alten Athenern macht sich für diese Unternehmung immer gut:

> *»Entfaltung der ›Demokratie‹ in Athen.*
> *Die Einteilung der Bevölkerung in vier Klassen blieb bestehen. In der Zeit um 450 v.Chr. gehörten rund 300 Athener der obersten Klasse, 900 der 2. Klasse, etwa 8000 der 3. Klasse und zwischen 20.000 und 30.000 der untersten Klasse an. ... Die Athener bezahlten alle, die ein Staatsamt annahmen, und jeder, der an einer Volksversammlung teilnahm, erhielt ein Tagegeld. So konnte auch der arme Mann ein Amt übernehmen.«* (Unsere Geschichte, Band 1, 44)

Es gab aber auch

> *»Grenzen der ›Demokratie‹.*
> *In Athen herrschte das Volk. Das waren aber nur die freien Männer. Die Frauen blieben ausgeschlossen. ... Ausgeschlossen von allen Rechten blieben die Sklaven.«* (ebenda, 44)

Ein interessanter Befund. Schon die Griechen nannten eine Demokratie ihr eigen, aber keine so gute wie die unsrige, weil sie eine *Sklaverei* war. Das bezeugt zum ersten, wie wenig die Verehrer der Demokratie die Lebensqualität der Massen im Auge haben, auch wenn diese politische Verkehrsform noch so oft wie ein Lebensmittel des Volkes vorgestellt wird. Klasseneinteilung in Arm und Reich hin, Schinderei der Sklaven her, der politische Modus der Herrschaftsakklamation – mehr ist Demokratie ja nicht! – macht aus jedem Jammertal einen Garten Eden. Dabei ist zweitens nicht einmal das demokratische Procedere von damals mit den heutigen Gepflogenheiten identisch oder ihm auch nur ähnlich. Von einer rechtlichen *Gleichbehandlung* wirtschaftlich Ungleicher zum Zwecke ihrer Benutzung konnte damals keine Rede sein. Ein politisiertes Bewußtsein von Bürgern, die in Staat und Recht Mittel ihres materiellen Fortkommens sehen, weil sie andere beschränken, gab es konsequenterweise auch nicht. Wie soll ein Sklave für eine politische Herrschaft eingenommen sein, die Anhaltspunkte für einen Dienst an freigesetzten Interessen gar nicht aufkommen läßt, weil sie den puren Verschleiß der Unterjochten betreibt? Die einzige Gemeinsamkeit zwischen Solon und Kohl liegt ausschließlich im *Namen,* den sie ihrer Regierungskunst verpaßt haben: Demokratie. Darüber möchte aber die historische Gelehrsamkeit hinwegsehen. (Un-)Verschämt setzt sie die griechische Demokratie in Gänsefüßchen, damit durch ein einerseits/andererseits die Botschaft für unsere Gegenwart im gewünschten Sinne ausfällt. Einerseits beweist die bis zu den Griechen reichende demokratische Tradition, daß diese Herrschaftstechnik offenbar kein Verfallsdatum kennt, weil sie so gut ist. Andererseits haben erst Abraham Lincoln, Konrad Adenauer und Willy Brandt Solons Konstruktion um ihre Schwachpunkte bereinigt: Statt vier Klassen nur noch zwei, Sklaven sind out, Lohnarbeiter in.

Natürlich hat die Geschichte auch Schattenseiten. Eine heißt »Industrielle Revolution« und wird immer wieder gern aufgesucht:

> *»Die Fabrikarbeit führte zur verstärkten Ausbeutung menschlicher Arbeitskraft. Die früh-kapitalistische Wirtschaftsweise führte zu einer Verelendung der Arbeiter.«* (Lehrplanentwurt Gesellschaft/Politik, 8)

Damals, da gab es Ausbeutung, im *Früh*kapitalismus! Begriffe, die bei anderer Gelegenheit als unsachliche Polemik gelten, können hier gar nicht oft genug betont werden. Die schlechte Meinung über früher ist nämich die gute über heute:

> *»Die Arbeiterfrage.*
> *Die Arbeiter bildeten den vierten und untersten Stand. Sie waren Lohnarbeiter, die ihre Arbeitskraft einsetzten, um leben zu können. Sie hatten kein Eigentum, weder an Grund und Boden, noch an anderen Produktionsmitteln, etwa an den Maschinen der Fabrik.«*
> *Aber dann kam die Erlösung:*
> *»Gewerkschaften ... und Arbeiterparteien. Genügte es, mit den Unternehmern zu verhandeln, damit sich die wirtschaftliche Lage der Arbeiter*

verbesserte? Mußten Arbeiter nicht auf die Gesetzgebung einwirken, wenn sie ihre Lage grundsätzlich ändern wollten? Dazu brauchten sie eine eigene politische Partei.« (Unsere Geschichte, Band 2, 242)

Das ist sie also, die soziale und demokratische Lösung der Arbeiterfrage. Statt der *Beseitigung* der Ausbeutung haben die Arbeiter deren *Flankierung* durch Gewerkschaft und Sozialdemokratie erkämpft. Dabei ist der Sozialstaat herausgekommen. Kein Punkt der oben zitierten Arbeiterfrage ist darüber hinfällig geworden.

Weder Grund und Boden noch Produktionsmittel zählen Arbeiter heute zu ihrem Eigentum. Sie setzen wie eh und je ihre Arbeitskraft für fremdes Eigentum ein. Nur eines hat sich geändert: Der Arbeiter hat zu allem, was er *muß,* auch noch ein *Recht* bekommen. Der Zwang zum Geldverdienen tritt ihm als das Recht auf freie Berufswahl entgegen. Er muß nicht bloß einer Regierung gehorchen, er genießt auch das Recht, sie zu wählen. Er muß nicht nur mit den Folgen der Ausbeutung zurechtkommen, er hat sogar ein Recht darauf, daß Gewerkschaften ihm dabei zur Seite stehen. Heute ereilen einen Arbeitsmann Reallohnsenkungen und Arbeitslosigkeit mit DGB und SPD, die in seinem Namen die nationale Wirtschaft voranbringen. Die Partei durch Kanzler, die das Volk für verwöhnt halten und Lohnverzicht fordern, die Gewerkschaft durch ihre Unterschrift darunter. Wer will da noch von Ausbeutung reden!

7. Fremdsprachen

gehören ebenfalls zur Allgemeinbildung. Aber nicht wegen der touristischen Eskapaden, bei denen Sekretärinnen und Angestellte schon einmal die Rechnung auf englisch oder französisch bestellen. Unabhängig von den privaten Vorlieben in Sachen Urlaub besteht der Staat auf einem Mindestmaß an fremdsprachlichen Kenntnissen. Wer eine Exportnation kommandiert und weltweit politische »Verantwortung« trägt, der erhebt auch Anspruch auf einen Bürger, der fremde Völker versteht. Und zwar im doppelten Sinn des Wortes. Die politische Anerkennung anderer Mächte und Völkerschaften, die ihrer Benutzung notwendig vorausgeht, verlangt auch ein »weltoffenes« Bewußtsein der Mitmacher. Daher muß der Nationalismus, zu dem die Staatsbürger erzogen werden, die mißtrauische bis feindselige Ausgrenzung fremder Nationalitäten an den Konjunkturen staatlicher Zwecksetzungen relativieren. 1914/18 wäre das Französische als Schulfach dem Hochverrat gleichgekommen. Heute gehört es zu den Selbstverständlichkeiten deutscher Europapolitik, die den Haß gegen den »Franzmann« nicht gebrauchen kann, weil sie gerade mit ihm einen Binnenmarkt und eine deutsch-französische Brigade schmiedet.

Die entsprechenden politischen und wirtschaftlichen Aktitivitäten verlangen darüber hinaus ein Verstehen fremder Völker im zweiten Sinn des Wortes. Der grenzüberschreitende Handel braucht Arbeitskräfte in den Büros und Kontoren, die englische oder französische Geschäftsbriefe übersetzen und beantworten können.

Der Imperialismus der Nation kommt also ohne den Kosmopolitismus seiner Untertanen nicht aus. Voilà tout.

8. Religion

Der Geschichtsunterricht wettert gegen den Dogmatismus von Karl Marx, der Religionsunterricht bringt den Schülern das päpstliche Unfehlbarkeitsdogma nahe, wenn er katholisch ausfällt. Während sein Kollege in Deutsch die Aufklärung lobpreist und die Naturerkenntnis im Physiksaal den besten Ruf genießt, ergeht sich der Religionslehrer in einfühlsamen Betrachtungen zur Jungfrauengeburt und was der Wunder mehr sind. All das gilt nicht als Entgleisung, sondern als Bestandteil bürgerlicher Bildung. Benotet wird das Glauben zumeist auch noch. Es muß offenbar eine Seelenverwandtschaft zwischen dem *Wissen* der Allgemeinbildung und der *Religion* bestehen, wenn sich beides unter einem Dach verträgt.

Der Glaube ist das eine. Wer die Kraft dazu hat, beschließt, Gott für den Höchsten und sich für einen armen Sünder zu halten. Wer dann gottgefällig das Jammertal Erde durchschritten hat, darf auf einen gerechten Lohn hoffen, im Jenseits. Diese Konstruktion eines allerhöchsten Sinns entschädigt dann den Gläubigen zumindest ideell für alle Widrigkeiten, die ihm auf Erden zuteil werden, um deren Ergründung und Beseitigung es aber nicht gehen soll. Gottes weiser Ratschlag ist ja bekanntlich unerforschlich, und seine Prüfungen wollen auch bestanden sein.

Diese Art trostreicher Sinnfindung gilt als sehr privater und personaler Akt. Dennoch bleibt sie nicht einfach den Privaten überlassen. Religion steht auf dem Lehrplan, nicht, weil der Staat dem Glauben so zugetan wäre, sondern weil er eine *Funktion* von ihm will: Gläubige Menschen sind brave Diener, auch gegenüber der weltlichen Obrigkeit. Sie wissen, daß man dem Kaiser geben muß, was des Kaisers ist. Kleinere diesbezügliche Mißverständnisse sind durch staatliche Erziehungsarbeit weitgehend aus der Welt geschafft worden. Einige Christen hatten einmal gemeint, Gottes Gebote, denen sie sich verschrieben haben, müßten auch für den Staat gelten. Mit der Bergpredigt und dem Hinweis auf das 5. Gebot ›Du sollst nicht töten‹ kritisierten sie die sogenannte Nachrüstung mit Pershing-Raketen. Die Antwort der Hardthöhe war kurz und bündig. Erstens gilt dieses Gebot zwar für die Bürger, nicht aber für den Staat. Der folgt einer Verantwortungs- statt einer

Gesinnungsethik. Zweitens soll sich der Christ gefälligst an das Toleranzgebot halten und nicht wildfremden Menschen seine Gebote aufnötigen. Das darf nämlich nur einer, der Verteidigungsminister. Eine interessante Klarstellung: Die Moral bestimmt nicht das Handeln des Staates, auch wenn der Bürger sich das noch so heftig einbildet. Sie ist vielmehr als Mittel dazu ausersehen, Staatsbürger auf loyales Mittun zu verpflichten. Wo sie dazu nicht taugt, wird sie von höchster Stelle außer Kraft gesetzt. Auf dieser Geschäftsgrundlage gestaltet sich dann das Verhältnis zwischen den Vertretern des Dies- und Jenseits wieder recht einvernehmlich.

Unentbehrlich ist die Religion für das staatsbürgerliche Bewußtsein allerdings nicht. Man muß nicht die Mutter Gottes anbeten, um ein guter Deutscher zu sein. Es reicht völlig aus, Parteienpluralismus und Demokratie als die beste aller schlechten Staatsformen zu verehren. Die verlangte kritische Loyalität gegenüber dem großen Ganzen kommt so in vollem Umfang zustande. Aber der Glaube ist eben doch auch eine Variante, zu demselben Ziel zu gelangen. Und daraus erklärt sich die staatliche Protektion der Kirchen per Steuereinzug und Lehrerlaubnis ebenso wie der Umstand, daß die Teilnahme am Religionsunterricht im Regelfall nicht *Pflicht,* sondern freiwillig ist.

9. Kunst und Musik

Im ersten Fach lernen die Haupschüler neben einfachen Werkbetrachtungen, auch selbst Hand anzulegen. Im Werksaal entstehen jene gefürchteten Laubsägearbeiten und Knetgummiplastiken, die im Bekannten- und Verwandtenkreis schon einmal als Geschenk herhalten müssen. Was das Musische betrifft, macht der Schüler neben ersten Erfahrungen mit dem Dreiklang und der Orchesterinstrumentierung hauptsächlich Bekanntschaft mit dem deutschen *Volks*lied.

Das alles ist weniger banal, als es sich anhört und von den Beteiligten genommen wird. Nicht nur deshalb, weil der Bildungsminister natürlich Volkslied betont und »der Deutschen Nationalhymne und dem Schleswig-Holstein-Lied« (Hauptschule. Übersichten zu den Lehrplänen, 38) Priorität einräumt. Insgesamt zielt die Einführung in musische und werkelnde Fertigkeiten auf etwas Höheres als den schlichten Spaß des Menschen am spielerischen Umgang mit Ton- und Werkmaterial:

»Kulturfähigkeit.
Der Schüler soll ... ein Bewußtsein für die Erhaltung und Bewahrung von Kulturgütern und Werten auch im engeren Lebensbereich (Heimat) entwikkeln und darüber hinaus durch die Erfahrung größerer Zusammenhänge einen eigenen geistigen Standpunkt beziehen können ...« (Arbeitspapier. Überlegungen zu den Fachzielen, 33)

Eine Werkbetrachtung zum Thema ›Feuerwerk‹ will also nicht nur die Aquarelltechnik erläutern, ebensowenig wie sich das hingebungsvolle bis lautstarke Absingen von ›Winds of Change‹ (Scorpions) oder des Volkslieds ›Abendstille überall‹ auf die Einübung eines Kanons beschränkt. Jene Verehrung, die Maler und Komponisten einem Stück Heimat entgegenbringen, sollen Schüler im Umgang mit deren Werken nachvollziehen. Dabei sind die Werte, mit denen sich die Nation schmückt und für die im Fach Deutsch oder Geschichte mehr schlecht als recht *argumentiert* wird, in den Produktionen der Kunst zu einem Gegenstand des Genusses erhoben, der sich dem Menschen im *Gefühl* mitteilen soll. Die Kulturfähigkeit, die der Lehrplan als Ziel ausweist, besteht in der Verwechslung, die von Kommerz und Politik geprägte Lebenswirklichkeit so aufzufassen, als ginge es in ihr letztlich um die Realisierung des Guten, Wahren und Schönen, die in der Kunst ihren Zufluchtsort haben, solange ihre Verwirklichung in der Welt noch nicht abgeschlossen ist. Die liebevolle Selbstdarstellung der BRD als *Kultur*nation behauptet eben dies. Die Nation *hat* Kultur, also ist sie der Kultur und ihren humanistischen Prinzipien *verpflichtet*. Die staatlichen Absichten sind so geadelt, auch wenn das politische Tagesgeschäft sich mehr um Gewinne, Börsenkräche und Devisenspekulation dreht. Mit dieser Lüge betreibt der Kunst- und Musikunterricht auch auf seiner elementaren Stufe ein Stück geistiger Beheimatung von Staatsbürgern in ihrer Nation.

10. Sport

Dieses Fach gibt nicht einfach dem jugendlichen Bewegungsdrang freien Raum. Auch gegen ihre private Neigung müssen kugelrunde Zwerge zum Hochsprung und Spaghettibürschchen beim Stoßen schwerer Eisenkugeln antreten. Und selbst, wo sich der Spaß an der Sache einstellt, ist er doch nur Mittel zum Zweck. Der heißt körperliche Ertüchtigung und steht auf dem Lehrplan. Der Staat verlangt nämlich nicht nur einen entsprechend zugerichteten Geist, sondern auch eine intakte Physis, die allen Anforderungen der modernen Lebenswelt gewachsen ist. Das Programm steht außerhalb jeden Verdachts. Es präsentiert sich ja als *Hilfestellung* für junge Leute, dem zivilisatorischen Angriff auf Körper und Kondition standzuhalten. Das klingt schon besser, vor allen Dingen, wenn es auf lateinisch die Schulpforte ziert: »Mens sana in corpore sano«.

Je nach politischer Einstellung des Sportlehrers begleitet eine moralische Botschaft das Gewürge am Reck oder das Gebolze auf dem Rasen. Angsthasen und Schwächlinge entdeckt da der eher konservative Pädagoge, wann immer jemand seinem Verstand folgt und seine Knochen schont. Unzulänglicher körperlicher Einsatz ist mindest eine ebenso große Verfehlung wie das

Versagen beim Rechnen oder im Deutschen. Die Allgemeinbildung will eben den ganzen Menschen, der seinen Ehrgeiz darein legen soll, geistig wie physisch ein brauchbares Mitglied der Gesellschaft zu werden.

Kritisch orientierte Kollegen verzieren den Turnunterricht mit Moralismen anderer Art. Das soziale Gruppenerlebnis der Solidarität soll da der Ellenbogenmentalität einer herzlosen Gesellschaft entgegenwirken. Zwar kommen sich die Konkurrenten der bürgerlichen Welt gar nicht wegen ihrer Mentalität, sondern wegen des objektiven Gegensatzes ihrer Funktionen in die Quere, so daß die Botschaft an der Wirklichkeit voll vorbeigeht. Folgenlos ist sie dennoch nicht geblieben. Sie hat es zeitweise geschafft, Fuß- und Volleyballturniere in gruppendynamische Sitzungen zu verwandeln, bei denen jeder mitmachen, aber keiner gewinnen durfte.

***

Wer neun bis zehn Schuljahre diesen Fächerkanon genossen hat, ist ein fertig ausgebildeter Staatsbürger. Er hat die staatlich zugerichtete Welt wie eine selbstverständliche Lebensgrundlage akzeptieren gelernt. Elementare Techniken, die für das Zurechtkommen in den Bahnen von Geld, Vertrag und Recht unentbehrlich sind, hat er sich angeeignet. Schließlich beherrscht er ein Repertoire von »Argumenten«, mit denen sich die unweigerlich schlechten Erfahrungen der Mehrzahl so deuten lassen, daß Zweifel in die Tauglichkeit von Marktwirtschaft und Demokratie keine Chance haben. Die gesellschaftlichen Zwänge sind einem solchermaßen Gebildeten als Betätigungsfeld seiner Freiheit so vertraut, daß er sogar die staatliche Gewalt zum positiven Gegenstand seines Gefühlshaushalts erhebt und als nationale Identität pflegt.

Der staatsbürgerliche Kopf nach dem Willen des Lehrplans ist damit fertig. Sofern er die Hauptschule besucht, widmet sich der Unterricht in seiner Endphase dem ein oder anderen Ausblick in die Berufswelt. Spätestens, wenn der obligatorische Besuch des Herrn vom Arbeitsamt fällig ist, steht fest, daß der Ernst des Lebens vor der Tür steht. Daß die Schule im Unterschied dazu kein Spaß war, belegt das erleichterte Aufatmen der Absolventen, die froh darüber sind, die Pflicht und den Streß los zu sein.

Für etliche Schüler geht die Bildung weiter. Nicht, weil die Allgemeinbildung für die Herrichtung eines nationalistisch gesonnenen Bürgers zu wünschen übrig ließe. Der Grund liegt vielmehr darin, daß das eine Volk in ein Unten und Oben von Masse und Elite geschieden ist und werden soll. Künftige Verantwortungsträger müssen im Unterschied zum gemeinen Volk eine höhere Bildung durchlaufen.

II. Die höhere Bildung

1. Geistes- und Gesellschaftswissenschaften

Wer es bis hierher geschafft hat, den konfrontiert die Schule mit völlig neuen Gepflogenheiten des bürgerlichen Denkens. Bislang war der Schüler daran gewöhnt, sich über Gott und die Welt, das wirkliche Geld und die real existierende Demokratie Gedanken zu machen; falsche leider, im Dienste der staatsbürgerlichen Allgemeinbildung. Nun aber macht er Bekanntschaft mit der Technik, nicht einfach Fehlurteile über die Wirklichkeit zu produzieren, sondern diese schon im Ausgangspunkt als etwas anderes zu betrachten, als sie ist.

1.1 Einführung in wissenschaftliches Denken

Wer in seinem Grundkurs etwa auf die Soziologie trifft, muß sich Belehrungen der seltsamen Art anhören. Man dürfe nichts isoliert sehen, heißt es da. Schließlich hänge alles mit allem zusammen, so daß man die *Gesellschaft als System* zu betrachten habe:

> *»Wenn Gesellschaften als Systeme betrachtet werden, so heißt das zunächst nur, daß die Bestandteile, Mitglieder oder sozialen Sachverhalte, aus denen sich die Gesellschaft zusammensetzt, als miteinander auf bestimmte Weise verbunden betrachtet werden.«* (Hartfiel, 232)

Der Satz, so banal er klingt, gilt als große Entdeckung und Markenzeichen dieser Wissenschaft. Er hat viele Freunde gefunden, und seine Denkungsart findet auch auf andere Gegenstände Anwendung. Wer heutzutage ökologisch denkt, hält sich viel darauf zugute, die Natur, den Globus oder gleich den Kosmos als System zu sehen. Damit zieht er dann zu Felde gegen Leute, die sich mit einer »isolierten Betrachtungsweise« gegen das »ganzheitliche Denken« sperren.

Dabei krankt dieser kleine Lehrsatz mit den großen Folgen nicht etwa daran, daß er zu abstrakt ist, wie manche meinen. Er ist vielmehr grundverkehrt. Es muß kein Fehler sein, einer Sache System zu bescheinigen. Dazu ist allerdings zweierlei notwendig vorausgesetzt. Erstens muß man die Eigenart der Sache und ihrer Bestandteile *ermittelt* haben. Zweitens ist zu prüfen, ob sich daraus ein Bezug der Momente aufeinander ergibt, der einer Gesetzmäßigkeit oder einem Prinzip folgt, das jene Momente dann systematisch ordnet. So ist zum Beispiel das Periodensystem der chemischen Elemente keine willkürliche Betrachtungsweise. Es ist tatsächlich die Eigenart jedes besonderen Elements, daß mit der Protonen- und Massenzahl seines Atoms die chemischen und physikalischen Eigenschaften des Stoffs festgelegt sind. Die zweite Entdeckung schließlich, daß nämlich mit wachsender Massezahl bestimmte Eigenschaften periodisch wiederkehren, hat zu jener systematischen Anordnung der Elemente geführt, die sich nach der Ordnungszahl richtet und jedem Pennäler als Tafelbild aus dem Chemiesaal vertraut ist.

Ganz anders dagegen der soziologische Lehrsatz. Statt aus der Eigenart der Bestandteile einen Systemcharakter der Gesellschaft zu *erschließen* – wenn es ihn denn gibt –, *setzt er diesen voraus,* indem er die Gesellschaft schlicht als System *betrachtet.* Dadurch wird etwas zur *Eigenschaft* von Gesellschaft gemacht, was in Wirklichkeit nur die *subjektive Brille* desjenigen ist, der sie anschaut. Inhaltsleer ist die Charakterisierung der Gesellschaft als System deswegen nicht. Statt zu sagen, *von welchen* Zwecken sie regiert und systematisch geordnet wird, teilt der Soziologe mit, *daß* der Gesellschaft eine Zweck*bestimmtheit* zukommt. Auf diese Weise ergibt sich keine Erklärung des gesellschaftlichen Treibens in Wirtschaft, Politik und Privatsphäre, sondern die pure *Bewunderung* dafür, *daß* es zweckbestimmt, also wohlgeordnet zugeht. Und das heißt soviel wie *gut.*

Die Sache wird nur scheinbar konkreter, wo es um so handfeste Sachen wie Fabriken, Bilanzen, Einkommen und Waren geht. Wer von der modernen Volkswirtschaftslehre gestreift wird, lernt die Wirtschaft als *Kreislauf* zu betrachten:

> *»Der Wirtschaftskreislauf*
> *Die Leistung der gesamten Wirtschaft besteht dann darin, daß die Haushalte ihre Dienste, nämlich Arbeitskraft, Kapital und Grundbesitz, gegen Vergütung den Unternehmen anbieten und zur Produktion überlassen. Der zweite Güterstrom fließt in entgegengesetzter Richtung. Er besteht aus den in den Unternehmen erzeugten Waren und Leistungen, die von den Haushalten erworben werden.«* (Funk-Kolleg Volkswirtschaftslehre, 209)

Der Kreislauf besteht also in einem ewigen Geben und Nehmen von Leistungen und Gütern, so erfährt man. Einmal abgesehen davon, daß in diesem Bild die Haushalte auf wundersame Weise mit gleich drei Produktionsfaktoren gesegnet sind, liegt ihre Bestimmung darin, ihre Dienste in der unternehmerischen Produktion abzuliefern. Diese zielt darauf, ihr Ergebnis in Gestalt von Waren an die Haushalte zurückfließen zu lassen. Mit der wirklichen Marktwirtschaft hat das nichts zu tun. Hier machen sich Volkswirte ein *Bild* von ihr, das völlig falsch ist. Weder die Haushalte noch die Unternehmen haben in dieser Sicht nämlich einen *eigenen* Zweck, für den sie wirtschaftlich tätig werden. Stattdessen wird zirkulär das Tun der einen Partei aus dem der anderen begründet, der es dienen soll. Warum liefern Haushalte ihre Dienste in Unternehmen ab? Weil sonst deren Produktion nicht geht. Wozu wird produziert? Damit den Haushalten Güter zufließen. Ein Blick in die Realität zeigt, wie weltfremd dieses Gemälde ist. Ist nicht der wirtschaftliche Zweck von Unternehmen die *Vermehrung von Gewinn* statt die Bedienung ihrer Umwelt? Wissen Volkswirte nicht, daß deswegen nicht nur in der Krise etliche Waren liegen bleiben, statt in Haushalte zu fließen, weil sie nicht *gewinnbringend* verkäuflich sind? Beweisen nicht die Arbeitslosen, daß die Haushalte in der Marktwirtschaft nicht deswegen ihre Leistung in Unternehmen tragen, damit *produziert* wird? Für die Herstellung nützlicher Sachen wären die Millionen von arbeitslosen Schlossern, Elektrikern usw. gut. Unbeschäftigt sind sie, weil ihre Arbeit sich für den *Gewinn* nicht lohnt. Weder trifft das harmonische Bild des wechselseitigen *Ergänzungsverhältnisses* beider Parteien zu, noch existiert das wundersame *Gleichgewicht,* in dem alle Haushalte beschäftigt sind und mit ihrer Arbeitsleistung den Unternehmen einen Güterberg bescheren, der dann von den Haushalten dankenswerter Weise vom Markt absorbiert wird. Nicht der wissenschaftliche Wille zur *Er-, sondern Ver*klärung der Realität hat bei dieser Erfindung eines Wirtschaftskreislaufs Pate gestanden.

1.2. Elitäres Bewußtsein und Alltagsmoral

Wissenschaftliche Leistungen dieser Art unterscheiden sich um einiges von den moralischen Auffassungen, die zum Kanon der niederen Allgemeinbildung gehören.

Dort hat man im Unterschied etwa zum oben zitierten Lehrsatz der Soziologie gelernt, die verschiedenen Gegenstände der bürgerlichen Gesellschaft als *nützliche Einrichtungen* für das menschliche Bedürfnis aufzufassen. Die Familie ist Hauptschülern als staatlich eingerichteter und geschützter Ort individueller Geborgenheit vertraut. Den Markt haben sie als Verteilungsstelle brauchbarer Güter kennengelernt. Das Parlament ist ihnen als Sammelstelle für Volkes Wünsche geläufig, die dann mehr oder weniger gut realisiert werden. Allen Abteilungen der bürgerlichen Gesellschaft von der Privatsphäre über die Ökonomie bis zur Politik wird also eine Dienstbarkeit für das Individuum attestiert, deretwegen man sie schätzen soll. *Ideologisch* ist dieses Denken darin, daß es den diversen Einrichtungen einen Nutzen für die Menschheit zuschreibt, den diese weder so abwerfen noch bezwecken. Stets werden wirtschaftliche oder politische Bedingungen der Benutzung der Leute, heißen sie nun Arbeitsplatz oder Sozialstaat, mit Mitteln des *eigenen Nutzens* verwechselt. Und wo dieser ohnehin schon falsch bestimmte Vorteil des Individuums auch noch ausbleibt und etwa durch einen »fortschreitenden Sozialabbau« oder »ungerechte Steuerlasten« enttäuscht wird, da hält der Mensch seine eigene Täuschung gegen die Wirklichkeit fest. Dann schimpft er auf die *Unfähigkeit* der Politiker, weil er deren *Willen,* Gutes zu tun, auch dann nicht in Zweifel zieht, wenn er dafür in ihren Taten keinen Anhaltspunkt findet. Praktisch *messen* will niemand die bürgerliche Gesellschaft am individuellen Nutzen; *zugutehalten* aber wollen sie ihn ihr alle. Diese Alltagsmoral unterwirft sich der bürgerlichen Welt also *bedingungslos,* und zwar wegen eines *spekulativen Vorteils,* der nie aufgeht. Gleichwohl liegt in diesem geistigen und willentlichen Treueverhältnis die *theoretische Möglichkeit der Entzweiung* von Individuum und bürgerlicher Welt. Das Argument, die Verhältnisse seien wegen ihrer Nützlichkeit für den Menschen zu begrüßen, enthält eben auch die unausgesprochene implizite Umkehrung: Der Zuspruch reicht nur soweit wie der Nutzen; bleibt der aus, droht Entzug der Zustimmung.

Das soziologische Denken merzt diese bloß der theoretischen Möglichkeit nach gegebene geistige Entzweiung aus, indem es die bürgerliche Gesellschaft jeder konkreten *Nutzen*betrachtung und damit dem Pro und Contra der moralisch auf ihren Vorteil bedachten Menschheit entzieht. Der wissenschaftliche Beschluß, die Gesellschaft als System zu betrachten, bescheinigt ihr nämlich getrennt von jeder bestimmten Zwecksetzung und Dienstbarkeit *Gesetzmäßigkeit schlechthin* als nicht hinterfragbare Eigenart. Damit ist sie theoretisch auf eine Stufe mit der *Natur* gestellt, deren Gesetze in ihrer Gültigkeit ebenfalls nicht davon abhängen, ob der Mensch sie wegen einer Vorteilsabwägung akzeptiert oder nicht. Gesellschaft wird so zu einer quasi naturgesetzlichen *Ordnung,* die deswegen und aus sich heraus gut ist.

Entsprechend verfährt auch das oben erläuterte Beispiel aus dem Musterkoffer der Volkswirtschaftlehre, nach dem die Wirtschaft als Kreislauf anzusehen ist. Die Alltagsmoral nimmt noch auf falsche Weise den Klassengegensatz zur Kenntnis, wenn sie in der Marktwirtschaft einen »Konflikt« von Arbeitgebern und Arbeitnehmern ausfindig macht, der nach einem »Interessenausgleich« verlangt. Falsch an dieser Optik ist, daß sie von einer Notwendigkeit des Gegensatzes nichts wissen will, weil sie von seiner *Vermeidbarkeit* ausgeht, wenn man die Marktwirtschaft nur *sozial* gestaltet. Einer solchen theoretischen Überwindung der Kluft zwischen zwei Lagern nimmt die Wissenschaft von der Ökonomie von vornherein den Wind aus den Segeln. In ihrem *Bild* eines Wirtschaftskreislaufs gibt es nämlich keine gegensätzlichen Pole, die erst noch zu einer Einheit gebracht werden müßten. Statt dessen regiert von Anbeginn an ein Ergänzungsverhältnis zweier Parteien, die nichts anderes als die wechselseitige Ergänzung bezwecken und darüber ein gesetzmäßiges Gleichgewicht von Güter- und Leistungsströmen zwischen Unternehmen und Haushalten etablieren.

Eine solche Betrachtungsweise ist *elitär,* weil eines künftigen Funktionärs der Elite würdig. Während die populären Moralismen *berechnend* für die Verhältnisse argumentieren, macht das wissenschaftliche Denken ein unhintergehbares *Sachgesetz* aus ihnen. Diese Loyalität gegenüber dem Allgemeinwohl geziemt sich für Leute, die es künftig gegen ihre Mitmenschen durchzusetzen haben. Sie erhebt nämlich das auch »Gemeinnutz« genannte Staatsinteresse zu einem absoluten Gesetz, das über allen besonderen Interessen thront, die als »Eigennutz« verrufen sind. Elitär ist diese geistige Haltung auch im *Selbst*bewußtsein seiner Träger. Oberschüler gefallen sich in der

Attitüde, im Unterschied zum Stammtisch »hinter« die Dinge zu blicken. In ihren Kreisen fragt man nicht, man »hinterfragt« und genießt seine geistige *Exklusivität,* also den Ausschluß der dumpfen Massen.

1.3. Methoden

Der Vorwurf, daß diese wissenschaftliche Denkungsart subjektive Konstruktionen an die Stelle der Realität setzt, kann sie nicht blamieren. Das macht ihr stolzes Selbstbewußtsein aus. Oberschüler schätzen den Frankfurter Theoretiker, den eine Laune der Natur so denken macht, wie er spricht:

> *»Theorien sind Ordnungsschemata, die wir in einem syntaktisch verbindlichen Rahmen beliebig konstruieren.«* (Habermas, 11)

Es ist heutzutage unter Gebildeten Gemeingut, daß Theorien nicht stimmen müssen, sondern wissenschaftsgerecht konstruiert sein wollen. Methoden sind das Mittel dazu. Ein kluger Kopf ist nie von der *Gültigkeit seines Urteils* überzeugt, sondern nur von der *Unverzichtbarkeit der Methode,* mit der er auf die Welt losgeht. Dabei tritt die Forderung nach Methoden mit dem besten Gewissen auf. Sie gelten in der Wissenschaft nämlich nicht als Absage an die Erkenntnis einer Sache, sondern als unverzichtbares Werkzeug, um sich *ihr* auf adäquate Weise zu nähern. Das ist verräterisch. Vor der Ergründung einer Sache ist nämlich schlechterdings nicht entscheidbar, welche Methode *ihr* adäquat ist. Und *nachher* ist das Räsonnement überflüssig wie ein Kropf, weil man nicht um den besten Weg der Erkenntnis rechten muß, wenn man längst am Ziel ist.

Dieser Zirkel bringt es mit sich, daß es *eine,* und zwar zur jeweiligen Sache *passende* Methode gar nicht gibt, weil ja die Behauptung einer inneren Entprechung beider die Erkenntnis der Sache voraussetzen würde, die ohne Methode aber gar nicht zu haben sein soll. Deswegen ist die Wissenschaft von einem Methoden*pluralismus* bevölkert. Als passable Methode *gilt,* was ein Wissenschaftler dafür zu *halten* beliebt. Und wer wie Habermas ein beliebig konstruiertes »Ordnungsschema« wissenschaftlich über die Welt stülpen will, der muß sich für eine dieser vielen Methoden entscheiden. Weil es ein objektives, wissenschaftliches Kriterium dafür aus den genannten Gründen nicht geben kann, avanciert das *Interesse* des Wissenschaftlers dazu. Wer soziologisch über den Glauben nachdenken will, wählt vielleicht den Ansatz, die Religion als System auszumalen. Psychologisch Interessierte favorisieren die Methode, nicht nur die Religion, sondern auch das Bettnässen sowie Ware, Geld und Krieg der Triebkraft des Unbewußten zuzuschreiben. Dem Einfallsreichtum sind da kaum Grenzen gesetzt.

Die wirkliche Leistung von Methoden besteht demzufolge entgegen anderslautenden Gerüchten also nicht darin, die Erkenntnis voranzubringen. Sie sind nichts als Transmissionsriemen, die eine interessierte Betrachtungsweise des Theoretikers über ein Stück Realität stülpen, damit sie entsprechend den eigenen subjektiven Vorlieben und Vorurteilen aussieht. Das ist bemerkenswert. Das *wissenschaftliche* Denken war nämlich gegen die Alltagsmoral zu Felde gezogen, weil sie mit ihren falschen Nutzenerwägungen ein *Interesse* in die Beurteilung der Welt einfließen läßt. Das hat ihr den Ordnungsruf »unwissenschaftlich« eingetragen. An die Stelle dessen setzt die Wissenschaft von Interessen gereinigte Konstruktionen und Bilder, die der Realität Gesetzmäßigkeit, Prinzip und Sinn bescheinigen. Das jeweilige *methodische Werkzeug* allerdings, mit dem diese Konstruktionen sachgerechter Ordnungsschemata hergestellt werden, folgt ganz aus dem *Interesse* des Wissenschaftlers. Insofern ist die Scheidelinie, die wissenschaftlich gebildete Oberschüler zwischen sich und den moralisierenden Massen wähnen, pure Einbildung. Es verhält sich eben gar nicht so, daß der kleine Mann, unwissenschaftlich wie er ist, alles durch seine egoistische Brille sieht, während die geistige Elite wissenschaftlicher Objektivität den Vorzug gibt. Der Unterschied liegt nur darin, daß die höheren Kreise ihrem erlesenen Interesse an der Konstruktion von fiktiven Gesetzmäßigkeiten der Welt den *Schein* der Objektivität beizulegen verstehen.

Auf die bilden sie sich dann viel ein – allerdings in der gebotenen Bescheidenheit. Denn die Anhänger wissenschaftlicher Methoden sind zugleich gediegene Vertreter des wissenschaftlichen *Skeptizismus.* Dem Denken haben sie ja bescheinigt, daß es aus sich heraus zu einem ordentlichen Befund über die Wirklichkeit gar nicht in der Lage ist. *Ohne* Methode geht da gar nichts. Wer dann *mit* einer Methode seine geistigen Ergüsse zu Papier gebracht hat, ist stolzer Besitzer eines Ansatzes. Der gilt, aber eben nur bedingt, weil man mit demselben Recht auch ebensogut eine andere Methode hätte wählen können und zu anderen, ebenso relativ berechtigten Ergebnissen gekommen wäre. So bescheinigt die Wissenschaft jedem methodisch einwandfrei konstruierten Unsinn seine Gültigkeit wie Ungültigkeit in einem. Skeptizismus, also der unbegründete Zweifel in jedes Urteil, ist ein Gebot wissenschaftlicher Redlichkeit. Denken geht ja nicht anders, weil es immer eine Methode zur Hilfe nehmen muß, aber eben nur eine von vielen nehmen kann. Auch mit dieser Meisterleistung erhebt sich das gebildete elitäre Bewußtsein über die Massen. Geistige Toleranz ist zwar für den Allgemeingebildeten kein Fremdwort. Er weiß, daß er seine Meinung an der jedes anderen zu relativieren hat. Was aber in dieser Vorstellung als *Forderung* an den Willen des Meinungsträgers ausgedrückt ist, weiß der höher Gebildete wieder einmal als *Gesetz und Eigenschaft des Denkens* zu formulieren: Denken ist, daß es nur bedingt geht, und wenn überhaupt, dann nur mit Methode.

Dieses Bekenntnis, alles und jedes durch eine Brille zu betrachten, ist auch für Pennäler kein hohles Wort, obwohl sie Anfänger im wissenschaftlichen Denken sind. Es ist populär geworden, auch im privaten Kreis als Argument zu bemühen. Wer in einer Diskussion etwa zum Thema Golfkrieg oder Planwirtschaft eine Auffassung zum besten gibt, die seinem Gegenüber nicht gefällt, muß sich auf die kritische Nachfrage gefaßt machen, von welchem Menschenbild er eigentlich ausgehe. Angeführte Gründe für staatliche Gegensätze stehen da schnell im Verdacht, einem pessimistischen Bild vom Menschen zu entspringen. Die dargelegte Notwendigkeit von Kriegen wird nämlich mit einer schlechten Meinung vom Menschen verwechselt, dem man nur Übles zutraut. Umgekehrt zieht sich ein Plädoyer für eine ordentliche Planwirtschaft zur Versorgung der Menschheit sofort den Ordnungsruf zu, hier liege ein heillos optimistisches Menschenbild vor. Warum etwas in Wirtschaft und Politik so und nicht anders ist, soll nach dieser Denkungsart vom Menschenbild abhängen, um das sich alles dreht.

Diese Argumentationstechnik folgt ganz den wissenschaftlichen Anweisungen über das methodische Denken, auch wenn es dem Urheber nicht bewußt sein mag. Hier wird nämlich nicht die Realität beurteilt. Stattdessen wird sie von vornherein als Ausfluß einer ganz anderen Sache gedeutet. Sie ist überhaupt nur in zwei falschen *Konstruktionen* zur Debatte zugelassen: als Produkt der oder Verstoß gegen die Menschennatur, von der man sich dieses oder jenes Bild macht. Das ist in mehrfacher Hinsicht bemerkenswert.

Zunächst einmal liegen zwischen *dem Menschen* und den zitierten Fällen aus Wirtschaft und Politik Welten. Mehr als die bloße Bezeichnung der Gattung leistet die Abstraktion ›der Mensch‹ gar nicht. Und darüber hätten bestenfalls Biologie und Medizin weitere Auskünfte zu bieten, die den Organismus dieser Spezies betreffen. Mit dieser natürlichen Voraussetzung jeder menschlichen Betätigung steht keineswegs fest, wie das Tun ausfällt und welchen Zielen es folgt. Darüber entscheiden die Zwecke, die sich ein Mensch setzt. Und diese haben in einer modernen Nation ihr Daseinsrecht nur nach Maßgabe der politisch in Kraft gesetzten und gesellschaftlich gültigen Maßstäbe, denen sie zu dienen haben. Selbst hartgesottene Freunde von Freiheit und Demokratie geben das bisweilen zu, wenn sie darüber räsonnieren, daß der Mensch doch bloß ein Rädchen im Getriebe ist, in das sie Sand allerdings auch nicht streuen wollen. Die Versteifung auf das Menschenbild als Dreh- und Angelpunkt der Geschichte begeht daher den Fehler, die aus den gesellschaftlich gültigen Zwecksetzungen von Staat und Ökonomie erwachsenden Taten wie Untaten der bloß abhängigen Variable Mensch zuzuschreiben. Weil Menschen, um im Beispiel zu bleiben, an Krieg und Wirtschaft *beteiligt* sind, werden sie zum *Grund* für etwas erhoben, das ganz aus den *gesellschaftlichen Funktionen* folgt, denen sie nachkommen und zu denen sie sich bekennen.

Damit hat die Sache nicht ihr Bewenden. Die Rede vom Menschen*bild* bekennt sich nämlich ausdrücklich dazu, daß der oben skizzierte Fehler sich nicht bloß der Abstraktion Mensch bedient, sondern ihr gleich eine eigene *Erfindung* als Inhalt zuschreibt. Eben das *Bild,* das sich jemand von der Gattung zu machen beliebt. Die Phantasie bewegt sich da innerhalb der phantasielosen moralischen Extreme gut und böse. Manch ein gebildeter Zeitungsleser verfolgt das internationale Hauen und Stechen in der Gewißheit, hier zeige sich wieder einmal, daß der Mensch abgrundtief böse sei. Andere möchten die Hoffnung auf Frieden nicht fahren lassen und glauben heftig an das Gute im Menschen. Die Logik ist in allen Fällen dieselbe. Die moralischen Attribute führen staatliche und ökonomische (Un-)Taten auf eine *Eigenschaft* im Menschen zurück, die ihm wie ein Stück Natur zukommt: gut und böse. Dabei enthalten diese Abstraktionen gar keinen bestimmten Zweck, dessen Realisierung Freude oder Ungemach bereiten könnte. Sie geben lediglich die bewertende Stellung eines Individuums zum Tun anderer wieder. Ob also die Kriegsallianz gegen Hussein oder der Demonstrant dagegen den Ehrentitel ›gut‹ erntet, ist ganz eine Frage der schiedsrichterlichen Willkür.

So verkehrt das Denkmuster ›Menschenbild‹ ist, für das moralisierende Gemüt erbringt es seine Leistung. Der moralische Jammer, die Welt könnte schon gut sein, wenn der Mensch nicht so schlecht wäre, legt alle *gesellschaftlich* produzierten Häßlichkeiten einer verkorksten *Menschen*natur zur Last. Dieser Seufzer ist nicht als Absage an eine unverbesserliche Welt gemeint. Im Gegenteil, aus ihm spricht ja gerade der *Wunsch* nach *Harmonie* in und mit ihr. Deswegen gesellt sich zum Glauben an das Böse auch der an das Gute im Menschen. Das besteht darin, das Böse zu bekämpfen. Gut und böse liegen im Menschen dicht beieinander, das will jeder Moralist wissen. Den kleinen Widerspruch, daß hier ein und dasselbe Subjekt in zwei sich ausschließende Seiten verdoppelt wird, löst er so elegant, daß ihm höchste staatsbürgerliche Reife bescheinigt werden muß: Das *Gute* im Menschen ist der Wille zur *Staatsgewalt,* die er über sich etabliert, damit sie das *Böse* in ihm bekämpft, seine als Egoismus verrufenen materiellen Interessen. Weiß nicht jedes Schulkind, daß die Demokratie der Natur des Menschen entspricht, wenn sie gegen ihn vorgeht? Man versteht nun, woher die Freunde des Menschenbildes die merkwürdige Gewißheit nehmen, gut und böse lägen im Menschen so dicht beieinander: Sie wollen die staatliche Gewalt *gegen* den Menschen als von ihm selbst *befürwortete* rechtfertigen.

2. Dauerbrenner der höheren Bildung

2.1. Homo hominem lupus est – oder: Wir leiten den Staat aus der Menschennatur ab (Politologie))

Diesen Sinnspruch muß sich jeder merken, der mit Thomas Hobbes schon einmal den Staat aus dem Menschenbild abgeleitet hat:

»Die Menschen, die von Natur aus Freiheit und Herrschaft über andere lieben, führten die Selbstbeschränkung, unter der sie, wie wir wissen, in Staaten leben, letztlich allein mit dem Ziel und der Absicht ein, dadurch für ihre Selbsterhaltung zu sorgen und ein zufriedeneres Leben zu führen – das heißt, dem elenden Kriegszustand zu entkommen, der ... aus den natürlichen Leidenschaften der Menschen notwendig folgt, dann nämlich, wenn es keine sichtbare Gewalt gibt, die sie im Zaume zu halten und durch die Furcht vor Strafe an die Erfüllung ihrer Verträge und die Beachtung der natürlichen Gesetze zu binden vermag ...« (Staatsbürger – Bürgerstaat, 31)

Eine interessante Beweisführung. Erst schreibt Hobbes der menschlichen *Natur* einen Hang zur Gewalttätigkeit zu. Würde er seiner eigenen These wenigstens glauben, wäre dem Leser der Rest der Ableitung erspart geblieben. Was nämlich Natur ist, läßt sich durch keinen Akt der Erziehung, nicht einmal durch Gewalt ändern. Ganz im Gegensatz dazu attestiert er demselben homo sapiens das Vermögen, sich über die Natur zu erheben, und zwar mit einem Willen, der nach einem friedfertigen und angenehmen Leben strebt. Kaum geschehen, schon widerrufen, sonst würde ja nur die Vernunft, nicht aber der Staat triumphieren, der hier seine geistige Geburt erleben soll. Deshalb malt der gläubige Thomas den Willen als zwieschlächtigen Gesellen. Der Wille kann sich über die bösen Leidenschaften hinwegsetzen – aber nur dadurch, daß er neben sich eine Gewalt aufrichtet, die ihn dauernd dazu *zwingt*. Wozu aber ein Mensch gezwungen wird, das kann nicht sein Wille sein, denn den hat er ja schon. Hobbes aber will die Sache so sehen, daß die staatliche Gewalt den Willen zu seiner eigentlichen Natur prügelt, indem sie auf die Einhaltung der »natürlichen Gesetze« dringt. Ginge es nach diesem vertrackten Märchen, hätte Vater Staat nie das Licht der Welt erblickt. Wenn der Wille erst *durch* die Staatsgewalt zu seiner eigenen Vernunft findet, dann kann er sich *ohne* sie auch nicht dazu entschließen. Oder anders formuliert: Es müßte die Staatsgewalt bereits geben, damit der Wille sich zu ihrer Einsetzung bereitfinden könnte. Schließlich läßt der gute Hobbes den Leser auch mit einem anderen Rätsel allein. Wie soll der Lupus in uns allen je gezähmt werden, wenn für die gehobene Beamtenlaufbahn der Aufsichtsbehörden wiederum nur dieselben reißenden Wölfe zur Verfügung stehen?

Ungereimtheiten dieser Art haben dem Lügenbaron der Staatsableitung nie seine Leserschaft in humanistischen Gymnasien abspenstig gemacht. Deren Bedürfnis bedient er nämlich nur zu gut: Der Staat entspringt nicht nur der Menschennatur, er entspricht ihr auch, wenn er *gegen sie vorgeht.* Für dieses staatsbürgerliche Credo hat Hobbes sein Menschenbild zurechtkonstruiert. Über Risiken und Nebenwirkungen informiert keine Packungsbeilage, schon gar nicht der Unterricht, der die rührselige Geschichte bis auf den heutigen Tag im Brustton der Überzeugung weiterreicht.

2.2. Die Sache mit der Aggression (Psychologie)

Dieser Terminus und die mit ihm verbundene Theorie ist geradezu populär geworden:

> *»Für die Annahme eines uns Menschen angeborenen Aggressionstriebes gibt es eine Reihe von gewichtigen Indizien, in erster Linie aus dem Forschungsgebiet der Neurophysiologie. Der Hinweis auf stammesgeschichtliche Anpassungen entschuldigt Aggressionen keineswegs, noch haben wir sie fatalistisch hinzunehmen. Manch stammesgeschichtliches Erbe hat seine ursprüngliche Angepaßtheit eingebüßt und wird nur als historische Belastung mitgeschleppt. In solchen Fällen müssen kulturelle Anpassungen korrigierend einwirken.«* (Ethik, 36)

Wer kennt ihn nicht, den Schlager von der Aggression, der immer dann aufgelegt wird, wenn zwei Parteien im Hader liegen und womöglich auch noch handgreiflich werden. Vernünftig ist diese Sichtweise nicht. Sie beginnt mit dem Fehler, eine Handgreiflichkeit gar nicht erst auf ihren Grund hin zu befragen. Weil Gewalt als Mittel der gesellschaftlichen Auseinandersetzung mißbilligt ist, werden die Gründe für ihr Auftreten kurzerhand für nicht existent erklärt. Übrig bleibt nur noch der Umstand, daß Gewalt am Werk ist, eine Aggression eben. So ist der Zwist durch den eigenen Denkfehler zu einem grundlosen gemacht worden. Das Bedürfnis, gleichwohl einen Grund dafür wissen zu wollen, befriedigt sich dann dadurch, daß es jenseits der kollidierenden Absichten und Zwecke der beteiligten Streithähne einen *Hang* zur Aggression vermutet. Damit ist nun endgültig aus dem begründeten Gegensatz zwischen Individuen und ihrer Bereitschaft, ihn tatkräftig auszutragen, eine grundlose *Eigenschaft* der menschlichen *Natur* geworden, die sich Aggressivität oder gleich Aggressionstrieb nennt. Der Mensch handelt dieser Optik zufolge nicht aus Interessen und Gründen, die er sich zulegt, sondern qua Natur determiniert. Aus der Verantwortung will Eibl-Eibesfeld, der hier doziert, den Menschen allerdings nicht entlassen. Dem Willen weist die Psychologie nämlich eine Doppelrolle zu: Er ist nicht nur vom Aggressionstrieb *gesteuert,* sondern wirkt seinerseits als die modifizierende *Bedingung* seiner Äußerung. Dieser Widersinn führt zu der bekannten zweifachen Verwendungsweise des Schlagworts Aggression. Es taugt zur *Ents*chuldigung eines Individuums ebenso wie zu seiner *Be*schuldigung. Im ersten Fall wird eine Unartigkeit auf den aggressiven Trieb zurückgeführt, wodurch der Wille entlastet ist. Im zweiten Fall zieht der Wille sich umgekehrt den Vorwurf zu, er lasse den mäßigenden Einfluß auf den Trieb vermissen. Welche Lesart zum Zug kommt, entscheidet sich wieder ganz an der Willkür des Betrachters. Ein Sozialpädagoge kann randalierende deutsche Fußballfans nicht gutheißen, aber gut verstehen, wenn sie Anhänger mit der falschen Nationalfahne verdreschen. Er hält es nämlich für einen Akt menschlicher Aggression, wenn *Nationalisten* an einem freihändig gewählten Kriegsschauplatz mit den Feinden anderer Nationalität aufräumen. Mit dieser falschen Erklärung wäre schon einmal der wirkliche Grund der Keilerei aus der Schußlinie: der Nationalismus. Was ansonsten bei Gelegenheit auf *staatliches Geheiß* von Staatsbürgern erledigt zu werden hat, die Bekriegung einer zum Feind erklärten fremden Nation, absolvieren Fans als freiwilligen Sport nach privaten Kriterien. Angeordnet hat das niemand. Also wird es auch nicht gebilligt, wenn Halbwüchsige »die Sau rauslassen«. Gegen gewalttätige Ausschreitungen hilft nur eines: Viel Gewalt, diesmal von den Ordnungshütern, die Sozialarbeiter wie psychologisch gebildete CSU-Politiker als Beitrag zur kulturellen Einhegung der aggressiven Menschennatur schärfstens begrüßen.

2.3. Faschismus & Kommunismus: zweimal Totalitarismus (Geschichte)

Faschistische Vergangenheitsbewältigung

›Wie konnte es dazu kommen?‹ Bei dieser stereotypen Frage nimmt die Bewältigung der faschistischen Vergangenheit in der Regel ihren Ausgang. Dabei enthält die Frage bereits eine alles entscheidende Festlegung: Einem *politischen Willen* und *Programm* der Nation ist der Faschismus *nicht* entsprungen. Weil es die *eigene* Nation ist, deren Schandtaten man da auf Geheiß der Siegermächte seit 1945 in deutschen Schulen zwecks Einlösung der verordneten Buße besichtigt, steht eine objektive Betrachtung des Nationalsozialismus nicht zur Debatte. Das würde das eigene Nest nur über Gebühr beschmutzen. Er kann nur als moralische Entgleisung und Betriebsunfall der Geschichte angesehen werden, der sich dem Zusammentreffen unglücklicher Umstände verdankt, also in letzter Instanz von niemandem *gewollt* war. Mit einer Ausnahme: Hitler.

Der Hinweis auf die *Schwäche der Weimarer Republik* gehört zu jener Litanei von unglücklichen Bedingungen, die ein Abiturient herunterbeten können muß. Ein Argument, das mehr über die Geisteshaltung von Demokraten als den Faschismus aussagt: Es deckt sich offenbar mit ihrem Standpunkt, daß eine Schwäche der Nation natürlich den Ruf nach einem *starken* Staat rechtfertigt. Nur wurde der nicht von einem Modell Deutschland mit gewachsener Verantwortung und bunten Ampelkoalitionen, sondern von den Falschen erhört. Fehlen darf auch nicht der Fingerzeig auf die vielen *Arbeitlosen.* Daß ein Arbeitloser sein Los nicht dem tatkräftigen Wirken von Wirtschaft und Staat zur Last legt, sondern sich seine Lage falsch aus staatlicher *Ohnmacht* erklärt, die nach ordentlicher Ermächtigung verlangt, finden Demokraten schon wieder nicht verkehrt, sondern verständlich. Eben abgesehen davon, daß die Falschen ermächtigt wurden. Der nationalistische Wunsch nach einem starken Deutschland bleibt so von jedem Einwand unbehelligt. Daß das Volk allerdings dafür die falschen Führer bestellt hat, muß kritisch vermerkt werden. Verständlich ist aber auch das. Die guten Deutschen wurden nämlich durch die Rhetorik eines braunen Anstreichers verführt, ihr *guter* Wille *mißbraucht*. So bleibt außer der Nation und ihrer Stärke auch der Nationalismus der braven Untertanen ein allseits geachteter und gepflegter Gegenstand der schulischen Erziehung. Auf dieser Grundlage kann sich der Unterricht den *Verfehlungen* zuwenden, die sich der Faschismus in den Augen seiner demokratischen Vergangenheitsbewältiger hat zuschulden kommen lassen.

Da ist zuallererst der *Rassismus* zu nennen, der nach tüchtigen Ariern und jüdischen sowie anderen Volksschädlingen scheidet. Dabei ist gar nicht zu übersehen, daß rassistische Argumente kein Privileg des Faschismus waren, sondern mitten in der Demokratie zuhause sind. Natürlich, eine offiziell verbindlich gemachte Rassentheorie, die Herren- und Untermenschen womöglich nach ihrem Blut unterscheidet, das gibt es bei uns nicht. Aber daß von Ausländern die Gefahr der *Überfremdung* ausgeht, weil sie, nein, nicht wegen ihres Blutes, sondern wegen ihrer Mentalität nicht zu »uns« passen, daß wissen selbst jene, die Ausländer gar nicht verachten, sondern nur deren Unverträglichkeit mit unserer Kultur und Lebensweise betonen wollen. Das Denkmuster ist durchaus das gleiche: Das staatliche Machtwort, das Menschen nach In- und Ausländern sortiert und Ansprüche an deren Brauchbarkeit aufrichtet bzw. ihnen eine solche abspricht, übersetzt der Rassismus in quasi natürliche Eigenschaften des Menschen, denen der Staat bloß dient. Den Faschismus zeichnet aus, daß er diese Sortierung in einen brauchbaren Volks- und einen unbrauchbaren oder sogar gefährlichen Fremdkörper auf die *Deutschen* selbst angewandt hat, die, soweit sie Juden waren, als Schädlinge der deutschen Sache behandelt wurden. Dasselbe galt auch für die schnell als »undeutsch« entlarvten Kommunisten. Aber da hält sich die öffentliche Erregung in sehr engen Grenzen. Insofern gilt das demokratische Entsetzen gar nicht dem Rassismus, sondern der Tatsache, daß er nach heutigen Maßstäben die *Falschen* traf. Nämlich auch brave *deutsche* Volksgenossen, die doch zu »uns« gehören.

Die zweite Verfehlung liegt im durch und durch undemokratischen *Führerprinzip*, das Wirtschaft und Gesellschaft zu einer Kommandosache Hitlers machte und von der Freiheit der Bürger sowie dem Pluralismus der Parteien nichts wissen wollte. Dabei ist der Maßstab der Führungsstärke Demokraten gar nicht fremd, sondern äußerst sympathisch. Beim Kanzler wird sie dreimal täglich angemahnt.

Wo Bürger ihre Freiheit mit einem Recht auf Einmischung in die Politik verwechseln, werden sie schnell als »die Straße« abgekanzelt. Deren verantwortlicher Gebrauch besteht nämlich darin, seinen Willen in der Wahl an konkurrierende Parteien abzutreten, die alle dasselbe wollen: Deutschlands Stärke, die heutzutage gewachsene Verantwortung heißt, aus der man sich nicht herausstehlen darf. Autoritär versus freiheitlich, das macht gewiß nicht den Unterschied der beiden Systeme aus. Nicht dem Prinzip der starken Hand für Deutschland gilt die Kritik der Demokraten, sondern dem Umstand, daß die Faschisten die dafür in der Demokratie verwendeten *Methoden* wie freie Wahlen und Parteienkonkurrenz ausgeschlagen haben.

In einem »sinnlosen Krieg« liegt schließlich die dritte Verfehlung Hitlers. Das bürgerliche Gemüt weiß also zwischen sinnvollen und sinnlosen Schlächtereien sehr wohl zu unterscheiden. Erstere sind, wie im Falle des Irak-Krieges, zu begrüßen. Daß Hitlers Vorhaben dagegen sinnlos war, liegt weder am Kriegsziel noch an der Zahl der Opfer. Dieser Krieg für Volk und Vaterland ging *verloren,* war also deswegen mit all seinen Opfern sinnlos. Der Widerstand gegen Hitler, der sich erhob, als die Niederlage *absehbar* war – und keine Sekunde früher!- darf also bis auf den heutigen Tag als mutiger Antifaschismus geehrt werden: Nie wieder darf die Nation ihre Größe verspielen, sie muß sie ausspielen! Das hört das demokratische Großdeutschland gern.

Demokratie gut, Faschismus böse – dieser Ertrag der Vergangenheitsbewältigung kommt auf ebenso verkehrte wie billige Weise zustande. Böse ist der Faschismus, weil er von der Demokratie *abweicht,* deren Güte man nicht *beweist,* sondern *voraussetzt.*

Die Verbrechen des Kommunismus

Punkt eins der Anklageschrift heißt: Einparteienstaat! Dabei handelt es sich gar nicht um ein Argument in dem Sinn, sondern bloß um eine Tatsache. Warum es von Übel sein soll, wenn *eine* Partei das Sagen hat, erfährt man auch nicht. Würde sie zum Wohle der Massen agieren, gäbe es nichts einzuwenden. Tut sie es aber nicht, so wäre die verkehrte durch eine richtige Partei zu *ersetzen,* statt diese durch weitere zu *ergänzen,* bis sich endlich der Parteien*pluralismus* einstellt, auf den es dem Urheber der Anklage einzig und allein ankommt. Der ganze Vorwurf besteht nämlich in einem puren *Vergleich:* Weil der Osten vom hierzulande verordneten Parteienpluralismus *abweicht,* ist er böse – wobei die schier unerschöpfliche Güte der demokratischen Gepflogenheiten wieder einmal stillschweigend vorausgesetzt, statt begründet wird.

Punkt zwei der Anklage lautet: Planwirtschaft! Daß eine *zentrale* Planung und Lenkung der Ökonomie ein Ding der Unmöglichkeit ist, wollen Leute ganz genau wissen, die dem betriebsinternen Zentralismus einer voll computerisierten Lagerhaltung bei Daimler Benz oder dem Bundesbahnfahrplan voller Bewunderung begegnen. Vor allen Dingen halten die Verehrer von Menschenwürde und Gleichheit die sozialistische Gleichmacherei beim Einkommen, das zudem auch noch allen garantiert ist, für ein Verbrechen gegen die Menschlichkeit. Statt solcher vergleichsweisen Bequemlichkeiten braucht der Mensch den *Zwang* zur Leistung, wie er von einer freiheitlichen Marktwirtschaft mit ihren Billiglöhnen und Arbeitslosen ausgeht. Alles andere taugt nichts.

Damit wäre das Todesurteil perfekt, dem sich der reale Sozialismus durch vorzeitigen Suizid entzogen hat: Kommunismus ist böse und nicht lebensfähig, weil er sich nicht an »unsere« Spielregeln hält.

Das Urteil ist von derselben Machart wie beim Thema Faschismus. Die bloße *Abweichung* des anderen Systems vom fraglos gültigen und wahren demokratischen Rechtsstaat macht das ganze Verbrechen aus! Dieser stereotypen Einfalt der pluralistischen Denkungsart haben Wissenschaftler ein Sprachdenkmal gesetzt, indem sie diese einfach ins Lateinische übersetzt haben:

Totalitarismus

heißt das politologische Etikett, unter dem Faschismus wie Kommunismus gleichzeitig gefaßt und als unmenschliche Abweichung vom besten aller Systeme, der Demokratie, gegeißelt werden sollen.

Der sogenannte Totalitarismus ist nichts als das Gegenstück zur Ideologie der Liberalität. Ihr zufolge setzt die demokratische Staatsgewalt die Interessen der einzelnen frei und dient ihnen, während totalitäre Regime eine umfassende Reglementierung und Gesinnungskontrolle ihrer Bürger gewaltsam betreiben. Und das soll auf Faschismus wie Kommunismus gleichermaßen zutreffen. Dabei ist die Idee eines autoritären Staates absurd, der mit seiner Gewalt keinen *Zweck,* sondern *diese selbst* als Zweck verfolgt. Und umgekehrt läßt sich von der Demokratie mit Fug und Recht behaupten, daß sie in puncto Gewalt und Kontrolle durchaus »total« verfährt. Die ökonomisch gegensätzlichen Interessen der Bürger, die der demokratische Staat anerkennt, statt neue herbeizukommandieren, sind nämlich durch staatliche Vorschriften umfassend festgelegt und eingespannt. Jedermann ist durch die staatliche Gewalt auf Geld und Kredit, Lohnarbeit und Geschäft, also den Klassengegensatz verpflichtet. Etwaige Unzufriedenheit auf Seiten der freien einzelnen, die den Kürzeren gezogen haben, darf sich per Meinungsfreiheit und Wahlen entweder zur *Verbesserung* des Staates und seiner Führung konstruktiv äußern – oder sie bekommt keine Chance. Dabei muß diese staatliche Drohung nur deswegen so selten aktiv werden, weil die mündigen Bürger der neunziger Jahre selbst zu geistigen Fans des Totalitarismus gereift sind. Kritik ist ausgestorben, außer in der Frage, wie man am besten Deutschlands Stärke voranbringt. So gleichen sich im Meinungspluralismus die vielen Meinungen wie ein Ei dem anderen. Die wenigen falschen Fünfziger werden frühzeitig observiert und registriert, nicht von der Stasi, sondern seinem demokratischen Gegenstück. Auch in dieser Hinsicht fällt also die Kontrolle recht total aus.

Die Theorie des Totalitarismus erklärt also weder die Eigenarten von Faschismus und Kommunismus, noch führt sie vernünftige Einsichen über die Demokratie mit sich. Sie ist nichts als ein geistiger Totschläger für gebildete Stände, der mit seinem lateinischen Namen eine bodenlose Dummheit offeriert: *Mißbilligtes* Recht heißt *Unrecht,* und Recht setzt einzig und allein die Demokratie.

Vergangenheit bewältigt

Seit Kanzler Kohl öffentlich mit der Gnade seiner späten Geburt aufgetrumpft hat, ist das Thema Faschismus auf der Hitliste nach unten gerutscht. Deutschland ist wieder wer, und da empfinden es Politiker aller Parteien zunehmend als unpassend, daß der gute Deutsche immer noch aus der demonstrativen *Scham* über die böse Vergangenheit des Reiches seinen *Stolz* über das moderne Deutschland schöpfen soll. Die verordnete und jahrzehntelang politisch ausgeschlachtete moralische *Demuts*haltung kommt dem deutschen Wirtschaftsriesen, der längst kein politischer Zwerg mehr ist, als anachronistische Bescheidenheit im Konzert der Staaten vor. Das haben »wir« nicht mehr nötig. Zumal »wir« ja seit der Wiedervereinigung allen Grund zum *Triumph* haben: Aus Deutschland wurde – Hitlers Traum! – endlich Großdeutschland, das wirkliche »Reich des Bösen«, der reale Sozialismus, ist niedergestreckt, der Kommunismus tot! Da kommt Stimmung auf, das macht Laune.

Jetzt weiß endgültig auch noch der blödeste Abiturient, daß der Kommunismus nicht nur untergegangen, sondern dadurch auch widerlegt ist. Der *Mißerfolg* einer Macht soll deren *Kritik* und der Beweis ihres Unrechts sein. Der Genuß dieser Sentenz stellt sich erst recht bei ihrer Umkehrung ein: Der *Erfolg* des weltweit siegreichen Kapitalismus gibt diesem *recht,* klein und groß geschrieben. Arbeitslose, ein paar strahlende Kernkraftwerke, die Hungerleider der Dritten Welt, die ja auch zur kapitalistischen Hemisphäre gehören, einfach alles, was je einmal Anlaß für ein wenig Kritik im Freien Westen bot, ist schlagartig vergessen, weil die Macht *funktioniert,* unter deren Obhut dergleichen hervorgebracht wird. Dabei bemerkt dieser antikommunistische Siegestaumel nicht einmal, daß er mit seiner Gleichung von Erfolg und Wahrheit das Prinzip des Historischen Materialismus seiner verachteten Gegner nachbetet. Geschichtslehrer, denen der reale Sozialismus noch bis gestern viel zu gut funktionierte und die ihren Schülern seine höchst ärgerliche Stabilität mit dem Argument vom umfassenden Gewaltapparat nahebringen wollten, haben es heute, nach dem Niedergang der anderen Seite, immer schon gewußt und gesagt: Das konnte ja gar nicht gutgehen, weil der Kommunismus ein einziges *Verbrechen gegen die Menschheit* ist!

2.4 Die Dritte Welt: Vom »Teufelskreis der Armut« zur »ökologischen Zeitbombe« (Geographie/Geschichte)

Die Millionen von Hungertoten, die in den Entwicklungsländern jährlich in die Statistik eingehen, waren schon immer eine besondere Herausforderung. Weniger für das Bedürfnis, praktisch Abhilfe zu schaffen, als vielmehr für eine aufwendige Produktion von Ideologien. Denn der Welthunger ist ja wesentlich in der Einflußsphäre des Kapitalismus zu Hause, was sich gar nicht so gut mit der westlichen Selbstzufriedenheit verträgt, daß alle Übel dieser Welt vom Kommunismus kommen. Es waren also Erklärungen des weltweiten Elends in den Peripherien des Kapitalismus gefragt, die diesem besten aller Systeme nicht zu nahetreten.

So macht man sich bis auf den heutigen Tag nicht lächerlich, den Hunger in der Dritten Welt zum Beispiel mit einem ungünstigen *Klima* zu begründen. Als wäre im Zeitalter von Kunstdünger, Gewächshaus und Bewässerung die Abhängigkeit von der Natur nicht längst überwunden. Ebenso beliebt ist auch der Hinweis auf die *Überbevölkerung* in jenen Breiten. Dabei kommt es gar nicht so weit, daß die Zahl der Esser tatsächlich am Umfang verfügbarer Lebensmittel scheitern würde. Es finden nämlich ungerührt Exporte von eßbaren Agrarprodukten statt – neben einem Bestand einheimischer Hungerleider. Daran blamiert sich auch das Argument von der *fehlenden Technik* auf der Südhalbkugel. Für die maßgeblichen Wirtschaftszwecke wie die Bedienung des Weltmarktes mit Rohstoffen ist auch eine aufwendigere Technik vor Ort stationiert, durch westliche Unternehmen oder staatliche Gesellschaften mit westlichem Kredit. Für die bloße Ernährung der Menschen steht dergleichen natürlich im Süden genauso wenig zur Verfügung wie im Norden. Entweder der Einsatz von Technik lohnt sich für den Gewinn, oder er findet nicht statt.

Das ist das Prinzip der Marktwirtschaft, der sozialen. Daneben liegt auch die Auffassung, die »Unterentwicklung« verdanke sich den *Monokulturen* und dem *Preisverfall* ihrer Produkte am Weltmarkt. Denn erstens vertauscht sie Ursache und Wirkung. Beides ist gar nicht der Grund für die mit Unterentwicklung nur euphemistisch umschriebene erbärmliche Lage, sondern die Wirkung davon, daß jene Drittweltstaaten durch westliche Aufsicht und Kredite auf eine Funktion für den Weltmarkt des Kapitals festgelegt werden, für die sie einzig und allein gefragt sind: den auch per Monokulturen betriebenen Ausverkauf von Naturprodukten und Rohstoffen zum Nutzen der Metropolen. So stellt sich dann der Preisverfall ein, weil die angestachelte massenhafte Produktion von ihren westlichen Abnehmern zur Preisdrückerei genutzt wird, der sich ein Entwicklungsland mangels alternativer Deviseneinnahmequellen nicht entziehen kann. Und zweitens ist nicht überflüssig anzumerken, daß die ganze Theorie von den ungerechten Preisen auswärts erzielte Warenpreise für staatliche Deviseneinkünfte mit einer Verköstigung der Massen verwechselt. Selbst steigende Weltmarktpreise wären nicht zum Nutzen und Frommen der wenigen wirklichen Produzenten in den Entwicklungsländern, die für kärglichen Lohn arbeiten. Auch in der dritten Welt gilt, was die erste vorschreibt: Der in Geld gemessene Reichtum ist nicht für die Menschen da, sondern die Menschen haben für ihn da zu sein – wenn sie denn gebraucht werden.

in einer *Technik der Handhabung und Beherrschung* allgemein geteilter Moralismen.

Von einem Abiturienten verlangt die Schule nicht nur, daß er moralische Maximen und eine Begründung dazu *hat*. Er als Eliteanwärter muß dergleichen selbständig *entwickeln* können. Nicht umsonst hat er Bekanntschaft mit Versatzstücken der bürgerlichen Wissenschaft machen dürfen. So ungewiß alle Erkenntnis bleibt, so gewiß ist doch, daß man sich ihr nur unter Verwendung der zahlreichen Methoden nähern kann. Die stellen das Werkzeug dar für Begründungs*strategien,* also die Herstellung von für passend befundenen Argumenten.

Darüber nehmen auch die moralischen Prinzipien einen leicht veränderten Charakter an. Für den Volksmund mag es genügen, die Tugend der Ehrlichkeit mit den kurzen Beinen zu begründen, die man in einfachen Kreisen der Lüge nachsagt. In eben diesen kann man auch seine Abscheu vor Verbrechen damit begründen, daß sie sich nicht lohnen. Abiturreife hat man damit nicht bewiesen. Dazu hätte es mindestens eines Rückgriffs auf den kategorischen Imperativ bedurft, nach dem Lüge und Verbrechen nicht zum allgemeinen Gesetz erhoben werden könnten, ohne die gesellschaftlichen Grundlagen des Zusammenlebens schlechthin und damit die Handlungsvoraussetzung von Lügnern und Verbrechern selbst aufzuheben. Während die populäre Begründung mit dem *Nutzen,* also aus falscher *Berechnung* für die Moral argumentiert, präsentiert die gehobene Ableitung desselben die Moral als quasi unhintergehbares, natürliches *Gesetz* menschlichen Zusammenlebens.

Das ist eine Prinzipientreue gegenüber dem Allgemeinwohl, wie sie der Staat von künftigen Exekutoren desselben erwarten darf. Sie stellt es nämlich als Gesetz über und gegen alle materiellen Interessen, die durch das Wirken des auch als Gewaltmonopol bekannten Allgemeinwohls ein wenig betroffen werden. Für diesen verantwortungsbewußten Angriff auf die Lebenslage der meisten wird die Elite nicht nur höher gebildet, sondern auch höher besoldet.

»daß es sich in der Dritten Welt teilweise um besonders empfindliche, störanfällige Ökosysteme handelt. Besondere öffentliche Aufmerksamkeit gefunden haben der fortschreitende Prozeß der ›Verwüstung‹ in der Sahel-Zone, ... und die Entwaldung, also der rapide Verlust des Waldbestandes in der Dritten Welt, zum Beispiel in den tropischen Amazonaswäldern, einem im Hinblick auf das Weltklima und Artenvielfalt wichtigsten Waldgebiete der Erde. Den Hintergrund bilden unter anderem der Bevölkerungsdruck in der Dritten Welt, die damit verbundene Überlastung des Bodens, zum Beispiel durch Überweidung, die forcierte Erschließung neuer landwirtschaftlich nutzbarer Flächen durch Abholzung der Wälder und die verstärkte Nutzung von Holz als Brennstoff für die Armen.« (Informationen zur politischen Bildung, 6f)

Ein sehr verantwortungsvoller Blick in die Welt: Erst werden den Leuten die paar Mittel ihrer Subsistenz und der fruchtbare Boden weggenommen; dann kritisiert man sie im Brustton der Verantwortung vor der Natur und Mutter Erde dafür, daß sie um ihr Überleben kämpfen, indem sie den verbliebenen Boden gezwungenermaßen auslaugen und ein paar Bäume zu Brennholz machen.

Ökologie ist offenbar das moderne Synonym für Zynismus: Die Armen der Dritten Welt *haben* kein Problem, sie *machen* eins. Die zuständige Aufsichtsbehörde stellen genau dieselben imperialistischen Staaten, die der Menschheit auf der Südhalbkugel das Überlebensproblem aufherrschen. Auf Umweltgipfeln beschließen dann hochkarätige Politiker, warum der heimische FCKW-Ausstoß nicht weniger werden kann, daß aber die Hungerleider für »unseren« Amazonas-Urwald auf jeden Fall zu viele sind. So wird die Theorie von der »einen Welt« dann wahr: Sie *ist* eine, und zwar die des weltweit engagierten Kapitals.

3. Die Philosophie

Nichts kennzeichnet den Sinn und Zweck des Philosophieunterrichts besser als der Umstand, daß dieses Fach als *Alternative* zur Religion auf dem Lehrplan steht. Glaube und Ratio sind nach dem Willen der Kultusminister also offenbar austauschbar, so daß man bei der Philosophie einmal mit Fug und Recht von einer Ersatzreligion sprechen darf. Dabei haben sie sich nicht verrechnet. Die philosophische Ethik ist nämlich um die Predigt derselben moralischen Gebote bemüht, wie der Religionsunterricht. Mit einem Unterschied: An die Stelle der bloß glaubensmäßigen Form ihrer Akzeptanz will sie unabweisbare Begründungen setzen, damit sich niemand Anstand und Pflicht entziehen kann.

Pflicht und Vernunft
gelten in der Philosophie als dasselbe. Sie fragt nicht nach dem Grund *der* Moral, sondern nach guten Gründen *für* Moral. Die Vernünftigkeit des bürgerlichen Sittenkodex setzen die Gelehrten so grundsätzlich voraus, daß es ihnen nur noch um das Herbeischaffen unabweisbarer Begründungen für ein bereits im Ausgangspunkt feststehendes Dogma geht: Pflichten sind vernünftig. Der alte Leib- und Magenphilosoph der Oberstufe, Kant, ist da nicht besser als der moderne Ethik-Unterricht:

> *»Dagegen, wie (!) der Imperativ der Sittlichkeit möglich sei, ist ohne Zweifel die einzige einer Auflösung bedürftige Frage ...«* (Was sollen wir tun, 59)

Dabei liegt der Widersinn der Gleichung von Pflicht und Vernunft auf der Hand, weil *müssen* und *wollen* eben nicht dasselbe sind. Im Gegenteil, was jemand von sich aus will, dazu muß er nicht per Pflicht gezwungen werden. Philosophen ist dieser Widerspruch gar nicht verborgen geblieben. Sie wollen nämlich den durchaus zur Kenntnis genommenen *Gegensatz* von Pflicht und freiem Willen dadurch eliminieren, daß sie die *Identität* beider beweisen. Das hat seinen Preis: Zumindest die Vernunft bleibt auf der Strecke.

Pflichten gegen sich selbst
sind für jeden Philosophen deswegen die schönsten, weil er da dem Individuum die geforderte Unterwerfung unter die Pflicht mit einem Nutzen schmackhaft macht, den dieses angeblich davon hat. Gehorsam gegenüber einem Gebot und Interesse sollen so zur Deckung kommen. Diese Form der Heuchelei ist heutzutage Gemeingut. Gesundheitsminister, umweltbewußte Abiturienten und spätberufene Gouvernanten wissen ein zur allgemeinen Sitte erhobenes Rauchverbot damit zu begründen, es sei auch zum Besten für denjenigen, dem damit gerade der Glimmstengel untersagt wird. Dieselben Leute, welche die kapitalistisch produzierte Vergiftung von Mensch und Natur zum unausweichlichen Preis des Fortschritts hochrechnen, geben sich in der Raucherfrage unerbittlich und werden dabei spitzfindig. Für einen »kurzfristigen Genuß« opferten die Freunde des blauen Dunstes ihren »langfristigen Vorteil« namens Gesundheit, so mahnen sie, damit der Raucher in dem geforderten Verzicht seinen Vorteil erkennen möge und der Nichtraucherpflicht aus freien Stücken nachkommt. Daß Pflichten vernünftig sind, ist damit allerdings trotz gegenteiliger Beteuerungen gar nicht bewiesen. Wer nämlich einen aktuellen Vorteil für einen größeren, künftigen Vorteil hintanstellt, der verzichtet nicht um des Verzichtes selber willen, wie es die Philosophen gern sähen. Er erbringt vielmehr so etwas wie eine Vorleistung für künftige Lebensfreuden. Wie sich der Mensch da entscheidet, ist ganz eine Frage individueller *Abwägung von Neigungen und Interessen,* hat also mit der Unterwerfung unter eine Pflicht nichts gemein.

Solche Widerworte können Ethiklehrer nicht leiden – aber auch nicht widerlegen. Ihr Konter wechselt lieber das Thema: Wenn schon dem Individuum sein Vorteil aus der Pflichterfüllung nicht einleuchtet, so möge es doch wenigstens an den Vorteil anderer denken, der ohne sein pflichtbewußtes Handeln nicht denkbar wäre. Beliebt sind daher die

Pflichten gegen die Mitmenschen

Was der Religionslehrer Nächstenliebe nennt, tauft der Philosoph Altruismus. Einig sind sich beide in ihrem Haß auf den sogenannten menschlichen Egoismus. Die empfohlene Lebensmaxime lautet, daß der Mensch nicht an sich, sondern an den Nächsten denken möge. Dem soll es nämlich gut bekommen, wenn man selber verzichtet. So entspricht dem Verzicht hier der Vorteil dort. Nur: Warum zählt der Vorteil des anderen mehr als der eigene? Ist nicht der Nächste ein Egoist, der meinen Verzicht in seinen Vorteil ummünzt? Das tut er ja gar nicht, erwidert ein ausgefuchster Ethiker. Denn besagte Maxime gilt nicht nur für einen selbst, sondern auch für den anderen. Dessen Pflicht ist es, empfangene Wohltaten durch eben solche zu entgelten. Dann aber hätte geradesogut alles beim Alten bleiben und jeder für seinen Vorteil werkeln können, statt sich in Verzicht für den anderen zu üben. Das ganze Prinzip ist ebenso falsch wie unpraktisch. Wofür soll es gut sein, wenn jeder gegen jeden bei Tische auf dem höflichen »Nach Ihnen!« besteht und auf diese Weise keiner mehr zum essen kommt?

In solche Zwickmühlen gerät die Ethik wegen eines grundsätzlichen Fehlers. Er liegt in dem Menschenbild, von dem

Der kategorische Imperativ

ausgeht:

> *»Der kategorische Imperativ ist also nur ein einziger, und zwar dieser: Handle nur nach derjenigen Maxime, durch die du zugleich wollen kannst, daß sie ein allgemeines Gesetz werde.«* (Was sollen wir tun?, 60)

›Was du nicht willst, daß man dir tu', das füg' auch keinem anderen zu!‹, so lautet die populäre Fassung des Kant'schen Satzes. Seine Forderung geht dahin, daß man den eigenen Vorteil nicht auf Kosten anderer machen sollte. Ein Imperativ, der von einer falschen Voraussetzung ausgeht. Der bloßen *Verschiedenheit* menschlicher Interessen entnimmt er einen *Gegensatz,* der zu dauernden Interessenkollisionen führen muß. Der beliebte Fingerzeig auf den häuslichen Zwist ist da aufschlußreich: Das Interesse an einem neuen Fernseher kollidiert von Hause aus nicht notwendig damit, daß ein anderes Familienmitglied ein neues Sofa bevorzugt. Zum Streitfall werden solche Interessenbekundungen nur dadurch, daß die Realisierung beider unter das Diktat einer beschränkten Haushaltskasse gesetzt ist, so daß ein Interesse das andere ausschließt, weil das zu knapp bemessene Geld dafür sorgt. Das wiederum kommt nicht von den Interessen, sondern vom Kapitalismus, in dem sie sich betätigen. Dieser Fiktion eines quasi menschennatürlichen Widerstreits von Interessen will der kategorische Imperativ mit einem Ethik-Knigge beispringen, der das Miteinander erträglich gestalten soll.

Das kann nicht gut gehen. Entweder das eigene Interesse bestreitet nicht die Interessen anderer. Dann ist die Sorge *unnötig,* ob seine Realisierung auf Kosten anderer geht. Oder aber es steht im Gegensatz zu anderen. Dann ist es *unmöglich,* in der Verfolgung des eigenen auch das dadurch bestrittene andere Interesse zu stützen. Was sich ausschließt, kann nicht zugleich gelten. Die Anwendung des kategorischen Imperativs ist also ein Unding. Er geht, wo es ihn nicht braucht; er ist unmöglich, wo er nach philosophischer Auffassung vonnöten wäre.

Dieser Widerspruch läßt philosophische Moralapostel nicht ruhen. Sollte erst der kategorische Imperativ den Interessen zu einem harmonischen Verhältnis verhelfen, so geht es nun andersherum. Die Interessen werden zurechtgestutzt, damit Harmonie herrscht. Darin besteht das Angebot, das die Ethik gegensätzlichen Standpunkten zu machen gewillt ist:

Sozialer Kompromiß und Interessenausgleich – um des lieben Friedens willen

Wo immer sich ein Gegensatz im bürgerlichen Leben auftut, ist diese Pfefferkuchenweisheit gefragt. Ob sich Gehaltsempfänger und Unternehmer oder Mieter und Vermieter streiten, wohlfeil ist der Rat, beide Seiten würden dann am besten fahren, wenn jede ein wenig zurücksteckt. Ein Angebot der seltsamen Art. Der Verzicht auf die Realisierung des ausgänglichen Interesses soll den optimalen Ertrag bringen – friedliches Einvernehmen nämlich. Eine bemerkenswerte Umkehrung der Reihenfolge. Denn nur, weil beiden Parteien ihr *Interesse* so wichtig war, haben sie es auf einen Streit ankommen lassen. Begegnet wird ihnen aber mit dem Hinweis, die *Streitvermeidung* sei ja wohl das höchste Interesse, für das man sich bei seinen materiellen Anliegen in Verzicht übt.

Die Ethik: Gehobener Knigge für alltägliche Gegensätze des Kapitalismus

Für ihre prinzipielle Unterstellung, menschliche Interessen stünden einander feindselig gegenüber, hat die Philosophie reichlich Belege. Sie deutet einfach auf die durch Markwirtschaft und Politik *installierten* Gegensätze zwischen Eigentümern und Arbeitern, Steuerzahlern und Fiskus. Da werden manche reich, weil sie andere ausnutzen und verarmen. Die Folgen einer *gesellschaftlichen Ordnung* mögen Freunde der Ethik darin nicht erkennen. Eher halten sie dieses notwendige Produkt für eine Entgleisung, die auf das Konto mangelnden Anstands der ausführenden Charaktere gebucht wird. Schulnoten,

Gewinne, Preise und Mieten müssen natürlich sein. Aber Profit*gier*, Miet*wucher* und überzogenes Anspruchsdenken bekommen die rote Karte der Ethik gezeigt. Gerade so, als könnte eine gute Sache dadurch schlecht werden, daß sie besonders intensiv verfochten wird. Der Sinn dieses Unsinns liegt in der eindeutigen Bezichtigung, die daraus hervorgeht: Die gesellschaftlich erzeugten Mißlichkeiten, die manchen Menschen das Leben schwer machen, werden dem Menschen selbst und seinem durch keinerlei Ethik-Unterricht gezügelten Egoismus zur Last gelegt.

Für diese Übung reicht natürlich auch der Tugendkatalog der Hauptschule und das Mea culpa des Religionsunterrichts. Abiturienten haben dieser Demutshaltung allerdings eines voraus: Sie wissen auch noch die dafür eigens von Philosophen erfundenen falschen Begründungen, die man bei Festreden aller Art aufrufen kann. »Das Volk ist verwöhnt!«, beliebte Altbundeskanzler Schmidt zu meinen, nie ohne in Talkshows zu vorgerückter Stunde den kategorischen Imperativ zu zitieren. Das liebt sie nämlich, die Elite: Ihr *Macht*wort präsentiert sie gern als höchsten Erguß philosophischen *Geistes*.

4. Die Naturwissenschaften

Ein Oberstufenschüler macht Bekanntschaft mit dem Periodensystem der chemischen Elemente, lernt im Physikunterricht etwas über die Leistungen der Quantenmechanik und übt sich in mathematischen Kurvendiskussionen, welche eine Anwendung der Analysis sind. Im Angebot ist dieses anspruchsvolle Repertoire nicht deshalb, weil es für die gehobene Beamtenlaufbahn oder den Rechtsanwaltsberuf unverzichtbar wäre. Es stellt vielmehr ein Stück Berufsqualifizierung in anderer Hinsicht dar. Für all jene, welche ihre Ausbildung in einem naturwissenschaftlichen Studienfach fortsetzen, sind Kenntnisse dieser Art vonnöten. Und da mit dem Eintritt in die Oberstufe der Beruf in der Regel weder subjektiv als Wunsch noch objektiv feststeht, trifft dieses Bildungsangebot alle Schüler. Wo sich Neigungen und Vorlieben bereits auf eine künftige Studienrichtung festgelegt haben, gestattet der Staat die Wahl zwischen Leistungs- und Grundkursen, weil die geistige Ausrichtung auf ein Studienfach in seinem Sinne ist.

Daß sich die naturkundliche Unterweisung in der Oberstufe bürgerlichen Denkens bewegt, ist an seltsamen Einsprengseln bemerklich, die nicht nur die Vor- und Nachwörter der Physikbücher zieren. Da gibt es philosophische Erörterungen über das *Weltbild* der Physik. Großer Beliebtheit erfreut sich die Heisenbergsche Unschärfe-Relation, weil sie angeblich beweist, wie unscharf der menschliche Geist beim Erfassen der Natur ist. Dasselbe soll Einsteins Relativitätstheorie besagen, nach der, so hört man, alles relativ ist, das Denken eingeschlossen. Blüten dieser Art kämpfen mit einer relativ groben Unschärfe, welche nicht in physikalischen Theorien, sondern in der bürgerlichen Schulbildung zuhause ist. Da erlernt das bürgerliche Subjekt einerseits eine geistige Demutshaltung, nach der objektive Erkenntnis nicht möglich ist. Andererseits soll es voller Ehrfurcht und Bewunderung den bahnbrechenden Erkenntnissen lauschen, die dann doch möglich sind, und zwar in den Naturwissenschaften. Entweder – oder, so möchte man meinen. Ein gebildeter Kopf bevorzugt dagegen ein ›Sowohl-Als-auch‹, um die beiden sich widersprechenden Urteile unter einen Hut zu bringen. So wird der Kampf gegen die Objektivität des Erkennens auf die Naturwissenschaften ausgedehnt, ohne ihnen zu nahezutreten. Im bürgerlichen Getriebe ist nämlich beides verlangt, die politische Tugend geistiger Bescheidenheit, ohne die eine demokratische Herrschaft nicht geht, wie auch der zupackende naturwissenschaftliche Forschergeist in den Labors, ohne den der Kapitalismus nicht zu haben ist. Die Einsichtsfähigkeit des Menschen ist ebenso relativ, wie die naturwissenschaftlichen Theorien »wahr« sind, heißt also der Beschluß. Die Anführungszeichen, in denen die Wahrheit bestenfalls geduldet wird, verdanken sich dem Umstand, daß die Theoreme dieser Disziplin zu bloß subjektiven Beschreibungen der Natur zurückgenommen werden, die diese zwar recht gut strukturieren, aber mit der Objektivität nichts zu schaffen haben:

> *»Und diese Gesetze sind nicht den einzelnen Dingen inhärent. ... Naturgesetze sind eher aufzufassen als (hypothetische) Beschreibungen struktureller Eigenschaften der Natur – des Kosmos.«* (Popper, 34)

Wie Sir Karl je zur Inhärenz der Dinge vorstoßen konnte, um festzustellen, daß die Naturgesetze damit jedenfalls nicht übereinstimmen, bleibt sein Berufsgeheimnis.

5. Alte Sprachen: Cui bono linguae latinae studere?

Sie sind bis heute nicht aus der Mode gekommen, obwohl kein anderes Fach von so vielen Zweifeln begleitet wird. Latein, auch Griechisch gehören mehr oder weniger zum Standard einer elitären Bildung. ›Wozu ist das gut?‘, lautet die penetrante Rückfrage der meisten Oberschüler seit Generationen. Sie gilt zwar auch anderen Fächern, wie der höheren Mathematik oder Goethes Faust im Deutschunterricht. Hier aber wähnt sie sich besonders gut plaziert, weil das Lateinische eine tote Sprache ist und insofern der Nutzen, nach dem gefragt ist, doch offenkundig nicht existieren kann.

Was zunächst die Frage für sich angeht: Besonders intelligent ist sie nicht. Sie will nämlich von einem Stück Wissen weder erfahren, ob es stimmt, noch, ob und wofür es wichtig ist oder sein könnte. Die Bedeutung des Wissens, nach der die Frage sich erkundigt, liegt ausschließlich in seiner *Brauchbarkeit für die Berufe*, die jene, welche Arbeitsmarkt heißen, so feilbieten. Ein Standpunkt, der nicht nur von einem grenzenlosen geistigen Opportunismus zeugt, sondern sich zudem auch noch über die schulische Wissensvermittlung täuscht. Die Berufsvorbereitung im engeren Sinne ist ihr Ziel gar nicht, so daß sie davor auch nicht versagen kann. Selbst die als weltfremd und unnütz verworfenen Jamben von Goethe und Schiller machen für das wirkliche Unterrichtsziel durchaus Sinn. Sie sind ein Beitrag zur moralischen Gesinnung von Staatsbürgern, die unverzichtbar ist für alle Dienste, welche in Staat und Wirtschaft so vorgesehen sind.

Die Antwort der Schulmeister auf besagte Anfrage fällt deswegen merkwürdig aus, weil sie sich zu einer Kritik dieser Frage nicht verstehen will. Stattdessen bemüht sie sich um den Nachweis, daß das Lateinische, tot hin oder her, doch den unbestreitbaren Nutzen habe, nach dem verlangt wird. Beliebt ist da der Hinweis, das Lateinische führe in die hohe Schule der Logik ein. Überzeugend ist das nicht. Denn erstens findet sich auch bei lebenden Sprachen der Zusammenhang von Logik und Grammatik. Und zweitens wäre es für jeden, der auf das Studium der Logik erpicht ist, ohnehin klüger, gleich *diese* zu studieren, statt seine Zeit mit einer alten Sprache zu vertun. Gebräuchlich ist auch das Argument, das Lateinische biete den besten Zugang zu allen lebenden romanischen Sprachen. Wer Französisch oder Italienisch lernt, wird natürlich die Affinität zum Lateinischen beim Vokabellernen bemerken und sich womöglich leichter tun. Von einem besten Zugang kann allerdings aus demselben Grund wie oben keine Rede sein. Denn wem es auf die lebenden romanischen Sprachen ankommt, der hätte besser gleich seine Zeit in das Studium des Französischen oder Italienischen investiert, statt unregelmäßige lateinische Verben zu pauken. Auch nicht ganz zutreffend ist die dritte Anwort, die den Nutzen des Lateinischen in der Funktion ansiedelt, dem Schüler die Antike, die hochgelobte Mutter des demokratischen Abendlandes zu erschließen. Muß man wirklich eine fremde *Sprache* beherrschen, um eine fremde *Kultur* zu verstehen? Gewiß hat Cicero seine Überlieferungen in lateinischer Sprache abgefaßt. Einmal übersetzt, kommt das Begreifen der punischen Kriege allerdings ganz ohne Lateinkenntnisse aus.

Wie man die Sache auch dreht und wendet, der Nutzen des Lateinischen, den der Altphilologenverband mit solchen Argumenten beweisen möchte, liegt nicht vor – jedenfalls nicht dort, wo die Lateinlehrer ihn ansiedeln. Daß eine tote Sprache dem Staat dennoch bis zu sechs Wochenstunden in der Oberstufe wert ist, hat einen anderen Grund. Er liegt ausschließlich in dem luxuriösen Bedürfnis, das der Staat gegenüber seiner Elite hegt. Sie soll die Legende der Nation über sich selbst, Erbe und Vollender einer großen humanistischen und demokratischen Tradition zu sein, die bis zu den Römern und Griechen zurückreicht, nicht nur kennen. Die Spitzengewächse der Elite sollen sie *verkörpern* – sinnfällig darin, daß sie geflügelte Worte auf lateinisch beherrschen, wenn sie ihrer großen Verantwortung für Volk und Vaterland nachkommen. ›Pacta sunt servanda‹, konnte Franz Josef Strauß selig noch sagen, wenn er über seine Waffengeschäfte verhandelte. Kohl fühlt sich dagegen weniger als Altphilologe denn als »Generalist« (Kohl über Kohl). Es geht eben auch ohne Latein. Denn das staatliche Interesse an einer alten Sprache ist, wie gesagt, luxuriös – und darin sehr relativ.

6. Der höhere Blödsinn: Kunst

Ist erst einmal die Prima erreicht, beschränkt sich der Kunstunterricht nicht mehr auf das Rezitieren von Gedichten und die Herstellung mehr oder weniger gelungener Zeichnungen. Die angehende Elite widmet sich einer Doppelaufgabe. Einesteils pflegt sie in Kunstdebatten heftig die Einbildung, Kunst und Kultur seien weniger der Fleurop-Dienst für Staatspaläste als ein Produkt genuin künstlerischer Freiheit, die den Dreh- und Angelpunkt des Weltgeschehens ausmachen soll. Anderenteils sind die Primaner damit beschäftigt, sich selbst durch eine Reihe von Allüren zu einer Art künstlerischem Subjekt zu stilisieren.

Die Freiheit der Kunst und ihre welthistorische Bedeutung führt man sich in gebildeten Kreisen immer wieder gern dadurch vor Augen, daß man gemeinsam vor gegenteiligen Äußerungen aus dem Mund von Staatslenkern erschaudert:

> *»Eine Kunst, die sich über die von Mir bezeichneten Gesetze und Schranken hinwegsetzt, ist keine Kunst mehr ... Mit dem viel mißbrauchten Worte ›Freiheit‹ und unter seiner Flagge verfällt man gar oft in Grenzenlosigkeit, Schrankenlosigkeit, Selbstüberhebung.... Die Kunst soll mithelfen, erzieherisch auf das Volk einzuwirken, sie soll auch den unteren Ständen nach harter Mühe und Arbeit die Möglichkeit geben, sich an den Idealen wieder aufzurichten.«* (Kunst in der Gesellschaft, 56)

Dieser Tagesbefehl Kaiser Wilhelms II. läßt natürlich alle Kunstbeflissenen laut aufjaulen. Nicht, weil der gute Mann den geplagten Massen statt eines besseren Lebens Ideale zum Aufrichten verschreibt. Die Aufregung gilt dem Umstand, daß als Auftragsarbeit ausgesprochen wird, was Künstler nur als Akt geistiger Freiheit denken und tun mögen. Diese künstlerische Freiheit nehmen sie so ernst, daß sie diese allen Ernstes zum Prüfstein für eine Gesellschaftsordnung machen.

Leute mit einer künstlerischen Ader müssen nicht wissen, wie es im Realen Sozialismus oder Faschismus zugegangen ist. Daß beides schlecht und im Prinzip dasselbe war, entnehmen sie ihrer Gewißheit, daß die Kunst in diesen Systemen politisch instrumentalisiert wurde. Die einen grenzten die sogenannte »entartete« Abteilung aus dem Kulturbetrieb aus, die anderen bestellten sich sozialistischen Realismus als Wandschmuck für öffentliche Gebäude und Plätze.

Feinde der staatlichen Gewalt sind die Fanatiker künstlerischer Freiheit bei alledem natürlich nicht. Das Gute, Wahre und Schöne, für das sie mit ihren Produkten einstehen wollen, gilt ihnen ja nicht einfach als subjektiver Spleen, sondern als objektive Bestimmung der Realität, von der diese zwar allzuoft abweicht, der sie aber prinzipiell verbunden sind. Neben der kritischen Distanz pflegt die Kunst also auch noch eine intime Beziehung zur Welt, in der sie manch einen Kulturbanausen mit schrillen Tönen, Farben und Worten erschreckt. So ist trotz aller Kritik an Kaiser Wilhelm dann doch nicht verwunderlich, warum Kunstbeflissene sich für Henri Moores Blechschaden keinen besseren Ausstellungsplatz als den Vorgarten des Bundeskanzleramtes denken können. Künstler fühlen sich eben geehrt, wenn Machthaber ihren Ergüssen Lob zollen, weil sie deren Urteil für maßgeblich halten. So, als Akt der Freiheit, gibt sich die Kunst jederzeit und bereitwillig für die Staatsverzierung her, die sie sich per Befehl nicht auftragen lassen möchte.

Oberstufenschüler, die sich vom Pathos künstlerischer Freiheit einfangen lassen, bringen es dahin, sich Kultur als *individuelle Ausstattung* zuzulegen. Vielleicht haben sie Joseph Beuys ernst genommen:

> *»Jeder Mensch ist ein Künstler, der aus seiner Freiheit ... die anderen Positionen im Gesamtkunstwerk ›zukünftige Gesellschaft‹ bestimmen lernt.«* (Kunst in der Gesellschaft, 16)

Man muß ja nicht gleich seine unnachahmlichen Fettklöpse in verbeulten Badewannen imitieren, die nach Beuys' Willen das Flair einer midlife-crisis des gesellschaftlichen Gesamtkunstwerks verströmen sollen. Es reicht für den Anfang völlig aus, die dargelegte Bedeutungsschwere künstlerischer Phantasie darin zu beherzigen, daß man nicht nur »Schöner Wohnen« abonniert und der »Mode« natürlich vorauseilt, sondern immer und auf jeden Fall »Stil« beweist. Auch die banalsten Gegenstände werden so mit dem Anspruch des Ästhetischen überzogen. Wer sich Socken, Duftwasser oder Haarschnitt im falschen Laden besorgt, ist out. Wer immer noch mit Jeans und Schwarzer Krauser seinen intellektuellen Freigeist exhibitioniert, ist sogar mega-out. Esprit und kulturelles Niveau beweist, wer auf Tanztees öffentlich unter der letzten mißratenen Zadek-Inszenierung leiden kann. Noch einen Schritt weiter geht, wer sein Unwohlsein über eine auf kafkaeske Weise sinnentleerte Scheinwelt in wohlgesetzten Worten auch schriftlich zu formulieren und zu genießen versteht und seine Umwelt dafür verachtet, einer bloßen *Waren*ästhetik verfallen zu sein. Solche Vertreter dürfen als Aspiranten für den kleinen Bremer Literaturpreis gelten. Auf jeden Fall haben sie ihr künstlerisches Selbstbewußtsein in eine Technik der Selbstdarstellung überführt, die man getrost als *elitär* bezeichnen darf. Solche Gemüter gefallen sich nämlich darin, Interesse und Verständnis für allerhöchste künstlerische Ideale mobilisieren zu können, bei denen die dumpfe Masse einfach nur passen muß und Bahnhof versteht. Der Sinn, den gefunden zu haben sie genießen, besteht darin, daß er *exklusiv,* also das niedere Volk ausschließend ist. So erbaut sich ein Eliteanwärter in der Sphäre des höheren Blödsinns bereits am Ausschluß der Masse, bevor er für dessen Durchsetzung in den lebenswichtigeren gesellschaftlichen Niederungen von Macht und Reichtum praktisch tätig geworden ist. Das qualifiziert ihn dafür.

Keinem Oberschüler bleibt neben den Naturwissenschaften die Beschäftigung mit den Geistes- und Gesellschaftswissenschaften erspart. Auch angehende Physiker oder Chemiker müssen über die gehobenen Ideologien bürgerlichen Denkens verfügen, nach denen das Denken höchst zweifelhaft und nur methodisch angeleitet durchführbar ist. Denn die staatsbürgerliche Demutshaltung des Geistes ist selbst oder erst recht für jene unerläßlich, die künftig in naturwissenschaftlichen Labors die Wissenschaften für ihren kapitalistischen Einsatz voranbringen. Hier ist einerseits die wissenschaftliche Vernunft naturwissenschaftlichen Forschens gefragt, aber nicht sie entscheidet über den Einsatz ihrer Resultate, weil dieses Privileg ganz in den Händen von Profit und Politik liegt.

Insofern komplettiert der Skeptizismus, der um die *Beschränktheit* des Geistes weiß, trefflich ihren Einsatz, weil er nur befürworten kann, daß wissenschaftliche Vernunft den maßgeblichen Instanzen jedenfalls nicht ihre Entscheidungsbefugnisse streitig machen darf. Insbesondere auch da nicht, wo die negativen Folgen naturwissenschaftlich angeleiteter kapitalistischer Naturzerstörung zu besichtigen sind, die sich vortrefflich auf die menschliche Beschränktheit und Irrtumsmöglichkeit abwälzen lassen. Im Gegenzug sind allerdings auch künftige Soziologen oder Juristen nicht aus der Pflicht entlassen, dem gymnasialen Naturkundeunterricht zu folgen. Der Staat macht nämlich seine Bildung nicht von den Neigungen der Interessenten abhängig und verdonnert *alle* Eliteanwärter auf einen identischen Bildungskanon, damit sie ein Reservoir für alle staatlichen Interessen universitärer Weiterbildung abgeben, aus dem im Bedarfsfall unter Zuhilfenahme von Numerus Clausus-Regeln konjunkturgerecht geschöpft werden kann. So sind dann mit dem Abitur schließlich alle Schüler *studierfähig,* weil sie über die elementaren Grundlagen sowohl der natur- wie geisteswissenschaftlichen Fachrichtungen verfügen. Diese Fähigkeit besteht nicht nur in dem Zertifikat, mit dem sich der Abiturient vom Rest unterscheidet. Auch der Geisteszustand hebt sich davon ab, wenn auch nicht vorteilhaft in dem Sinn.

Auch ein höher Gebildeter weiß sich in Marktwirtschaft und Demokratie zuhause. Den moralischen Tugendkatalog teilt er mit den Allgemeingebildeten ebenso wie die Wertschätzung von Heimat und Nation. Die höhere Bildung fügt diesen Kenntnissen – abgesehen von zusätzlichen Elementen der Naturwissenschaft – keine weiteren hinzu. Ihre Zutat besteht vielmehr in einer *Technik der Handhabung und Beherrschung* allgemein geteilter Moralismen.

Von einem Abiturienten verlangt die Schule nicht nur, daß er moralische Maximen und eine Begründung dazu *hat.* Er als Eliteanwärter muß dergleichen selbständig *entwickeln* können. Nicht umsonst hat er Bekanntschaft mit Versatzstücken der bürgerlichen Wissenschaft machen dürfen. So ungewiß alle Erkenntnis bleibt, so gewiß ist doch, daß man sich ihr nur unter Verwendung der zahlreichen Methoden nähern kann. Die stellen das Werkzeug dar für Begründungs*strategien,* also die Herstellung von für passend befundenen Argumenten.

Darüber nehmen auch die moralischen Prinzipien einen leicht veränderten Charakter an. Für den Volksmund mag es genügen, die Tugend der Ehrlichkeit mit den kurzen Beinen zu begründen, die man in einfachen Kreisen der Lüge nachsagt. In eben diesen kann man auch seine Abscheu vor Verbrechen damit begründen, daß sie sich nicht lohnen. Abiturreife hat man damit nicht bewiesen. Dazu hätte es mindestens eines Rückgriffs auf den kategorischen Imperativ bedurft, nach dem Lüge und Verbrechen nicht zum allgemeinen Gesetz erhoben werden könnten, ohne die gesellschaftlichen Grundlagen des Zusammenlebens schlechthin und damit die Handlungsvoraussetzung von Lügnern und Verbrechern selbst aufzuheben. Während die populäre Begründung mit dem *Nutzen,* also aus falscher *Berechnung* für die Moral argumentiert, präsentiert die gehobene Ableitung desselben die Moral als quasi unhintergehbares, natürliches *Gesetz* menschlichen Zusammenlebens.

Das ist eine Prinzipientreue gegenüber dem Allgemeinwohl, wie sie der Staat von künftigen Exekutoren desselben erwarten darf. Sie stellt es nämlich als Gesetz über und gegen alle materiellen Interessen, die durch das Wirken des auch als Gewaltmonopol bekannten Allgemeinwohls ein wenig betroffen werden. Für diesen verantwortungsbewußten Angriff auf die Lebenslage der meisten wird die Elite nicht nur höher gebildet, sondern auch höher besoldet.

C. Die schulische Leistungsbeurteilung

1. Notengebung – ein Bewertungsverfahren eigener Art

Die Lernerfolge der Schüler sind regelmäßig Gegenstand schulischer Beurteilung. Im Verlaufe jedes Schuljahres steht eine festgelegte Anzahl von Klassenarbeiten an, es werden darüberhinaus unangekündigte Kurzarbeiten geschrieben. Solche Arbeiten markieren jeweils die Beendigung eines Lernabschnittes und werfen die Frage auf, wie sehr der einzelne Schüler den durchgenommenen Stoff beherrscht. Und allemal münden sie in einer Leistungsbilanz eigener Art. Festgehalten werden Zahlen zwischen Eins und Sechs, die sich zu einer Fachnote addieren und am Ende im Notendurchschnitt die Gesamtpersönlichkeit ziemlich nackt und kahl auf einen Punkt bringen: Man gehört zu den Einser-, Dreier- oder auch Fünfer-Schülern. Spätestens die Durchschnittsnote des Zeugnisses liefert der Bildungsanstalt dann das Material für die Entscheidung über die Bildungswürdigkeit des Einzelnen, mithin seine weitere Schullaufbahn. Diese Verarbeitung des Wissensstandes der vielen Kleinen und Großen muß man ersteinmal hinkriegen!

Herausbildung von Leistungsunterschieden

Wenn die Schule die Befassung mit einem Themengebiet in eine Klassenarbeit münden läßt, dann findet eine Lernerfolgskontrolle im ernsten Sinne gar nicht statt. Denn Lehrer setzen solche Proben nicht auf die Tagesordnung, weil sie sich nach vollzogener Unterweisung noch *unsicher* wären, ob ihnen nicht der eine oder andere sachliche Mangel bei den Schülern entgangen ist, und sie sich darüber Klarheit verschaffen wollen, ehe sie zu einem neuen Thema übergehen. Den Ausgangspunkt bildet allemal die *Gewißheit,* daß in der Klasse, nachdem der Stoff durchgenommen ist, eine ganze Menge Unkenntnisse bestehen. Diese Gewißheit kommt nicht von ungefähr.

Es ist im Unterricht schließlich Usus, ein Thema nicht dann abzuschließen, wenn alle Schüler mit der Sache fertig sind. Stattdessen definiert ein vorab festgelegter Zeitrahmen, wann die Befassung mit einem Gegenstand zu beenden ist. Nicht die sachliche Frage, wieviel Zeitaufwand nötig ist, um den Schülern einen Sachverhalt begreiflich zu machen, gibt den Unterrichtsverlauf vor. Würde so verfahren, dann stellte sich der nötige Zeitrahmen im *Ergebnis* heraus. Der schulische Unterricht dagegen *beugt* das Lernen unter das *Maß der Zeit,* errichtet so eine *äußere Schranke* des Lernens. Dieses Prinzip ist in jedem Lehrplan niedergelegt, der mit dem »Pensum« pro Schuljahr definiert, wieviel Zeit welcher thematische Block beanspruchen kann. Daß damit *Zeitdruck* programmiert ist, hat die Bildungsbehörde nicht übersehen, sondern gewollt. Lehrer exekutieren diese Vorgabe, wenn sie über die »Stoffülle« jammern, die sich selbst beim besten Willen zur Straffung nicht in einem Jahr durchpeitschen läßt. Prompt wählen sie aus – freilich ohne den Lehrplan aus dem Auge zu verlieren. Schließlich baut das nächste Schuljahr auf dem vorhergehenden auf, die Kinder müssen also ein wenig gefordert werden – schon in ihrem wohlverstandenen Eigeninteresse. So ist sichergestellt, daß jedes Bildungselement dem Schüler als ein »Stoff« gegenübertritt, der Verdauungsprobleme aufwirft.

Wenn die Schule die Kontrolle der Lernergebnisse ansetzt, dann steht also ein Resultat längst fest: Die Klassenarbeit wird nicht nur offenbaren, daß massenhaft Kinder auf die eine oder andere Weise am Stoff gescheitert sind. Sie wird ein ganzes *Spektrum* von mehr oder weniger fundamentalen Wissenslücken bloßlegen.

Die Offenlegung dieser von der Schule hergestellten Unterschiede im Kenntnisstand kommt bei Prüfungen nicht nur heraus, sie ist selbständiger Zweck und bestimmt deshalb schon die *Konstruktion* von Prüfungsaufgaben. Eine Prüfung, die alle spielend bewältigen, ist nämlich nach schulischer Logik keine. Ob eine Prüfung nun allgemeines Wissen oder allgemeines Unwissen dokumentiert – der Schule gilt beides *gleichermaßen* als Indiz für einen Mangel der Leistungskontrolle. Gelungen ist sie dann, wenn erstens nicht alle alles können, sondern zweitens eine *Bandbreite von unterschiedlichen* Leistungen herauskommt. Andernfalls hat der Lehrer die Klasse entweder über- oder unterfordert. Prüfungsaufgaben werden denn auch gleich darauf reflektiert, ob sie geeignet sind, ein Leistungsspektrum zutage zu fördern. Da werden beispielsweise Fragen eingebaut, die nach Meinung des Lehrers der Durchschnittsschüler beantworten kann. Da kommen aber auch solche Aufgaben vor, die von vornherein nur auf die Klassenbesten berechnet sind und ihnen Gelegenheit geben sollen, sich vom Gros abzuheben. Es geht also nicht einfach darum, den Leistungsstand der Klasse zu prüfen. Er will *so* abgeprüft sein, daß sich für die Klasse ein *differenziertes* Leistungsbild ergibt.

Dieses doppelte Verfahren, auf Leistungsunterschiede zu *dringen,* deutet auf das Interesse an *Behebung* von Wissenslücken hin. Nicht umsonst markiert die Klassenarbeit ja auch den Abschluß einer thematischen Einheit, ist also als Auftakt zu Beseitigung sichtbar gemachter Schwächen gar nicht gedacht. Für die Behebung der Unkenntnisse, die das Produkt schulischen Lernens sind, erklärt sich die Schule durchaus *unzuständig.* Das überläßt sie der *außerschulischen* Privatinitiative des Schülers bzw. der Eltern, eine Tatsache, der ein ganzes Gewerbe seine Geschäftsgrundlage verdankt. Nachhilfeinstitute können sich über Kundschaft nicht beklagen. Durch Befassung mit den speziellen Schwächen eines Schülers das Bildungsgefälle wieder zu nivellieren, das unterläßt die Schule nicht nur. Es wäre geradezu *kontraproduktiv* im Sinne des schulischen Vorhabens, solche Differenzen für eine Notenhierarchie fruchtbar zu machen. Und letzteres ist eben das ganze Interesse, das schulische Lernerfolgskontrolle regiert.

Deshalb ist das inhaltlich differenzierte Leistungsbild, das eine Klasse in einem Diktat oder einer Mathearbeit niederlegt, nur der Auftakt, daraus ein ganz *anderes* zu verfertigen. Es soll schließlich nicht stehen bleiben, daß der eine Schüler schon bei Addition und Subtraktion passen muß, der andere nur an der Multiplikation scheitert, während ein Dritter bestenfalls Flüchtigkeitsfehler macht. *Dieses* Prüfungsergebnis will überführt sein in ein *Notenspektrum.* Nichts anderes tun Lehrer, wenn sie Arbeiten »korrigieren«.

Leistungsunterschiede benotbar gemacht

Für die Einordnung in die Notenskala von Eins bis Sechs sind die diversen Einzelleistungen, die der Lehrer nach dem Test auf seinem Tisch liegen hat, zunächst gar nicht geeignet. Er hat schließlich eine ganze Palette *inhaltlich bestimmter* Fehler und Unkenntnisse vor sich. Der eine kann im Aufsatz notorisch »das« und »daß« nicht auseinanderhalten, der andere beherrscht die Groß- und Kleinschreibung nicht, der Dritte kegelt bei der Interpunktion alles durcheinander, der Vierte ist einer stringenten Gedankenführung nicht mächtig etc. Es liegen ganz verschiedene Fehler*qualitäten* vor, die als Auskunft darüber, was der jeweilige Schüler noch lernen muß, brauchbar wären. Aber darum geht es ja nicht. Es geht darum, *anhand* dieser Fehlerqualitäten zu entscheiden, ob der Schüler das Pensum »befriedigend«, »ungenügend« oder »sehr gut« bewältigt hat, um ihm so einen Platz in der Zensurentabelle zuzuweisen. Sollen die verschiedenen Fehler dem Interesse an dieser Einordnung überhaupt zugänglich werden, tut zunächst die *Abstraktion* von den Fehlerinhalten not. Sie wollen *qualitativ gleichgemacht* sein, damit sie nur noch *quantitativer Unterschiede* fähig sind. Also wird an jedem Unwissen lediglich festgehalten, daß hier ein Fehler vorliegt – und schon ist eine falsche Schreibweise dasselbe, wie ein Bruch in der Gedankenführung: Jeweils liegt ein Fehler vor, der sich mit dem anderen zu zwei Fehlern zusammenzählen läßt. Auf *dieser* falschen Grundlage werden Qualitätsunterschiede der beurteilten Mängel dann wieder in Betracht gezogen, wenn auch auf eine Weise, die die Brutalität der Gleichmacherei nur bestätigt. Lehrer fangen jetzt nämlich an, dem unterschiedlichen Charakter der Fehler dadurch Rechnung zu tragen, daß sie *gewichten:* Rechtschreibfehler zählen dann z.B. im Aufsatz nur als halbe Fehler, während argumentative Brüche als Doppelfehler gewertet werden – ganz als sei mehrfache Falschschreibung ungefähr dasselbe wie ein dummes Argument. Welchem Fehler dabei welches Gewicht zugemessen wird, das liegt ganz in der Willkür des Paukers bzw. der Schulbehörde, die dafür Regeln vorgibt. Der sachliche Gehalt des Fehlers wird genausoviel oder -wenig berücksichtigt, wie beim »Rasenmäherverfahren«, das alle Schnitzer gleichmaßen mit dem Wert »ein Fehler« belegt.

Das Bedürfnis, Lernleistungen so quantifizierbar zu machen, daß die Abzählerei wie ein sachgemäßer Umgang damit erscheint, schafft sich ein eigenes Kritierium für die Auswahl von Prüfungsfragen. »Wieviele Nebenflüsse hat die Donau« – Fragen dieses Musters werden von objektivitäts-beflissenen Lehrern favorisiert. Aufgaben, die den Schüler anhalten, seine Meinung zu einem Sachverhalt darzulegen, haben dagegen den Ruf, einer objektiven Beurteilung schwer zugänglich zu sein. Zwar bleibt in jedem Fall die falsche Subsumtion dieselbe, egal ob aus der Kenntnis von vier Nebenflüssen vier Pluspunkte verfertigt oder ob vier Geistesblitze des Schülers als vier Treffer bewertet werden. Aber dem *Schein,* mit der Quantifizierung der Leistung werde man ihrem speziellen Gehalt gerecht, ist gedient, wenn die Aufgabe das quantitative Moment schon enthält, das der Lehrer an der Antwort geltendmachen will. Und darauf kommt es Lehrern scheinbar an.

Derselbe Wahn, beim falschen Subsumieren immer höchst objektiv bleiben zu wollen, hat sich ein Instrument geschaffen, das blanker Unfug wäre, wenn es der Schule um die Ermittlung und Korrektur von Bildungslücken ginge. In multiple choice-Tests werden die Aufgaben gleich so gestellt, daß die Leistungen bar jeden Inhalts als zählbare vorliegen. Dem Schüler wird eine Anzahl fertiger Antworten zur Auswahl präsentiert, er hat nur noch anzukreuzen. Auf diese Weise erübrigt sich die *Übersetzung* eines Gedankens in die Abstraktion »Treffer« oder »Niete«, weil man dem Schüler gar nicht mehr gestattet, einen Gedanken zu Papier zu bringen. Es fragt sich lediglich, wieviele Kreuze an der passenden Stelle sitzen. Solche Testverfahren sind unter Lehrern umstritten – mit einem Argument, das eines Lehrers würdig ist. Es wird moniert, daß sich auf diese Weise gar nicht mehr entscheiden lasse, ob der Schüler die Antwort gewußt oder nur richtig geraten habe. Dem Zwang, Schwächen schonungslos der Bewertung preiszugeben, soll sich eben kein Schüler entziehen können.

Von Fehlerquanta zur Notenhierarchie

Hat der Lehrer nun die verschiedensten Schwächen auf dem einen oder anderen Weg auf eine handliche Fehlermenge heruntergebracht, so daß ihm die Klassenarbeit als eine Anzahl verschiedener Fehlersummen vorliegt, dann kann er eine *Fehler-Rangordnung* aufstellen. Insofern sind die Arbeiten zunächst nur benotbar gemacht. Die Note ergibt sich daraus aber noch keineswegs.

Eine Zensur *wiederholt* ja nicht die Summe der Mängel, sie will auf ein zusammenfassendes Urteil hinaus. Die quantifizierte Leistung soll jetzt, nachdem alle Fehlerqualitäten getilgt sind, für ein ganz neues *Qualitätsurteil* herhalten: Kann eine Arbeit als sehr gut, gut, befriedigend usw. verbucht werden? Die *Güteklasse* der Gesamtleistung steht zur Debatte. Daher wird die eigentümliche Frage aufgeworfen, in welchem *Ausmaß* als Erledigung des Pensums gelten kann. Das Gesamt der Fehler dient also als Indiz für den Grad der Übereinstimmung der vorliegenden Leistung mit einer angenommen Gesamtanforderung.

Für diese Übersetzung der Fehlerhäufigkeiten in Leistungsgütegrade ist ein *Bewertungsmaßstab* nötig. Es muß erstens eine *Soll-Leistung* zugrundegelegt werden, die als Addition von Teilleistungen gedacht wird: Wie müßte eine Arbeit aussehen, die das Optimum an Treffern enthält? Zweitens muß festgelegt werden, welche Fehlermenge in welchem *Grad* als Erbringen des Solls bzw. als Abweichung davon gelten kann. Sind fünf Fehler noch eine »sehr gute« Leistung, oder ergeben sie bloß ein »befriedigend«? Von wievielen Fehlern an gilt eine Leistung als ungenügend? Dabei steht eines vorab fest: *Jede* Leistung, die Mängel aufweist, als »mangelhaft« zu bewerten, das wäre ganz falsch. Schließlich müssen die Fehlerquanta möglichst ein Notenspektrum von Eins *bis* Sechs ergeben. Die Soll-Leistung bei null Fehlern anzusetzen und jedem eine Sechs zu verpassen, der davon abweicht, wäre nicht im Sinne des Erfinders. Differenzieren ist angesagt: *Wie fehlerhaft* muß eine Arbeit sein, um als »befriedigend« eingestuft zu werden?

Von der Notwendigkeit, die Soll-Leistung mit der Ist-Leistung abzugleichen

Diese Zuordnung von Fehlerschritten zu Positionen der Notenskala ist einerseits blanke Willkür. Die Willkür hat aber andererseits System. Denn als Maxime gilt, daß die Qualifizierung der Fehlermengen im Prinzip eine Besetzung *aller* Notenpositionen zum Resultat haben muß – als handliches Bild für die gewünschte Verteilung der Schüler auf die Notenskala gilt hier die Gauß'sche Glockenkurve mit ihrem dicken Mittelbau und den ausgedünnten Extremen. Deshalb darf die Soll-Leistung auch keine fixe Größe sein. Anders gesagt: Die Soll-Leistung muß sich an der *Ist-Leistung* der Lerngruppe orientieren, wenn das Leistungsspektrum die Differenzierungsmöglichkeiten ausschöpfen soll, die sechs Notenpositionen bieten. Der Lehrer ist also gehalten, bei der Beurteilung einer Leistung »den Leistungsstand der Lerngruppe mitzuberücksichtigen« (Handbuch des Bremischen Schulrechts, 94). Welche Leistung wie sehr als Erfüllung der Lernanforderungen gilt, soll durch den Leistungsstand der vorfindlichen Lerngruppe *mitbestimmt* werden. Der Lehrer hat die *Meßlatte* für erfolgreiches Lernen *mit* den *tatsächlich gemessenen* Lernerfolgen zu *variieren:* Wenn die Schüler sich zwischen fünf und fünfzig Fehlern bewegen, dann gilt es als »sehr gute« Leistung, »nur« fünf Fehler gemacht zu haben. Macht derselbe Schüler dieselben fünf Fehler in einer

Lerngruppe, die sich zwischen null und fünf Fehlern bewegt, dann wird er bei »mangelhaft« bis »ungenügend« landen.

Bei der Festlegung der Soll-Leistung tut daher die Orientierung an der Durchschnittsleistung gute Dienste. Der Lehrer darf sich aber natürlich nicht zum Knecht der Durchschnittsrechnung machen. Wenn fünf Schüler null Fehler machen, die restlichen zehn Schüler aber um die zehn Fehler schwanken, dann ergibt der Schnitt nämlich eine dicke Lücke im Mittelbau. Also ist der Notenschritt, Durchschnitt hin oder her, so zu modifizieren, daß z.B. null Fehler eine Eins, aber acht Fehler noch eine Drei ergeben.

Dem Gebot, die Leistungsanforderungen mit den vorfindlichen Leistungen so zu modifizieren, daß sich ein »ausgewogenes« Notenbild ergibt, kann man sich auf einfache Weise stellen. Man lasse eine Arbeit schreiben und lege anhand der auftretenden Fehlerzahl *nachträglich* fest, wofür eine Eins, Drei oder Sechs zu vergeben ist. Dieses weithin praktizierte Verfahren hält mancher Pädagoge für wenig objektiv:

> *»Bei gruppenbezogenen Modellen bemißt sich die Qualität einer Leistung nach dem Stellenwert, den sie innerhalb des Leistungskontinuums der Lerngruppe hat. D.h. z.B.: Ein Schüler, der eine Leistung erbringt, die genau dem Gruppendurchschnitt entspricht, erhält auch eine mittlere Note. ... Paradoxerweise hängt die Qualität der Schülerleistung (wie sie in der Note bescheinigt wird) davon ab, wie gut die übrigen Schüler gearbeitet haben.«* (Sacher, 51)

Paradox erscheint dieses Vorgehen nur einem Pädagogen, der es unbedingt für den Sinn der Notengebung halten möchte, die »Qualität der Schülerleistung« treffend zu kennzeichnen. Solche um die Gerechtigkeit der Benotung besorgten Gemüter fühlen sich mit einer anderen Benotungstechnik gut bedient:

> *»Bei kriteriumsorientierter Benotung wird vorab, d.h. vor der Durchführung der eigentlichen Leistungserhebung, nach fachlichen und psychologischen Kriterien festgelegt, auf welche Schülerleistungen es welche Noten geben soll.«* (Sacher, 51)

Daß in diesem Verfahren mehr Objektivität läge, ist ein schöner Schwindel. Dieser Eindruck entsteht nur, weil der Lehrer nicht die zu prüfende Lerngruppe selbst als Maßstab wählt, sondern Erfahrungen mit dem üblichen Kenntnisstand der in Rede stehenden Jahrgangsstufe, also eine andere, weiter gefaßte Population zugrundelegt: Was bringen denn Kinder dieses Alters an anderen Schulen, in vergangenen Schuljahren etc. so im Schnitt? Nichts anderes als der Normalleistungsbegriff der Psychologie verbirgt sich eben hinter den »pschologischen Kriterien«, die die fachliche Bewertung ergänzen und korrigieren sollen. Diese Ausweitung der Bezugsgruppe über die spezielle Schulklasse hinaus wiederholt nur das inkriminierte Verfahren an einer größeren Schülerzahl.

Wollte im übrigen ein Lehrer mit dem Ideal kriteriumsorientierter Benotung ernstmachen und tatsächlich einen Bewertungsmaßstab ein für allemal und unabhängig von der vergangenen oder gegenwärtigen Durchschnittsleistung einer Schülerpopulation fixieren, dann hätte das mit einer aus der Sache begründeten Bewertung immer noch nichts zu tun. Wie sollte auch ein Grammatik- oder Rechtschreibfehler die »fachlichen und psychologischen Kriterien« seiner Benotung preisgeben. Allenfalls läge statt eines variablen ein irgendwann einmal fixiertes, dennoch nicht weniger äußerliches Maß der Beurteilung vor, auch wenn Pädagogen die stets *gleichbleibende* Benotung einer identischen Leistung mit objektiver Leistungsmessung verwechseln.

Sollte ein Lehrer tatsächlich darauf verfallen, dieses Ideal einer gerechten, weil ein für allemal gültigen Leistungsbewertung zu seiner Maxime zu machen, bekäme er es mit seinem Dienstherren zu tun. Der läßt nämlich laufend kontrollieren, ob die Lehrerschaft auch dem Gebot der verteilungswirksamen Benotung Genüge tut. Und er verbietet ein Ergebnis der Bewertung sogar explizit:

> *»Das Ergebnis einer schriftlichen Arbeit wird nicht gewertet, wenn die Arbeiten von mehr als einem Drittel der teilnehmenden Schüler mit ›mangelhaft‹ oder ›ungenügend‹ bewertet werden müssen.«* (Handbuch des bremischen Schulrechts, 148)

So ein Notenspiegel kann und darf laut Schulrecht nicht zustandekommen, andernfalls muß etwas schiefgelaufen sein. Um zu dieser Einschätzung zu kommen, braucht der Schulträger keine Klassenarbeit inhaltlich zu prüfen. Das *Ergebnis,* die unausgewogene Besetzung der Notenpositionen, zeigt ihm, *daß* der Lehrer etwas falsch gemacht hat. Diesem Urteil kann der Pauker höchstens entgehen, wenn er eine ausnahmsweise Zusammensetzung seiner Schulklasse für sich reklamieren kann, also den Beweis erbringt, daß seine Ausreißer nach unten nur dadurch zustandekommen, daß er sich an das Anforderungsniveau *hält,* das klassen- oder schul*übergreifend* zur Verteilung der Kleinen nach dem Gauß'schen Modell führt.

Wenn dieselbe Leistung bei verschiedenen Lehrern, in verschiedenen Schulklassen, Bundesländern oder Schuljahren zu ganz divergierenden Noten führt, dann liegt also nicht etwa eine *Abweichung* vom eigentlichen Sinn der Notengebung vor. So wird sehr zweckmäßig das schulische Vorhaben in die Tat umgesetzt, die staatsbürgerliche Jugend am Bildungsstand zu scheiden.

Von der Note zur Fachnote

Die Noten der jeweiligen Klassenarbeiten gelten der Schule als Teilleistungen, die unter Mitberücksichtigung der mündlichen Mitarbeit (s.u.), zu einer Fachnote zusammengefaßt werden und im Zeugnis erscheinen. Da mag ein Schüler in der ersten Arbeit mit dem Schwerpunkt Geometrie eine Sechs kassiert haben, wenn er hinterher beim Prozentrechnen die zweite Klassenarbeit mit Eins besteht, dann gilt das als eine teilweise Wiedergutmachung seiner Pleite bei der Flächenberechnung. Wenn der Schüler umgekehrt im ersten Test beim Dividieren mit Sechs abschneidet, in der zweiten Arbeit mit dem Thema Prozentrechnen aber zeigt, daß er mittlerweile auch die Division aus dem Effeff kann, dann wird seine Sechs nicht durch eine Eins ersetzt, sondern mit einer Eins addiert. In beiden Fällen kann zwar *inhaltlich* von einem *Kompensationsverhältnis* keine Rede sein. Die Kenntnisse in einem Fachgebiet relativieren die Unkenntnis auf anderen Feldern gar nicht; und Sachkenntnis von heute läßt sich nicht mit Unkenntnis von gestern zu mittelmäßiger Kenntnis addieren. Aber die Schule sieht es so. Sie hat den Bildungsplan in Schulfächer sortiert und behandelt jedes dieser Fächer als ein eigenständiges, in sich *geschlossenes Feld* der Bewährung. Unter diesem Gesichtspunkt ist es gleich-gültig, ob ein Schüler in jedem Stoffgebiet der Mathematik »befriedigende« Leistungen erbringt oder in einem Teilbereich total daneben liegt, »dafür« aber in einem anderen zu brillieren weiß. Im Zeugnis wird in beiden Fällen eine Drei in Mathematik bilanziert.

Von der Note zum Zeugnis

Sind die Fachnoten ersteinmal im Zeugnis niedergelegt, dann haben sie eine *neue Bedeutung*. Sie gelten jetzt als Beitrag nicht nur zur Beantwortung der Frage, wie sich ein Schüler in den verschiedenen Leistungsbereichen geschlagen hat. Als Zeugnisnoten dienen alle Einzelnoten dem Zweck, ein *Gesamturteil* über die *Schülerpersönlichkeit* und ihre relative *Bildungswürdigkeit schlechthin* zu verfertigen. Und dieses Urteil ist folgenschwer. Anhand des Zeugnisses wird über den weiteren Bildungsweg befunden.

Die Schule hebt also mit dem Zeugnis auf ein Qualitätsurteil über die Schülerpersönlichkeit ab. Und das geben die Fachzensuren so gar nicht her. Da mag der eine Schüler in Mathe total versagt, aber in Deutsch einserträchtige Arbeiten abgeliefert haben. Der andere mag in Musik ein As sein, aber in Englisch kein Land sehen. In jedem Fall ergeben sich je nach dem Schulfach, das man ins Visier nimmt, sehr widersprechende Urteile über dasselbe Kind. Es bedarf daher eines erneuten Definitionsaktes, der Fachnoten zu *Indizien* der allgemeinen Bildungswürdigkeit eines Schülers *erklärt*. Gesagt, getan.

Die Schule findet nichts dabei, ihr Abstraktionsverfahren auf die Spitze zu treiben und all die schönen Fachnoten zu einer einzigen Gesamtnote zusammenzufassen: Im *Notendurchschnitt* ergänzen sich eine Vier in Mathe, eine Drei in Deutsch und eine Fünf in Englisch zur einer runden Vier. Diese Note hat jetzt endgültig jeden Bezug zu dem bestimmten Sachwissen der bestimmten Schulstufe, das Grundlage der Benotung war, hinter sich gelassen und ist beim gewünschten Resultat gelandet: Dank der Durchschnittsnote stehen sich nicht mehr verschiedene Schüler mit unterschiedlichen Noten in den diversen Fächern unvergleichlich gegenüber. Nun ist tatsächlich eine Rangordnung der *Individuen* erreicht: ›Zeige mir dein Zeugnis und ich sage dir, was für ein Lerner du bist!‹ Alle Lernleistungen des Schülers sind zu einem Urteil über seine *Eignung* zum Lernen zusammengezogen. Er findet sich in eine Tabelle einreiht, die mit dem Prädikat »besonders wertvoll« anfängt und beim anderen Extrem aufhört. Die Hierarchie der Leistungen ist endlich in eine Hierarchie der *Leistungsträger* überführt.

Bei der Anwendung der Notendurchschnittsrechnung vergißt der Veranstalter natürlich nicht, daß ihm die verschiedenen Felder der Leistungskonkurrenz durchaus unterschiedlich wichtig sind. Damit dieser Gesichtspunkt nicht mit dem Interesse kollidiert, aus allen Fachleistungen eine einheitliche Gesamtbeurteilung der Person zu erstellen, wird der unterschiedlichen Bedeutung, die der Bildungsträger den einzelnen Schulfächer beimißt, auf eigentümliche Weise Rechnung getragen: Es findet eine Scheidung in Haupt- und Nebenfächer statt, die vorgibt, welches *Gewicht* die jeweilige Fachnote bei der Ermittlung des Notendurchschnitts beanspruchen kann. So zählen etwa Hauptfächer beim Notenschnitt doppelt. Mit Nebenfächern wie Kunst oder Musik kann man zwar eine Fünf in Deutsch aufwiegen, aber nur zur Hälfte.

Darüberhinaus definiert die Schule einen Punkt, der das *absolute* Versagen eines Kindes vor dem Schulstoff markiert. Wer mit der richtigen Anzahl von Fünfen und/oder Sechsen aufwarten kann, der hat das »Klassenziel nicht erreicht« und kann diesem Urteil durch Notenausgleich nicht mehr entkommen:

> *»Dies (gemeint: die Nicht-Versetzung) ist ... dann der Fall, wenn die Note in drei oder mehr Fächern ›mangelhaft‹, in zwei oder mehr Fächern ›ungenügend‹ oder in einem Fach ›mangelhaft‹ und in einem andern Fach ›ungenügend‹ lautet ...«* (Handbuch des bremischen Schulrechts, 122)

Darin liegt das vernichtende Urteil, der Schüler sei für die Bildungsabteilung, in der er sich tummelt, ganz und gar ungeeignet – dabei mag er durchaus in diesem oder jenem Teilbereich des Jahrgangsstoffes firm sein. Bevor die Vollstreckung dieses Urteils ansteht, er also von der betreffenden Schulart gewiesen wird, bekommt der Schüler allerdings noch eine Chance. Die hat es in sich. Er darf die Klasse *wiederholen.* Mit dem Angebot, die Wissenslükken auszuräumen, die zum inkriminierten Notenbild geführt haben, ist eine Nicht-Versetzung nicht zu verwechseln. Auf spezielle Mängel wird im Wiederholungsjahr genausowenig eingegangen wie beim ersten Durchgang. Der Schüler wird ganz *gleichgültig* gegen seine Schwächen und Stärken noch einmal mit dem gesamten Jahrgangsstoff konfrontiert. Und darin liegt auch schon die ganze Chance, die er bekommen soll. Er darf zeigen, ob sein Scheitern nur ein *zufälliger Ausrutscher* war oder als persönliche *Tendenz* gelten muß. Bleibt er noch einmal »kleben«, dann gilt letzteres als bewiesen, was dem Urteil gleichkommt, das Individuum sei für weitere Bildungsanstrengungen ungeeignet. Weil diese Drohung mit jeder Nicht-Versetzung im Raum steht, gilt eine Ehrenrunde zurecht nicht als dankenswerte Fördermaßnahme der Schule, sondern als mittlere Katastrophe in der Karriere eines Schülers.

Was noch fehlt: Der qualitative Sprung

Das Zeugnis sagt dem Schüler, wo er in der Leistungshierarchie der Schule einsortiert ist. Was aus seinem Tabellenplatz aber für seine weitere Schullaufbahn folgt, das verrät ihm weder ein Schnitt von 1,3 noch einer von 3,7. Zwar dringt die Schule auf diese Sorte Bilanz der Lernleistungen, weil sie an der bildungsbeflissenen Jugend die Scheidung in Volks-Gebildete und geistiger Elite vornehmen will. Aber wo der Wendepunkt anzusiedeln ist, bei dem eine Leistung von hauptschulverdächtig auf gymnasialtauglich umschlägt, geht aus der produzierten Schüler-Rangordnung selbst gar nicht hervor. Den Umschlag von Quantität in Qualität können Bildungspolitiker manchmal bis auf die Kommastelle genau angeben:

> *»Schüler, die den Realschulabschluß oder einen in den Absätzen 4 und 5 erwähnten Abschluß erlangt haben, können auf die gymnasiale Oberstufe übergehen, wenn von ihnen erwartet werden kann, daß die Leistungen den Anforderungen des Bildungsganges entsprechen können. Bei Realschülern und Schülern der Schulen Absatz 4 wird dies angenommen, wenn der Notendurchschnitt 3,0 oder besser beträgt. Die Durchschnittsnote wird auf zwei Stellen nach dem Komma berechnet. Die Zulassungsnote ergibt sich durch Streichung der letzten Stelle.«* (Handbuch des bremischen Schulrechts, 138f)

Daß der qualitative Sprung vom Realschüler zum Gymnasiasten bei 3,0 liegt, verdankt sich keinem sachlichen Kriterium, sondern schon wieder einem definitorischen Akt. Und der läßt sich ausschließlich von dem Interesse leiten, erstens *überhaupt* eine qualitative Scheidung des Jungvolks herbeizuführen und zweitens die *quantitative Aufteilung* des Schülermaterials auf die Hierarchie der Schularten je nach den aktuellen bildungspolitischen Kalkulationen zu modifizieren.

***

Daß Noten die Lernleistung eines Schülers widerspiegeln, ist ein schlechter Witz. Immerhin sind mindestens vier Abstraktions- bzw. Definitionsakte nötig, um endlich bei der Note zu landen, die den Geisteszustand eines Schülers dann so trefflich zusammenfassen soll: Fehlerqualitäten wollen zu Fehlermengen umdefiniert sein. Diese müssen einen Notenwert verpaßt bekommen und zu einer Fachnote zusammengefaßt werden. Die Fachnoten wollen ihrerseits als Beitrag zu einer Zeugnis-Gesamtnote bewertet sein, welche wiederum einer Bewertung unterliegt, bevor sie zu irgendeiner Laufbahn berechtigt. Und bei jedem dieser »Übergänge« gibt es nur einen roten Faden: das Interesse des Veranstalters, sein Bildungsprogramm so zum Lackmustest auf die Individuen zu machen, daß er Material für sein Verteilungsinteresse bekommt.

2. Lernen – ein permanenter Leistungstest

Das Notengeben mag ein Lehrer zu den unschönen Tätigkeiten zählen. Daß es *die* Aufgabe ist, die den *gesamten* Schulalltag prägt, wird so leicht keiner unterschreiben. Eher schon gelten Noten als häßliche bürokratische Zutat, um die der Lehrer *neben* seinen eigentlich pädagogischen Aufgaben nicht herumkommt. Sein Credo lautet: Aber Noten sind doch nicht alles in der Schule! Das mag sein. Doch es reicht ja, daß sie beim Lernen das *alles Bestimmende* sind.

Zwar finden Klassenarbeiten im Verlauf eines Schuljahres nur punktuell statt. Daß die Zeiträume zwischen den Arbeiten bloß in eine (ferne) Prüfung münden, selbst aber einen *Freiraum* für ein vom Notendruck zunächst noch unbeeinträchtigtes Lernen darstellen, ist dennoch nicht die Wahrheit. Nicht umsonst ist der Lehrer gehalten, *kontinuierlich* Material für eine *mündliche Benotung* zu sammeln, die der schriftlichen Zensur gleichgestellt ist. Auf diese Weise ist *jedes Moment* des Lernprozesses Bestandteil einer allgegenwärtigen Vergleicherei. Die Schülerpersönlichkeit steht mit jeder Äußerung, die sie tut oder nicht tut, dauerhaft auf dem Prüfstand. Nicht an den Zufälligkeiten, die bei acht übers Jahr verstreuten Tests das Leistungsbild bestimmen können, soll sich nämlich der Vergleich der Individuen entscheiden. Mit der Berücksichtigung der gesamten Lernentwicklung soll das Individuum als *Ganzes* Material seiner Eingruppierung liefern. Deshalb geht in die mündliche Beurteilung auch ein Gesichtspunkt ein, der bei schriftlichen Arbeiten höchstens am Rande eine Rolle spielt. Hier wird nicht nur bewertet, wieviel richtige Ergebnisse der Schüler ausspucken kann. Wie steht es um die »Mitarbeit« des Schülers, also seine *bewiesene Bereitschaft,* sich den Unterrichtsstoff zum eigenen Anliegen zu machen. Daß die Kleinen bloß im schulischen Sinne ergebnisorientiert lernen, also am Stoff nur Interesse nehmen, soweit er prüfungsrelevant ist, läßt der Bildungsveranstalter ihnen nicht durchgehen. Er macht einfach den *Willen,* sich ins staatlich verfügte Bildungsgut engagiert hineinzudenken, selbst notenrelevant.

Diese doppelte Begutachtung nach kontinuierlicher und sachlich-erfolgreicher Mitarbeit ist für den Schüler eine harte Nuß, für den Lehrer deshalb ein Feld raffinierter Techniken der Kontrolle. Wenn Mitmachen für sich als Plus zählt, dann muß man sich als Schüler fleißig *melden,* selbst wenn die Antwort, die man zu bieten hat, vielleicht nicht vom Feinsten ist. Dann wird wie wild geschnipst, damit der Lehrer die eigene Unterrichtsbeteiligung auch bestimmt nicht übersieht. Wenn der Lehrer natürlich gerade streng auf die Richtigkeit der Antwort abonniert ist, dann meldet man sich besser nur, wenn man auch die Formulierung parat hat, die er hören will. Diese Gratwanderung will optimal bestanden sein. Mit solchen Schüler-Kalkulationen kalkulieren dann die Lehrer, auf daß keiner Gelegenheit bekomme, Mittun bloß zur Schau zu stellen oder Unwissen zu verheimlichen. Also nehmen sie schon einmal diejenigen dran, die sich *nicht* melden – in der Berechnung, daß da einer zu ertappen ist, der sich bedeckt halten will, um sein Leistungsbild nicht zu verpatzen. Und weil sie wissen, daß sich berechnende Schüler manchmal melden, auch wenn sie nichts wissen, streuen sie das »Drannehmen« so, daß möglichst kein Schüler sich darauf einstellen kann. Bei alledem will die Klasse natürlich ständig unter Beobachtung gehalten sein, denn wie man seine Pappenheimer so kennt, geben die mit Wissen an, das gar nicht bei ihnen, sondern beim Nachbarn vorliegt. Also muß in der Klasse Ruhe herrschen, damit man mitkriegt, wenn beim Abfragen *vorgesagt* wird. Was praktizierte Solidarität und was Betrug ist, darüber befindet schließlich die Schule! Vielleicht ist es auch am besten, wenn die Sitzordnung dieses Problem gleich mitreflektiert, so daß die »Flaschen« gar nicht in Versuchung kommen, weil beim Nachbarn zu spicken sich nicht lohnt.... Man sieht, auch menschlich gesehen geht es im Unterricht reizend zu!

Dieses mündliche Beurteilungswesen schlägt jeder Einbildung über die Objektivität schulischer Leistungsmessung ziemlich ins Gesicht. Immerhin regiert hier pur Pi mal Daumen, die Vergleichbarkeit der Leistungen wird nicht nach einem komplizierten und für alle Leistungen gültigen Verfahren hergestellt, so daß jede Grundlage für den Schein einer überpersonalen, rein sachlich begründeten Notenfindung entfällt. Der Lehrer *befindet* hier über den Stand des Einzelnen in der Konkurrenz, Punkt. Ein Widerspruch zur schriftlichen Benotungspraxis ist das nur für den, der übersehen hat, daß bei der Bewertung eines schriftlichen Tests nichts als methodisch kontrollierte Willkür am Werk ist. Dazu liefert die mündliche Note die funktionelle Ergänzung. Da die Kontrolle über jeden einzelnen Schüler *jederzeit* drin sein soll, muß diese Bewertung sich freimachen von dem Zwang, Noten nur nach einem aus allen Leistungen ermittelten und an allen gleichermaßen vollstreckten Maßstab zu gewinnen. Die Schule sorgt so dafür, daß jede Lebensregung des Schülers notenrelevant wird und stellt sicher, daß dieser Behandlung kein Schüler entkommt.

3. Was man lernt, wenn man für Noten lernt

Spielarten des geistigen Opportunismus

Wo für Noten gelernt wird, da regiert ein eigentümlich *instrumentelles* Interesse an der Aneignung von Kenntnissen. Schüler lernen, *um* eine gute Zensur einzuheimsen. Sie richten ihre geistige Anstrengung nicht auf einen Gegenstand, weil sie seine Bestimmungen erfassen wollen. Sie befassen sich mit einem Thema, weil es ihnen von der Schule als Material der geistigen Bewährung *vorgelegt* wird. Dieser *Selbstdisziplin,* regelmäßig und dauerhaft die geistige Anstrengung auf die Dinge zu richten, die in den verschiedenen Fächern auf der Tagesordnung stehen, muß nicht nur das spielerische, von Einfällen und Neigungen diktierte Vorgehen der Kleinen weichen. Auch ein frei gesetztes wissenschaftliches Interesse darf die theoretische Befassung nicht leiten. Sich mit Mathematik zu beschäftigen, *weil* man diesen Gegenstand spannend findet, das ist nämlich ein luxuriöser, ja *sachfremder* Gesichtspunkt, wo die Sache, um die es geht, Notenkonkurrenz heißt. Zwar kann man mit so einem Standpunkt durchaus durch die Schule kommen – aber nur unter einer Bedingung: Das Interesse an einem Gegenstand muß sich *funktional* machen für die schulischen Anforderungen. Der Mathe-Fan darf über seinem Spezialinteresse den *Fächerkanon* nicht aus dem Auge verlieren, auch wenn da Themen vorkommen sind, die ihn nicht interessieren. Er muß seine Befassung mit Mathematik, soweit sie nicht in der Bearbeitung des gerade anstehenden schulischen Pensums besteht, zum privaten *Hobby* abqualifizieren, also so organisieren, daß er zum rechten Zeitpunkt genau die Kapitel in Englisch, Deutsch und auch Mathematik beherrscht, die in der Klassenarbeit oder im Unterricht abgefragt werden. Wer ein Sachinteresse auf diese Weise am schulisch Verlangten relativiert und es für die schulischen Anforderungen funktional macht, der kann es dann glatt zum Musterschüler bringen.

– Wenn Prüfungsrelevanz die Wünschelrute ist, nach der sich die Zuwendung zu einem Gegenstand richtet, dann ist *ein* Interesse auf jeden Fall ausgeschlossen: Ein Schüler macht die Übernahme einer in der Schule präsentierten Erklärung nicht von ihrem *Wahrheitsgehalt* abhängig. Ob eine vom Lehrer vertretene Auffassung *zutrifft,* diese Frage ist erstens *gleichgültig* und zweitens *störend,* wenn es darum geht, sie als Stoff zu verdauen und auf Befragung abzuspulen. Die Frage, ob es sachlich richtig ist, daß die Parlamentarier die Wünsche der Wähler in den Bundestag tragen, ist einem pflichtbewußten Schüler *wesensfremd.* Er hat eben *durchgenommen,* daß es sich so verhält, und weiß jetzt hoffentlich, was gefragt ist, wenn in der nächsten Stunde eine Kurzarbeit über die Funktion des Parlaments ansteht. Wenn Schüler sich bei ihren Mitschülern erkundigen, ob sie »das verstanden« haben, dann melden sie damit nicht den Zweifel an, ob des Lehrers Darlegung überhaupt einsehbar, weil zutreffend ist. Der Wille, sich so in den präsentierten Gedanken *hineinzudenken,* daß man ihn reproduzieren kann, ist leitendes Motiv.

– Wo es um die Fähigkeit zur Wiedergabe eines Stoffs geht, da kennt selbst das Interesse, die Vorgaben des beamteten Vordenkers *nach*zudenken, Grenzen. Schüler sind Meister in der Disziplin des Memorierens. Sie lernen nicht nur auf Gebieten auswendig, wo das Strapazieren des Gedächtnisses die sachgemäße Aneignungsform ist: Die englische Vokabel für das deutsche Wort »Tisch« läßt sich nur behalten, nicht erschließen. Schüler dehnen diese mechanische geistige Operation jedoch auf Felder aus, wo sie wahrlich nichts verloren hat. Da werden Urteile, die aus den vorliegenden Eigenschaften eines Gegenstandes abgeleitet oder als Fehlschlüsse enttarnt werden können, nicht durchdacht. Schüler merken sich so etwas. Sie beherrschen z.B. die Übung, sich einen mathematischen Beweis nicht begreiflich zu machen, sondern ihr Gedächtnis damit zu belasten. Daß man schnell vergißt, was man nicht begriffen, sondern nur behalten hat, reflektieren sie auf ihre Weise gleich mit: Man darf vor einer Prüfung nicht zu spät mit dem Pauken beginnen, sonst kriegt man nicht mehr alles in die Birne. Sich zu früh zu spicken, ist aber auch verkehrt. Dann hat man bis zur Prüfung die Hälfte wieder vergessen usw. Der so praktizierte Instrumentalismus macht sich dann in Fehlern bemerkbar, die ihre Herkunft verraten. Schüler wollen nicht wissen, *warum* man eine Rechenoperation so und nicht anders vollzieht. *Wie* man *verfahren* muß, damit das Ergebnis vor den Augen des Lehrers bestehen kann, das ist die spannende Frage. Also prägen sie sich begriffslos ein Verfahren ein und wenden dieses Raster dann schon einmal auf Fälle an, wo es überhaupt nicht paßt.

– Ein Gutteil der Anstrengungen eines Schülers richtet sich also darauf, an der rechten Stelle den *Eindruck* zu verbreiten, man verfüge souverän über das Pensum. *Schaumschlägerei* wird ergänzt durch die (natürlich auch dem Lehrer) bekannten Techniken, Schwächen zu *verheimlichen.* Sicher, man kann als Schüler bei einem neuen Thema schon mal ein »Problem« äußern – wenn man absehen kann, daß einem das vom Lehrer als »Mitarbeit« honoriert wird. Aber spätestens wenn ein Gegenstand abgeschlossen ist, dann verbietet es sich, Wissensmängel an die große Glocke zu hängen. Vertuschen ist angesagt, denn enttarnt der Lehrer eine Lücke, dann schlägt das auf dem Notenkonto negativ zu Buche. Also wird abgekupfert, wenn es geht. Schüler wollen eben nicht Bescheid wissen, sie wollen das Gefragte präsentieren können. Da ersetzt im Glücksfall die richtige Sitzordnung eigene geistige Anstrengungen.

– Nicht zuletzt wollen die Lehrer richtig eingeschätzt sein: Bei welchem Pauker muß man mit Überraschungsangriffen rechnen, wer teilt einem durch die Blume mit, wenn er eine Extemporale plant? Was will der Lehrer gerne hören – ist es ein grün angehauchter, der den AKW's kritisch gegenübersteht oder muß man im Aufsatz mehr betonen, daß Atomstrom bei allen Risiken unverzichtbar ist? Kenntnis des *Lehrergeschmacks* kann sich da als die entscheidende »Sachkenntnis« erweisen.

Vorteilssuche als Anpassung

All diese Spielarten des geistigen Opportunismus gehören zur Grundausstattung eines Schülers. Dessen Prinzip heißt: ›Wie muß ich denken, damit meine Gedanken vor der bewertenden Autorität Bestand haben?‹ Dies ist der handlungsleitende Gesichtspunkt, der die eigenen Urteile als Mittel der *Anpassung an Verlangtes* kalkuliert. Und wenn Schüler Angst haben, dann weil sie befürchten, das könne ihnen mißlingen. Schon ABC-Schützen lernen so ihre Lektion in bürgerlichem Denken. Die theoretische Durchdringung der Realität wird nicht als Mittel aufgefaßt, die begriffene Wirklichkeit auf die Brauchbarkeit für eigene Interessen zu prüfen und gegebenenfalls zu verändern. Die Betätigung des Verstandes dient stattdessen der Akkomodation an vorgefundene Ansprüche, die *allein deshalb* als beachtenswert gelten, weil eine äußere *Macht* sie definiert.

In diesem Sinne passen *Form und Inhalt* schulischen Lernens vortrefflich zusammen: Die Inhalte des Bildungskanons verpflichten den Geist des Nachwuchses auf die Produktion von Gesichtspunkten der *Befürwortung* der kapitalistischen Lebensumstände (vgl. B.I.). Dieser Stoff tritt den Kindern als Bewältigungsprogramm und Bewährungsprobe in der Notenkonkurrenz gegenüber. Letzteres verpflichtet die Jugend auf die *Praktizierung* der Anpassungsmoral, deren Wohlbegründetheit im Unterricht gelehrt wird: Daß es gut und richtig ist, sich den herrschenden Gesetzen von Geld und Demokratie wie Sachgesetzen »des Lebens« anzubequemen, wissen Schüler nicht nur herunterzubeten. Die organisierte Notenkonkurrenz entläßt sie als *gelernte Praktiker* dieser Maxime. Den eigenen Vorteil suchen und sich dem Geforderten anpassen, gilt einem Schüler als *ein und dasselbe.*

Konkurrenzmoral: Gerechte Noten

Wenn Schüler sich nach der Devise richten, die geforderte Leistung zu erbringen sei ihr Mittel des Vorankommens, dann sitzen sie einer Fehleinschätzung auf. Sicher, der Staat *läßt* die Jugend sich selbst sortieren. Insofern hat jeder eine Chance, mit seiner Leistung nach oben zu kommen. *Ob* eine Leistung aber dafür qualifiziert, entscheidet sich nicht *an ihr*. Das entscheidet ein Vergleich, der dieselbe Leistung in dem Maße als Konkurrenzmittel *entwertet,* wie sie *allgemein* ist. Sich als Schüler darauf den richtigen schultreuen Reim zu machen, gehört nicht nur zu den *Lernzielen,* sondern auch zu den unbestreitbaren *Lernerfolgen* des bürgerlichen Schulsystems. Davon legen die Produkte der Volksbildung gerade da Zeugnis ab, wo sie kritisch werden. Schüler sind notorische Kritiker der Notengebung – und ihre Einwände verraten nur, wie felsenfest sie an der Gleichung von Leistung und Erfolg gegen ihre praktische Widerlegung festhalten.

– Schüler, die eine schlechte Note kassiert haben, beherrschen den Zweifel, ob es hier auch mit rechten Dingen zugegangen ist. Sie finden es sehr ungerecht, daß sie nur eine Vier bekommen haben: Dabei hat Klaus doch totalen Mist aufgeschrieben, und der hat eine Zwei! Sie klagen also an, daß der Lehrer seinen *eigenen* Vergleichsmaßstab nicht konsequent auf alle Arbeiten *gleichermaßen* angewandt hat. Daß der Leistungsvergleich »eigentlich« ihr Mittel ist, bekräftigen sie damit gerade da, wo sie in ihm unterliegen. Würde er nämlich redlich durchgeführt, dann wären sie Granaten! Einser-Schüler können diese Auffassung gar nicht unterschreiben. An ihrer guten Note sieht man doch, wie gerecht der Lehrer vorgegangen ist!

– Mit der Behauptung, eine *schädliche* Zensur sei eine *falsche* Zensur, begibt man sich als Schüler ziemlich aufs Glatteis. Am Ende tritt der Lehrer den Beweis an, daß Klaus zurecht besser benotet wurde, er seinem Beurteilungsmaßstab also treu geblieben ist – und mehr war ja nicht verlangt. Und siehe da, schon ist der Beschwerdeführer *selber schuld* an seinem schlechten Abschneiden. Hätte er ebensogut gearbeitet wie Klaus, dann hätte er auch eine Zwei bekommen! Nur er selbst stellt sich mit seinen matten Leistungen ein Bein! Der Glaube daran, daß man mit der eigenen Leistung alles in der Hand hätte, bringt den Schüler selbst als Hindernis seines angestrebten Erfolges in die Schußlinie, so daß er sich die Frage stellen muß, warum er so schmählich versagt hat.

Hier stehen genau zwei Antworten offen: Man kann sich selbst der *Unfähigkeit* bezichtigen. Dann trifft es einen zurecht, wofür man aber nichts kann. Man ist nun einmal eine intellektuelle Null. Das kann man auch weniger vernichtend über sich sagen: Das Lernen liege einem nicht so wie anderen, dafür sei man aber auf anderen Feldern ein As. Die Schule entläßt massenhaft Kinder, die in ihr vor allem diese Lehre gezogen haben: Es fehle ihnen an der Eignung fürs Denken. So pflichten die Opfer der Konkurrenz, ausgestattet mit der Erfahrung dauerhaften Scheiterns, auch noch der Ideologie bei, ihre Schulkarriere sei nichts als ein Ausweis ihrer mangelnden Begabung für geistige Höhenflüge.

Wer das nicht auf sich sitzen lassen will, der kann sich auch vorwerfen, zu *faul* gewesen zu sein, obwohl er schon anders könnte, wenn er nur wollte! Auch diese Variante stellt eine Entschuldigung dar – und wird die Beschuldigung doch nicht los. Der eigene innere Schweinhund hat einem ein Bein gestellt. Kein Wunder, daß es Schüler fertig bringen, sich so sehr für ihre schlechten Noten zu schämen, daß sie an sich verzweifeln und sich einen Strick nehmen. So wollen sie die Eltern nicht mehr unter die Augen treten. Sie glauben schließlich die Grundlüge des Bildungswesens, daß jeder auf dem Platz landet, den er sich durch seine Leistung verdient hat.

– Der Gerechtigkeitsfimmel von Schülern macht sie außerdem argwöhnisch gegenüber den Erfolgen ihren Mitkonkurrenten: Haben die nicht wieder *unverdientermaßen* gute Noten eingestrichen? Da werden »Streber« enttarnt. Zwar mag man diesen Mitschülern ihre guten Leistungen nicht absprechen, aber *gerade das* spricht gegen sie: Die geiern ja *nur* nach Noten! Man selber dagegen ist kein solch unsolidarischer Unmensch. Man hat ja auch noch andere Interessen, als immer nur guten Zensuren hinterherzujagen! So plustern sich Schüler auf, die ansonsten alles dafür tun, einen Sitzplatz neben dem »Streber« zu ergattern, um ein wenig von dem Strebertum zu profitieren. Man ist diesen Strebern also haushoch überlegen – und wenn die hundertmal nur Einsen schreiben. Aber der Lehrer weiß so etwas ja wieder nicht zu würdigen! Schüler beherrschen aber auch den genau umgekehrten Vorwurf: Sie entdecken »Drückeberger«, die *trotzdem* gute Noten kassieren: Der hat sich doch nur durchgeschummelt! Wenn man selber sich die Hausaufgaben auch vom Primus machen ließe, dann könnte man auch leicht brillieren!

So schaffen es Schüler, ihre *eigene* Stellung zur Schule an *anderen* furchtbar verwerflich zu finden. Der Neid, daß andere mit denselben Techniken des Paukens und Schummelns weiter kommen als man selbst, macht denen zum Vorwurf, was man selber mit weniger Erfolg betreibt.

– Die Frage nach der Gerechtigkeit schulischer Benotungspraxis eröffnet der Lehrerbeurteilung eine neues Feld. Immerzu schätzen Schüler ein, wie dieser und jener Pauker in Sachen Notenvergabe zu bewerten ist. Dabei bleibt wegen der Kreuzung der Maßstäbe von gerecht und nützlich eine gewisse Schizophrenie im Urteilen nicht aus. Da gilt der Lehrer XY als streng, aber gerecht. Der stellt zwar hohe Ansprüche, aber wenn man sie im Unterschied zu anderen erfüllt, dann honoriert er das auch. Dasselbe Urteil kann ein anderer Schüler, aber auch ein und derselbe bei anderer Gelegenheit natürlich auch negativ ausdrücken. Dann ist der Lehrer ein gnadenloser Pauker, der auf die Schwierigkeiten der Schüler keinerlei Rücksicht nimmt. Andere Lehrer haben den Ruf, ziemlich milde zu sein. Das gereicht ihnen einerseits zum Lob. Sie meinen es gut mit der Klasse, verzeihen manchen Fehltritt und lassen einem einiges durchgehen. Doch auch diese Einschätzung läßt sich gegen den Lehrer wenden: Schließlich kommen die Nieten bei ihm immer gut weg, weil der Lehrer ein Auge zudrückt.

***

Wo für Noten gelernt wird, da lernt man allerhand. Was immer beim Nachwuchs von den Unterrichtsinhalten hängenbleibt – einige Grundprinzipien beherrschen selbst die letzten »Schulversager«:

1. Der Gebrauch des eigenen Verstandes ist ein Mittel der Anpassung an fremde Anforderungen. Urteile verdienen nur deshalb und nur soweit Befas-

sung, wie man sie dafür gebrauchen kann. 2. Wenn die eigenen geistigen Anstrengungen, sich am Verlangten zu bewähren, nicht von übermäßigem Erfolg gekrönt sind, dann spricht das nicht gegen die Leistungskonkurrenz, sondern allenfalls für einen Mangel an Leistungsgerechtigkeit. 3. Das eigene Scheitern hat man sich immer auch selbst zuzuschreiben: Hätte man geleistet, was die Besten geleistet haben, dann gehörte man auch zu ihnen. So entläßt die Schule selbst die Verlierer mit dem Bewußtsein, ihre mit der Schullaufbahn beschlossene Karriere sei ihr eigenes Werk.

4. Notengebung aus pädagogischer Sicht – eine Abgrenzung

Als Kritiker des Zensurensystems findet man sich scheinbar in bester Gesellschaft. Beinahe jedermann, inbesondere aber die Profis der Notengebung selbst, stehen diesem Instrument skeptisch gegenüber. Die Aufklärung, Zensieren stelle eine der »problematischsten« Pflichten des Lehrers dar, gehört zur Grundausstattung jedes Lehramtsstudenten:

> *»Zu den problematischen Pflichten eines Lehrers in unserem Schulsystem gehört zweifellos die Aufgabe, Schülern Zensuren zu erteilen. ... Dieses Kapitel soll sich daher in der ersten Hälfte mit den Problemen der Notengebung befassen und versuchen, Ursachen für die weitverbreitete Unzufriedenheit mit der derzeitigen Benotungspraxis aufzuzeigen.«* (Funk-Kolleg Pädagogische Psychologie 2, 880)

Es darf und soll also ’rumproblematisiert werden, vor allem an der »derzeitigen Benotungspraxis«. Denn solche kritischen Töne basieren allesamt auf der *Wertschätzung* dieser Einrichtung. Entdeckt werden unverzichtbare Funktionen der Zensur, um dann Bedenken anzumelden: Erfüllen Zensuren diese Aufgaben auch optimal? Stehen den Leistungen des Benotungswesens nicht auch schwerwiegende Nachteile gegenüber? Auch Noten fallen eben unter die Gattung der Medaillen, die bekanntlich immer zwei Seiten haben.

Die Rückmeldefunktion

Noten dienen, so erfährt man aus berufenem Mund, zunächst der Rückmeldung des Leistungsstandes:

> *»1. Die Rückmeldefunktion für den Lehrer: Er soll an der Zensurenverteilung ablesen können, wie erfolgreich sein Unterricht war. 2. Die Rückmeldefunktion für den Schüler: Die Note soll ihn informieren, wo er mit seinen Leistungen im Vergleich zu seinen Mitschülern steht.«* (Funk-Kolleg Pädagogische Psychologie 2, 881)

Gemeint ist hier nicht die Tautologie, das Notenbild der Klasse belehre den Pauker, welches Notenbild er zuwegegebracht hat; die Note zeige dem Schüler, welche Note er im Unterschied zu anderen erzielt hat. Das wäre, nimmt man die Note einmal als Informationsmittel, nämlich die Wahrheit und würde zugleich die Redeweise von einer doppelten Rückmeldefunktion ad absurdum führen. Damit soll der Note ja ein über die durch sie vorgenommene Einsortierung einer Leistung *hinausgehender* Aussagewert attestiert werden: Die Note wird als Auskunftsmittel dargestellt, das Lehrern wie Schülern den Kenntnisstand offenbart, so daß beide Seiten wissen, welche Lernschritte noch zu vollziehen sind. Als wäre Benotung für *diesen* Zweck nicht der reinste Unfug. Der Lehrer *tilgt* ja jede Qualität an einer Leistung, wenn er sie in eine Note überführt. Und das soll stattfinden, *um dadurch* zu einer Informationsquelle über den Wissensstand der Schüler zu gelangen? Pädagogen gestehen im übrigen implizit ein, daß ihre schöne Rückmeldefunktion nur im Reich der Phantasie existiert, wenn sie gleichzeitig immerzu jammern, die Noten seien abstrakt, inhaltsleer und wenig aussagekräftig. Daß Noten mit dem mangelnden Wissensstand der Kleinen nur eines zu tun haben – sie schreiben ihn fest und instrumentalisieren ihn für die schulische Konkurrenz, das gibt ein Pädagoge so leicht nicht zu. Lieber stöhnt er, daß Noten ihre nützliche Informationsfunktion nur schlecht erfüllen und wird ein Fan von Wortgutachten.

Dabei könnte er sich durch seine Dienstherrn durchaus eines Besseren belehren lassen. Der kennt nämlich Ausnahmefälle, wo er einmal wirklich ein stückweit auf die Korrektur von Unwissen scharf ist. Und genau in diesen Fällen gestattet er den Lehrern nicht, Leistungen einfach mit einem Notenstempel abzubuchen: Wenn Kinder in den ersten Jahrgangsstufen beim Lesen und Schreiben scheitern, dann soll es der Lehrer in *diesem* Fall nicht bei der entsprechenden Bewertung belassen. Und weil der Dienstherr weiß, daß er damit eine Abweichung von der Regel verlangt, ergeht eine gesonderte Dienstanweisung:

> *»Der Beherrschung der Schriftsprache kommt für die sprachliche Verständigung, für den Erwerb von Wissen und Informationen, für den Zugang zum Beruf und für das Berufsleben besondere Bedeutung zu. Das Lesen und Schreiben gehört daher zu den Hauptaufgaben der Grundschule, und es ist ihre pädagogische Aufgabe, dafür zu sorgen, daß möglichst wenige Schüler gegenüber diesen Grundanforderungen versagen. Um besondere Schwierigkeiten im Lesen und Schreiben zu vermeiden oder zu überwinden, ist es nötig ... Schüler zusätzlich (!) zu fördern, die trotz fachgerechten Unterrichts besondere Schwierigkeiten beim Erlernen des Lesens und Schreibens haben. ... Fördermaßnahmen haben größere Aussicht auf Erfolg, wenn die Ursachen der Lernschwierigkeiten erkannt sind. Die bloße Feststellung des Ausmaßes des Versagens durch normierte Tests reicht nicht aus.«* (Handbuch des bremischen Schulrechts, 156 und 157)

Grundkenntnisse in Lesen und Schreiben werden also für derart elementar gehalten, daß der Veranstalter des Bildungswesens die Zahl der Analphabeten in Grenzen halten möchte. Daher hält er es in diesem Fall für unpassend, »Lernschwierigkeiten« zu konstatieren und mit der Notenbilanz festzuschreiben. Er dringt auf »Förderung«, also auf Korrekturanstrengung. Und weil die Bildungspolitik an die »Rückmeldungsfunktion« der Noten selbst am wenigsten glaubt, verlangt sie in diesem Sonderfall *mehr* als eine »Feststellung des Ausmaßes des Versagens durch normierte Tests«. *Extra neben* der Note soll der Lehrer »rückmelden«, *woran* ein Kind gescheitert ist. So gibt der Bildungsveranstalter zu, daß Noten als Informationsmittel über zu behebende Schwächen weder gedacht noch geeignet sind. Die auf Zeit gewährte Förderung findet dann »zusätzlich« zum Unterricht statt, weil dessen notenorientiertes Vorgehen mit Förderung nichts zu tun hat und haben soll.

Objektive Leistungsmessung

Mit der Behauptung, eine Note stelle ein objektives Urteil über eine Schülerleistung gar nicht dar, kann man Pädagogen schwerlich verblüffen. Das vertreten sie tagaus tagein an vorderster Front. Sie sind es schließlich, die in langwierigen Untersuchungen stets aufs Neue entlarven, wie schlecht es um die Objektivität von Zensuren bestellt ist. Die Wissenschaft hat doch tatsächlich herausgekriegt, daß einundderselbe Schüleraufsatz, läßt man ihn von 7 verschiedenen Lehrern beurteilen, lässig 5 verschiedene Zensuren erhält! Ja nicht einmal »Wiederbewertungsobjektivität« ist gegeben. Selbst *einundderselbe* Lehrer beurteilt *einunddieselbe* Arbeit nach einigen Wochen ganz neu! Solche Enthüllungen sind mit Vorsicht zu genießen. Sie leiten nämlich nicht eine Aufklärung über die Notwendigkeit und Zweckmäßigkeit solch variabler Beurteilung ein, sondern wollen ein Scheitern der Benotungspraxis entlarvt haben. Die Noten *versagen* als Instrument objektiver Leistungsmessung, weil in die Bewertung die Subjektivität des Lehrers einfließt – so lautet die Anklage:

> *»Nun weisen aber zahlreiche Untersuchungen nach: Noten sind ein wenig geeignetes Mittel zur Beurteilung von Leistungen. So zeigt sich etwa, daß Schulnoten wenig objektiv sind, wenn z.B. dieselbe Leistung in verschiedenen Klassen verschieden bewertet wird; daß Schulnoten wenig zuverlässig (reliabel) sind, wenn z.B. dieselbe Leistung nach einigen Wochen anders beurteilt wird.«* (Teml, 14)

So etwas kommt heraus, wenn Parteigänger der Noten kritisch werden. Daß Kenntnisse von Kindern in der Schule nicht einfach Zweck, sondern Material der Bewertung sind, gilt diesen kritischen Geistern als ein zutiefst ehrenwertes Vorgehen. Und diesem Verfahren können sie nur eine Absicht entnehmen: Die Schule ringt beim Benoten darum, der Leistung des Schülers gerecht zu werden. Kaum schauen sie aus der Perspektive dieser ebenso gebilligten wie eingebildeten Funktion der Notengebung in die Wirklichkeit der Schule, müssen sie prompt feststellen: Die schulische Leistungsbeurteilung läßt jede

»Objektivität« vermissen, verfehlt damit den Sinn des Pädagogen und scheitert kläglich in ihrer angeblichen Funktion, den Kindern genau den Listenplatz zuzuweisen, der ihrer Leistung angemessen ist. Denn diese Funktion wird »durch subjektive Beurteilungsfehler erheblich beeinträchigt« (Funk-Kolleg Pädagogische Psychologie 2, 890) Letzteres ist zwar gar nicht möglich, denn ein *objektiver* Zusammenhang zwischen einer Sachleistung und einer Note existiert nicht, kann daher auch durch keine Lehrerwillkür der Welt *verfehlt* werden. Aber in der Vorstellungswelt eines Pädagogen der es justament für die Aufgabe von Noten hält, die Leistungen »objektiv« widerzuspiegeln, stellt sich die Sache so verkehrt dar. Und dieses »Leistungsprinzip« sieht ein Pädagoge verletzt, wenn dieselbe Leistung *wechselnde* Benotung erfährt. Womit umgekehrt auch klargestellt ist, wie den hohen Ansprüchen eines Pädagogen an die Objektivität der schulischen Leistungsbeurteilung Rechnung zu tragen wäre: Eine stets *gleichbleibende,* also *einheitliche* Bewertung derselben Leistung wünscht sich dieser Fan gerechter Sortierung. Zwar wird der Zusammenhang zwischen 7 Rechtschreibfehlern und der Note Drei um nichts innerlicher und sachgerechter, wenn die 7 Rechtschreibfehler in *jedem* Fall mit einer Drei belegt werden. Aber der Sorge um den Schein der Entsprechung von Note und Leistung ist Genüge getan, wenn eine gegebene Leistung stets dieselbe Note nach sich zieht.

Die prognostische Kraft von Noten

Daß es recht eigentlich nur darum geht, das haben Pädagogen ausgerechnet der Tatsache entnommen, daß anhand von Noten die Zuteilung zu lebensentscheidenden Schulkarrieren vorgenommen wird. Dann kann Notengebung ja nur den Sinn haben, mittels des Leistungsstandes eine Prognose über die (künftige) Leistungsfähigkeit der Kleinen abzugeben, um sie so der ihrem *Lernvermögen* angemessenen Schullaufbahn zuzuteilen, so der messerscharfe Schluß. Die Note dient in dieser Optik der »Diagnose« des individuellen Leistungsvermögens. So werden die Leistungsschwachen vor Überforderung bewahrt. Dieser Glauben an die menschenfreundliche Aufgabe von Noten kann sich auch noch bestätigt sehen. Die Schule bewahrheitet ihn scheinbar stets aufs Neue. Daß Schüler, die bereits in der Grundschule reichlich Wissenslücken verpaßt bekamen, im gymnasialen Leistungsvergleich in der Regel kein Land sehen, also »überfordert« sind, ist ein Urteil, das leicht zu haben ist. Daß dieselben Schüler, wenn sie unter Berufung auf die an ihnen hergestellten Mängel in die Hauptschule verwiesen werden, selten ihre Eignung für höhere Mathematik unter Beweis stellen, ist auch kein übermäßiges Wunder. Sie werden schließlich mit diesem Bildungselement gar nicht mehr befaßt. Pädagogen aber lieben es eben, Ursache und Wirkung zu verwechseln: Die Schule stellt unter Indienstnahme der von ihr selbst produzierten Wissensmängel die geistige Lage eines Hauptschülers her. Die Pädagogik hat die

Gewißheit, daß die Schule einen Dienst an der *vorgefundenen* geistigen Verfaßtheit des Schülers geleistet hat.

Soziale Selektion

Diese schöne Gewißheit kann allerdings noch durch einen Umstand erschüttert werden: Wenn sich in den unteren Abteilungen der Schulhierarchie allzusehr die Arbeiterkinder häufen, im Gymnasium aber überproportional viele Intellektuellenkinder landen, dann mutmaßt mancher Pädagoge, hier finde eine verfehlte, weil »soziale« Selektion statt; hier entscheide sich der Schulweg eines Kindes also an seiner Herkunft und nicht an seiner Begabung. Diesen Eindruck können Pädagogen, die es für den Sinn schulischer Sortierung halten möchten, dem Leistungsvermögen der Kleinen gerecht zu werden, gar nicht leiden.

Also ist erneut herbe Kritik an den Noten fällig: Beim Benoten werden Kinder, die wegen ihrer Herkunft völlig verschiedene Startchancen haben, an derselben Elle gemessen. Müßte die Schule nicht die Ausgangsbedingungen der Kleinen angleichen, bevor die Benotung einsetzen kann? Müßte den Unterschichtskindern nicht mehr Zeit und Förderung zuteil werden, um ihre mitgebrachten Mängel abzubauen, damit Übertrittsentscheidungen auch wirklich das Leistungsvermögen treffen? Hier wird Rücksichtnahme auf besondere Schwächen von Unterschichtskindern, also eine *Relativierung* des Prinzips schulischer Gleichbehandlung verlangt. Aber nicht, weil gegen dieses Prinzip der Leistungskonkurrenz ein Einwand bestünde. Weit gefehlt. *Herkunftsbedingte* Unterschiede sollen im schulischen Leistungsvergleich keine Rolle spielen, damit für Pädagogen glaubhaft ist: Die Leistungsunterschiede, die sich *dann* ergeben, folgen zweifelsfrei aus Begabungsunterschieden. (vgl. Kritik der Erziehung, Teil 1, 154ff)

Solche Einwände gegen die Notengebung treibt nur ein Interesse: Hier melden sich *Fanatiker leistungsgerechten Sortierens* zu Wort, die ihren *Rassismus* durch die Notenpraxis *beglaubigt* sehen möchten.

Noten – ein Motivationsinstrument

Noten gelten nicht nur als Instrument der Verteilung nach Leistung und Leistungsfähigkeit. Pädagogen wissen von einer weiteren Funktion zu berichten: Noten sollen die Schüler zum Lernen bewegen:

> *»Im wesentlichen lassen sich folgende Funktionen, die der Notengebung zugeschrieben werden, unterscheiden: ... 4. Die Anreizfunktion: Zensuren sollen Schüler motivieren, sich mit den ihnen zugedachten Lernstoffen zu beschäftigen. 5. Die Disziplinierungsfunktion: Mit Hilfe schlechter Noten werden leistungsunwillige Schüler bestraft, in der Hoffnung, sie dadurch zu dem erwünschten Leistungsverhalten zu veranlassen.«* (Funk-Kolleg Pädagogische Psychologie 2, 881)

Gute Noten gibt es also, um Schüler am Lernen interessiert zu machen, schlechte Noten verdanken sich genau der gleichen Berechnung: Sie sollen Lernunwillen bestrafen und dadurch zur Lernbereitschaft animieren. Kaum haben Pädagogen diese Anreizfunktion der Noten in die Welt gesetzt, beklagen sie das gerade Gegenteil. Erstens *demotivieren* Noten, so lautet die pädagogische Beschwerde: Gibt man Kindern eine gute Note, dann ruhen sie sich auf ihren Lorbeeren aus. Gibt man ihnen schlechte Zensuren, dann verlieren sie den Mut und lassen jeden Lerneifer fahren. Zweitens sorgen Noten für eine *fehlgeleitete* Motivation: Unter dem Regime der Noten fassen Kinder kein Interesse am Lernen, stattdessen sind sie ausschließlich auf gute Noten scharf. Sie interessieren sich also nur für den Unterrichtsinhalt, weil und soweit er notenrelevant ist.

Was denn nun? Haben Noten nun eine Motivations- oder eine Demotivierungsfunktion? Sollen Noten ein Interesse am Lehrstoff *erzeugen* oder sollen sie jedes sachliche Interesse *zerstören* und durch ein Interesse an guten Zensuren *ersetzen?* Diese Frage müssen sich Pädagogen stellen lassen. Denn sie deuten bei der motivationstheoretischen Besprechung der Zensuren auf *mögliche Wirkungen,* die Notengebung beim Schüler zeitigen – je nachdem wie er sich dazu stellt. Sie verwechseln das aber notorisch mit einer Diskussion über den *Sinn* der Notengebung: Den Schüler richtig zu motivieren, wird als Aufgabe der Noten angesehen, um dann vor gegenteiligen Effekten zu warnen.

Daß Noten für einen Zweck, den sie dann doch wieder nur vereiteln, unmöglich erfunden sein können, diesen Schluß mag eben kein Pädagoge ziehen. Da läßt er sich auch von seinem staatlichen Auftraggeber nicht irre machen, der bei der Notenvergabe eine Orientierung an pädagogischen Gesichtspunkten sogar explizit verbietet. Kein Lehrer darf etwa einem schlechten Schüler eine gute Note geben, *weil* er sich davon eine motivierende Wirkung erwartet. Pädagogen beharren stur auf der Motivationsfunktion der Noten, um auf dieser Grundlage mal wieder Klage zu führen, die Noten würden bei der Erfüllung ihrer Funktion versagen.

Wortgutachten – ein pädagogisch wertvoller Notenersatz

Notenkritische Einlassungen gehören insbesonders bei berufsmäßigen Kindersortierern zum guten Ton. Sie basieren schließlich auf der *Parteilichkeit für* ein Benotungssystems, dem reichlich menschenfreundliche Aufgaben gutgeschrieben werden: Noten dienen erstens der Beurteilung von Leistung und Leistungvermögen, um Schüler ihrer Begabung gemäß zu plazieren. Noten dienen zweitens der Anregung des Lernwillens, helfen den Kleinen also zu zeigen, was in ihnen steckt, damit ...siehe erstens. Wer sich diese Lügen zu eigen gemacht hat, der entdeckt haufenweise »Probleme« der Notengebung – und wird nie mehr ein *Gegner* der Leistungskonkurrenz.

Lieber zerbricht er sich den Kopf, wie das Notenwesen im Sinne seiner schönfärbenden Vorstellungen veredelt werden könnte.

Dieses Bedürfnis hat das Wortgutachten auf der Hitliste pädagogischer Instrumente ziemlich nach oben gepuscht. Und dem pädagogischen Drängen ist von der Bildungspolitik ein gutes Stück recht gegeben worden: Diese Beurteilungsform ist mittlerweile in allen Bundesländern erlaubt – Länderunterschiede betreffen das Wie: Sind Wortgutachten bis Klasse zwei oder sechs vorgesehen? Sind sie obligatorisch oder wählbar? Usw.

Die Wortbeurteilung genießt den Ruf, erstens die Rückmeldung von Leistungsstärken und -schwächen in den »entscheidenden« ersten Jahren zu verbessern und zweitens die demotivierende Wirkung der »verfrühten« Konfrontation des Schülers mit abwertenden Ziffernzensuren zu vermeiden. Auf diesen doppelten Schein fallen dann prompt Eltern herein und werfen der verbalen Beurteilung vor, hier werde ihnen die entscheidende Auskunft über den Listenplatz, den ihr Kind im Leistungsvergleich besetzt, vorenthalten. Man wisse gar nicht mehr, wo das Kind in der Schule stehe. Übersehen haben solche Kritiker ebenso wie die Befürworter der Wortgutachten die Kleinigkeit, daß Wortgutachten kein *Notenersatz,* sondern eine *andere Präsentationsweise* der ewig alten Noten sind. Nicht umsonst sind die Lehrer gehalten, die Einschätzungen des Kindes so zu formulieren, daß sie jederzeit in eine Zifferzensur *rückübersetzbar* sind. Nur eines unterscheidet solche verbalen Beurteilungen von Zifferzensuren. Es *sieht so aus,* als werde beim Bewerten ganz auf die speziellen Mängel und Fähigkeiten eines Kindes eingegangen, als sei eine Aburteilung von Schwächen nicht beabsichtigt, wenn nicht eine kahle Zahl einen Rangplatz angibt. Dabei findet in freundlichen Worten *genau dieselbe* Subsumtion jeder Leistung unter den Vergleich statt. Und nur letzteres hat Wortgutachten bei der Bildungspolitik salonfähig gemacht: Hier kann sich die Politik den Anstrich geben, sie nehme auf die Kümmernisse und Ängste der Kleinsten mordsmäßig Rücksicht, *ohne* ein Jota von ihrem Sortierinteresse abrücken zu müssen.

D. Disziplin

Die Schule weiß, was sie dem Schüler abverlangt, wenn sie ihm sein Recht auf Bildung zuteil werden läßt. Sie rechnet daher dauernd mit dem Willen des Schülers als *Hindernis* ihrer Vorhaben. Deshalb kommt sie ihm mit einem *Pflichtenkatalog* und ergreift *disziplinarische Maßnahmen,* wenn er vom gebotenen Verhalten abweicht.

1. Des Schülers Pflichten

Anwesenheit

Aus der Schulpflicht ist der Schüler keinen Tag entlassen. Die Schule besteht auf Anwesenheit. Der Schüler hat zu den festgelegten Zeiten zur Verfügung zu stehen. Egal, ob er mit Fernbleiben kalkuliert, weil er eine bevorstehende Prüfung fürchtet, oder ob er einfach wichtigere Vorhaben als den Schulbesuch kennt – die Schule läßt solche Gründe nicht gelten. Wer einen wie auch immer begründeten *Willen* zum Argument macht, sich der Anstalt zu entziehen, hat sich des »Schwänzens« *schuldig* gemacht. Als *Ent*schuldigung zählt im Prinzip nur körperliches *Unvermögen,* und auch das nur, sofern es durch elterliche oder ärztliche Autorität beglaubigt ist.

Unterrichtsbereitschaft

Mit der *bloßen* Anwesenheit des Schülers gibt sich die Schule aber längst nicht zufrieden. Der Schüler hat sich so *aufzuführen,* daß das Schulprogramm planmäßig an ihm abgespult werden kann. Er hat sich also für die Unterrichtsbeteiligung bereitzuhalten:

> *»2. Die Schüler haben pünktlich zum Unterricht zu erscheinen, unverzüglich das benötigte Unterrichtsmaterial auf den Tisch zu legen, so daß spätestens eine Minute nach Eintreffen des Lehrers der Unterricht beginnen kann.*
> *3. Nicht das Klingelzeichen beendet die Stunde, sondern der Lehrer gibt bekannt, wann die Stunde abgeschlossen ist. Bis zu dieser Zeit läuft der Unterricht ordnungsgemäß und keiner packt vorher die Sachen zusammen.«* (Auszug aus einer Klassenordnung)

Die Schule rechnet gar nicht erst mit Schülern, die gespannt auf ihren Unterricht warten. Sie rechnet mit solchen, die Zeit schinden, also jede Gelegenheit nutzen, sich der ungeliebten Notwendigkeit zu entziehen. Das ist nicht erlaubt. Geboten ist vielmehr

Geistige Präsenz

Der Schüler hat nämlich nicht nur rechtzeitig unterrichtsbereit am Platz zu sitzen und sich dort verfügbar zu halten, bis der Lehrer ihn entläßt. Er hat während des ganzen Unterrichtsverlaufs *geistig präsent* zu sein. Was bei jeder freigesetzten geistigen Betätigung eine Selbstverständlichkeit ist – man ist bei der Sache, weil man sie interessant findet, und beendet die Befassung dann, wenn das Interesse nachläßt oder der Geist Entspannung braucht –, das läßt die Schule nicht durchgehen. Und das nicht ohne Grund. Sie fordert dem Schüler schließlich ab, seine Aufmerksamkeit in dem Maße auf einen Gegenstand zu richten, wie es die Leistungsanforderungen der Schule gebieten. Weder ist es gestattet, ein vorhandenes Sachinteresse zum Kriterium eigener geistiger Anstrengungen zu machen, noch darf der Schüler dem Desinteresse an einem Thema nachgeben. Auch aktuelle Befindlichkeiten, deretwegen der Schüler in Gedanken woanders ist, dürfen seine geistige Aufnahmebereitschaft nicht tangieren . Stets und auf Abruf hat er die *gleiche,* gegen sein spezielles Verhältnis zum Stoff *gleichgültige Interessiertheit* an den Tag zu legen. Das macht *Selbstdisziplin* erforderlich und ist auch dann nicht dauerhaft durchzuhalten, wenn der Schüler sich längst hat einleuchten lassen, daß er nur zu seinem Besten für Noten lernt. Selbst ein Musterschüler wird sich immer wieder dabei ertappen, daß er gedanklich abschweift, sich nicht konzentrieren kann, wie es so schön heißt.

Wo Schüler den Willen, sich gedanklich dem Stoff zu widmen, nicht aufbringen, da verfallen sie auf eigentümliche Weisen des Zeitvertreibs. Entweder sie dösen gleich vor sich hin, schalten also im wahren Wortsinn ab. Oder sie machen »Blödsinn«, der allein aus der Langeweile geboren ist, die sich einstellt, wenn man einen Unterricht absitzen muß, auf den man seine Aufmerksamkeit partout nicht richten mag. Da werden Schiffchen versenkt, Pausenbrote angeknabbert und Muster in die Schulbank geschnitzt.

Die Schule rechnet daher dauernd mit den trostlosesten Methoden der Schüler, der Langeweile Herr zu werden. Sie nimmt sie allerdings als etwas ganz anderes. Sie beansprucht nämlich ein *Recht* auf Schüler, die ganz bei der Sache sind und definiert sich daher als betroffen, wenn ein Schüler etwas anderes tut, als ihrem Programm geistig zur Verfügung zu stehen:

»5. Es ist nicht gestattet, den Unterricht zu stören:
a) es wird nicht herumgelaufen
b) es wird nicht gegessen
c) es wird nicht mit Gegenständen geworfen« (Auszug aus einer Klassenordnung)

Wenn Schüler durch die Klasse turnen oder mit Äpfeln schmeißen, dann mag man ja von einer Störung des Unterrichtsablaufs reden können. Aber es ist durchaus nicht absehbar, warum der Verzehr eines Pausenbrotes andere Schüler oder den Lehrer beim Durchführen des Unterrichts behindern sollte.

Die Schule sieht hier dennoch eine Störung des Betriebs. Sie erblickt darin eine Verletzung der Pflicht des Schülers, mit Interesse bei der Sache zu sein. Eine Störung liegt also nicht erst dann vor, wenn der Unterricht nicht mehr läuft. Gestört ist der Unterricht schon dann, wenn sich Schüler dem Unterrichts*zweck entziehen*. So ist es denn nicht verwunderlich, daß man eine Schulstunde sogar durch die geräuschlose Tätigkeit des Schlafens stören kann.

Ein Schüler, der sich die Pflicht zur geistigen Teilnahme am Unterricht allerdings zu Herzen nimmt, kann dabei auch übertreiben. Wer nämlich *sein* Interesse an guten Noten zur alleinigen Richtschnur engagierter Unterrichtsbeteiligung macht, der kann schon wieder alles falsch gemacht haben. Wer sich im Unterricht wann notenrelevant äußern darf, das bestimmt nämlich der Lehrer:

> *»d) es redet nur derjenige, der dran ist.«* (Auszug aus einer Klassenordnung)

Daß man etwas zu sagen hat, begründet kein Recht, etwas zu sagen. Daß man sich lieber nicht äußern möchte, entläßt einen, falls man aufgerufen wird, umgekehrt nicht aus der Pflicht dazu. Der Lehrer befindet nach seinen Benotungsvorhaben, wer wann eine »Chance« bekommt, zu zeigen, was in ihm steckt: Bei welchem Schüler muß das mündliche Notenbild noch komplettiert werden? Die Noten, die er dann vergibt, sind zu akzeptieren. Wer das nicht spätestens dann einsieht, wenn der Lehrer die Note erläutert hat, ist obendrein renitent.

Respekt vor der Autorität

Weil die Schule weiß, daß ihre Forderungen an den Schüler diesem die *Unterordnung* seiner Interessen abverlangen, besteht sie darauf, daß der Schüler sich eines hinter die Ohren schreibt: Egal, welche Kollision von Lehrerverlangen und Schülerinteresse vorliegt, es hat vorab und grundsätzlich festzustehen, wer im Recht ist. Die Schule nötigt dem Schüler auf, sich ganz *prinzipiell* zu einer eindeutigen *Rangordnung* dieser beiden Willen zu bekennen. Das Wort des schulischen Amtsträgers hat zu gelten. Nicht aus Einsicht in die Vernunft des Lehrerverlangens soll ihm Folge geleistet werden – was ja auch schwerlich zu haben wäre! *Daß* es der *befugte* Lehrer ist, der da eine Anordnung formuliert, hat als Begründung hinzureichen. Der Schüler hat anzuerkennen, daß der Wille des Lehrers allemal über dem seinen steht. Und die Verletzung dieses methodischen Gebots kennt die Schule durchaus als *gesonderte* Verfehlung des Schülers. Wer auf die Toilette geht, ohne vorher den Lehrer zu fragen, der hat in der Sache nichts falsch gemacht. Daß man aufs Klo muß, gilt als anerkannter Grund »auszutreten«. Er wird sich dennoch eine Ermahnung einfangen, selbst wenn der Lehrer gar nicht den Verdacht hat, daß sich da einer nur verdrücken will. Denn der Schüler hat versäumt zu demonstrieren, daß er selbst die Befriedigung seines »kleinen Bedürfnisses« von der *Erlaubnis* durch die befugte Instanz *abhängig* zu machen bereit ist.

Man fragt gefälligst, ob man austreten *darf!* Die Schule besteht eben *neben* den konkreten Pflichten des Schülers darauf, daß der Amtsautorität der fällige Respekt zu zollen ist. Allein diesem Gesichtspunkt verdanken bzw. verdankten sich morgendliche Begrüßungsrituale: Alle stehen stramm und ziehen den Hut vor dem »Herrn Lehrer«. »Vorlautes Benehmen« rangiert daher neben Unpünktlichkeit oder Unaufmerksamkeit als gesonderte Störung des Betriebs:

> *»Viele kleinere Störungen und Konflikte, die in der Schule auftreten – Unaufmerksamkeit und Desinteresse eines Schülers, gelegentliches Zuspätkommen, vorlautes Benehmen – fordern den Lehrer in seiner Rolle als Erzieher heraus.«* (Heckel 1, 382)

Wer es an dem gebotenen Respekt fehlen läßt, der hat schon wieder etwas falsch gemacht, wenn er auch ansonsten im Unterricht glänzt.

Die Geltung der Autorität des Lehrers ist der Schule so wichtig, daß sie sich schon einmal zu einer Güterabwägung genötigt sieht, wenn ein Lehrer beispielsweise seine disziplinarischen Befugnisse etwas zu weit ausgelegt hat. Untergräbt es nicht die Autorität, wenn man einen Lehrer von oben maßregelt? Schüler sollen eben gar nicht erst den Eindruck bekommen, daß gegen das Machtwort des Lehrers ein Kraut gewachsen ist.

2. Von der Störung zur Sanktion

Die Schule beherrscht also eine Gleichsetzung eigener Art. Wo immer sie die *Abwesenheit* des pflichtgemäßen Verhaltens diagnostiziert, da sieht sie sich einer *Störung* des Unterrichts gegenüber. Für die Schule liegt schon dann ein Angriff auf den Schulbetrieb vor, wenn sich ein Schüler *nicht* bedingungslos den Lernanfordungen verfügbar zeigt.

Wenn die Schule eine solche Störung dingfest gemacht hat, dann ist es ihr zunächst ganz gleichgültig, ob hier eine *Absicht* zur Sabotage vorliegt oder ob ein Schüler bloß einem schulfremden Interesse nachgibt. Der Schüler hat sich den Anspruch der Schule zur Maxime seines Verhaltens zu machen. Wer sich dem nicht anbequemt, der muß sich als *vorsätzlicher Störer* qualifizieren lassen:

> *»Der Schüler handelt vorsätzlich, wenn er das Verbotene seines Tuns grundsätzlich kennt.«* (Handbuch des bremischen Schulrechts, 133)

Wer einem anderen als dem schulisch gebotenen Interesse nachgeht, obwohl er um die Unerlaubtheit seines Tuns weiß, der nimmt nach dieser Lesart nicht etwa billigend inkauf, daß er unangenehm auffällt. Nein, er *bezweckt* die Störung des Unterrichtsablaufs. Die störende *Wirkung* seines Tuns auf das Gelingen des Schulzwecks wird ihm als *Inhalt* und *Absicht* seiner Tat vorgehalten. Diese Qualifizierung bestätigt die Schule gerade dann, wenn sie zu differenzieren anfängt, welcher *Grad* von Störverhalten bei dem einen oder anderen Schüler angenommen werden muß.

Da wird zum einen die Frage aufgeworfen, wie *bedeutend* eine Störung, gemessen an den schulischen Maßstäben für gelungenen Unterricht, einzuschätzen ist. Wer geistesabwesend vor sich hindöst, wird in der Hierarchie der Störer anders einsortiert als ein Schüler, der dauernd Widerworte gibt und so die Autorität des Lehrers »untergräbt».

Da wird zum anderen nachgeschaut, ob eine *einmalige* Störung vorliegt oder ob der Schüler *wiederholt* und am Ende gar *gezielt* aus der Rolle fällt. An dieser Stelle fällt der Schule plötzlich der Unterschied von störender Wirkung eines Verhaltens und bezweckter Störung ein, den sie gerade getilgt hatte – allerdings nur, um bei dem einen mildernde, bei dem anderen erschwerende Umstände in Anschlag zu bringen:

> *»Die einmalige Entgleisung verlangt eine mildere Reaktion als die gezielte und langanhaltende Störung des Schulfriedens.«* (a.a.O., 386)

Den als Störung des Schulbetriebs ausgemachten Verhaltensweisen kommt die Schule mit einer Kritik eigener Art. Sie setzt gar nicht erst auf Argumente, um die Schüler von der Nützlichkeit des gebotenen Engagements zu überzeugen. Die Überzeugungskraft schulischer »Kritik« an störendem Verhalten schrumpft ganz zusammen auf das *Androhen* und *Zufügen* von Schaden. »Du schadest dir selbst am meisten, wenn du so weitermachst!« – diese beliebte Argumentationsfigur ist eben freche Heuchelei. Man warnt den Schüler vor der Unannehmlichkeit, die man ihm selber zufügen will. Insofern verfährt die Schule durchaus analog zur strafenden Gewalt des allgemeinen Rechts. Allerdings mit einem Unterschied. Der Justizvollzug läßt den Verbrecher die staatliche Gewalt spüren, um die *Rangordnung* zwischen rechtsetzender Gewalt und rechtsbrüchigem Individuum wiederherzustellen. Um die Beseitigung kriminellen Verhaltens geht es nicht, wie all diejenigen eingestehen, die dem Strafvollzug vorwerfen, ein Gefängnisaufenthalt mache alle Resozialisierungsbemühung erst richtig aussichtslos. Schulstrafen zielen demgegenüber zunächst darauf ab, den Schüler positiv für das geforderten Mitmachen zu »gewinnen».

Dies bedeutet, daß schulische Sanktionen dem Schüler ein unwiderstehliches »Argument« an die Hand geben wollen, sein Betragen zu *bessern*. Daher sind die schulischen Funktionsträger zum erzieherischen Gebrauch dieser Maßnahmen beauftragt:

> *»Sie (Ordnungsmaßnahmen; F.H.) sollen mit dem pädagogischen Ziel angewandt werden, den Schüler in seiner sozialen Verantwortung zu stärken. Ordnungsmaßnahmen sind daher nicht losgelöst vom Erziehungsauftrag der Schule und ihrer pädagogischen Verantwortung dem einzelnen*

Schüler gegenüber zu treffen.« (Handbuch des bremischen Schulrechts, 130)

Dieser Anspruch, Schulstrafen hätten durch die Korrektur des störenden Schülerverhaltens den Schulbetrieb sicherzustellen, schließt aber auch ein, daß, sofern Besserung von einem Schüler nicht erwartet wird, der Schulbetrieb vor diesem Schüler zu schützen ist, indem man ihn aus demselbigen entfernt. Spätestens, wenn die Schule einen Schüler von der Anstalt verweist, dann hat sie beschlossen, daß der Betreffende nicht für den gewünschten Ablauf zurechtzubiegen ist. Das Urteil lautet dann nicht mehr: Der Schüler begeht Störungen des Schulbetriebs. Es lautet vielmehr: Der Schüler ist eine Störung. Wo diese Einsortierung als Störcharakter ansteht, da tritt passenderweise der Schulpsychologe in Aktion. Weswegen es nichts Gutes für einen Schüler heißt, an diesen verwiesen zu werden. Er ist schließlich die Instanz, die den pädagogischen Rassimus als gesonderte Funktion vertritt. Als neben dem Unterrichtshickhack stehende, darin mit dem Schein von wissenschaftlicher Überparteilichkeit versehene Figur ist er dafür zuständig, über »Verhaltensdispositionen« auffälliger Schüler zu urteilen. Seine Diagnose über das Ausmaß der vorliegenden »Verhaltensstörung« dient der Schule dann als Entscheidungshilfe und Berufungsmittel, wenn darüber befunden werden soll, ob der Schulzweck nicht besser ohne Schüler XY, also gegen ihn sicherzustellen ist.

Daß es bei Schulstrafen nur zwei Seiten derselben Medaille sind, wenn sie einerseits auf »Motivation« des Schülers abzielen und wenn sie andererseits auf einem Strafkonto akkumulieren, das früher oder später zur Aussonderung aus dem Betrieb führt, wollen Pädagogen nicht wahrhaben. Letztere wollen in der erzieherischen Funktion disziplinarischer Mittel eine der »Ordnungsfunktion« entgegengesetzte Aufgabe entdeckt haben. Werden Strafen nämlich verabreicht, um das Verhalten des Schülers in die richtige Richtung zu lenken, dann handelt es sich dieser Auffassung zufolge um »Erziehungsmaßnahmen«. Diese sollen sich von leider manchmal unvermeidlichen »Ordnungsmaßnahmen« dadurch wohltuend abheben, daß bei ihnen *nicht* die Absicht »schulischer Funktionssicherung«, *sondern* ein pädagogisch wertvolles Bemühen um das Individuum regiert:

»Zwar erfüllen Ordnungsmaßnahmen auch erzieherische Ziele. Sie sollen das Verhalten des Schülers beeinflussen. ... Je schwerer aber die vom Schüler verursachte Störung und die darauf anzuwendenden Maßnahmen ins Gewicht fallen, umso mehr treten individuelle pädagogische Erwägungen hinter dem Gesichtspunkt der Funktionssicherung der Schule zurück. Ordnungsmaßnahmen sind in erster Linie darauf gerichtet, die auf schwerwiegenden Pflichtverletzungen beruhenden Beeinträchtigungen der Unterrichts- und Erziehungsarbeit der Schule für die Zukunft zu verhindern.« (a.a.O., 384)

Als diente die pädagogische »Verhaltensbeeinflussung« einem anderen Ziel, als den Schüler für die Schule funktional zu machen! Wenn man diese falsche Sortierung erst einmal gemacht hat, dann kann man sich anschließend wundern, wie fließend »Erziehungsmaßnahmen« in »Ordnungsmaßnahmen« übergehen, ja, daß sie in vielen Fällen unmittelbar zusammenfallen. Eine Eintragung ins Klassenbuch setzt auf Besserung so lange, bis mit der Zahl der Eintragungen die Besserungsfähigkeit des Betreffenden als widerlegt gilt.

3. Der Sanktionskatalog der Schule

Diese Art von Überzeugungsarbeit richtet sich nicht darauf, das Interesse des Schülers zu verändern. Nahegelegt wird ihm vielmehr, die *Betätigung* seiner mißbilligten Wünsche zu unterdrücken. Damit ihm das auch einleuchtet, hat der Lehrer einen ausgefeilten und abgestuften Sanktionskatalog in petto. Angedroht und verfügt werden Schäden der kleineren oder größeren Art, falls der Schüler es an der verlangten Selbstdisziplin fehlen läßt. Beim Einsatz dieser Strafmittel läßt die Schule dem Lehrer einen weitgehenden Ermessensspielraum. Er kennt schließlich seine Pappenheimer und weiß, welcher Grad der Impertinenz bei welchem Schüler angenommen werden muß und welche Hebelchen bei ihm greifen.

Noten als Sanktionsmittel

Auf der Suche nach Sanktionsmitteln, die geeignet sind, den Schüler auf schulkonformes Verhalten zu trimmen, fällt der Schule die *Note* wieder ein. Noten sind zwar nicht zu dem Zwecke erfunden, dem Schüler eine Strafe anzudrohen und zuzufügen. Aber die schädigende *Wirkung* einer schlechten Note, die manchen Berufswunsch zum bloßen Wunschtraum werden läßt, wird sich doch als Waffe gegen Fehlverhalten einsetzen lassen! Also beherrschen Lehrer den Übergang, Noten als *disziplinarische* Mittel in Anschlag zu bringen. Sie machen sich ihre Aufgabe, mangelhafte Leistungen bei Schülern aufzudecken, um sie für Verteilung der Jugend auf die Notenskala einzusetzen, zunutze und enttarnen Unwissen extra zu dem Zwecke, dem Schüler eine schlechte Note »reinzuwürgen«. Der unaufmerksame Schüler wird also schon einmal nur deswegen aufgerufen, *damit* er zu spüren bekommt, wohin seine Träumerei führt: »Du hast es wohl nicht nötig! Na, wenn du schon alles weißt, dann erzähl doch mal!« Und wenn dann die Blamage eintritt, die beabsichtigt war, der Schüler die geforderte Antwort also nicht geben kann, dann wird demonstrativ mit einer Note geantwortet: »Setzen, sechs!«

Lehrer kennen verschiedene Varianten, die abschreckende Wirkung einer schlechten Zensur zur Disziplinierung ins Spiel zu bringen: »Das hast du ausnahmsweise mal gut gemacht!« »Wie du dich aufführst, das gefällt mir gar nicht!« Wie immer der Lehrer seine Mißbilligung eines Schülerverhaltens mehr oder weniger eindringlich zum Ausdruck bringt, er droht allemal mit seiner Macht, dem Schüler mit einer schlechten Leistungsbeurteilung Ärger bereiten zu können: Daß ich, dein dich beurteilender Lehrer, eine schlechte Meinung von dir habe, kann dir nicht gleichgültig sein!

Lehrer verweisen mit solchen Ermahnungen zugleich auf die Möglichkeiten, ergänzende Strafmittel zum Einsatz zu bringen, über die ein Lehrer auch noch verfügen muß. Die Tauglichkeit der Note als Strafmittel ist nämlich aus mehreren Gründen begrenzter Natur.

Zum einen darf der disziplinarische Einsatz der Note ihrem Zweck, die Kinder anhand ihrer Leistung zu sortieren, nicht in die Quere kommen. Einem guten Schüler aus pädagogischen Gründen eine schlechte Note zu geben, ist daher nicht genehmigt. Solch einem Schüler kommt man folglich mit der Notendrohung nicht bei. Und Störungen des Schulbetriebs, die in einen direkten Zusammenhang zu einer Minderleistung nicht zu bringen sind, dürfen auch nicht otenrelevant gemacht werden. Wer in der Pause unerlaubtermaßen raucht, ist auf dem Felde der Leistungsbeurteilung nicht zu treffen.

Zum anderen setzt der Einsatz von Noten als Sanktionsmittel auf den Willen des Schülers, in der Notenkonkurrenz voranzukommen. Und der ist bei den Schülern, die keinerlei Chance mehr sehen, in der Schulhierarchie noch einen Blumentopf zu gewinnen, meist nicht sehr ausgeprägt.

Aber auch andere sind mit einer Notendrohung nur bedingt belehrbar. Sie haben die nötige Selbstdisziplin nicht aufgebracht, *obwohl* sie gute Schüler sein wollen. Die »Fernwirkung« einer Note, die einem später einmal manchen Lebensplan verpatzen kann, hat den aktuellen Wunsch, im Unterricht etwas Schulfremdes zu treiben, nicht erstickt. Eine in der fernen Zukunft liegende und nur mögliche schädliche Wirkung einer hier und heute praktizierten Disziplinlosigkeit beeindruckt manchen Schüler eben wenig. Da rechnet sich der eine aus, im Bedarfsfall seine Scharten wieder auszuwetzen. Bei anderen, insbesondere jüngeren Schülern, verfängt die Ankündigung einer schlechten Zensur, nicht, weil diese von der lebensentscheidenden Bedeutung eines Zeugnisses noch gar keine rechte Vorstellung haben.

Ergänzende Mittel

Daher komplettiert die Schule den Einsatz der Note als Droh- und Strafmittel durch Einsatz *zusätzlicher* materieller oder ideeller Sanktionen, die die Gleichung von unerlaubtem und für den Schüler schädlichem Verhalten *unmittelbar spürbar* machen sollen:

»Im Rahmen seiner pädagogischen Freiheit verfügt er (der Erzieher; F.H.) über eine ganze Bandbreite von Mitteln. Dazu zählen beispielsweise Verhaltensmodalitäten, die sich in freundlicherer oder unfreundlicherer Be-

handlung, in größerer oder geringerer Beachtung der Schülers (wiederholtes Aufrufen oder Linksliegenlassen) äußern. Hierzu rechnen ferner das eindringliche Gespräch unter vier Augen, Ermunterung und Ermahnung, Lob und Mißbilligung, auch der Entzug von Vergünstigungen (z.B. Absage eines geplanten Wandertages).« (Heckel 1, 382)

Lehrer kalkulieren mit ihren Ermahnungen nicht nur darauf, den Schüler mit einer bevorstehenden schlechten Bewertung seiner »Mitarbeit« zu beeindrukken. Sie setzen schon einmal gezielt auf das Ehrgefühl von Schülern, die sich mit dem schulischen Urteil über ihre Person identifizieren, und heben darauf ab, den Übeltäter vor der Klasse *bloßzustellen.* In dieselbe Richtung zielt der Lehrer, wenn er einen Liebesbrief abfängt und genüßlich vor versammelter Mannschaft vorliest. So ziemlich jede Fiesigkeit ist ihm als Strafmittel recht. Beschäftigen sich Schüler mit irgendeinem schulfremden Objekt ihres Interesses, dann sind sie materiell dadurch zu treffen, daß der Lehrer es konfisziert. Wer die Modezeitschrift im Unterricht liest, der hat sie verspielt – so lautet die Erpressung, die den Schüler bei seinem schulfremden Interesse packen soll.

Wenn all das nicht fruchtet, dann kann der Lehrer das nächste Register ziehen: »Wenn du weiter so unaufmerksam bist, mußt du den Stoff nach Schulschluß *nacharbeiten!«* Hier fällt ihm plötzlich ein, daß das verlängerte *Stattfinden* von Schule für den Schüler doch eine herbe Sache ist. So macht man dem Schüler nachhaltig klar, daß man sich den schulischen Pflichten nicht entziehen kann. So etwas kostet Freizeit, die keinem bloßen »Nachsitzen« zum Opfer fällt. Die Schule besteht auf Wiedergutmachung, da sie auf die Botschaft wertlegt, daß man besser fährt, wenn man sich gleich anständig aufführt:

»Ohne einen umfassenden Katalog aufstellen zu können, kommen hier z.B. Sonderarbeiten außerhalb der Unterrichtszeit, Wiedergutmachung eines angerichteten Schadens oder Sonderleistungen im Interesse der Schulgemeinschaft in Betracht.« (Handbuch des bremischen Schulrechts, 133)

Neben der Drohung mit zusätzlichem Freizeitentzug durch Verlängerung des Schulvormittags beherrscht die Schule auch das umgekehrte Verfahren: »Wenn du so weiter machst, mußt du die Klasse verlassen!« Hier wird ein *Ausschluß* vom Unterricht angedroht. Zugrundeliegt die Berechnung, daß der Schüler das nicht als unverhofften Freizeitgewinn begrüßen kann, sondern zu würdigen weiß, was es für seine Chancen in der Notenkonkurrenz bedeutet, wenn er den Stoff nicht mitbekommt.

Wenn auch dieser Hebel nicht greift, dann kann eskaliert werden. Der Ausschluß vom Unterricht geht über mehrere Stufen und endet beim *Schulverweis.*

Verweise, die einer Abmahnung gleichkommen, drohen diesen Angriff auf die Lebensperspektiven des Schülers an. So wird dem Schüler eindringlich klargemacht, daß er bald keine Gelegenheit mehr haben wird, seine Fehltritte auszubügeln. Es steht der Entzug des Rechts bevor, sich mit der eigenen Leistung an der Schulkonkurrenz überhaupt zu beteiligen.

Damit dieser Wink mit dem Zaunpfahl, der erneut das Interesse an Schulerfolg für schulkonformes Verhalten mobilisieren will, seine Wirkung auf »kurzfristig« denkende Schüler nicht verfehlt, wird eine Elternbenachrichtigung hinterhergeschoben. Da dem Schüler damit die oft wenig schulisch orientierten Strafmethoden der Eltern (Hausarrest, Prügel, Taschengeldentzug...!) ins Haus stehen, kann das Wunder wirken. Der Instrumentalisierung der elterlichen Erziehungsgewalt für schulische Erziehungsvorhaben hat die Bildungsbehörde sogar eine extra Einrichtung gewidmet: den *Elternsprechtag*. Daß die Erzeuger hier vorsprechen, um sich zu erkundigen, »wo ihr Kind steht«, was sie zu seinem Schulerfolg beitragen können, wird von der Schule schamlos ausgenutzt. Das Interesse der Eltern auf Vorankommen ihres geliebten Sprößlings ist nämlich das Einfallstor, um ihnen klarzumachen, wie sie die erzieherischen Vorhaben der Schule »sinnvoll zu unterstützen« haben. Da müssen sich Eltern schon einmal durch die Blume sagen lassen, daß sie dem Kind offenbar schon zuhause zuviel durchgehen lassen, so daß es kein Wunder ist, wenn es sich nicht diziplinient einfügen kann. Andere werden vor allzu hochfliegenden Plänen und allzu harten Strafmethoden gewarnt. Prüfungsangst soll schließlich produktiv auf das schulische Engagement der Kleinen wirken, nicht aber eine kontraproduktive »Leistungsangst« hervorrufen.

Die moderne Schule legt bei ihrem Strafkatalog eben großen Wert auf den in ihrem Sinne *zweckmäßigen Einsatz* von Strafmitteln: Beim Schüler soll die Bereitschaft mobilisiert werden, sich aus eigenem Abtrieb pflichtgemäß aufzuführen. Daher hebt die Schule darauf ab, eine innere Verbindung zwischen dem gebotenen Benimm und der Bestrafung herzustellen, die die Abweichung ahndet. Selbst da, wo sie die Noten als Sanktion durch andere Maßnahmen ergänzt, zielt sie darauf, den Schüler letztlich wieder in seinem Interesse *als Schüler* anzusprechen, also zu treffen. Alle eingesetzten Hebel machen dem inkriminierten Individuum daher mehr oder weniger eindringlich klar, daß ein Angriff auf seine Schulkarriere bevorsteht. Und die härteste Strafe bleibt der Schulverweis, der eine Bildungslaufbahn beendet.

Prügelstrafe

Diesem Strafprinzip folgend, wurde die Prügelstrafe hierzulande aus dem Katalog der erlaubten Erziehungsmittel entfernt. Ein Lehrer, der prügelt, macht sich heutzutage der Körperverletzung schuldig, genießt also nicht dieselbe erzieherische Freiheit zum Zuschlagen, wie sie den Eltern auch heute noch zugebilligt wird. Denn der Schulveranstalter hält diese Strafmethode für nicht opportun.

Schließlich helfen Prügel nicht dem aus eigener Berechnung begründeten Leistungswillen nach. Hier »motiviert« den Schüler allein die Angst vor dem schmerzlich empfundenen Rohrstock. Mit einer solch negativen Haltung des Schülers zu seinen schulischen Pflichten, die dann nur aus Furcht vor dem prügelnden Lehrer erledigt werden, gibt sich die Schule nicht zufrieden. Deshalb ist Zuschlagen ebenso verboten wie das Einsperren in den »Karzer«. Darin sieht die Schule

> *»eine Vergeltungsmaßnahme, die sich mit der Aufgabe der Schule, den Schüler zu Mündigkeit und Selbstverantwortung zu erziehen, nicht vereinbaren läßt.«* (a.a.O., 388)

Weil der Schulveranstalter sich andererseits durchaus Lehrer vorstellen kann, deren Klasse mit den gebotenen Mitteln einfach nicht zur Raison zu bringen ist, herrscht dann neben dem offiziellen Verbot von Schlägen doch wieder Verständnis dafür, daß Paukern manchmal »die Hand ausrutscht».

Das Verbot der Prügelstrafe gilt Pädagogen als eine humane Tat, die die Würde des Schülers sichert. Und wie immer, wenn die Menschenwürde zur Rettung ansteht, ist auch dieses Lob nicht mit einer Parteinahme für die Interessen des Schülers zu verwechseln. Es gilt schließlich der Tatsache, daß der Lehrer dem Schüler nicht als körperlich hoffnungslos überlegene Figur kommt, sondern »nur« solche Schädigungen verabreicht, die zu seiner *Funktion* passen: Als Amtsträger, der über Bildungskarrieren entscheidet, fügt er Schaden auf diesem Felde zu. Aber was ist schon eine versaute Lebensperspektive gegen eine entwürdigende Ohrfeige!

4. Disziplinarisches – Ein neues Feld für Schülerberechnungen

Die Verwandlung des Unterrichts in ein Feld der Disziplinierung für ihn eröffnet den untertänigen Kalkulationen und heuchlerischen Techniken der Schüler neuen Raum. Schüler wissen, daß man eine Ausrede haben muß, wenn man seine Hausaufgaben nicht gemacht hat oder zu spät gekommen ist. Sie wissen auch, daß es allemal besser ist, eine unglaubwürdige Ausrede zu präsentieren, als mit dem eigenen Interesse daherzukommen. Also hat man nicht etwas Besseres zu tun gehabt, als sich über die Hausarbeit zu machen, nein, man hat sein Heft vergessen. So anerkennt man schließlich bei aller faktischen Unbotmäßigkeit die Berechtigung der schulischen Anforderungen und die Bedeutungslosigkeit eigener gegenläufiger Vorhaben.

Die disziplinarischen Maßnahmen des Lehrers unterliegen einer dauernden Begutachtung durch die Schüler: Hat er in diesem oder jenem Fall *gerecht* gestraft? War er zu hart oder zu weich? Was ist das überhaupt für einer? Womit muß man bei ihm rechnen? Was kann man sich ungestraft herausnehmen? Schüler beherrschen den Sport, die Strafbereitschaft von Lehrern auszutesten. Und dabei kennen sie ein Vergnügen schäbigster Art. Sie genießen es als ihren Sieg, wenn sie einen Lehrer in Verlegenheit gebracht haben. *Schülerstreiche* gehorchen dieser Logik. Da wird dem Lehrer Kreide auf den Stuhl geschmiert, man macht ihm hinter seinem Rücken eine lange Nase. Ganz Vorwitzige stellen ihn sich nicht nur in Unterhosen vor, sondern bringen das zu Papier und sorgen dafür, daß es dem Lehrer in die Hände fällt. All das zeugt nicht vom Willen zur *Bestreitung* der Autorität, sondern lebt von ihrer *Anerkennung*. Die Autorität wird in eine als unangemessen, daher peinlich empfundene Lage gebracht und herausgefordert: Wie wird der Lehrer damit fertig? Da kann man als Schüler dann mächtig stolz sein, wenn man den Lehrer vom Podest geholt hat – eine Leistung ist das nur, weil er nach wie vor auf demselben steht.

Weil Schüler vom Lehrer den Beweis erwarten, daß er die Autorität über sie *zurecht* inne hat, haben Lehrer, die beim Strafen Skrupel zeigen, keineswegs bloß den guten Ruf, einem manches zu ersparen. Sie büßen an Respekt ein. Denn die Amtsautorität, die Schüler achten, wollen sie auch repräsentiert sehen. Ein Lehrer, der sich zu »autoritärem« Vorgehen nur zögerlich durchringt, gilt daher als Flasche, der man auf der Nase herumtanzt.

5. »Gewalt in der Schule«

Lehrer beklagen, daß heutzutage vermehrt Gewalt in die Schule Einzug hält. Damit meinen sie natürlich nicht ihre Amtsgewalt, sondern die Gewalttätigkeit von Schülern. Insbesondere im Hauptschulbereich sehen sie sich mit einer prügelnden und messerstechenden Klientel konfrontiert, die nicht selten auch dem Lehrer mit der Faust kommt. Solche Schüler nehmen den Lehrer also gar nicht als die Amtsperson, der sie berechnend Respekt zollen. Sie kommen ihm von gleich zu gleich und eröffenen eine Konkurrenz, in der der körperlich Stärkere recht hat. Darin geben sie zu erkennen, daß sie auf die Schule als Mittel ihres Fortkommens nicht mehr setzen, sie schon eher als bloßen Schauplatz behandeln, auf dem außerschulische Schlachten gegen die feindliche Gang geschlagen werden. Mit schulischen Mitteln ist solchen Jugendlichen daher in der Tat nicht mehr beizukommen. Vom Lehrer lassen sie sich nichts mehr sagen, weil sie auf sein Urteil pfeifen, und wenn er sich »aufspielt«, kriegt er »eines auf die Schnauze».

Daß Pädagogen solche Übergänge erschütternd finden, ist allerdings sehr verwunderlich. *Sie* haben dem Nachwuchs doch beigebracht, daß Lernen ein Mittel der Konkurrenz ist und die Schule jedermann eine Chance bietet voranzukommen. Wenn Schüler, aus denen die Schule unwiderruflich Ausschuß gemacht hat, angesichts ihrer Lage keinen konkurrenzmäßig lohnenden Sinn im Lernen mehr sehen, also Lernen überhaupt für sinnlos halten, dann ziehen sie nur die Konsequenz aus der Stellung zur Bildung, die ihnen die Schule beigebracht hat. Wenn sie sich vom Lehrer nichts mehr sagen lassen, weil sie mit einer Schulkarriere nicht mehr kalkulieren, dann verhalten sie sich nur *spiegelbildlich* zu jenen Schülern, die sich berechnend fügen, weil sie in der Schule vorankommen wollen. Daß Schüler, die solche Berechnungen fahren gelassen haben, obendrein den Übergang beherrschen, sich für ihr beleidigtes Recht auf ein Vorankommen am Lehrer zu *rächen,* sollte auch nicht groß erstaunen. Sie haben eben die Lüge der Schule geglaubt, sie sei für jedermann eine Gelegenheit, sein Glück zu machen und halten es daher für ein Unrecht, wenn aus ihnen nichts geworden ist.

E. Der Lehrer

Lehrer mögen viele Motive für ihre Berufswahl haben. Die einen schätzen die Freizeit und das Geld, manche gehen gern mit Kindern um, wieder andere haben Spaß daran, dem Nachwuchs etwas beizubringen. Am *Zweck* dieses Berufsstandes gehen diese Stellungnahmen allesamt vorbei. Weder die hingebungsvolle Betreuung von Kindern noch eine gediegene Wissensvermittlung umreißen die Tätigkeit, die ein Lehrer objektiv verrichtet. Sein Geld bezieht er ausschließlich für einen Dienst als Staatsfunktionär: die staatsbürgerliche Zurichtung und Auslese der nachwachsenden Jahrgänge.

I. Beruf: Staatsfunktionär

1. Hoheitliche Aufgaben

Das Lehren, dem sich ein beamteter Pädagoge verschrieben hat, ist daher von einer unvoreingenommenen Unterweisung der Kinder gründlich unterschieden. Unterrichtet wird nicht, was wissenschaftlich als richtig und vernünftig gilt, sondern was politisch verlangt wird:

> *»In Wahrnehmung des verfassungsrechtlich vorgegebenen Erziehungsauftrags erfüllen sie (die Lehrer; F.H.) Aufgaben von hoher staatspolitischer Bedeutung; sie müssen daher von der Richtigkeit dieses Auftrags überzeugt und imstande sein, die Erziehungsziele einschließlich der Grundwerte und Grundentscheidungen der Verfassung den Schülern glaubhaft zu vermitteln.«* (Heckel 1, 209f)

Die Lernziele, auf die es ankommt, finden sich also ausgangs nicht als wissenschaftliche Urteile in Lehrbüchern, sondern als politische Ge- und Verbote in Gesetzen wie dem zitierten Grundgesetz. Der Staat ist gut – so elementar faßt sich der staatliche Bildungsauftrag zusammen, auf den der Lehrer seinen Eid leistet. Eine theoretische Distanz zu diesem Dogma ist ihm nicht gestattet. Denken und Fühlen unterliegen eben einer *Verordnung* seitens des Dienstherrn. Das ist ebenso beachtlich wie der Umstand, daß dieselben Instanzen, die sich ansonsten als Verfechter eines geistigen Pluralismus hervortun, offenbar kein Problem damit haben, der schulischen Meinungs- und Lehrvielfalt mit einer ganz und gar einseitigen und eindeutigen Vorschrift die Richtung zu weisen:

»Angesichts der divergierenden Wertvorstellungen, die in der pluralistischen Gesellschaft aufeinanderstoßen und miteinander konkurrieren, drängt sich die Frage auf, ob der Staat überhaupt berufen ist, durch seine Schulen zu erziehen. ... Die Verortung der pädagogischen Freiheit in Art. 5 Abs. 3 GG (der die Freiheit der Lehre garantiert, ohne von der Verfassungstreue zu entbinden; F.H.) würde jedoch dem Staat die Kompetenz entziehen, Lehrpläne verbindlich zu machen; damit würde letztlich das Prinzip der staatlichen Schulhoheit aus den Angeln gehoben.« (Heckel 1, 41 und 235)

Frei kann die Lehre schon deswegen nicht sein, weil sonst die staatliche Schulhoheit beeinträchtigt wäre. Eine interessante Beweisführung, die sich mit dem *Zweck* des geistigen Pluralismus durchaus verträgt, wenn sie ihm widerspricht. Die *Gleichgültigkeit,* die der Pluralismus jeder Auffassung zuweist, um sie zu einer unmaßgeblichen privaten Meinung herabzustufen, ist für Untertanen genau das Richtige. Nicht so für den Staat. Das Gewaltmonopol beansprucht nämlich allgemeine Geltung, seine Meinung ist daher die *herrschende.* Dazu taugt der Kunstgriff, dem Rest der Welt Pluralismus und geistige Toleranz aufzuerlegen. Diese Festlegung der geistigen Inhalte des Unterrichts auf eine staatsnützliche Indoktrination ist eine »Ausübung hoheitlicher Befugnisse« (Heckel 1, 206), woran man sieht, daß der Lehrer bei der Zurichtung von Kinderköpfen seinen letzten Rückhalt nicht im besseren Argument, sondern in der Staatshoheit hat, die er ausübt.

Die zweite hoheitliche Funktion eines Beamtenpädagogen liegt darin,

»zu prüfen, Noten zu geben, über Versetzungen zu entscheiden ...« (Heckel 1, 206)

Auch dies ein bemerkenswertes Eingeständnis. Das schulische Prüfen hat gewiß nichts mit einer schlichten Sichtung des Wissensstandes zu tun, um entdeckte Schwächen und Lücken zu beheben. Dazu wären ordentliche Kenntnisse eines Pädagogen dienlich, nicht aber die staatliche Gewalt, als deren Exekution das Prüfungs- und Zensurenwesen ausdrücklich festgeschrieben ist. Dennoch hat es seine Richtigkeit, daß sich hier die geistigen Operationen des Prüfens und Beurteilens so ungeniert an die Gewalt anlehnen. In der Schule fahndet der Pädagoge nämlich nach Wissenslücken der Schüler, nicht, um sie zu beheben, sondern um sie per Note zu sanktionieren. Ein Moment der Willkür wohnt diesem Prinzip auch noch inne. Wie viele Fehler welche Note ergeben, macht ein Pädagoge vom Klassendurchschnitt abhängig, so daß der Erfolg des Schülers außer von seiner Leistung auch noch vom Zufall abhängt, wie es mit der Leistung des Klassenverbandes steht. Und an den so ermittelten Zensuren entscheiden sich schließlich die Karrierechancen, die jemand hat oder auch nicht. Der Gegensatz ist unübersehbar, der da im Klassenzimmer tobt. Die *Schüler* streben nach Leistung und guten Noten um ihres weiteren *Erfolges* willen. Der *Lehrer* prüft und benotet zum

Zwecke des dosierten *Ausschlusses vom Erfolg,* der dem Schüler zunächst weiterführende Bildungsgänge, später dann die gehobenen Berufe vorenthält. Die durch das staatlich verfügte Prüfungs- und Notenwesen bezweckte Auslese, die Jahrgang für Jahrgang zielstrebig eine Gaußsche Normalverteilung der Zensuren herausprüft, zieht zwar die Schülerleistung als *Mittel,* nicht aber als *Kriterium* der Notenfindung heran. Was also eine Leistung wert ist, entscheidet sich nicht an ihr, sondern an einer schulischen Bewertung, die sich ganz von der Erfüllung des Auslesezweckes abhängig macht. Deswegen liegt die Objektivität der Note, die einer Leistung mit einem amtlichen Stempel ihren Wert aufdrückt, nicht in einer mit den Mitteln der Vernunft entscheidbaren Beurteilung oder Messung von Schülerleistungen, sondern ganz im *staatlichen Willen,* den der Lehrer mit der Selektion exekutiert. Die Note ist daher kein wissenschaftliches Urteil, sondern ein staatliches *Macht*wort aus dem Mund beamteter Pädagogen.

Angesichts solcher Gegensätze zwischen Schule und Schülern verwundert es nicht, daß der Lehrer auch noch mit einer dritten hoheitlichen Funktion ins Rennen geschickt werden. Er ist von seinem Dienstherrn nämlich dazu berechtigt und beauftragt,

»die Disziplin in der Schule aufrechtzuerhalten.« (Heckel 1, 206)

Ob sich ein Schüler dem Unterrichtsgeschehen mental oder physisch entzieht, oder ob er nachhaltig Widerspruch einlegt gegen vorgetragene Inhalte oder gegen das Notensystem – sobald ein Lehrer den Willen des Schülers als untragbare Störung des Unterrichts qualifiziert, ist er zu seiner Brechung befugt. Die Ohrfeige, welche den Interessensgegensatz zwischen Lehreramt und Schülermaterial auf ein quasi-persönliches Gewaltverhältnis reduziert, ist aus der Mode gekommen. Moderne Erzieher greifen mit ihren Sanktionsmitteln auf das umfassende *staatliche* Gewaltverhältnis zurück, das sie im Rücken haben. Die Palette beginnt bei Strafarbeiten, die nicht so heißen, und kennt den Ausschluß von der Unterrichtsstunde, der sich im Extremfall bis zum Verweis von der Anstalt steigern kann. Jenseits eines persönlichen Streits läßt der Lehrer den Nachwuchs so seine lebenslange *Abhängigkeit* von staatlichen Einrichtungen spüren. Denn der Ausschluß vom Unterricht droht ja mit einer Minderung von Lebenschancen, um den Willen des Schülers unter die Spielregeln eines unterrichtlichen Ausleseverfahrens zu beugen, das besagte Lebenschancen keineswegs sichert.

Der Lehrerberuf hat also mit einer Vermittlung von Wissen ebenso wenig zu tun wie mit einer liebevollen Umhegung Minderjähriger. Er ist Staats*dienst* und sonst nichts. Das lassen Lehrer natürlich nicht auf sich sitzen. Nicht nur, daß sie aus den unterschiedlichsten Motiven heraus ihren Beruf ergriffen haben. Sie berufen sich gern auf die sie genießen. Vorbereitung und Durchführung des Unterrichts obliegen ganz allein ihnen, die Zensurenvergabe ebenso. Ob sie Disziplin vorrangig mittels Klassenbuch und harter Hand oder lieber mit Motivation und Teamgeist durchsetzen, ist ihrer persönlichen Vorliebe anheimgestellt. Lehrer schätzen diese pädagogischen Freiheiten so sehr, daß ihnen darüber deren Sinn und Zweck offenbar verborgen geblieben ist. Der liegt nämlich gar nicht darin, den Interessen und Auffassungen ihrer werten Person das Feld zu überlassen.

Unbestreitbar, der fertige Lehrer ist frei, wenn er vor seine Klasse tritt: Kein Schulrat kontrolliert dauernd seinen Unterricht, kein Direktor schreibt ihm vor, ob er sein Material für den Sozialkundeunterricht aus der Gewerkschafts- oder CDU-Zentrale bezieht oder ganz ohne auskommt, weil er sich seit 20 Jahren ohnehin nur auf den Zettelkasten stützt, den er aus der Referendarszeit besitzt. Diese Freizügigkeit hat ihren Grund. Die Indoktrination, auf die der Lehrer vereidigt, also verpflichtet wird, ist ein *Auftrag zur Überzeugung* der Schüler von der unwidersprechlichen Güte des demokratischen Rechtsstaates und seiner Einrichtungen. Und darin liegt ein Widerspruch. Der Zwang, mit dem der Pädagoge *auf* seinen Bildungsauftrag festgelegt wird, büßt *in seinem Vollzug* seine Wirksamkeit ein. Die aufgetragene Überzeugungsarbeit ist nämlich nur dann perfekt, wenn der Lehrer sich die verlangte Botschaft *zueigen* gemacht hat. Denn dann und nur dann ist er willens und in der Lage, sie mehr oder weniger überzeugend zu vertreten. Ähnliches gilt im übrigen auch für den Schüler. Die allgemeine Schulpflicht kann zwar den regelmäßigen Schul*besuch,* nicht aber die staatsbürgerliche Reife erzwingen, die er hervorbringen soll. Der staatliche Zwang stellt also die Voraussetzungen des Bildungsprozesses her und macht seine Ziele verbindlich, aber die Durchführung dieses Programms gelingt nur mit einem freigelassenen Willen, der sich die Überzeugungen zueigen gemacht hat, die er an andere weitergeben soll. Insofern ist die pädagogische Freiheit das unverzichtbare *Mittel,* der staatlichen Bildungspflicht zu genügen:

> *»Unterrichtliche Tätigkeit entzieht sich schematischer Weisung und Normierung. Sie erfordert ihrem Wesen nach einen Freiheitsspielraum und – soweit es sich um die Beurteilung von Schülern handelt – einen Beurteilungsspielraum. Alle Regelungen und Bindungen finden ihre natürlichen Grenzen in den Erfordernissen der jeweils einmaligen Unterrichtssituation .... Die pädagogische Freiheit ist dem Lehrer gewährt, damit er seine spezifischen Pflichten als Lehrer sachgerecht erfüllen kann.«* (Heckel 2, 195f)

Mit diesem Auftrag an die Freiheit des Pädagogen ist natürlich auch deren Grenze klar bestimmt:

»Von daher zeichnen sich auch die Grenzen der pädagogischen Freiheit ab. Sie dient weder dazu, den individuellen Ansichten und Überzeugungen des Lehrers zu Lasten des vorgeschriebenen Bildungskanons freien Lauf zu lassen, noch räumt sie ihm die Befugnis ein, im Unterrichtsniveau die vorgegebenen Qualitätsanforderungen zu unterschreiten.« (Heckel 1, 235)

Deutlicher kann man nicht mehr sagen, daß die Freiheit eine Funktion der Pflicht ist und ganz um ihretwillen existiert. Lehrer machen davon weidlich Gebrauch. Manche schleppen auf Video-Kassetten kritische Talk-Shows zur Asyldebatte ins Klassenzimmer, andere bevorzugen die eher konservativen Informationshefte zur politischen Bildung aus der Bonner Zentrale für Agitprop. Die

»methodische Freiheit ist grundsätzlich gewährleistet.« (Handbuch des bremischen Schulrechts, 148)

Welcher Methode der Lehrer den Vorzug gibt, wann er den »Methoden*wechsel«* als Kunstgriff einsetzt, um dje Klasse vor dem Einschlafen zu bewahren und bei der Stange zu halten, kann er mit sich selber abmachen.

Der *Rahmen,* in dem sich diese pädagogische Freiheit eines Lehrers so selbstsicher bewegt und wohlfühlt, kommt niemandem als Beschränkung vor. Das hat seinen Grund. Auf die Zielvorgaben des Lehrplans stößt kein Freigeist je als äußere Schranke seiner Betätigung, weil er sie längst zum inneren Bestandteil seiner Überzeugung gemacht hat. Dies belegt eindrucksvoll die Klage über die »Stofffülle«: hier sich über das *Umfang* des Stoffes beschwertr, der hat mit dem *Inhalt* kein Problem.

Auch das häufig als bürokratische Fessel geschmähte Prüfungs- und Notenwesen kommt ohne die Freiheit des Lehrers nicht aus. Der staatliche Auftrag zu Selektion verlangt nämlich nach einer sehr flexiblen Handhabung des Selektionsinstruments. Der Lehrer hat

»zwar kein Handlungsermessen, er hat aber ein Beurteilungsermessen.« (Staff, 254)

Mit anderen Worten: *Daß* der Lehrer Noten vergibt, steht nicht zur Disposition; *wie* er dies tut, obliegt seinem Ermessen. Und das kommt gleich vierfach zum Zug. Erstens verlangt das angestrebte Selektionsergebnis, das die Schüler auf die Notenskala von Eins bis Sechs normalverteilt, daß der Lehrer die Höhe der Meßlatte, also den Schwierigkeitsgrad seiner Prüfungsaufgaben von einem Leistungsstand abhängig macht, den er als durchschnittlichen seiner Klasse ermittelt hat. Andernfalls würden sich entweder die guten oder die schlechten Leistungen in einer Weise häufen, die sie für die Unterscheidung der Schüler unbrauchbar machen. Solche Ergebnisse werden im Extremfall höchst offiziell aus der Wertung ausgeschlossen. Die pädagogische Freiheit kommt ein zweites Mal zum Zug, nachdem die Prüfungsaufgaben absolviert und die Fehlerzahlen ermittelt sind. Welche Fehlerzahl mit welcher Note korrespondiert und wie viele Fehler zu einem Notensprung führen, will ebenfalls festgelegt sein. Und zwar in Abhängigkeit vom Gesamtergebnis so, daß im Prinzip und auf Dauer besagte Normalverteilung gewährleistet ist. Ihren Höhepunkt feiert die Freiheit des Lehrers – drittens – in der *mündlichen* Prüfung, die deswegen nicht fehlen darf, weil Leistung und Kontrolle nicht Gegenstand punktueller Klassenarbeiten, sondern ein Dauerprogramm sind. Die Neigungen, Vorlieben und Marotten des Lehrers, in denen sich die Vorgaben des Bildungskanons zu einem Charakter zusammengeschlossen haben, fungieren hier gleich als *Kriterium* der Benotung. Die Leistung des Pädagogen besteht nämlich beim mündlichen Prüfen ganz darin, unabhängig von einem ermittelten Klassendurchschnitt einen Vergleich zwischen seinen eigenen, mehr oder weniger persönlich eingefärbten Maßstäben und den Äußerungen des Probanden anzustellen, und zwar spontan, ohne weitere Reflexion auf deren Stimmigkeit oder ihr Verhältnis zu anderen Leistungen. Das in aller Freiheit herausgebildete Gefühl einer Person wird so zum Werkzeug der Benotung. Schüler wissen darum. Nur deshalb erkundigen sie sich nach dem *Charakter* von Paukern. Eine gute Note verlangt nämlich, mündliche wie schriftliche Äußerungen auf dessen jeweiligen Spleen abzustimmen. Viertens schließlich genießt der Erziehungsbeamte die Freiheit, in gewissen Fällen auch noch pädagogische Absichten mit dem Instrument der Note zu verfolgen. Der Typ mit der sozialen Ader gibt sich schon einmal generös und vergibt eine Drei, wo sein Taschenrechner eine 3,5 ausspuckt und mit den Mitteln der Arithmetik allein nicht entscheidbar ist, ob der Schüler eine Drei oder Vier verdient hat. Man will ja schließlich den eifrigen, aber wenig erfolgreichen Willen anspornen. Der scharfe Hund dagegen macht es umgekehrt, weil er der Renitenz oder Drückebergerei des Schülers einen Schuß vor den Bug setzen will. Insbesondere hier sehen dann auch solche Lehrer, die das Zensurenwesen schon einmal als unerträgliches Korsett beschimpfen, ganz ihre Freiheit zum Zuge kommen, obwohl sie mit dieser Einbildung doch nur dem Auftrag der Selektion nachkommen. Diese flexible Handhabung des Instruments der Selektion ist nämlich in deren Sinne. Auf diese Weise wird der *Wille* des Schülermaterials tauglich gehalten, sich der Ausleseprozedur zu unterwerfen. Konsequenterweise bestimmen sich auch die Grenzen dieser pädagogischen Funktionalisierung des Zensurenwesens aus demselben Zweck:

> *»Die pädagogische Funktion der Schülerbeurteilung darf jedoch nicht dazu führen, daß die Benotung selbst pädagogisiert, also von den generellen Standards abgelöst wird. Maßstab der Leistungsbewertung sind vielmehr die für die jeweilige Schulart und Jahrgangsstufe verbindlichen Anforderungen, wie sie sich insbesondere aus den Lehrplänen ergeben.«*
> (Heckel 1, 347)

Damit also der Zweck des Zensurenwesens erfüllt wird, muß der Lehrer zur flexiblen Handhabung seiner Instrumente befugt und beauftragt werden. Ohne den intensiven Gebrauch der pädagogischen Freiheit ist die staatliche Pflicht zur Selektion gar nicht zu haben.

Ähnliches gilt auch in Bezug auf die dritte hoheitliche Funktion, die Disziplin. *Daß* der Lehrer gehalten ist, Ordnung in seinen »Sauhaufen« zu bringen, enthält noch keine Vorgabe darüber, *wie* er dies am geschicktesten erreicht. Manche Schüler sind durch eine moralische Standpauke nicht zu bändigen, also ein Fall für disziplinarische Mittel vom Klassenbucheintrag an aufwärts. Andere dagegen sind schwer zu beeindrucken, wenn der Lehrer sie heftig und »in aller Freundschaft« an Anstand und Fügsamkeit erinnert, auf die ein pädagogischer Fan von Teamgeist und Kooperation Anspruch erhebt. Die harte Gangart kann sogar in manchen Fällen die Verweigerungshaltung erst so richtig anstacheln, die es zu bekämpfen gilt. Also muß der Lehrer in aller Freiheit vor Ort selbst entscheiden, wie er seinen Schutzbefohlenen am besten beikommt.

Auch hier gilt, was sich für die Unterrichtsinhalte und die Zensurenvergabe ergeben hat: Die pädagogische Freiheit ist der notwendige Modus staatlicher Pflichterfüllung, also kein Grund, im Lehrerberuf etwas anderes zu sehen, als er ist – Staatsdienst eben.

3. Das Beamtenrecht

Die staatlich verfügte Verwechslung von Bildung mit der staatsbürgerlichen Zurichtung und Sortierung von Kindern versteht sich nicht von selbst und ist vielleicht auch nicht jedermanns Sache. Zumindest die Aufsichtsbehörde sieht das so. Die Erfüllung des Lehrauftrags traut sie nämlich nur solchen Leuten zu, die sich für eine Dienstverpflichtung der härteren Art eignen:

> *»Die Verfassungstreuepflicht (politische Treuepflicht), die für jedes Beamtenverhältnis gilt, ist als hergebrachter Grundsatz des Berufsbeamtentums (Art. 33 Abs. 5 GG) von Verfassungs wegen zu beachten. Sie fordert mehr als nur eine formal korrekte, im übrigen uninteressierte, kühle, innerlich distanzierte Haltung gegenüber Staat und Verfassung. Gerade vom Lehrer ist ein positives Verhältnis zur Verfassung zu verlangen.«* (Heckel 1, 209f)

Die politische Treuepflicht...

Im Unterschied zu einem gewöhnlichen Arbeitsvertrag bezieht sich die hier ausgesprochene Verpflichtung nicht nur auf die beruflichen *Aufgaben* des Lehrers, sondern auf seine ganze *Person.* Gleichgültig, ob ein Lehrer in seinem Unterricht überhaupt mit politischen Fragen oder nur mit der Mathematik befaßt ist, die Treue zur Verfassung wird ihm in jedem Fall zur Pflicht gemacht. Und zwar sehr prinzipiell. Die Liebe zum Staat soll jenseits eines theoretischen Dafür und Dawider als *Herzenssache,* also als positives *Gefühl* vorliegen, das keine innerliche Distanz zur freiheitlich demokratischen Grundordnung kennt und zuläßt. Diese universelle Inpflichtnahme von Verstand und Gefühl gilt nicht nur innerhalb, sondern auch außerhalb des Dienstes im engeren Sinn, den ein Lehrer im Klassenzimmer versieht:

> *»Auch außerhalb des Dienstes muß sich der Lehrer seiner besonderen Stellung und Verantwortung bewußt sein.«* (Heckel 1, 254)

Dieser Anspruch reicht bis in die letzten Winkel der Privatsphäre hinein:

> *»Jedenfalls darf der Lehrer durch seinen Lebenswandel die Glaubwürdigkeit als Erzieher nicht aufs Spiel setzen. Er handelt z.B. pflichtwidrig, wenn er leichtfertig Schulden macht, seine berufliche Stellung für private Vorteile ausnützt (etwa dadurch, daß er Schüler oder Eltern anborgt), sich herabsetzend über Schüler oder Kollegen äußert.«* (Heckel 1, 254)

Auch als *Privatmann* steht der Lehrer also in einem Dienstverhältnis, obwohl er da weder unterrichtet noch Geld verdient. Dieser staatliche Radikalismus hat seinen Grund im Beruf des Lehrers: Sein ganzer *Inhalt* besteht in der Exekution der dargelegten staatlichen Funktionen. Und auf deren uneingeschränkte Durchsetzung besteht der Staat so absolut, daß er in der Person der zuständigen Funktionäre keine Distanz duldet. Der Lehrer muß seine staatliche Funktion *leben,* damit er als brauchbares Werkzeug seines Dienstherrn gelten kann. Denn das *ist* der Beamte. Übrigens nicht nur in der Schule, sondern auch in jenen Fällen, wo Beamte zur Bereinigung eines staatlich definierten Notstands herangezogen werden, in denen sie als Streikbrecher oder im Lazarettdienst ihre unbedingte Verfassungstreue unter Beweis stellen können.

...und ihre Konsequenzen

Das Beamtenrecht vereidigt einen Pädagogen also nicht einfach auf die geflissentliche Erledigung der schulischen Aufgaben, sondern verpflichtet die ganze Person des Pädagogen auf den Staat und seine Anliegen. Das hat Konsequenzen.

Die freiheitlichen Grundrechte, auf die ein Beamter seinen Eid ablegt, gelten *für ihn* so nicht:

> *»Die Grundrechte stehen auch dem Beamten zu. Ihre Ausübung unterliegt aber insoweit Einschränkungen, als Sinn und Zweck des Beamtenverhältnisses (Art. 33 Abs.4 und 5 GG) und die Erfüllung des staatlichen Erziehungsauftrages (Art. 7 Abs. 1 GG) dies notwendig machen.«* (Heckel 1, 219)

So genießt der Beamte das Koalitionsrecht, ein *Streikrecht* steht ihm aber nicht zu. Daher gelten schon der

> *»Aufruf zum Streik, aber auch streikähnliche Maßnahmen – z.B. Bummelstreik (Dienst nach Vorschrift), Demonstrationsstreik – als Verletzung der Treuepflicht.«* (Heckel 1, 229)

Das ist konsequent: Ein *Recht auf Widerstand* gegen staatliche Belange kann es vom Standpunkt des Gewaltmonopols nicht geben. Den Streik der sogenannten arbeitenden Bevölkerung läßt der Staat auch nur gewähren, solange er die Marktwirtschaft nicht über Gebühr strapaziert oder gar in Frage stellt. Gegenüber seinen Staatsfunktionären bekennt er sich zur Quintessenz dieser Haltung. Ein Streik in dieser Sphäre wird nicht in staatszuträgliche *Grenzen* eingebannt, sondern gleich *verboten.*

Auf derselben Linie liegt die *Mäßigungspflicht,* die einem Beamten auferlegt ist. Politische Aktivitäten

> *»sind grundsätzlich zulässig, jedoch im Inhalt durch die Verfassungstreuepflicht, in der Form durch die Mäßigungspflicht beschränkt. ... Dabei solle der Lehrer stets bedenken, daß das, was von Rechts wegen gerade noch erlaubt ist, nicht immer der Weisheit letzter Schluß bedeutet.«* (Heckel 1, 230)

Ein Wort gegen die Nachrüstung ist manch einem Pädagogen zum Verhängnis geworden, weil es nach dem Geschmack des Dienstherrn entweder zu forsch, oder am falschen Platz ausgesprochen wurde. Die Meinungsfreiheit, die manche Kritik erlaubt, wenn sie sich nur zu ihrer praktischen Folgenlosigkeit bekennt und den Wunsch nach Veränderung bei den zuständigen Instanzen ablädt, schränkt der Staat für einen Beamten ein, indem er ihn gleich auf deren Ziel festlegt. Das Ja zum Staat soll hier nicht über den Umweg einer kritischen Distanz zu ihm zustandekommen, sondern im Idealfall gleich der *Inhalt* der vorgetragenen Meinung sein.

Von daher versteht sich, daß dem beamteten Lehrer die Mitgliedschaft in einer falschen Partei den Job kosten kann. Mehr noch, selbst die bloß unterlassene Distanzierung von solchen kann ihm zum Verhängnis werden. Welches die falschen im Unterschied zu den richtigen Parteien sind, erkennt man nicht an den richtigen oder falschen Argumenten, die sie vertreten. Die Wahrheitsfindung ist mit dem Urteil des *Staates* über eine Partei fertig, auch dann, wenn ein nach rechtsstaatlichen Gepflogenheiten ergangenes Gerichtsurteil nicht vorliegt:

> *»Die Verfassungstreuepflicht fordert von ihm, daß er sich eindeutig von Gruppen und Bestrebungen distanziert, die den Staat seine verfassungsmäßigen Organe und die geltende Verfassungsordnung angreifen, bekämpfen und diffamieren. ... Die Mitgliedschaft in einer Partei, die verfassungsfeindliche Ziele verfolgt, ist für die Beurteilung der Verfassungstreue des Beamten nicht schon deshalb irrelevant, weil die Verfassungswidrigkeit der Partei nicht durch das Bundesverfassungsgericht festgestellt ist.«* (Heckel 1, 233)

Selbstverständlich gelten solche anspruchsvollen Maßstäbe nicht nur für die außerschulische Betätigung, sondern erst recht und verschärft in der Schule selbst. Was vor dem Schultor gerade noch erlaubt ist, wird dahinter zu einem

Dienstvergehen. Das »Tragen von Plaketten« (Atomkraft – Nein Danke!) ist einem Lehrer ebenso verboten, wie das »Verteilen von Flugblättern«. (Heckel 1, 231) Politisch *Partei* zu ergreifen, verträgt sich nicht mit seiner Aufgabe, für den Staat zu erziehen, der bekanntlich *über* allen Interessen und Parteien steht.

Mit der

Gehorsamspflicht

stellen die Behörden klar, wie alle etwaigen Streit- und Zweifelsfälle im Schulbetrieb gelöst gehören:

> *»Es ist selbstverständliche Pflicht des Lehrers, daß er in seiner schulischen Tätigkeit die geltenden Vorschriften, Richtlinien usw. beachtet und Anordnungen seiner Vorgesetzten befolgt.«* (Heckel 1, 253)

Ist eine Unterrichtseinheit zum Thema »Die BRD – größter Waffenschieber Europas« noch zum verantwortungsvollen Gebrauch der pädagogischen Freiheit zu rechnen oder nicht? Klarheit schafft da die Bildungsbehörde. Nicht mit guten Argumenten, sondern in letzter Instanz mit ihrer Weisungsbefugnis, der sich der Beamte beugen muß. Genauso wie im umgekehrten Fall, wo das Bildungsministerium seinerseits einmal ein Thema außer der Reihe verbindlich macht, um in brisanten Lagen für die Linie der Nation agitieren zu lassen, zuletzt geschehen anläßlich des westlichen Krieges gegen den Irak.

Ihre Überzeugungskraft beziehen all diese Paragraphen aus dem

Disziplinarrecht

das Zuwiderhandlungen bestraft. Und weil der Lehrer nicht nur ein Bürger, sondern obendrein Beamter ist, unterliegt er einer doppelten Beurteilung und – gegebenenfalls – Bestrafung:

> *»Verletzt der Beamte seine Dienstpflichten, kann er strafrechtlich, disziplinarrechtlich und haftungsrechtlich zur Verantwortung gezogen werden. ... Manche Delikte werden schwerer bestraft, wenn sie im Amt begangen werden (z.B. Körperverletzung nicht nach § 223 StGB, sondern nach § 340 StGB), andere können überhaupt nur von Amtsträgern begangen werden (z.B. Vorteilsannahme und Bestechlichkeit, §§ 331, 332 StGB).«* (Heckel 1, 276)

Die Disziplinarmaßnahmen reichen vom Verweis über Geldbuße, Gehaltskürzung und Versetzung bis zur Entfernung aus dem Amt.

Der Weg zum Erziehungsbeamten

gestaltet sich genauso anspruchsvoll wie die staatlichen Maßstäbe, denen er genügen muß. Ob ein Absolvent der Hochschule für den Schuldienst taugt, gilt mit dem akademischen Grad keineswegs als erwiesen. In einem Referendariat hat er sich mit den Gepflogenheiten des Schuldienstes vertraut zu machen. In einer *Probezeit* müssen die künftigen Beamten dann ihrem Dienstherrn beweisen, daß sie geistiges Niveau und unbedingte Verfassungstreue für dasselbe halten und von der ihnen zugeteilten staatlichen Gewalt den rechten Gebrauch zu machen verstehen. Wer diesen Beweis erbracht hat, ist Garant dafür, daß er Schule halten kann, ohne mit seinen Vorgesetzten prinzipiell anzuecken. Dafür darf er sich dann einer

Alimentation

erfreuen, die einen beamteten Pädagogen all der Sorgen enthebt, mit denen diejenigen zu kämpfen haben, die er und seinesgleichen mit einem Volksschulabschluß in die arbeitende Bevölkerung versetzt haben. Mit erfreulich wenig Schweiß verdient der Lehrer ein vergleichsweise ansehnliches Salär und kann sich auf eine Pension freuen, die den Lebensabend nicht notwendig zum Frust geraten läßt. Im Unterschied zum Dauersparprogramm, das der Staat in der Abteilung Soziales veranstaltet, mutet diese Großzügigkeit zunächst seltsam an. Dennoch hat es damit seine Richtigkeit. Der Staat will nämlich die Lehrerschaft als *unbedingt loyalen Vollstrecker* seiner hoheitlichen Funktionen, und deswegen enthebt er sie durch eine gediegene materielle Versorgung der gröbsten Sorgen, damit er nicht selbst zum Produzenten einer Unzufriedenheit wird, die gegen den verlangten Dienst ausschlägt. Das Verfahren sieht der Bestechung ähnlich, ist aber keine. Nicht zuletzt deswegen, weil von einem abweichenden oder gar widerständigen Willen der Lehrerschaft nicht die Rede sein kann, der erst durch ein fürstliches Bestechungsgeld von A 13 auf die staatliche Linie gebracht werden müßte.

Das stellt auch der Staat in Rechnung, wenn er sich so seine Gedanken über die Besoldung und Bestallung von Lehrern macht. Jederzeit kündbare *Angestellte* statt beamtete Pädagogen, womöglich noch mit einem deutlich abgesenkten Gehalt, werden gelegentlich ins Gespräch gebracht. Da fügt es sich gut, daß die BRD von einem Lehrkörper verwöhnt ist, der an Loyalität und Pflegeleichtigkeit nichts zu wünschen übrig läßt. Also wird man so etwas wohl auch ohne die teuren Sondervergünstigungen des Beamtenstatus erhalten, so denkt man in Bonn. Andere Länder machen es ja vor: Die Erziehung zum Staatsbürger geht auch *ohne beamtete* Pädagogen, wenn die intellektuelle Dienstbarkeit längst vor dem Beamteneid zur zweiten Natur der gebildeten Stände geworden ist.

II. Charakterologie des Paukers

›Es gibt sie nicht mehr, die wirklichen Idealisten!‹, so seufzt die Öffentlichkeit, wenn sie wieder einmal einen schulischen Mißstand entdeckt zu haben meint. Ob es an menschlicher Wärme im Klassenzimmer fehlt oder ob GEW-Lehrer für Arbeitszeitverkürzung demonstrieren, die öffentliche Diagnose wittert hier einen schnöden Materialismus des Lehrpersonals, dem der pädagogische Idealismus abhanden gekommen ist. Dabei liegt dieser Befund gleich doppelt falsch. Am idealistischen, also guten Willen des Lehrkörpers entscheidet sich gar nicht, ob und zu wessen Nutzen und Frommen die Schulausbildung gelingt. Und zweitens gibt es keinen einzigen Lehrer, der *nicht* Idealist seines Berufs wäre. Der ernüchterte Realist, der scharfe Hund und der Zerknirschte – all diese Charaktere sind Abkömmlinge des Idealismus, mit dem fast jeder Pauker seine Laufbahn beginnt.

1. Der Idealismus

zu Beginn der Karriere besteht schlicht in dem Vorsatz, ›es‹ besser zu machen. Besser als die Pauker, unter denen man selbst als Schüler ein wenig gelitten hat. Der Unterricht soll motivierend statt langweilig, die Noten gerecht statt unbarmherzig sein, der Lehrer will als Vertrauensperson seiner Schüler geschätzt und respektiert, statt als scharfer Hund gefürchtet werden. Mit einem Wort: Das erzieherische Bemühen des Lehrers und der Wille der Schüler sollen sich zu einem harmonischen Miteinander ergänzen. Und warum sollte das nicht gelingen? Haben die frischgebackenen Beamten nicht auf der Universität gelernt, daß Erziehung, richtig aufgefaßt, nichts anderes als ein selbstloser Dienst am Kind ist? Die Rosinen im Kopf spornen den jungen Pädagogen sogar zu manchen Anstrengungen an, die ältere Kollegen nur müde belächeln können. Goldhamster und spannende Video-Clips werden im Unterricht präsentiert, um das Interesse der Kleinen zu wecken. Bleiben Hausaufgaben hier oder da unerledigt, läßt der junge Lehrer mit Rücksicht auf die soziale Schieflage im Elternhaus Milde walten. Ganz Engagierte bieten sogar für die schwächsten Schiffe im Geleitzug privaten Förderunterricht an. Gut gelitten sind auch Diskussionen im Klassenzimmer, in denen der Pädagoge seinen Unterricht und seine Person auf den Prüfstand seiner Schüler stellen läßt. So soll er sich dann einstellen, der Teamgeist, der anstelle des Kadavergehorsams für Ordnung sorgt. Das alles hilft nichts. Da gibt es Schüler, die im Unterricht schlafen. Manche kompensieren ihre Faulheit durch den offen Betrug bei Klassenarbeiten. Es gibt Tage, da geht die Klasse einfach über Tisch und Bänke. Und der gute Wille des Idealisten hat auch nicht verhindern können, daß er einigen Vertretern auf der Zeugniskonferenz glatt ungenügende Leistungen bescheinigen und die Versetzung verweigern mußte. An die Stelle der gewünschten Harmonie zwischen Lehrer und Schülern ist der offene Gegensatz und tägliche Kleinkrieg getreten.

So rückt der Tag näher, an dem sich der Idealist die Frage vorlegt, *warum* das so ist. Daß die Schule mit ihrer geistigen Zurichtung und Auslese einen *Zweck* verfolgt, der *notwendig im Gegensatz* zum Schüler steht, will niemand so sehen. Engagierte Pädagogen verdrehen in ihrem Idealismus die schulische Erziehung lieber zu einer kindgerechten Förderung des Nachwuchses, die nur sein Bestes will. Und von diesem theoretischen Fehler, mit dem der gute Wille die Schulwirklichkeit schönfärbt, läßt der Idealist auch dann nicht, wenn die Realität ihm auf der ganzen Linie widerspricht. Er hält stattdessen an seiner *eingebildeten* Zweckbestimmung der Schule fest und erklärt die wirkliche Schule mit ihrer Zwecksetzung zur *schlechten Bedingung* für die Verwirklichung des nur in der idealistischen Einbildung existierenden Ziels. Für eine gewisse Zeit stachelt diese falsche Einsicht den Willen an, die für schlecht erachteten Bedingungen eben zu verbessern, damit sich die ersehnte Harmonie im Unterricht einstellt. Manch einer legt ein Intermezzo in der GEW ein, andere abonnier(t)en Päd-extra. Ändern aber tut sich am häßlichen Schulalltag nichts, so daß früher oder später in einem idealistisch gesonnenen Pädogogen die Einsicht reift, daß die schlechten Bedingungen seines ehrenwerten Anliegens wohl *unabänderlich* sind.

2. Der Realismus

der sich darüber einstellt, hat den Idealismus nicht verworfen, sondern *ergänzt.* Um die falsche Gewißheit nämlich, daß die Wirklichkeit an ihrer eigenen Zwecksetzung vorbeigeht, die ihr der Idealismus in seiner Einbildung nach wie vor zuschreibt. Die Gründe, die Pädagogen dafür anführen, ordnen sich in drei Abteilungen ein. Die *Schule,* die *Schüler* und selbst die Person des *Lehrers* kommen für den Realisten allesamt als Erklärungen dafür in Betracht, warum in der Realität ein Ziel scheitert, das es nur in seinem Kopf gibt. Wo ein Pädagoge eine dieser drei Begründungen zu seiner Domäne erklärt und sich danach verhält, bringt er es sogar zu einem von anderen Typen deutlich geschiedenen *Charakter.* Da gibt es den Ernüchterten, der sich über die Schule nichts mehr vormacht. Oder den scharfen Hund, der in den Schülern das Böse ausgemacht hat und sie dafür mit seiner Niedertracht überzieht. Und schließlich ist da noch der vor lauter Selbstkritik Zerknirschte. Daß einem Kenner der Schule solch pointierte Charaktere eher unrealistisch vorkommen, rührt nur daher, daß der Durchschnittslehrer alle drei Haltungen mehr oder weniger zugleich an sich pflegt und je nach Tagesform herauskehrt.

Die Ernüchterung
ist der Kater eines Idealisten, der weiß, daß die Schule selbst mit ihren Organisationsprinzipien das größte Hindernis für die Rosinen in seinem Kopf darstellt. Er beklagt eine zu große »Stoffülle« ebenso wie den überhöhten »Leistungsdruck« des Zensurensystems. Beides hält er für »demotivierend«. Nimmt man noch den »Bürokratismus« hinzu, wird solchen Leuten endgültig klar, daß das Klassenzimmer keine Stätte zwischenmenschlicher Begegnung sein kann. »Schulstreß« statt menschlicher Wärme macht sich breit. Die Erfahrung hat einen ebenso wie B. Brecht gelehrt, daß »die Verhältnisse« eben nicht so sind. Der Idealismus lebt dabei fort und zwar im guten Gewissen, das die zunehmende Routine und den Alltagstrott begleitet. Der Ernüchterte reißt sich kein Bein mehr aus, um seine Meute mit Späßen und Einlagen zu motivieren. Die Vorbereitung auf den Unterricht spielt sich zunehmend mehr nur noch in den Fünfminuten-Pausen und mit Arbeitsbögen ab, deren Eselsohren ihr betagtes Alter verraten. Die Fünf, die einem Schüler den »Todesstoß« versetzt, bringt nun auch sein Innerstes nicht mehr in Wallungen. Denn soviel ist klar: *Man selber* hat aus den schlechten Bedingungen der Schulwirklichkeit das Beste gemacht. Auf *ihr* Konto gehen die Späne, die anfallen, wo der Pädagoge seinen Hobel ansetzt. Mit diesem pädagogischen Ethos läßt sich komfortabel Schule halten.

Die Rache
hält es da anders. Ein Lehrer, der sich zur Rache hinreißen läßt, hat sich einleuchten lassen, daß sein Idealismus am Schülermaterial gescheitert ist. Da bereitet man sich gründlichst vor, macht sich aus jeder Fünf, die man leider nicht umgehen konnte, ein schlechtes Gewissen – und wie wird einem das alles von den Schülern gedankt? Gar nicht. Stattdessen dasselbe Bild wie überall. Im Unterricht sind sie unaufmerksam und stören. Schlechte Noten nehmen sie nicht als pädagogisch wertvolles Auskunftsmittel über ihren Leistungsstand, das sie zu vermehrter Anstrengung anspornt. Stattdessen suchen sie die miesen Zensuren auf dem Wege des Betrugs zu umgehen. Wen wundert es, daß diese Verweigerungshaltung alles pädagogische Bemühen von vornherein zum Scheitern verurteilt? Den Pädagogen jedenfalls nicht. Er hält die durch den Schulunterricht *erzeugten* Verhaltensweisen desinteressierter Anteilnahme und Mogelei für schlechte charakterliche *Voraussetzungen,* welche die Schüler ins Klassenzimmer importieren. Warum sie das tun sollten, wenn der Unterricht einzig und allein zu ihrem Besten ist, bleibt unerfindlich. Die Erklärung, zu welcher der Pädagoge Zuflucht sucht, ist denn auch keine. Sie besteht in dem rein negativen Schuldspruch, daß die Schüler jene Dankbarkeit und Folgsamkeit *vermissen* lassen, wie sie die aufopferungvolle Hingabe des Pädagogen doch wohl verdient hätte. So fühlt sich der gute Mann um sein Recht betrogen und in seiner persönlichen

Ehre verletzt. Und mit diesem Befund steht fest, was die Schüler ihrerseits verdient haben: Die *Rache* des Pädagogen, dessen guter Wille einzig an der vorsätzlichen und allein gegen ihn gerichteten Widerständigkeit jener zuschanden wird, denen er mit Wohltaten auf die Beine helfen wollte. Dieses Pathos reicht dazu aus, eine Klasse mit Gehässigkeiten jeder Art zu überziehen und daraus einen Sport zu machen. Der Notenknüppel entfaltet so richtig seine Wucht, wenn Schüler mit Prüfungsaufgaben unangekündigt überfallen werden. Berücksichtigt man noch die gewußten Schwachstellen bei der Aufgabenstellung, sollte die Blamage falscher Fünfziger oder gleich der ganzen Mannschaft problemlos gelingen.

Einen dritten Weg gehen jene, welche sich auf

Die Selbstbezichtigung

verlegt haben, um sich das Scheitern ihrer idealistischen Blütenträume zu erklären. All jene Mißlichkeiten, welche manche Kollegen auf die Schulorganisation oder das Schülermaterial schieben, legt dieser Typus sich selbst zur Last. Die Lehrerpersönlichkeit hat versagt und es einfach nicht verstanden, die Schüler zu motivieren und einen Unterricht in geordneten Bahnen abzuhalten. Theoretisch liegt auch dieser der Befund daneben. Denn die beklagten Unarten der Schüler sind keine abhängige Variable des Lehrercharakters, sondern notwendiges Produkt des Schulzwecks. Praktisch aber leuchtet dem zerknirschten Pädagogen sein Fehlschluß so sehr ein, weil *andere* Kollegen ihren Auftrag doch schaffen. Also muß es an ihm liegen, wenn er mit Krampen beschossen und auf Reißzwecken gesetzt, statt mit Vertrauen oder Respekt bedacht wird. Dabei täuscht er sich. Sein persönliches Versagen hat gar nicht die Renitenz der Schüler *hervorgebracht.* Es besteht darin, seiner nicht Herr zu werden, weil er die Autorität gegenüber den Schülern nicht zu *verkörpern* versteht, die er qua Amt hat.

Das nutzen Schüler gern aus. Das Lernziel »Füge dich den Autoritäten!«, das ihnen der Lehrkörper in zig Varianten einbleut, *beherzigen* sie nämlich, statt es zu kritisieren. Ein scharfer Hund kann ihre Bewunderung auf sich ziehen, weil er sich so schneidig durchsetzt. Der Weichling aber läßt alle Attribute einer Autorität vermissen, auf die ein Untertan Anspruch hat, der nach Führung verlangt. So ist der antiautoritäre Gestus und die kleinliche Gehässigkeit, mit der Schüler einen Schwächling überziehen, nichts als das Echo eines untertänigen und autoritätsgläubigen Charakters, wie ihn die Schule bildet. Manch einem Lehrer kann er zum Verhängnis werden, wenn er in seinem eigenen Charakter praktisch hinter den Maßstäben einer Autorität zurückbleibt, die er theoretisch den Schülern einimpft. Ein Berufsrisiko, das sich in engen Grenzen hält und nur Ausnahmeexemplare wirklich trifft.

Die heute verbreitete moderne Form der pädagogischen Selbstbezichtigung ist von einem anderen Schlag als die hier besprochene Haltung. In Fortbildungsseminaren bestätigen Lehrer sich gern unter kundiger Anleitung von Psychologen, wie sehr man unter »Schulstreß« leidet. Ein Lehrer muß heute offenbar ein wahrer Überlebenskünstler sein. Es gilt als chic, sich wechselseitig und öffentlich darin zu bestärken, daß man es unsäglich schwer hat und seiner beschädigten Persönlichkeit nur noch durch gruppendynamische Sitzungen auf die Sprünge helfen kann. In denen stellt sich dann so etwas wie der *Genuß* am eigenen Leiden ein. An ihm soll man nämlich ablesen, wie ungemein ernst und wichtig der Pädagoge den Idealismus seines Berufsstandes nimmt. So wichtig, daß er fast darunter zerbricht, über einen Gefühlspanzer nicht zu verfügen, mit dem er sich über die Enttäuschungen des Idealismus hinwegsetzen könnte. Daß man nicht mehr *kann,* bezeugt eben nur, wie sehr man *will.* Man ist sensibel und deswegen so betroffen. So ist am Ende beides geadelt: Der pädagogische Idealismus und die schon fast heroische Figur des Lehrers, die ihm noch im Leiden darüber treu bleibt, daß der Idealismus in der Wirklichkeit nicht existiert. Das hebt die Stimmung, weswegen besagte Wochenendseminare ganz ungezwungen in gemeinsame Kochabende und Tanztees einmünden.

F. Reform und Alternativen

I. Schulreform

»Wir müssen dafür sorgen, daß auch das ›Educated in Germany‹ ein Markenzeichen bleibt.« (H. Kohl)

Die Dreigliedrigkeit des deutschen Schulwesens hat sich als zweckmäßig erwiesen. Ihre Funktion, *vor* dem Arbeitsmarkt eine Auslese *für* ihn zu bewerkstelligen, stand nie und steht auch jetzt nicht zur Debatte. An Nachwuchs für die geistige Elite hat es nicht gefehlt und Nachschub für die unteren Ränge traf auch regelmäßig und in ausreichendem Maße aus Haupt- und Realschulen in den Berufsschulen oder gleich auf dem entsprechenden Arbeitsmarkt ein.

Gelegentlich wurde mit Reformen etwas nachgeholfen. Sie krempelten nicht das Schulsystem um, sondern *ergänzten* es um Instrumente zur *konjunkturgemäßen Verteilung* des Nachwuchses auf die drei Abteilungen. Daß jede dieser an einer Hand abzuzählenden Reformen nach 1945 jeweils mindestens »die nackte Existenz des Volkes« (Wirsing, in: Picht, 12) rettete oder dafür sorgte, daß »Deutschland als Kulturstaat noch erhalten« bliebe (Picht, 87) bzw. umgekehrt all dies auf's Spiel setzte, darf man nur in einer Hinsicht ernst nehmen. Nicht um eine verbesserte Ausstattung des Nachwuchses mit vernünftiger Bildung war es den Schulreformern zu tun. Sie hatten immer Höheres im Sinn: Die *Stellung Deutschlands in der Staatenkonkurrenz* war ihr ausschließlicher Maßstab, also das Interesse an einem politischen, ökonomischen und »kulturellen« Rangplatz Deutschlands weit oben an der Spitze der westlichen Staatengemeinschaft.

1. Die erste Bildungskatastrophe: Zu wenig Abiturienten

Die Ausrufung einer ersten »Bildungskatastrophe« erfolgte 1964 durch G. Picht. Er untermalte seine Katastrophenszenarios vor allem mit Argumenten der folgenden aparten Art:

»Im nächsten Jahrzehnt wird Frankreich um einhundertfünfzig Prozent mehr und dazu weitaus bessere Abiturienten haben als die Bundesrepublik mit einer Zunahme von nur vier Prozent. Welche Wirkungen das auf unsere wirtschaftliche und politische Gesamtsituation haben wird, kann man sich ausmalen. ... Die Zahl der Abiturienten bezeichnet das geistige Potential

eines Volkes, und von dem geistigen Potential sind in der modernen Welt der Konkurrenzfähigkeit der Wirtschaft, die Höhe des Sozialprodukts und die politische Stellung abhängig. ... Der französische Soziologe Alfred Sauvy stützt darauf die überzeugende Prognose, daß Frankreich im Jahr 1970 das Zentrum von Europa sein wird. Hingegen wird die Bundesrepublik in naher Zukunft wegen der Rückständigkeit ihres Bildungswesens auch wirtschaftlich und politisch nur noch eine untergeordnete Rolle spielen.« (Picht, 14 + 26)

Diese Ausmalung eines nationalen Bildungsnotstandes verfehlte ihre Wirkung nicht. Der Spitzenplatz in Europa gebührt doch nicht den Franzmännern, sondern uns, empörte sich – z.T. nicht einmal hinter vorgehaltener Hand – die nationale politische Führung. Mit der Selbstbescheidung auf politisches Zwergentum, derer »wir uns« doch angeblich wegen »unserer Vergangenheit« befleißigen mußten, konnte es also nicht allzu weit her sein. Und wer es bis dato noch nicht begriffen hatte, dem durfte es in dieser ersten nationalen Bildungsdebatte nicht mehr verborgen bleiben. Deutschland strebte damals mit Macht an, was es jetzt erreicht hat: eine europäische Führungsrolle und einen internationalen Spitzenplatz in der imperialistischen Konkurrenz gleich hinter den USA. Wobei die demütige Berufung auf den deutschen Faschismus nur die unverdächtige ideologische Fassade für den erneuten Anlauf zu einem Großdeutschland abgab.

Unbestritten galt die doppelte Gleichung:

»Bildungsnotstand heißt wirtschaftlicher Notstand« (Picht, 17),

und wirtschaftlicher Notstand bedeutet – das wußten außenpolitische Pragmatiker aus den Erfahrungen von 20 Jahren Nachkriegsgeschichte – am Katzentisch der Weltgeschichte Platz zu nehmen, wo Deutschland nun einfach nicht hingehört.

Dabei war es herzlich gleichgültig, daß niemand darüber Auskunft geben konnte, wie denn der behauptete Zusammenhang zwischen der Anhebung des Abiturientenausstoßes einerseits und steigenden Wachstumsraten des Sozialprodukts, einer positiven Zahlungsbilanz bzw. der Konkurrenzfähigkeit der deutschen Wirtschaft andererseits beschaffen sein sollte. Man war sich sogar nicht einmal einig darüber, worin die beiden Notstände im einzelnen bestehen würden.

Den einschlägig interessierten Politikern genügten jedoch ganz bestimmte Alarmsignale, um tätig zu werden: Da machten andere und vergleichsweise »ärmere Länder« relativ größere finanzielle Bildungsanstrengungen. Da klagte die Lobby des Kapitals über (naturwissenschaftlich) mangelhaft qualifizierten Nachwuchs. Die Jungakademiker wiederum beschwerten sich bei allen darüber, daß sie »in ihrem Vaterland nicht mehr die Arbeitsmöglichkeiten finden, die sie brauchen« (Picht, 16), ihre Arbeit nicht hinreichend geachtet bzw. entlohnt würde, so daß sie genötigt seien, im Land der unbegrenzten

Möglichkeiten noch mehr Grenzen aufzuheben. Da gab es eine negative Lizenzbilanz, die einem Land nicht gut zu Gesicht steht, aus dem heraus sonst umgekehrt gegen gutes Geld in aller Welt die Erlaubnis verkauft wurde, Produkte seiner dienstbaren Geistesriesen in Kapital zu verwandeln. Und da gab es einen sputnik-Schock, der nicht nur in den USA die Einsicht in die imperialistische Notwendigkeit haushalterisch fundierte, daß ein Rüstungswettlauf gegen die 2. Weltmacht nur gewonnen werden kann, wenn der Westen in allen Bereichen der SU überlegen ist.

Mehr brauchten Politiker, die das neue Deutschland zu alter Größe führen wollten, über den Zusammenhang von Wissenschaft und nationaler Größe auch gar nicht zu wissen. Solche Daten reichten, um zu beteuern, daß *etwas* getan werden muß. Die wissenschaftliche Fassung der »Ausmalerei« dieser Zusammenhänge erledigten dann Bildungsökonomen, die genau zu der Zeit Konjunktur bekamen, als bzw. weil die Attacke des Christenmenschen Picht auf ein anspruchsvolles nationales Anliegen der Politik stieß: Gefördert werden muß jene Wissenschaft, die für Staat und Kapital die »Zukunft« bedeutet.

Die Klagen über fehlende Abiturienten, fehlende Lehrer (Schreckliche Vorstellung: Es »müßten sämtliche Hochschulabsolventen Lehrer werden, wenn unsere Schulen ausreichend mit Lehrern versorgt sein sollen.« Picht, 22), zu große Klassen, das »Stiefkind Landschule«, geringe Quote der studierenden Arbeiterkinder, das fehlende Elternrecht bei Schullaufbahnentscheidungen, das Schulraumdefizit usw. hatten ihr Recht nur als *abgeleitete Größen* eines nationalen Konkurrenzinteresses; was im übrigen niemanden, schon gar nicht Lehrer- und Studentenverbände, Gewerkschaften und die SPD daran hinderte, die geforderte »Bildungsoffensive« ausschließlich als Antwort auf eine »soziale Frage« und als Hilfe für schulisch »Unterprivilegierte« zu verkaufen.

Nebenbei wurde natürlich auch die föderalistische Verwaltung des Bildungswesens schwer »problematisiert«: Daß zur Bewältigung eines »nationalen Notstandes« nur eine starke Zentralverwaltung paßt, das dachten alle Kassandras, wollten es aber so nicht aussprechen. Dazu war die Kuh des Föderalismus zu heilig. Sie stand für politische und »Kultur-Vielfalt« und war immerhin als Bollwerk gegen die Gefahren des »Zentralismus«, also gegen jedes totalitäre »Führerprinzip« gepriesen worden. So ließ man sich denn einfallen, daß stärkere Bundeskompetenz im Schulwesen nicht nur das deutsche Bildungswesen, damit Deutschland, sondern auch und gerade den Förderalismus retten würde – und zwar vor seinem Versagen:

> Die dringend benötigte *»Gesamtverantwortung des Bundes bedeutet nicht, daß der Bund versuchen soll, in die Angelegenheiten der Länder hineinzuregieren. Es bedeutet ebensowenig, daß er sich zurückziehen dürfte, um die Länder schadenfroh ihrer Schul- und Kulturmisere zu überlassen. Gesamtverantwortung des Bundes bedeutet, daß die Bundesregierung*

durch Rat und Tat die Länder bei der Erfüllung ihrer schweren Aufgabe unterstützen muß. Nicht nur der Bund, sondern die Länder müßten das fordern, denn das ganze System des Föderalismus steht auf dem Spiel. ... Deshalb müßten gerade Förderalisten das politische Notstandsprogramm fordern, ohne das ihre Sache nicht mehr zu retten ist.« (Picht, 82f)

Diese begeisternde Dialektik, nach der nur der Zentralismus den Dezentralismus retten kann, lag jedoch etwas neben den tatsächlichen politischen Verhältnissen. Getrost konnte »der Bund« die Sorge um das Schulwesen »den Ländern« überlassen. Denn kein Bundesland wollte jemals die sozialistische polytechnische Einheitsschule einführen, und kein Kultusminister hat jemals für die sofortige und gänzliche Abschaffung der Notengebung plädiert. Ihre Sorgen um eine mit den unterschiedlichen parteipolitischen Duftmarken verträgliche Vereinheitlichung des Bildungswesens, die sich in der Bürgerbeschwerde »Vater versetzt, Kind sitzengeblieben« zusammenfassen ließ, signalisierten und signalisieren noch heute ein beruhigendes Ausmaß an prinzipieller Einigkeit.

Als hätten die Bildungspolitiker eine Ahnung davon, daß höhere Abiturientenzahlen nicht der Grund für Erfolge deutscher Wirtschaft auf dem Weltmarkt sind (Vgl. A.IV.2.), wurden damals weder der nationale (Bildungs-) Notstand ausgerufen noch die Kulturhoheit der Länder außer Kraft gesetzt. Vielmehr wurde eine – selbstredend pluralistische – öffentliche Debatte geführt, einige Ausschüsse (»Deutscher Bildungsrat«) gegründet und die Haushaltsansätze für Bildungsausgaben leicht nach oben korrigiert. Die politischen Konsequenzen blamierten den Befund, daß die deutsche Zukunft auf dem Spiele stünde, ziemlich. Mit einer Ausnahme: Forschungsförderung wurde natürlich in großem Stil betrieben. Da ließ der Bund als oberster Geldgeber nichts anbrennen. Aber die fiel nicht unter jene sozialen Titel, unter denen inzwischen jedermann die »Katastrophe« kannte, und wurde deswegen auch nicht als Beitrag zur Behebung des Bildungsnotstandes verbucht.

»Bildungswerbung«

So darf es nicht verwundern, daß die erste »Reform«, die allerdings in keinem schulhistorischen Werk unter diesem Titel geführt wird, ganz ohne irgendeine Änderung des Schulwesens auskam. Sie bestand in jener *demokratischen Wirkung der öffentlichen Bildungsdebatte,* die als »Bildungswerbung« bekannt geworden ist. Den VDS (Verband Deutscher Studentenschaften) veranlaßte diese Aktion dazu, organisiert mit Werbetrupps die schulisch vernachlässigten deutschen Landstriche von Ostfriesland bis zum Bayrischen Wald heimzusuchen, um die Landbevölkerung von den Vorteilen der höheren Bildung für die Landjugend zu überzeugen. Auch andernorts fiel das auf den fruchtbaren Boden einer privatmaterialistischen (Fehl-) Kalkulation. Wenn nämlich »Bildung Bürgerrecht« ist und überdies an Bildung der nationale Reichtum hängt, den sich der brave deutsche Staatsbürger sofort in sein eigenes Stück vom Kuchen zu übersetzen gewohnt ist, dann kann es nicht verwundern, daß sich der Zug zu mehr und höherer Bildung allmählich in Bewegung setzte.

Vergessen werden darf allerdings dabei nicht, daß solcherart Bildungswerbung überhaupt nur dort ankommen kann, wo deutsche Bürger allen Grund haben, jede Gelegenheit zu ergreifen, ihren Kindern ihr eigenes »Schicksal« zu ersparen: »Damit es mein Kind einmal besser hat, soll es auf's Gymnasium!« Dieses fundamentale und millionenfach wiederlegte Bildungsgesetz der bürgerlichen Schule (vgl. A.I.2.) verdankt seine praktisch gewordene Konjunktur also erstens dem Umstand, daß von der politischen Führung die Hebung der Volksbildung und der Ausbau der geistigen Elite aus nationalen Gründe für wünschenswert gehalten wurde; zweitens der Tatsache, daß dieses Anliegen in öffentlicher Debatte zur sozialen Wohltat für die Bürger verdreht wurde, welche der demokratisch erzogene Deutsche dann drittens als staatliches Angebot an sich begriff, um das er sich selbst zu kümmern hatte, weil es ja sein »Bildungsrecht« war.

Dabei ist es recht gleichgültig, ob diese öffentliche Bildungswerbung nun einem bereits *vorhandenen Interesse* dadurch zur Äußerung verhalf, daß es als Bildungs*recht* von allerhöchster Seite anerkannt wurde, oder ob es überhaupt erst mit dieser Bildungsdebatte *auf die Welt kam.* Auf jeden Fall hatten die Wiederaufbaupolitik und das »Wirtschaftswunder« in den ersten 20 Nachkriegsjahren dafür gesorgt, daß deutsche Eltern mehrheitlich ihren Kindern mittels höherer Bildung ihr eigenes Schicksal ersparen wollten – und zwar auch diejenigen Eltern, die schon der »Gnade der späten Geburt« teilhaftig geworden waren, die also nichts als das Nachkriegsdeutschland kannten.

Abgesichert wurde die Bildungswerbung durch eine »Liberalisierung« des Elternrechts. Eingeführt wurde das

Recht der Eltern,
die Letztentscheidung über die Schullaufbahn ihrer Kinder zu fällen. Das »soziale Aufstiegsbedürfnis« war als Bündnispartner der Bildungspolitik entdeckt und als Recht auf Bildung formuliert worden. Eltern durften nun stellvertretend für ihre Kinder über deren Schullaufbahn befinden. Die Lehrerempfehlung hatte keine bindende Wirkung mehr. Von diesem Recht machten denn auch immer Eltern Gebrauch. Und bis heute haben sie eher ihren Kindern Vorhaltungen gemacht, als die Staatsschule kritisiert, wenn sich nach ihrer Entscheidung nicht der gewünschte schulische oder berufliche Erfolg einstellte.

Den Lehrern schmeckte und schmeckt diese Maßnahme nicht. Sie wähnen, daß

»sich der elterliche Ausbildungswunsch vielfach vom Eignungs- und Begabungsstand des Kindes« (Schelsky, Schule & Erziehung, 22)

löst. Und wer außer ihnen besitzt schon die profunde Kenntnis der »Lernbereitschaft« und »Lernfähigkeit« der lieben Kleinen. So nimmt denn ihr Verdacht, da wollen Eltern einfach nur das Beste für das eigene Kind und stellen dabei ihre pädagogische Kompetenz unter Berufung auf ein Recht infrage, unabhängig von bildungspolitischen Konjunkturen die Form der wissenschaftlichen Belehrung an. So manche Mutter muß sich die bekannten pädagogischen Frechheiten anhören (vgl. Kritik der Erziehung, Teil 1, 151ff, 161ff), mit denen ihre Wünsche für unrealistisch bis schädlich eingestuft werden. Ein vom Lehrer verfügter Ausschluß von weiterführender Bildung gilt dann als Exekution fehlender Begabung, also als Dienst an der Kindsnatur. Wer auch immer im Streit zwischen dem Eltern*interesse,* das sich auf ein *Recht* berufen kann, und dem pädagogischen *Kompetenzwahn,* für das die Erziehungs*wissenschaft* das Material bereitstellt, die Nase vorn hat, entschieden wird der Streit nach den Konjunkturen der Bildungspolitik. Denn die Einführung der Elternletztentscheidung verdankt sich nicht einer Besinnung auf zukurzgekommene Elternrechte, sondern dem politischen Interesse, die Wünsche, die Eltern für ihren Nachwuchs hegen, für das bildungspolitische Anliegen der Vermehrung der Abiturientenzahl fruchtbar werden zu lassen.

Daß Eltern mit ihrem Recht zugleich auch *Pflichten* besitzen, wurde ihnen hinlänglich deutlich gemacht: Sache der Eltern war es, den Beweis der Gymnasialtauglichkeit ihrer Kinder mit viel privatem Zeit- und Geldaufwand anzutreten – vor allem dann, wenn sie unter Berufung auf ihr Recht gegen das Lehrerurteil entschieden hatten. So leisteten sich Eltern, die nur das Ziel hatten, daß »es ihr Kind einmal besser trifft«, zusätzliche Kunststücke in Sparsamkeit und Bescheidenheit. Nicht nur fiel der frühe Mitverdiener weg, zusätzlich mußten Sohnemann oder Tochter mit Nachhilfeunterricht und standesgemäßer Ausstattung bis zum Abi getriezt werden.

Das Schülerbafög unterstützte solche Entbehrungen, kompensierte sie aber natürlich nicht. Die staatliche Stütze waren das materielle Unterpfand einer ideell gedachten Belohnung für treue Dienste beim Mittragen des staatlichen Bildungsprogramms, für das die meisten Eltern – wie gezeigt – durchaus ihre eigenen Gründe, aber keineswegs die eigenen geistigen und materiellen Mittel besaßen.

Gesamtschule

Die Gesamtschule, zumal in ihrer *integrierten* Form, in der alle Schüler unverzweigt in einer Schule lernen, verlieh der Bildungsdebatte ihre erste organisatorische Gestalt. Sie wird denn auch allgemein als »der konsequenteste Schulversuch in der Bundesrepublik« (Funk-Kolleg Erziehungswissenschaft 1, 194) ausgewiesen: Eine effektivere Rekrutierung von Nachwuchs für die geistige Elite sollte über die Anhebung der Volksbildung für alle erfolgen. So wird in der Gesamtschule erstens durch die bis zum Ende der Sekundarstufe I erfolgende gemeinsame Unterrichtung aller Schüler der *Zeitpunkt der Übergangsauslese hinausgeschoben.* Statt nach 4 erfolgt sie erst nach 10 Schuljahren. Gedacht ist bei dieser Modifikation des Auslesemodus daran, *mehr* Schüler dadurch für die höhere Bildung zu qualifizieren, daß *alle länger* denselben Unterricht genießen dürfen. Die faktische Irreversibilität der frühen Auslese, welche den sogenannten »Spätentwicklern« angeblich ihre gerechte Bildungschance und der nationalen geistigen Elite zusätzlichen geeigneten Nachwuchs vorenthält, soll erst greifen, wenn Lehrer wirklich alles mit dem Nachwuchs versucht haben. Deswegen *verläßt* man sich sicherheitshalber auch nicht darauf, daß es in der Arbeiterklasse »verborgene Ressourcen« von Spätentwicklern zu *entdecken* gibt, sondern *stellt* – wie in der Regelschule sonst auch – die »Ressourcen« selbst *her.* Und zwar geschieht dies in der Gesamtschule mittels eines Verfahrens der Fachleistungsdifferenzierung (»setting«). Wer zu guten Hoffnungen Anlaß gibt, der wird fachbezogen in die höhere Leistungsgruppe einsortiert und bis zur endgültigen Entscheidung über die Gymnasialreife »leistungshomogen« traktiert. Der Trick bei diesem Verfahren besteht in der Veränderung des Maßstabs für den Leistungsvergleich: Es kann sich der bessere Schüler nicht mehr auf dem bequemen Polster einer größeren Zahl von leistungsschwächeren Schülern »ausruhen«, sondern lernt nur noch unter seinesgleichen. So werden konsequenterweise unter diesen veränderten Bedingungen der Lernkonkurrenz die relativ besseren Schüler noch besser und die schlechteren relativ noch schlechter. Alle Lift- und Stützkurse, mit denen die pädagogischen Liebhaber der Vision von der massenhaften schulischen Erleuchtung der »Unterschichtenkinder« korrigierend in das System der Fachleistungsdifferenzierung eingreifen, lösen diese »Schere« nicht auf: Es gehört nach wie vor weniger dazu, Bester im C-Kurs als gerade noch Geduldeter im A-Kurs zu sein. Und da diese Relationen an den Zensuren so ohne weiteres nicht abzulesen sind, eine Drei im Kurs C etwas anderes ist als eine Drei im A-Kurs, müssen die Noten natürlich einer Wichtung unterzogen werden. Gesamtschüler wissen sofort, daß eine Zwei im C-Kurs ihnen keinesfalls das Mitkommen im A-Kurs garantiert.

Die Mobilität zwischen den Leistungskursen, auf die es der Gesamtschule so ankommt, da an ihr das gesamte Rekrutierungsprogramm hängt, verläuft denn auch anders, als sich dies die Gesamtschulorganisatoren gewünscht haben: Die »Spätentwickler«, die den Durchmarsch vom C- in den A-Kurs absolvieren, halten sich in engen Grenzen. Dagegen mangelt es nicht an der umgekehrten Mobilität. Daß – wie statistisch nachgewiesen (vgl. Max-Planck-Institut, 324) – die Gesamtschule auf diese Weise trotzdem mehr mittlere Abschlüsse vermittelt hat als das dreigliedrige System und zudem die Übergangsquoten zum Gymnasium ebenfalls über dem Durchschnitt der Regelschule liegen, hat folglich weniger etwas mit der Logik der modifizierten Auslese als vielmehr mit der *Absicht* zu tun, die die Gesamtschulväter und -mütter mit ihr verfolgen. Denn eines bleibt: Es ist immer noch die Sache der Veranstalter des Ausleseprozesses, die Quoten für Leistungsgruppen festzulegen und danach die Grenzen zwischen ihnen zu definieren. Wenn die A-Kurse mit vielen Schülern bestückt werden, dann hängt es nur noch an deren Beurteilung, wieviele davon die »höhere Reife« erreichen. Der »Erfolg« der Gesamtschule verdankt sich also einer self-fulfilling prophecy, für die mit der Einrichtung der Leistungskurse und der »Durchlässigkeit« zwischen ihnen allein die – ideologisch gut ausschlachtbare – *organisatorische Grundlage* geschaffen worden war. Das Prinzip der Fachleistungsdifferenzierung ist für mehr Mobilität von unten nach oben *offen,* sofern diese gewünscht und dann mit entsprechenden Maßnahmen auch in Angriff genommen wird. Man möge sich aber nicht täuschen: Der gegenteiligen Auslesepraxis stünde dieses Prinzip auch nicht im Wege!

Zunächst nur als Experiment in sozialdemokratisch regierten Bundesländern neben dem Regelschulsystem zugelassen, ist die Gesamtschule Teil dieses Systems geworden, welches schließlich selbst einige Organisationsmerkmale der Gesamtschule übernommen hat. (Max-Planck-Institut, 322, 327) Ihre Einführung – der Deutsche Bildungsrat brachte 1969 seine Gesamtschulempfehlung heraus – war von einer der üblichen Gespensterdebatten begleitet, deren Antipoden sich ziemlich parteipolitisch sortierten. Die CDU malte den Verlust von Deutschlands geistiger Größe durch Nivellierung der höheren Bildung an die Wand (vgl. Funk-Kolleg Erziehungswissenschaft 1, 210) und warnte vor dem »sozialistischen Experiment« einer Verproletarisierung der geistigen Elite. Wenn es mittels der Gesamtschule immer mehr Arbeiterkindern ermöglicht würde, das Studium an einer deutschen Universität aufzunehmen, wer – so argwöhnte sie – würde dann noch bereit sein, sich für die niederen Dienste zur Verfügung zu stellen? Natürlich kam diese Sorge um einen unziemlichen Einbruch der »Unterprivilegierten« in die geistigen und materiellen Besitzstände der herrschenden Klasse gewaltig pädagogisch oder soziologisch daher: als Warnung vor einer Überforderung des Arbeiternachwuchses oder vor der Gewalt, die die Sozis den mehr »praktisch begabten« Angehörigen der niederen Stände geistig antun wollten usw.

Die Gesamtschulverfechter sahen gerade umgekehrt in dem Regelschulsystem den Garanten für Deutschlands geistigen Niedergang, der nur mit einer allgemeinen Anhebung der Volksbildung und einer Umlenkung der »Bildungsströme« in die Kanäle der höheren Bildung abgewendet werden könnte. Auch sie hatten Pädagogen auf ihrer Seite, die die hohe Zeit der Sozialisationsforschung einleiteten und nicht müde wurden, von dem »komplexen Zusammenhang von Anlage und Umwelt« zu künden, also von der, wenngleich genetisch begrenzten, aber immerhin doch noch existierenden Möglichkeit, Begabung per schulischer Förderung der Leistungsfähigkeit herzustellen. (vgl. Kritik der Erziehung, Teil 1, 97ff u. 154ff)

Das wiederum rief »konservative« Soziologen auf den Plan, die sich genötigt sahen, sogar das von ihnen so verehrte »Leistungsprinzip« einer milden Kritik zu unterziehen. Vor »pädagogisch übertriebener und (pädagogisch) gerechtfertigter Leistungsausbeutung« wurde gewarnt:

> *»Es wird oft und mit guten Gründen argumentiert, daß die Leistungsgesellschaft gerechter sei als die ihr vorangegangene Herkunftsgesellschaft ... Auswahl nach Leistung kann (aber) auch ein grausames Prinzip der sozialen Ordnung sein. Gerade die zumindest scheinbar ›natürliche‹, nämlich genetische Grundlage solcher Auswahl macht die soziale Stellung des einzelnen mehr denn je zum unentrinnbaren Schicksal.«* (Dahrendorf, nach: Schelsky, Anpassung oder Widerstand, 155)

Eure Schule ist ja fast schlimmer als jene, in der nach Herkunft sortiert wurde, rief Dahrendorf den Reformern zu. Denn bei der »(zweck-)rationalen Ausbeutung aller Reserven« bleibt der »Freiheitsspielraum des einzelnen« völlig auf der Strecke. Wo das Leistungsprinzip zur »sozialen Grundpflicht« gemacht wird, da wird die »genetische Grundlage« der Leistungsfähigkeit »zum unentrinnbaren« Schicksal, stellt er besorgt fest. Allerdings stört die Bildungssoziologen weniger der von ihnen bemerkte rassistische Kern der Gesamtschultheorie. Der Skandal besteht für sie in der »Umverteilung von Sozialpositionen«. Dies stellt einen Anschlag

> *»auf das soziale Kontinuitätsbedürfnis von Familien und sozialen Gruppen«* dar, ist folglich ein Schritt zur *»schul-sozialistischen Gesellschaftsordnung«*. (Schelsky, a.a.O., 156)

Sozialismus in Deutschland, wo Deutschland doch nach 1949 angetreten ist, um ihn von deutschem Boden zu entfernen! Das muß verhindert werden! Mit anderen Worten: Ein jeder ist dort am besten aufgehoben, wo er hergekommen ist. Und wenn Eltern den sozialen Aufstieg für ihre Kinder *nicht* wollen, dann ist auch das ihr gutes Bildungsrecht, das ihnen keine Gesamtschule streitig machen darf. (Schelsky, a.a.O., 157)

Eine Gespensterdebatte war und ist dies, insofern sich erstens alle Parteien im Prinzip über das Anliegen der Reform, nämlich die staats- und kapitalförderliche Wissenschafts- und Bildungspflege durch eine Frischzellenkur für die geistige Elite sehr einig waren und nur jeweils von einer Seite des Widerspruchs von *breiterer Elitenbildung* gegen die andere mit viel christ- bzw. sozialdemokratischem Dampf vorgingen: Wenn die geistige Elite verbreitert werden soll, dann ist sie doch vom *Umfang* her keine *Elite* mehr, warnten die Christ- und Liberaldemokraten; wenn sie *nicht verbreitert* wird, dann erfüllt sie ihre *Funktion als Elite* nicht, Deutschland in der Staatenkonkurrenz voranzubringen, konterten die »Sozis«.

Daß Pädagogen aller Couleur dies als einen Streit austrugen, der nur von »Begabungsreserven« bzw. »Bildungspotentialen« im deutschen Volk handelte, und inwieweit sie durch eine entsprechende »Umwelt« zu manipulieren seien, verweist auf die Ergiebigkeit der Begabungstheorie. Immer gilt, daß ein *politisch gewünschtes* Bildungsprofil nur das Resultat der Ausschöpfung der natürlichen Begabungsressourcen im »Volkskörper« ist. Dagegen verweist ein Bildungsprofil, das politisch *nicht* alle Wünsche erfüllt, selbstredend darauf, daß entweder noch einige verborgene Begabungsschätze zu heben sind oder sich einige »taube Nüsse« in die Hierarchie hineingeschmuggelt haben. Die Begabungstheorie – ob mit mehr Anwelt oder mehr Umlage – ist der gute theoretische Geist des bildungspolitischen Interesses und brauchbar für so ziemlich jeden Standpunkt in dieser Debatte. Das ließ und läßt sich mit brutaler Deutlichkeit an der Debatte »Gesamtschule – Pro oder Contra« ablesen. Daß bei den »Konservativen« das Prinzip der Gesamtschule nur wegen seiner sozialdemokratisch ausgeschmückten Ideologie, also gänzlich zu Unrecht in Verruf gekommen ist, zeigt ihre Bereitschaft, es modifiziert auf die Regelschule zu übertragen. Die Rede ist von der Einführung der

Orientierungsstufe

oder auch Förderstufe genannt (KMK-Beschluß 1974). Allgemein wird sie als »Liberalisierung« der Auslesepraxis abgebucht (Max-Planck-Institut, 220). Dabei besteht ihr Anliegen gar nicht darin, den 1o-jährigen KnirpsInnen das Aufnahmeprüfungsverfahren zur höheren Schule mit einwöchigem Probeunterricht und Testarbeiten zu ersparen. Auch das »Drangsal« einer Prognoseunsicherheit (vgl. A.IV.1.2.) bei frühzeitiger Auslese, das die um kindgemäße Laufbahnentscheidungen bemühte Erzieherschaft angeblich so bedrückt, erklärt nicht das Motiv, dem die zweijährige Orientierungsstufe ihre Existenz verdankt, sondern deutet nur auf den mit ihr transportierten pädagogischen Idealismus. Wer nämlich ernstlich darin einen Anschlag auf das Bildungsglück des Nachwuchses wittert, daß irgend jemand »zu früh« an der Entfaltung seiner Möglichkeiten gehindert ist, der verlängert nicht das Ausleseverfahren auf gerade mal zwei Orientierungs-Jahre, sondern schafft *jede* zeitliche Begrenzung ab. Wie will er sich denn sicher sein, daß bei diesem oder jenem nicht erst nach 10 oder 12 Schuljahren der berühmte Knoten platzt? Und wer es umgekehrt für kinderverderblich hält, daß Teile des Nachwuchses durch längere gemeinsame Allgemeinbildung »überfordert« werden, der tut sich schwer mit dem Nachweis, daß gerade vier Jahre Grundschule die geeignete Orientierungszeit abgeben. Die Sorge um die sich früher oder später »entfaltende Individualität« steht denn auch nur für das Interesse, einerseits *mehr Zeit* zur Rekrutierung größerer Abiturientenzahlen zu haben, andererseits aber doch *rechtzeitig die Auslese endgültig* zu machen. Wie in der Gesamtschule erfindet sich auch hier der pädagogische Idealismus ein

Instrument, mit welchem dem Interesse an mehr Abiturienten angeblich gedient wird.

Dabei hat die längere oder kürzere Schulzeit mit der Anzahl der für höhere Dienste benötigten Nachwuchsdeutschen gar nichts zu tun. Aber die Pädagogen glauben eben an diesen Unfug, daß der auch *mehr* findet, der *länger* hinschaut! Einerseits! Denn andererseits sind sie auch wieder Realisten: Ihnen leuchtet sofort ein, daß mit den ›Schangsen‹ auch einmal Schluß sein muß. Man kann ja nicht ewig darauf lauern, daß sich Verborgenes irgendwann einmal *offenbart*. Immerhin müssen die gehobenen Schätze für ihre zukünftige Funktionen noch zurechtgemacht werden. Und haben dann ihren Dienst anzutreten.

Die Bildungspolitiker haben sich weder von solchen Erfindungen noch von dem real existierenden Widerspruch einer Prognose über zukünftige Leistungen auf der Basis vergangener Leistungsbeurteilung ohnehin nicht groß beeindrucken lassen: Was als ihr Anliegen vorgetragen wird

– Es geht darum, *»die Lernbereitschaft und die Lernfähigkeit des Schülers (zu) fördern ... (und dadurch) die Entscheidung für die weitere Schullaufbahn durch Beobachtung und Beratung (zu) optimieren, ... (wobei der) Einfluß anderer als individueller Leistungsunterschiede auf die Wahl des jeweiligen Bildungswegs, insbesondere den des Geschlechts und der sozialen Herkunft möglichst (ausgeschaltet werden soll)«.* (Max-Planck-Institut, 221) –,

ist weder die Wahrheit der Orientierungsstufe noch die der Gesamtschule, für die nicht zufällig eine gleichlautende Begründung abgegeben wird. Vielmehr geht es darum, in den zusätzlichen zwei Jahren dafür zu sorgen, *daß* die schulischen Urteile über die »Lernfähigkeit« des Nachwuchses einer *größeren Anzahl* die Eignung für die höhere »Schullaufbahn« attestieren und zwar unabhängig von »Geschlecht« und »sozialer Herkunft«. So und nicht anders reimt sich zusammen, was Pädagogen ihrer teilnehmenden »Beobachtung« zugute halten möchten.

Durchlässigkeit

Ergänzt wurde die Orientierungsstufe durch Regelungen, die das Prinzip der Irreversibilität von Schullaufbahnentscheidungen auflockern sollten. Auf größere Durchlässigkeit zwischen den drei Zügen der Regelschule kam es den Bildungspolitikern an. Picht ging sogar soweit, der höheren Schule das »Monopol auf die Erteilung von Reifezeugnissen« abzusprechen und mittels Einrichtung von Aufbauzügen, die die Allgemeinbildung der Volks- und Realschulen fortführen sollten, »den zweiten Bildungsweg ... zum Normalweg« zu erklären (Picht, 71). Das war jedoch nicht im Sinne der Erfinder; weswegen der 2. Bildungsweg bis heute darin besteht, es all denen, die sich mit der Entscheidung der Schule über ihre mangelhafte Bildungsfähigkeit nicht einverstanden erklären, so schwer zu machen, daß er die Ausnahme bleibt.

Bei der Durchlässigkeit geht es darum, mit jenem Prinzip, das die Gesamtschule zwischen ihren Fachleistungskursen eingerichtet hatte, in abgewandelter Form für eine Verbindung zwischen Haupt-, Real- und höherer Schule zu sorgen. Bei herausragender relativer Mehrleistung in den unteren Bildungseinrichtungen sollte *ausnahmsweise* eine Korrektur der vorausgegangenen Schulzuweisung möglich sein: Dies stellt eine durchaus gelungene Mischung von tatsächlichem Anreiz und ideologischer Selbstbeweihräucherung dar, die in die bildungspolitische Landschaft paßt. Leistung ist eben alles, lautet die Botschaft, die dadurch unterstrichen wird, daß der *einzelne* Schüler doch tatsächlich durch *seine (relative) Leistung* das Urteil der Schule über ihn Lügen strafen darf.

Allerdings haben sich die Wege, die eine größere Durchlässigkeit zwischen den drei Schularten erlauben, wie im setting-System der Gesamtschule auch, als ziemliche Einbahnstraßen von oben nach unten erwiesen: Wer auf dem Gymnasium »versagt«, muß sich dann dort nicht weiter quälen, sondern darf wieder auf die seiner »wahren Begabung« entsprechende Schule zurück. Daß vom umgekehrten Weg recht wenig Gebrauch gemacht wird, liegt in der Logik der Dreigliedrigkeit begründet, die ja nicht angetastet werden darf. Wie soll sich denn auch ein Hauptschüler, dem fortan erheblich weniger an Bildung zugemutet wird als dem Gymnasiasten, ausgerechnet in der Hauptschule für den Einstieg in die höhere Bildung qualifizieren – zumal die Wege dann bereits über einen längeren Zeitraum hinweg getrennt verlaufen *sind!*

So nimmt es nicht wunder, daß der Bildungsrat die Empfehlungen zu mehr Durchlässigkeit vor allem mit Warnungen vor ihrem Mißbrauch garniert:

> *»Das Bildungssystem soll durchlässig sein, auch wenn man von den gegenwärtig bestehenden Institutionen ausgeht. ... Zwar können Chancen, die angeboten, aber – aus welchen Gründen auch immer – nicht wahrgenommen werden, nicht unbegrenzt (!) offengehalten werden. Doch sollte es grundsätzlich möglich sein, versäumte Chancen einzuholen. ... Es muß (dabei) sichergestellt werden, daß nicht durch ungenügend fundierten (!) oder zu häufigen (!) oder einen zu ungünstiger Zeit (!) gewünschten Wechsel der Schulunterricht ... beeinträchtigt (wird).«* (Bildungsrat, 38)

Eine merkwürdige Empfehlung, die einen Beitrag zur Auflockerung der Dreigliedrigkeit leisten will und dann nur die negativen Auswirkungen und Grenzen der Durchlässigkeit auflistet. Kein Wunder, daß es dann für einen Schüler letztlich doch als »das Beste« gilt, wenn er »guter Hauptschüler« bleibt, als daß er als schlechter Realschüler oder Gymnasiast auch noch den »Schulunterricht dort beeinträchtigt«!

Aus jedem Wort dieser Bildungsrats-Empfehlung liest man die Sorge heraus, daß zugleich mit der geforderten Anhebung der Durchlaufquote bis hin zum Abitur die *Auslesefunktion* des deutschen Schulwesens Schaden nehmen könnte.

Die letzte nennenswerte Reformmaßnahme betrifft das deutsche Gymnasium. Eine

Oberstufenreform,
1972 von der KMK beschlossen, faßte die verschiedenen Typen des Gymnasiums vom 12. Schuljahr an durch ein

> *»flexibles System von Pflicht- und Wahlangeboten (zusammen), die jeweils auf zwei Niveaus unterrichtet werden, ... (in dem) die Jahrgangsklassen durch variable Kombinationen von Grund- und Leistungskursen (ersetzt werden).«* (Max-Planck-Institut, 285f)

Hinzu kommt die Ergänzung der klassischen Unterrichtsfächer durch Wissensbereiche wie Psychologie, Pädagogik, Soziologie, Ökonomie oder Informatik, die den letzten beiden Schuljahren den Anstrich eines Orientierungsstudiums verleiht und verleihen soll. Und schließlich wird das Zensuren- durch ein Punktesystem abgelöst.

Wenn von kompetenter Seite ständig betont wird, daß nach wie vor mit dem Abitur die *allgemeine* Hochschulreife erworben werden soll, dann ist das natürlich kein Zufall. Denn unübersehbar ist die frühzeitige Konzentration der Oberschüler auf bestimmte Kurse der Neuen Gymnasialen Oberstufe (NGO). Dabei löst die NGO angeblich den seit Humboldt schwelenden Streit zwischen Generalisten und Spezialisten dadurch auf, daß die

> *»Fachwahl die Schüler zwingt ..., sich – in Verantwortung für die eigene Lebensplanung – Rechenschaft über Interessen- und Leistungsschwerpunkte abzulegen,...«* (Max-Planck-Institut, 294)

Das fällt ziemlich vollständig in die Schublade »Schönfärberei«. Was von der »Verantwortung für die eigene Lebensplanung« bleibt, ist eine Kalkulation zwischen den Berufschancen, die sich aus einer bestimmten Studienfachwahl ergeben, einerseits und den Aussichten, die vom Numerus Clausus vorgeschriebene Punktezahl zu erreichen, andererseits. Zwischen diesen beiden Größen gibt es ein munteres Hin und Her, und nicht selten diktiert der zu erwartende Gesamtpunktestand das Interesse und die fachliche Neigung der Oberschüler, die damit weitere Beweise ihrer geistigen Reife ablegen.

Kritiker der NGO, die eine im System eingebaute Förderung von »Opportunitätsüberlegungen« (Max-Planck-Institut, 294) diagnostizieren, dürfen ganz beruhigt sein. Empirische Untersuchungen haben nämlich eines eindeutig ergeben:

> *»Vor allem erfolgreiche Schüler lassen sich bei der Fachwahl stärker als andere durch ihre Interessen leiten.«* (Max-Planck-Institut, 294)

Das können sich dann auch die weniger erfolgreichen Schüler zu Herzen nehmen und die Gleichung zwischen Erfolg und Interesse für sich etwas modifiziert in Anschlag bringen: Das Interesse hat sich eben nur dort festzusetzen, wo sich Erfolg einstellt oder wenigstens in Aussicht gestellt wird. Das gilt nicht als Opportunismus, weil es ohnehin das korrekte, weil erwünschte Verhältnis zwischen privater Neigung und gesellschaftlichem Erfolg darstellt.

Das neue Punktesystem leistet dabei gute Dienste. Durch die Vorgabe von Mindestgesamtpunktzahlen und Punkten pro Kurs soll der Oberschüler sich selbst ausrechnen können, wie er am besten durch das System von Pflicht- und Wahlkursen zu jener Punktezahl gelangt, die zu erreichen er sich vorgenommen hat. Dabei haben der Numerus Clausus bzw. die für ein bestimmtes Studienfach verlangte Abiturdurchschnittsnote ihre Hände im Spiel. Die Rechnerei ist eine Daueraufgabe, denn von Halbjahr zu Halbjahr müssen *nichtaufgegangene* Rechnungen korrigiert werden. Und nicht selten erstreckt sich die Korrektur bis hin zum Studien- bzw. Berufswunsch. Auf diese Weise wirkt die noch gerechtere Leistungsbeurteilung über unterschiedlich gewichtete Zensuren (Punkte) wie eine Führungsleitlinie durch die NGO, die dem Wildwuchs einer nur der privaten Neigung folgenden Kurswahl seine eindeutigen Grenzen aufzeigt. Das Schöne dabei: Führer und Geführter fallen in einer Person zusammen – was zu allerhand Einbildungen Anlaß gibt.

In die »bildungspolitische Aufbruchsstimmung« der späten sechsziger und siebziger Jahre paßt diese Reform der Oberstufe des Gymnasiums durchaus. Der intendierte breitere Strom der zukünftigen geistigen Elite will angemessen bewältigt, d.h. möglichst ohne Umwege auf das Studium und bestimmte Studienrichtungen vorbereitet sein. So dienen denn die letzten zwei bis drei Jahre der reformierten höheren Allgemeinbildung auch dem Zweck, dem akademischen Nachwuchs unter angemessener Selbstbeteiligung eine Studienfach- und damit Beufsentscheidung aufzunötigen und ihn einer noch eindeutigeren Wissenschaftspropädeutik zu unterziehen. Die durch die Wahl bestimmter Leistungskurse erfolgte Spezialisierung ist die Vorbereitung auf das entsprechende Studium.

Herumgesprochen hat sich unter den Gymnasiasten, was eifrige Statistiker zusammengestellt haben: Mit bloß einem NGO-Grundkurs in VWL sieht man im VWL-Studium alt aus, und wer gar gänzlich »fachfremd« studiert, der kann sich gleich eine ungünstige Prognose für seinen Studienerfolg attestieren lassen:

> *»Längsschnittdaten zum Studienverlauf von Schülern, die eine reformierte bzw. eine herkömmliche gymnasiale Oberstufe absolviert haben, zeigen ... , daß Schüler der reformierten Oberstufe, die korrespondierende Leistungs- und Studien-Wahlen treffen, eine für den Studienverlauf günstigere Prognose besitzen, während bei abweichenden Wahlen mit größeren Schwierigkeiten zu rechnen ist als bei Absolventen des alten Gymnasiums.«* (Max-Planck-Institut, 292f)

Gefundenes Fressen ist diese Spezialisierung für die Generalisten, die denn auch seit einiger Zeit den Niedergang des deutschen Abiturs ankündigen, das sinkende Bildungsniveau der Abiturienten beklagen und darauf verweisen, daß sie schon immer vor Nivellierung in der Bildung der geistigen Elite gewarnt haben.

2. Die zweite Bildungskatastrophe: Zu viele Abiturienten

Zuviel Bildung

Inzwischen leidet das deutsche Bildungswesen fürchterlich *an den Folgen der erfolgreichen Bewältigung der alten Bildungskatastrophe.* Während in den USA seit Anfang der neunziger Jahre genau jene Katastrophenstimmung verbreitet wird, die in der Bundesrepublik durch Picht 1964 eingeleitet worden ist, sich manche Staaten gerade das deutsche Bildungswesen mit seinem Niveau, gemessen an seiner überdurchschnittlichen Bildungsdauer, seinem Trend zu höherer Bildung und seiner von ca. 10% auf ca. 40% eines Altersjahrgangs gestiegenen Abiturientenquote als Vorbild für ihre eigenen zukünftigen Bildungsanstrengungen auserkoren haben, wird hierzulande umgekehrt und unter Berufung auf dieselben Phänomene eine zweite Bildungskatastrophe ausgerufen. Kurioserweise entdecken die neuen Warner an all dem, was in den USA als Zeichen für deutschen Konkurren*zerfolg* gilt, lauter Anzeichen für drohenden *Mißerfolg:* »Wachstumsbremsen« (FAZ, 26.11.91), einen Anschlag auf das »Bruttosozialprodukt« (Zeit, 13.12.91), ein besorgniserregendes »Mißverhältnis zwischen Ausbildungs- und Lebensarbeitszeit« (Spiegel, 38/90, 81), das »akute Risiken für das Zusammenspiel von Bildungs- und Beschäftigungssystem« (H. Kohl, in: FAZ, 30.3.92) in sich bergen soll, und vieles mehr.

Auf jeden Fall – und darin sind sich Pädagogen und Philologen heute ziemlich einig – drücken *zu viele Abiturienten* das Niveau der deutschen Elite. Denn es kann ja nicht angehen, daß fast die Hälfte des deutschen Nachwuchses Aufnahme in die Elite findet, die sich doch gerade dadurch auszeichnet, daß nicht jeder Hinz und Kunz aus der Unterschicht Zutritt zu ihr hat. Umgekehrt soll es an Hauptschülern fehlen. Kanzler Kohl moniert ein

> *»Nebeneinander von übervollen Studiengängen an den Hochschulen einerseits und der großen Zahl unbesetzter Lehrstellen andererseits.«* (Kohl, in: FAZ, 30.3.92)

Der vom Kapital beklagte Facharbeitermangel soll darin seinen Grund haben.

Kurz und schlecht: Da warnen die deutschen Bildungspolitiker doch allen Ernstes vor einem *Zuviel an Bildung,* das sie überdies selbst initiiert haben. Dieses Zuviel soll natürlich bei genauer Betrachtung ein *Zuwenig* sein: das angeblich gesunkene Niveau des Abiturs, aber auch ein rapide abfallendes

Niveau der Hauptschule werden beklagt. Würden die Bildungspolitiker – wie es die westliche Konkurrenz tut – ihre eigenen Maßstäbe von 1964 anlegen, dann müßten alle mit ihrem Bildungswesen sturzzufrieden sein: Picht's Prognosen sind allesamt *nicht* eingetroffen, Deutschland hat es zur Spitzenposition in Europa gebracht, jedermann erstarrt in ängstlicher Ehrfurcht vor dem neuen Großdeutschland, die DM gilt fast schon soviel wie der Dollar, und ein politischer Zwerg ist die BRD weder faktisch noch ihrem neuen Selbstbewußtsein nach. Eine veritable imperialistische Großmacht schickt sich vielmehr an, dem alten Europa seinen Stempel aufzudrücken, die gebremste Konkurrenz mit den USA zu forcieren und auch im neusortierten Osteuropa nichts anbrennen zu lassen.

Doch stellt sich angesichts solch zweifelhafter Erfolge keine allgemeine Zufriedenheit über das Bildungswesen ein. Nicht etwa, weil Bildungspolitiker inzwischen ihrer Gleichung von Bildung und Wachstum selbst nicht mehr trauen würden. Daß sich die Erfolge Deutschlands auf dem Weltmarkt und damit in der westlichen Staatenkonkurrenz nicht den Bildungs- und Wissenschaftsanstrengungen, sondern dem Vermögen verdanken, geistige Produktivkräfte in Kapital zu verwandeln und diese zur Vermehrung von Kapital zu verwenden; daß dafür die lohnend gemachte Verwendung all jener Bürger grundlegend ist, die von weiterführender Bildung gerade ausgeschlossen sind; und daß nicht mittels einer gehobenen Schlaumeierei, sondern unter Einsatz bekannter außenpolitischer Instrumentarien und unter einer NATO-Schirmherrschaft für rentablen Absatz der schönen Produkte »made in germany« gesorgt wird – all dies ist nach wie vor keineswegs Bestandteil der Allgemeinbildung der Bildungspolitiker.

Es läßt sich auch nicht feststellen, daß eine angeblich die Abiturienten und die Hauptschüler gleichermaßen – wenngleich jeweils auf ihrem Standard – auszeichnende Niveaulosigkeit das politische, ökonomische, geistige oder kulturelle Leben erkennbar beeinträchtigt hätte. Weder wird in größerem Umfang »falsch« gewählt noch den außenpolitischen »Abenteuern« Deutschlands wie etwa der Wiedervereinigung die nötige Zustimmung versagt. Daß wegen fehlender Rechtschreib- oder Mathematikkenntnisse in der Produktion ständig der Profit ausbleiben würde, ist nicht bekannt. Zwar gibt es über das Niveau unserer Elite, die täglich in Bonn in aller Öffentlichkeit vorturnt, in »der Intelligenz« durchaus unterschiedliche Geschmacksurteile. Doch daß die kabarettistisch aufs Korn genommene, angeblich birnenförmige »Dummheit« von Politikern dem Erfolg von Deutschland nicht im Wege steht, sondern offenkundig für ihn taugt, das will auch niemand bestreiten. Dazu lassen sich jährlich deutsche Nobelpreise vermelden, die industriellen Forschungsabteilungen arbeiten auf Hochtouren und erfolgreich, so daß so manch hübsches Detail der internationalen Rüstungsproduktion deutschen Hirnen entsprungen ist. Und auch die deutsche Lizenzbilanz dürfte längst positiv sein.

Das Urteil, Abiturienten seien heute dümmer als vor 20 Jahren, ist denn auch nicht die Wahrheit, sondern verdankt sich der ziemlich dummen ›Dialektik‹, derzufolge mehr Quantität automatisch einen Qualitätsverlust einschließen soll. Ihr Material gewinnt die Feststellung aus dem in Anschlag gebrachten Maßstab der humanistischen Bildung. Die hatte es (immerhin!?) fertiggebracht, daß Abiturienten in vollständigen Sätzen denken, reden und schreiben konnten, ganze Bücher zu lesen und zu referieren in der Lage waren und sich gelegentlich sogar auf das Wagnis einließen, sich den einen oder anderen eigenen Gedanken zu machen. Daß sich die höhere Bildung, die heute den Lehrplan des Gymnasiums ausmacht, etwas anders definiert, daß sie umfassenderen Einblick in die Werkstätten des wissenschaftlichen Geistes ermöglicht, der dem Zweck der frühzeitigen Festlegung der Studienrichtung und nicht dem vorweggenommenen Studium Generale dient, verweist nur auf eines: Heute sind für *alte »Dummheiten« neue Materialien, Wege und Methoden* an der Tagesordnung, weil sie für *funktional* erachtet werden. (vgl. B.II.) Daß der Niveauverlust der Hauptschüler besonders ins Auge springt – und zwar vor allem den Hauptschullehrern – verweist darauf, daß sich in der Hauptschule eben wirklich nur noch der von ihnen produzierte »Bildungsschrott« versammelt und in die Berufsausbildung geschickt wird.

Die Blamage der schulischen Auslese durch den Arbeitsmarkt

Was ist also der tatsächliche Gehalt des Wehklagens? Worin besteht die neue Bildungskatastrophe?

Die Warnung vor der Verdummung des deutschen Volkes ist zum ersten die Beschwerde über eine angeblich *falsche Verteilung* des Nachwuchses auf die drei Züge der Regelschule. Neben dieser in der Tat erheblichen Verschiebung der Bildungsströme von der Hauptschule in Richtung auf die Real- und höhere Schule, dem damit einhergehenden »fatalen(!) Siegeszug des Gymnasiums« (FAZ, 26.11.91) und der Abwertung der Hauptschule zur eigentlichen »Sonderschule« der Nation (WamS, 11.91), ist zum zweiten eine weitere Verschiebung zu beobachten, die in umgekehrter Richtung verläuft. Sie erhellt, worin der eigentliche Stein des Anstoßes der ersten Verschiebung besteht: Was nämlich an Akademikern zuviel produziert worden ist, das verschiebt ›der Arbeitsmarkt‹ wieder nach unten. Arbeitslose Lehramtskandidaten beispielsweise fahren Taxi, reißen sich um die ABM-Stellen der Ausländerbetreuung oder versuchen, aus der privaten Nachfrage nach außerschulischer Schülerbetreuung einen Lebensunterhalt zu ziehen. Informatikstudiosi müssen sich darauf einstellen, mit Absolventen von Fachhochschulen zu konkurrieren. Und wenn nicht der »Glücksfall« eingetreten wäre, daß in den fünf neuen Bundesländern die Vertreter z.B. der juristischen Berufe auf einen Schlag für untragbar erklärt worden wären, hätte es über kurz oder lang eine Juristenschwemme gegeben. In Antizipation dieser Aussichten beschließen Abiturienten nicht selten, erst einmal eine Lehre zu absolvieren und die Arbeitsmarktentwicklung für Akademiker abzuwarten. Umgekehrt holt sich ›der Arbeitsmarkt‹ aus der Masse der Absolventen der Realschule oder auch des Gymnasiums, was die Hauptschule nicht mehr an Nachwuchs für die niederen Dienste bereitstellt. Festzustellen ist also, daß die Auslese, welche das Bildungswesen nach wie vor betreibt, keine ausreichende Vorsortierung für die unterschiedlichen Arbeitsmärkte leistet. Das Bildungswesen nimmt mit seiner Auslese dem Arbeitsmarkt die Sortierungsfunktion nicht mehr im alten Umfang ab. Vielmehr leistet dieser heute Aufgaben, die in Deutschland bisher traditionellerweise dem Bildungswesen vorbehalten waren. Die Verteilung des Nachwuchses auf das gesellschaftliche Oben und Unten war in der Regel nach der Absolvierung der Allgemeinbildung abgeschlossen. Der Output des Bildungswesens hatte in etwa dem Input entsprochen, den die Arbeitswelt auf dem Markt angemeldet hatte, und damit den Schein erzeugt, daß es an der Schule hängt, was aus dem Ausgebildeten dereinst wird.

Heute trennt sich *schulische Auslese* von ihrer zweiten Funktion, der *gesellschaftlichen Verteilungsfunktion* immer mehr ab. Dadurch gerät nicht groß etwas in Unordnung, denn der Arbeitsmarkt ist ein durchaus geeignetes Verteilungsinstrument, das nicht nur innerhalb, also horizontal, sondern auch zwischen den einzelnen hierarchisch geordneten Berufsgruppen, also auch vertikal, zu sortieren vermag. Dies liegt daran, daß der Arbeitsmarkt eben nichts anderes ist als ein recht unerquickliches, weil in der Regel einseitig entschiedenes Verhältnis zwischen der Nachfrage nach Ausgebildeten und dem jeweiligen Angebot, dem dann nichts als der Versuch bleibt, sich irgendwie einen Lebenserwerb gegen die Konkurrenz der Gleichinteressierten zu verschaffen. Wobei jedermann seine jeweiligen, also nach Bildungsstand zunächst durchaus unterschiedlichen Ansprüche an die erwartete Einkommensquelle in dem Maße herunterschraubt, wie er zu den Verlierern in der Konkurrenz gehört. Das macht dann alles in allem über die Verallgemeinerung gehobener Ansprüche an rentierliche Arbeit letztlich auch die Gewinner zu Verlierern. Wenn Universitätsabsolventen mit Fachhochschülern in derselben Schlange anstehen, dann darf man davon ausgehen, daß der Arbeitsmarkt die skandalöse Einkommensungerechtigkeit zwischen beiden auflöst und das Universitätsdiplom wie den Fachhochschulabschluß honoriert.

Stein des Anstoßes bei Bildungspolitikern und Pädagogen ist also heute nichts anderes als die offen zutage tretende Wahrheit des Verhältnisses von Bildungswesen und Arbeitsmarkt: Zwar sind alle Schulen mit der Herstellung und Auslese von Ausgebildeten befaßt, doch entscheidet nicht das Schulwesen darüber, was eine Ausbildung tatsächlich für ihren Träger als *Einkommensquelle* bedeutet. Das leistet immer noch die gesellschaftliche Nachfrage. Sie entscheidet darüber, was von der Bildung tatsächlich *gebraucht* wird und wieviel ein Ausgebildeter dem Anwender *wert* ist. Anders gesagt: Offenkundig wird, daß die institutionelle Trennung des Bildungswesens von den Anwendungsbereichen in Fabrik und Büro eine kapitalistische *Errungenschaft* besonderer Art darstellt. Sie erlaubt den privaten wie staatlichen Herren der Bildungsanwendung die ganz eigenständige Sichtung und Auswahl des für sie nützlichen Nachwuchses auf dem Arbeitsmarkt, auf dessen diversen Etagen sich das gebildete Volk nach der Schule zur Taxierung einfindet. Und da es so ganz in die *Freiheit des Interesses* der Unternehmungen fällt, der Nachfrage eine Zu- oder Absage zu erteilen, wird diese Freiheit zum Schaden und Ärger der meisten Ausgebildeten natürlich auch umso frecher gehandhabt, je mehr die Nachfrage nach Arbeitsplätzen wächst. Sich ganz frei im Reservoir der Volksbildung kapitalistischer Art bedienen zu können, daran hat es in den letzten Jahrzehnten nie gemangelt. Daß jedoch so viele Ausgebildete nicht mehr in den Berufen und zu den Einkommenserwartungen tätig werden können, die mit dem schulischen Berechtigungszertifikat »unangemessenerweise« verknüpft werden, das ist neu und führt zu den besagten Irritationen.

Für das Bildungswesen bedeutet dies keineswegs die *Entwertung* seiner *Berechtigungsscheinvergabe.* Zerstört wird nur die Illusion, mit der Berechtigung sei doch mehr verbunden als das Recht, sich in die nächste Etappe der Konkurrenz zu stürzen. Doch ist das nicht alles. Zwar war die mit einem Abschlußzeugnis verbundene Berechtigung noch nie eine *Garantie* für einen der Ausbildung oder gar der Neigung vollständig adäquaten Einkommenserwerb. (vgl. A.IV.1.2.) Doch war mit ihm immerhin die Garantie verbunden, sich auf einem Arbeitsmarkt umschauen zu dürfen, auf dem sich nur *Seinesgleichen* tummelte. D.h. selbst bei einem die Nachfrage übersteigenden Angebot an Erwerbsgelegenheiten war ziemlich gesichert, daß sich die überzähligen Bewerber weiterhin in derselben Einkommensgruppe um eine andere Geldquelle bemühen konnten. Jetzt – und dies ist in der Tat eine *Neubewertung* der Berechtigungszertifikate – konkurriert der Abiturient mit dem Absolventen der »mittleren Reife«, dieser mit dem Hauptschulabsolventen, und wenn es hochkommt, dann treffen sich sogar ehemalige Hauptschüler und Akademiker auf einunddemselben Arbeitsmarkt wieder, weil es inzwischen pro Jahr »mehr Studenten als Lehrlinge« gibt (vgl. FAZ, 26.11.91).

Dies ist also der eigentliche »Skandal«, der gegenwärtig als neue Bildungskatastrophe verhandelt wird. Was die mahnenden Pädagogen und Bildungspolitiker stört und was sie korrigieren wollen, ohne damit die »Erfolge« in der Bekämpfung der ersten Bildungskatastrophe aufs Spiel setzen zu wollen, ist die *Blamage der schulischen Auslese durch den Arbeitsmarkt.* Wo die schulische Vorsortierung keine gesellschaftliche Gültigkeit als relativ endgültige Sortierung besitzt, da vermag sie auch nicht mehr die eigentliche Verteilung auf und durch den Arbeitsmarkt zu legitimieren: als Resultat der Leistungsfähigkeit jedes einzelnen, als Produkt eines natürlichen Begabungsprofils oder als Ergebnis der geradezu überirdischen Bemühungen der Lehrerschaft, aus den Schülern alles, was in ihnen steckt, hervorzuholen. Diese Ideologie wird durch das Auseinandertreten von schulischer Auslese und neu aufgelebter allgemeiner Sortierungfunktion des Arbeitsmarktes blamiert. Da weckt die Schule Ansprüche, verspricht jedem Schüler, daß er sich auf ihre Leistungsbeurteilung verlassen könne, und dann muß sie mitansehen, wie ihrer Leistungsbeurteilung immer weniger gesellschaftliche Anerkennung zuteil wird.

Es soll dahingestellt bleiben, ob Pädagogen und Bildungspolitiker diesem ihrem *Ideal* einer Schule, die ganz Subjekt gesellschaftlicher Verteilung ist, nachtrauern, oder ob sie in der Destruktion des Ideals den Keim für aufkommende *Unzufriedenheit* und Staatskritik ausmachen. Auf jeden Fall muß umgelernt werden: Was das »Leistungsprinzip« leistet und vor allem, was es nicht leistet, das muß zwecks Korrektur möglicher falscher Ansprüche öffentlich klargestellt werden. Und das *wird* klargestellt – nicht zuletzt gerade durch diese Debatte über die neue Bildungskatastrophe, in der über die »Inflation der Ansprüche« räsonniert, von allerhöchster Seite die Frage »Lohnt sich das Abitur noch?« gestellt oder das Bildungswesen als »Verschwendung«, die dann eben »die Steuerzahler« auszubaden haben, gegeißelt wird.

Es wird dabei zusätzlich diese Trennung von schulischer Auslese und Sortierung über den Arbeitsmarkt als

Kostenfrage

verhandelt. Daß im Bildungswesen eines demokratischen Gemeinwesens mit gehobenen Ansprüchen an die Volksbildung gehörige Quanta an faux frais, also unproduktive Kosten anfallen, ist unstrittig. Ob allerdings größere Mengen von Schülern *»umsonst«* akademisch ausgebildet worden sind, und daß – wie dasselbe Phänomen im Lager der Unternehmer mit einer gehörigen Portion Heuchelei kritisiert wird – gesellschaftlich gar nicht benötigte Mehrausbildung als *entgangene Beschäftigungsdauer* zu Buche schlägt, wird man bestreiten dürfen. Daß solche Kostenberechnungen gar ernsthafte Probleme für den Staatshaushalt und die kapitalistische Ökonomie mitsichbringen, gehört vollends ins Reich der politischen Demagogie, mit der »der steuerzahlende Bürger, der ja nicht immer (!) eigene Kinder im Studium hat« (H. Kohl, in FAZ: a.a.O.), seine Vorurteile gegen »die Studenten, die lieber arbeiten sollten, als dem Staat (also mir!) auf der Tasche zu liegen«, auf allerhöchste Aufforderung mobilisieren darf.

Ob jemand »umsonst« ausgebildet worden ist, das – so erfährt man mal wieder nebenbei – entscheidet sich nicht an seinem Bildungsbedürfnis, sondern allein an der gesellschaftlichen *Nachfrage* nach seiner Ausbildung. Die hat jedoch den kleinen Haken, daß sie immer einige Jährchen *dauert,* worauf jedoch der Arbeitsmarkt leider keine Rücksicht nehmen kann. Deswegen passiert es schon einmal, daß nach mehrjähriger Ausbildung die Nachfrage, die zum Ausbildungsbeginn noch sehr günstig aussah, bei Ausbildungsende »gesättigt« ist; übrigens gerade weil sich so viele potentielle Bewerber auf diese Nachfragesituation einstellen. Das gehört nun einmal zu den Schönheiten des kapitalistischen Arbeitsmarktes, die den Unternehmen viel Freude, den Ausgebildeten so manchen Verdruß und dem Staat noch lange keine »umsonst« getätigten Ausgaben beschert. Diese Finanzschelte lebt von einer, der verpönten Planwirtschaft entliehenen Vorstellung, daß in der Tat für den konkreten Bedarf einer rationell organisierten Arbeitsteilung, nicht aber für den Markt, also für konkurrierende Nachfrage auf Grundlage einer sich »anarchisch« herausbildenden gesellschaftlichen Arbeitsteilung (vgl. K. Marx, Kapital I, 377) ausgebildet wird.

Auch die Klage,

»daß als Folge unserer langen Studienzeiten die berufsaktive Lebenszeit der Hochschulabsolventen immer kürzer wird und dadurch ein deutliches Mißverhältnis zwischen der Dauer der Erwerbstätigkeit einerseits und der vorhergehenden Ausbildungs- und der nachfolgenden Pensionszeit andererseits entsteht,« was *»den Sozialstaat belastet«,* (Kohl, in: FAZ a.a.O.)

mag zwar dem Absolventen des Bildungswesens vor Augen führen, was der Kanzler aller Deutschen von ihm erwartet: kurze Ausbildungszeit, lange Erwerbsdauer und anschließend wieder möglichst kurze Pensionszeit. Berechnungen von »entgangenen Einnahmen« oder »überhöhten Ausgaben« lassen sich daraus jedoch nicht ableiten. Denn es ist gar nicht gewiß, ob sich an die Ausbildung überhaupt eine Erwerbszeit anschließt. Wenn der Mensch Arbeit bekommt, dann fließen die Erträge ohnehin nicht in die Staatskasse; und außerdem gilt immer noch, daß die Kasse des »Sozialstaats« nicht ein Privatfonds des Kanzlers ist, den er wie ein Füllhorn über Pensionisten ausschüttet, die sich mit ihrem Studium bloß vor der Arbeit gedrückt haben.

Die Vorstellung, der Staat würde im Verhältnis zu den Einnahmen zuviele Ausgaben haben, geht gänzlich an der Logik des Bildungshaushalts vorbei. Der staatliche Finanzier widmet sich ohnehin frei von jeder privatkapitalistischen Berechnung seinen Bildungsobliegenheiten. Aus Bildung für sich ein Geschäft zu machen, daran hat er noch nie gedacht, wenn er an die Berechnung der Bildungskosten geht. Auch liegt es ihm fern, eine jährliche Bildungsbilanz in Anlehnung an Geschäftsbilanzen zu erstellen. Zwar wüßte er genau anzugeben, was er auf der Soll-Seite zu verbuchen hätte, doch bei der Haben-Seite müßte er passen. Denn die »Konsumtenten« seiner Pflichtveranstaltung bezahlen weder Ein- noch Austrittsgebühren. Deswegen hat sich der Bildungsträger jedoch noch lange nicht jede Kosten-Nutzen-Rechnung abgeschminkt. Allerdings stellt sie nicht Kosten und Einnahmen gegenüber, sondern so inkommensurable Größen wie Kosten auf der einen Seite und Lehrer-

Schüler-Quoten, Klassenfrequenzen oder Schulbesuchsdauern auf der anderen Seite.

Da es zwischen diesen Größen kein anderes Verhältnis gibt als jenes, welches der Bildungshaushalt festlegt – Geldgrößen und Sachverhältnisse sind eben nicht vergleichbar –, stellt sich der Bildungsfinanzier immer nur die Frage, ob er die *gewünschte Leistung* des Bildungswesens nicht auch *billiger* bekommen kann. Denn zwei Dinge sind unumstößlich: Der Bildungshaushalt steht immer in Konkurrenz zu anderen Haushaltsposten und nur selten hat er politische Priorität vor Wirtschaftshilfe, Verteidigungskosten und oder dem Autobahnbau.

Die mit der »Abiturientenschwemme« anfallenden Mehraufwendungen haben sich denn auch erkennbar in Grenzen gehalten. Weder sind die Universitäten in dem Maße finanziell ausgestattet worden, wie die Nachfrage nach Studienplätzen zunahm, noch sind alle Lehramtskandidaten zur Entlastung des »akademischen Proletariats« und der beschäftigten »Kollegen« eingestellt worden.

Die Klagen über zu »große Klassen«, über »die Abkoppelung der Lehrer von der allgemeinen Arbeitszeitverkürzung«, über »überfüllte Hörsäle« und »verbummelte Studienzeit« machen deutlich, wie kostenbewußt die Bildungsträger vorgegangen sind. Wenn die GEW, der VDS oder irgendein Hochschullehrerbund Beschwerde einlegte, so wußte der Staat durchaus sachgemäß zu kontern: Weder fehlte der Hinweis auf die segensreiche Wirkung zunehmender Konkurrenz in Schule und Universität, noch die dezente Andeutung, daß er seinen Bildungsbeamten durchaus einmal jene Verhältnisse bescheren könnte, mit denen sie sich vergleichen würden, nämlich mit den Lohnabhängigen. In Berlin hat er im März 1992 vorgeführt, daß er die Rechnung »Wieviel Lehrergehälter lassen sich durch welche Arbeitszeitverlängerung einsparen?« durchaus beherrscht. Und in Nordrhein-Westfalen hat sich das Land ganz gezielt von einer seriösen Unternehmensberatung das »Mißmanagement im Bildungswesen« ausrechnen (s. Spiegel 41/91) und damit alle Standesorganisationen mit ihren »sachfremden« pädagogischen Argumenten schlecht aussehen lassen.

Alles in allem und trotz der bereits erfolgten Einsparungen ist das Schulwesen natürlich immer zu teuer. Und zwar deswegen, weil den Finanzjongleuren ständig einfällt, wie es seine Funktion auch billiger erfüllen könnte. Derzeit haben besonders solche Einsparungsmodelle Konjunktur, die ausrechnen, daß der Schule und der Universität Kosten für »Fehlinvestitionen« erspart blieben, wenn das Bildungswesen – wie einst im Mai – dem Arbeitsmarkt wieder mehr Sortierungsarbeit abnehmen würde. Und Kanzler Kohl ist der Auffassung, »daß auch in zwölf Jahren ein Abitur erreichbar sein muß« (FAZ).

Die Lösung: Das zweigeteilte Bildungswesen

Damit wird die nächste Phase der Bildungsreform behutsam eingeläutet. Sie steht unter dem Kanzler-Motto:

> *»Die Zukunft der Industriegesellschaft ist mit Akademikern allein nicht zu sichern.«* (Kohl, in: FAZ)

Dabei haben die Auguren der neuen Bildungskatastrophe mehr im Sinn, als bloß die zahlreichen, bereits existierenden Instrumente zur konjunkturgemäßen Steuerung der Bildungsströme zu verfeinern. In der Tat: Die Blamage des schulischen Berechtigungswesens durch den Arbeitsmarkt läßt sich letztlich nicht allein durch den Numerus Clausus, eine Korrektur der Durchlässigkeit oder zusätzliche Eingangsprüfungen aus der Welt schaffen. Denn mit diesen Instrumenten »kritisiert« letztlich nur eine Abteilung des Bildungswesens die Ausleseresultate ihres jeweiligen Unterbaus.

Ein Bildungswesen »aus einem Guß«, das seine alte Glaubwürdigkeit dadurch wieder gewinnt, daß es den Schein pflegt, die Verteilung durch den Arbeitsmarkt auf die Hierarchie der Berufe sei allein *ihr Werk,* ließe sich so nicht bewerkstelligen.

Dafür muß mehr getan werden. Und Pädagogen wie Bildungspolitiker wissen auch bereits was:

– Als erstes muß jenes unselige Elternrecht, das Unbefugten die Einmischung in rein pädagogische Angelegenheit erlaubt, konfisziert werden. Schluß muß sein mit der Praxis, daß

> *»beim Übergang in die anschließenden Schularten der Elternwille oder (!) Elternehrgeiz mehr zählt als das Kindeswohl oder (!) das Gemeinwohl.«* (FAZ, 26.11.91)

Die ärgerliche Konkurrenz zwischen Lehrern und Eltern um die Frage, wer »das Beste für das Kind« besorgt, muß wieder eindeutig zugunsten der Staatspädagogen entschieden sein. Das »Aufstiegsbedürfnis« von Eltern hat als Bündnispartner der Bildungspolitik ausgedient.

– Zum zweiten muß ein »kühner Plan« (Zeit, 13.12.91) angegangen werden, der letztlich auch mit dem Schwindel vom horizontal aufgebauten und dreifach gegliederten Schulwesen aufräumen wird, wenngleich er natürlich unter ganz anderem Namen läuft und ganz andere Absichten verkündet:

> *»Danach soll es nur noch zwei Schulformen geben, das Gymnasium und eine zweite Schulform (möglicherweise mit dem Namen ›Oberschule‹ (!)) für alle anderen Schüler, die heute noch auf Haupt-, Real- und Gesamtschulen sowie am unteren Leistungsniveau des Gymnasiums getrennt untergebracht sind. Der Unterricht an dieser neu zu gründenden ›Oberschule‹ soll so attraktiv sein, daß nur noch etwa zwanzig Prozent der Eltern für ihre Kinder auf dem Schulwunsch ›Gymnasium‹ bestehen. Dann könnte sich das Gymnasium wieder mit klarem Bildungsauftrag um seine ureigenste (!) Kundschaft kümmern, während die neue ›Oberschule‹ ein gemeinsa-*

mes reformpädagogisches Profil entwickeln könnte, das bis hin zum Abitur reicht.« (Zeit, 13.12.91)

Der Pädagoge P. Struck faßt dies Modell griffig zusammen:

»Es braucht einen zweiten Weg, der (dem Gymnasium) gleichwertig, aber andersartig und mehr arbeitsweltbezogen« (WamS, 11.91) ist.

Dann wird es das mehr praktische und das mehr theoretische Abitur geben. Dieser neue Etikettenschwindel, der den Pädagogen gar nicht peinlich ist, trägt allerdings mehr zur Erhellung als zur Verdeckung der Absicht bei, endlich einmal ein klares und eindeutiges Zwei-Klassen-Schulsystem einzuführen. In dem kann dann eine geistige Führungsschicht je nach Konjunktur durch das Gymnasium zur Universität geschleust werden, ohne daß »Elternehrgeiz« an der Reinerhaltung der funktionellen Elite herumpfuschen kann, und in welchem der Rest nach strenger Sortierung wieder dort und dafür ausgebildet wird, wo er hingehört: nämlich in der (umbenannten) Hauptschule und für die Dienste des gesellschaftlichen Bedienungspersonals das heute vom Hilfsarbeiter bis zum kleinen Ingenieur im Konstruktionsbüro reicht. Dadurch wird die Universität entlastet und aufgewertet. Fachhochschulen nehmen ihr einiges an Arbeit ab, woran dem Kanzler Kohl wieder sehr viel liegt, da sich die

»Fachhochschule als eigenständiger, leistungsfähiger und attraktiver Hochschultyp durchgesetzt (hat), der mit seinem engen Praxisbezug den Erfordernissen einer Industriegesellschaft besonders gut entspricht«. (H. Kohl, in: FAZ)

Doch wird die Realisierung dieses »kühnen Plans« seine Zeit brauchen. Der »Standort Deutschland« ist nicht in erster Linie eine Bildungsfrage. Gewiß ist für's erste nur die nächste Kostendämpfung im Bildungswesen.

In der Debatte über den Umbau des gesamten Schulwesens halten sich einige Parteien nämlich noch an den *aktuellen Stand* der doppelten Gleichung von G. Picht: Wenn Bildungsnotstand den wirtschaftlichen Notstand signalisiert und dieser identisch ist mit der Einbuße an politischer Weltgeltung, dann muß eben auch ihre Umkehrung wahr sein. Folglich gibt es an »unserem Bildungswesen«, von dieser Warte aus betrachtet, wenig auszusetzen.

Und mit dem Jammern von Pädagogen und Philologen über den Untergang des Abiturs, also über die Blamage, die der Arbeitsmarkt den Idealisten des Bildungssystems bereitet, können die Verantwortlichen durchaus noch eine Zeit lang leben. Denn sie gehören zur Spezies der Realisten des Bildungswesens, die auf die »regulierenden Kräfte des Marktes« setzen. Sie haben nicht ganz unrecht: Wo sich die Trennung des Bildungswesens von der Konkurrenz der Produzenten und sonstigen Nachfrager nach Ausgebildeten *erstmals* nach langer Zeit so richtig *bewähren muß* und dies auch erkennbar *tut,* liegt ein Grund für nationale Besorgnis nur für diejenigen vor, die im Bildungswesen das Fundament und den Bildungsplan der Gesellschaft erblicken und nicht einen Dienstleistungsbetrieb für das kapitalistische Produktionsverhältnis und seinen Staat.

Das Jammern der »Betroffenen« hält sich ohnehin in Grenzen: Zwar erfahren immer mehr Absolventen des Bildungswesens, daß höhere Bildung gegenwärtig nur soviel wert ist, wie sich auf dem gestopften Arbeitsmarkt daraus machen läßt – also immer weniger; auch erfahren immer mehr Absolventen mittlerer Bildung, daß sie mit Abiturienten konkurrieren müssen, aber nicht können. Und auch Hauptschüler wissen, was die Uhr geschlagen hat, wenn sie sich ihre Chancenlosigkeit gleich als – durchaus positives – Selbstbewußtsein zulegen. Doch im Höchstfall drechseln sie daraus Klagen, die sich brav in jenen Grenzen halten, die ihnen die Volksbildung gezogen hat: Der Staat würde ihnen *vorenthalten,* was er ihnen mit der Einweisung in einen bestimmten Bildungsweg *versprochen* hätte. Und nicht selten tragen sie die Beschwerde über eine angeblich nicht bildungsstandesgemäße Einkommensquelle auch unter Berufung auf jene Titel vor, die in der aktuellen Bildungsdebatte gängig sind. Sie selbst sind es dann, die in Sorge um den deutschen Geist den Verfall des Bildungsniveaus und ähnliches anprangern. Sie wissen gar nicht, wie sehr diese Beschwerde das Urteil über ihr angeblich so heruntergekommenes geistiges »Niveau« widerlegt und die Politiker beruhigt! Denn der Bildungsnachwuchs trägt die Sorge ums Einkommen erstens als Interesse vor, sich eindeutiger von anderen, besonders den Absolventen kürzerer Bildungsgänge *unterscheiden* zu wollen, kann sich zweitens keinen anderen Zuständigen für die Beschwerde vorstellen als die mit Bildungsfragen befaßte Abteilung der *Staatsgewalt* und weiß drittens, daß man den besten Eindruck bei der Herrschaft macht, wenn man seine Sorgen ganz *uneigennützig* als Anliegen des *Gemeinwohls* vorträgt. Und gerade diese Sorte politischen Räsonnierens gilt hier und heute als hohe Kunst der *Kritik,* als Zeugnis für die gehobene Ausbildung bester (staatsbürgerlicher) Tugenden; mithin nicht als Beweis für die Notwendigkeit von Reformen, sondern umgekehrt als Beleg für die Leistungsfähigkeit der demokratischen Staatsbildung.

»Dies wohl deshalb, weil diese Kritik nicht entzweit, sondern eint – denn im Bedürfnis, der Staat mit seinen hoheitlichen, durch demokratische Ermächtigung erworbenen Befugnissen möge sich bei seinen Werken durch nichts und niemanden behindern lassen, sind selbst Leute, die etwas dagegen haben, schwer dafür.« (Gegenstandpunkt 1, 9)

***

Eine Sorte Kritik macht davon eine Ausnahme – wenigstens im Selbstbewußtsein der Kritiker und darin, daß sie praktisch wurde: Die Alternativschulbewegung.

II. Alternativschulen

Die Studentenbewegung der 68er Jahre hat nicht nur allenthalben soziale »Mißstände« entdeckt. Vielen studentenbewegten Gemütern war auch ziemlich bald klar, warum ihre gutgemeinten Reformanliegen auf so erbitterten Widerstand bei den politisch Verantwortlichen trafen, die sich auch noch auf das »gesunde Volksempfinden« berufen konnten. Den undemokratischen Zuständen in der Gesellschaft entsprach eine *charakterliche Deformation* breiter Volksmassen, die die bundesdeutsche Demokratie gegen alle Veränderungsversuche resistent machte. Der »autoritäre Charakter« wurde für die »autoritären gesellschaftlichen Strukturen« verantwortlich gemacht und mit ihm eine Erziehung, die solche Charaktere formt. Mit diesem Fehlschluß [11] war ein neues Objekt studentischen Veränderungswillens geboren. Den kritisierten sozialen Umständen mußte durch eine wirklich demokratische Erziehung abgeholfen werden. Und diese neuartige Erziehung, da war man sich weithin einig, war mit den Strukturen der Regelschule unvereinbar. In der Staatsschule sahen die kritischen Geister der 68er nämlich den organisierten Verstoß gegen all die Prinzipien, die zur Heranbildung freier, selbstbestimmter und mündiger Demokraten nötig sind. So wurde eine Alternativschulbewegung auf den Plan gerufen. Unter dem Stichwort »Entschulung« (A.S. Neill) der Gesellschaft wurden Schulprojekte aufgezogen, die neue, freie Menschen erziehen und so das soziale Übel an der Wurzel kurieren sollten. Kinderläden und Schulprojekte, angetreten, um auch aus der Erziehung den Muff von tausend Jahren zu vertreiben, entdeckten Museumsstücke aus der Mottenkiste von Pädagogik und Psychologie neu. Kritische Pädagogen, die mit alternativen Schulkonzepten aufwarten konnten, verzeichneten Hochkonjunktur.

Mittlerweile ist es um die wenigen Restposten dieser Bewegung ein wenig still geworden. (Eine Ausnahme macht da allenfalls die Waldorfschule, die wegen ihres speziellen geistigen Unterbaus eine gesonderte Behandlung verdient.) Das hat weniger mit einem Scheitern als mit dem Erfolg dieser Bewegung zu tun: Vom Wortgutachten über den Projektunterricht und Freinets Klassenkorrespondenz bis zur Schülermitbestimmung hat die Regelschule eine ganze Reihe alternativer Knüller für sich entdeckt und instrumentalisiert. Andere von den Alternativen inkriminierte Tatbestände wie Prügelstrafe, »geschlechterspezifische Erziehung« und »Tabuisierung der Sexualität« gelten der Regelschule selbst als alte Zöpfe, die einer aufgeklärten demokratischen Erziehung nur abträglich sind.

Schlagworte, die ehedem Markenzeichen der Alternativschulbewegung waren, haben ihren festen Platz im geistigen Repertoire jedes modernen Pädagogen gefunden: Notenterror verdirbt Motivation und Moral der Kinder; Lernen muß an den Erfahrungen und Interessen der Kleinen anknüpfen;

Theorie und Praxis müssen eine Einheit bilden. Und vor allem: Selbstbestimmung ist das A & O, wenn es um die Bildung verantwortlicher Demokraten geht.

Das Gros der Alternativen hat das sehr beeindruckt. Den reformerischen Taten der Bildungsbehörden haben sie entnommen, daß die Staatsschule durchaus »veränderbar« ist. Sie haben sich und ihr alternatives Wirken zu einem »Veränderungsdruck« aufgeblasen, dem all die schönen Reformen letztlich zu verdanken seien, und sind darüber selbstkritisch geworden: Hat man der Regelschule nicht voreilig eine Absage erteilt und so versäumt, die Veränderungsmöglichkeiten zu nutzen, die die normale Schule bietet? Hat man sich in seiner »heilen Inselwelt« nicht davor gedrückt, die »realen« Chancen wahrzunehmen, die mit der Regelschule gegeben sind? Noch verbliebene alternative Einrichtungen wie die Glocksee-Schule rühmen sich heute prompt dafür, bei den erzieherischen Resultaten mit jeder Regelschule lässig konkurrieren zu können. Glocksee hat es zur staatlich anerkannten Gesamtschule bis Klasse 10 gebracht und ist stolz darauf.

Regelschule und Alternativschule sind sich also inzwischen näher gekommen. Und das nicht etwa, weil die Staatsschule sich den Idealen der Alternativschulbewegung angepaßt hätte. Sie hat ja nur den pädagogischen Klimbim bei sich integriert, der für die gar nicht neuen schulischen Zwecke brauchbar und nützlich erschien und/oder für die Imagepflege der Staatsschule billig zu haben war. Es liegt in der alternativpädagogischen Schulkritik selbst begründet, daß sie sich auf die Bereicherung der Schule um ein paar alternative Methoden und Maschen zurückstufen läßt und zurückgestuft hat. Schließlich hat diese Bewegung der Staatsschule nicht den Kampf angesagt. Sie wollte der Regelschule *ihre* besseren Möglichkeiten vorleben.

1. Eine radikal falsche Schulkritik

Die Alternativen sind angetreten zu dem Nachweis, daß es in der Erziehung auch anders geht – in »Schulen, die anders sind«. In dem kleinen Adverb fassen sich all die Ideale zusammen, deren Verwirklichung (nicht nur) diese Pädagogen für den Sinn der Staatsschule halten, in dieser aber nicht beheimatet finden. Zu dieser schlechten Wirklichkeit der Regelschule möchten sie im wahren Wortsinn eine *Alternative* bieten, also zeigen, daß bürgerliche Schule auch anders und besser gemacht werden kann.

Für das »Versagen« der Regelschule haben Alternativpädagogen eine ziemlich pauschale Erklärung zu bieten. Die Regelschule scheitere daran, lernfreudige und mit einer wertvollen sozialen Moral ausgestattete Kinder zu erziehen, weil sie *kein Vertrauen* ins Kind und seine Entwicklungsfähigkeit habe. Sie meine, den Kindern unter Druck etwas eintrichtern zu müssen und baue damit einen völlig *unnötigen* Gegensatz zum Kind auf. Ja, so verhinderte sie, was zu ermöglichen ihre Aufgabe wäre: Daß die Kinder sich aus eigenem Antrieb aufs Lernen stürzen und sich zu wahren Humanisten entwickeln. Das wollen Alternativschulen anders machen:

> *»Die Prinzipien, die die Art des Lernens an Alternativ-Schulen bestimmen, sind für alle diese Schulen sehr ähnlich. Ihre Grundlage ist der sogenannte ›pädagogische Optimismus‹. Das heißt, in solchen Schulen geht man davon aus, daß Kinder lernen wollen, daß jedes Kind ein intensives Bedürfnis nach Unabhängigkeit und damit nach ständiger Erweiterung seiner Kenntnisse, Fähigkeiten und Fertigkeiten hat.«* (Behr, 20)

Es ist der radikale Glaube an die eigentlich vorhandene *Übereinstimmung* von Kind und (vermeintlichem) Schulprogramm, der hier schulkritisch wird. Die aus diesem Geist geborene Kritik an den Instrumentarien und Inhalten der Regelschule fällt entsprechend verkehrt aus.

Notenterror

Unter dem Stichwort Notenterror werden Wirkungen auf die Moral der Jugend angeprangert: Noten »zwingen zu rigorosem Leistungsstreben und Konkurrenzverhalten« (Behr, 39f), statt zu solidarischem Handeln anzuregen. Als herrschte ohne Konkurrenz überhaupt Bedarf an dieser Tugend! Nicht umsonst ergeht die Aufforderung, Solidarität walten zu lassen, immer dann, wenn Leute unter die Räder der Konkurrenz gekommen sind. Und schon in der Schule verlangt der Appell an die Solidarität der Starken mit den Schwachen den Schülern ab, ihr von der Schule organisiertes Konkurrenzverhältnis um Rücksicht auf die Opfer zu ergänzen. (Vgl. Kritik der Erziehung, Teil 1, 61f)

Auch der kindliche Lernwille nimmt Schaden, wo Noten den Lernalltag bestimmen, so die alternative Kritik:

> *»Die Schule verdirbt den Spaß am Lernen, und zwar zumeist lebenslänglich, sie ist lernfeindlich.«* (I. Illich nach v. Dick, 101).

Wenn in der Schule die Mehrzahl der Kinder nicht mit Begeisterung dabei ist, wenn einige aus ihrem Scheitern in der Notenkonkurrenz sogar den Schluß ziehen, den Kampf um einen der besseren Listenplätze ganz aufzugeben, dann diagnostizieren Alternativpädagogen, die Schule habe auf der ganzen Linie versagt. Als erzeugte die nicht genau den notenorientierten Lernwillen, den sie braucht; als gehörten »Schulversager« zum Gelingen des Schulprogramms nicht notwendig dazu.

Verregelte Zwangsinstitution

Die Staatsschule gilt den Alternativpädagogen als verregelte Zwangsinstitution, die ein ganzes System von Unterdrückungsmechanismen zum Einsatz bringt. Ein feststehender Stundenplan firmiert hier genauso als Diziplinierungsmittel wie Zensuren, Schulstrafen und Frontalunterricht. Die Schule wird als eine Art Gefängnis vorgestellt:

»Schule hat den gleichen Zwangscharakter wie ein Gefängnis oder eine Nervenklinik.« (I. Illich nach v. Dick, 101)

Dieses Bild einer Einrichtung, die ein unmittelbares Gewaltverhältnis gegen den Schüler exekutiert, blamiert sich notwendig an der Wirklichkeit. Gerade weil es der Schule nämlich um die Bildung des staatsbürgerlichen Geistes geht, kommt sie der Jugend eben nicht einfach mit Befehl und Gehorsam. So wenig der Schulbetrieb sich von den Interessen der Kinder abhängig macht, so sehr legt er Wert darauf, den Willen der Kleinen für die Anpassung ans Verlangte zu mobilisieren. Und das auch noch recht erfolgreich. Kinder, die geschluckt haben, daß sie um ihrer eigenen Zukunft willen mitmachen müssen, sind die Regel. Auch die Minderheit von »Schulverweigerern« hat ihre Lektion gelernt und schämt sich des eigenen Versagens. Selbst da, wo die Schule mit Schulstrafen sicherstellt, daß Kinder sich dem Leistungsvergleich nicht entziehen und den schulischen Ablauf nicht stören, setzt sie darauf, die Schüler mit ihrem Eigeninteresse am Schulerfolg zu ködern. Die körperliche Züchtigung ist aus dem Verkehr gezogen. Die härteste Strafe bleibt der Schulverweis, d.h. die Drohung mit dem Ende einer Schulkarriere. Hier wird der Wille nicht einfach gebrochen, sondern unter Indienstnahme des erzwungenen Interesses am Schulerfolg fügsam gemacht.

Ausgerechnet an solch freiwilliger Unterwerfung aber mögen Alternativpädagogen keine Gewalt entdecken. Wenn Kinder aus der »Einsicht« lernen, daß man ohne Schulleistungen seinen Traumberuf abschreiben kann, dann entdeckt der Pädagoge darin nicht die gelungene Erpressung, sondern einen modellhaften Freiheitsakt. Daß Schüler sich *mit* freiem Willen akkomodieren, das beweist: Sie lernen ganz aus freien Stücken!

»Der Hauptunterschied zwischen Summerhill und einer typischen Schule besteht darin, daß wir dem Kind vertrauen. Wir wissen, wenn Tommy Arzt werden will, dann lernt er freiwillig, um die Prüfung zu bestehen. In der autoritären Schule ist man sicher, daß Tommy nie Arzt wird, wenn er nicht durch Schläge und Druck zum Lernen gezwungen wird.« (Neill, 161)

Einen Anschlag auf die Freiheit der Kleinen entdecken Alternativpädagogen lieber im feststehenden Stundenplan und Stundenrhythmus. Zum Beleg deuten sie darauf, daß der Stundentakt ein dem Lernprozeß äußeres Zeitmaß vorgibt. Aber nicht was da von oben geplant und geregelt wird, gilt als Skandal: Daß die Schule die Ausbildung zum Mittel macht, die Kinder anhand ihrer Leistungen gegeneinander konkurrieren zu lassen, ist nicht der Stein des Anstoßes. Alternativpädagogen ziehen sich lieber an der Tatsache hoch, *daß überhaupt* Regelung stattfindet, mögen also ein Unterweisungskonzept, das dem Kind beim Begreifen der Sachlogik eines Gegenstandes hilfreich sein will, vom Leistungspensum der bürgerlichen Schule überhaupt nicht unterscheiden. In beiden Fällen halten sie nur fest, *daß* da etwas vorgegeben wird. Das ist Terror, denn Kinder dürstet nach der Freiheit, alles *selbst* zu tun:

> *»Was an Regelschulen schier unmöglich erscheint, wird an Alternativschulen zum normalen Unterrichtsalltag. Die Kinder lösen komplizierte Mathematikaufgaben .... Dinge, zu denen man Kinder angeblich zu ihrem Besten zwingen muß, tun sie gern, obwohl sie keiner zwingt, oder weil sie keiner zwingt?«* (Behr, 20)

In so einem Kleinen steckt eben ein fertiger Alternativpädagoge. Zwar mit einem unbändigen Lernwillen ausgestattet, geht den Kleinen ihre Selbstbestimmung doch über alles. Also lassen sie ihren Lerneifer dann fahren, wenn sie lernen sollen, was sie immer schon lernen wollten!

Vorgefertigtes Wissen

Verweigerte Selbstbestimmung entdecken Alternativpädagogen auch am schulischen Bildungskanon:

> *»Die Schule hat mehr und besseres zu tun als Wissen zu vermitteln. Wirklich wichtig ist nicht Wissen, sind nicht einmal Entdeckungen: Wichtig ist das Forschen. ... Um sich zu bilden genügt es nicht, daß das Kind den Stoff in sich hineinfrißt, den man ihm mehr oder weniger spannend serviert: es muß selbst handeln, selbst schöperisch sein.«* (Freinet, 25)

Die Schule wird hier für eine Absicht gescholten, die in ihr gar nicht regiert: Ganz auf Weitergabe von Wissen sei sie aus. Justament diese Zielsetzung soll nämlich zu den im Schulbetrieb üblichen mechanischen Formen des Lernens führen. Dabei zeugt das begriffslose Einpauken von Stoff wie es in der Schule vorherrscht nur davon, wie wenig diese Einrichtung Wert darauf legt, den Kindern Wissenselemente tatsächlich verfügbar zu machen. Aber Alternativpädagogen wollen hier unbedingt ein Gleichheitszeichen anbringen.

Wer Kindern Wissen zum Begreifen vorlegt, der zwingt sie, es in sich hineinzufressen und knebelt damit ihre schöpferische Subjektivität. Daß die Subjektivität nicht ausgegrenzt wird, sondern gefragt ist, wenn ein vorliegender Gedanke erfaßt werden soll, das entgeht einem Alternativpädagogen völlig. Er kennt ja nur das Raster »selbst oder fremd« und deshalb fällt ihm an Lerninhalten immer nur der sachfremde Gesichtspunkt ein, daß hier ein anderer und nicht das Kind selbst geistig produktiv war. So gerät das, was rationellerweise Voraussetzung vernünftiger Bildung ist – das zu vermittelnde Wissen muß erarbeitet vorliegen – zum Verbrechen: *Fertiges* Wissen hindert Kinder, es selbständig neu zu erfinden.

Wissen, des Lehrers Macht

Das bringt die Lehrer mit dem unverdienten Kompliment in die Schußlinie, allumfassendes Wissen zeichne sie aus. Sie treten dem Schüler angeblich »in der Rolle des Allwissenden« (v. Dick, 222) gegenüber. Dadurch machen sie sich der Bevormundung der Kleinen schuldig. Daß Belehrung und Bevormundung nicht dasselbe sind, ist einem Alternativpädagogen nicht geläufig, der bei Lernen immer an *Selbst*-lernen denkt und diesen Pleonasmus auch noch für das erste Bedürfnis des Kindes hält. Dabei zielt Belehrung auf die *Aufhebung* der theoretischen Überlegenheit des Lehrers, begründet also keinen Gegensatz zum Schüler und ist gar nicht zu haben, ohne daß das Kind den Lerninhalt selbst durchdenkt. Bevormundung aber meint ein Verhältnis, in dem ein Wille sich über den anderen hinwegsetzt. Und das ist bei überlegener Sachkenntnis gar nicht gegeben, auch wenn alle Lehrer dieser Welt nur allzu gerne den Schein pflegen, ihr Vorsprung an Wissen sei die Quelle einer Autorität, die allein aus ihrem Amte folgt. Dabei beherrschen genau dieselben Lehrer, die ihre Sachkompetenz zur Quelle ihrer Autorität stilisieren, den ältesten Paukertrick. Stellen die Schüler eine Frage, die sie nicht beantworten können, dann setzen sie ganz locker auf ein Machtwort als Wissens*ersatz:* »Diese Frage gehört nicht hierher!« Alternativpädagogen glauben den pädagogischen Schwindel und schieben das Machtverhältnis zwischen Lehrer und Schüler auf die Wissensdifferenz beider.

Zwang untergräbt die Moral der Truppe

Die »Verregelung« des Schulbetriebs machen Alternativpädagogen nicht nur für die Zerstörung des kindlichen Lernwillens verantwortlich. Auch der bürgerliche Anstand leidet darunter, wie Neill eindrucksvoll am Beispiel des Diebstahls demonstriert:

> *»Unterdrückung erzeugt Trotz, und der Trotz trachtet natürlich nach Rache. Kriminalität ist Rache. Um das Verbrechen aus der Welt zu schaffen, müssen wir alles beseitigen, was ein Kind rachedurstig macht. Wir müssen dem Kind Liebe und Achtung erweisen. ... Viele Summerhill-Kinder stehlen auf diese Art bis zu einem bestimmten Alter. Sie dürfen das. ... Ich habe jedoch viele Kinder, die mit dreizehn gestohlen haben, zu ehrlichen Staatsbürgern heranwachsen sehen. Kinder scheinen mehr Zeit zum Heranwachsen zu brauchen, als wir im allgemeinen glauben. Mit Heranwachsen meine ich die Entwicklung zum sozialen Wesen. ... Der Begriff von Mein und Dein ist ein Begriff der Erwachsenen; das Kind bekommt erst einen Sinn dafür, wenn es reif genug ist. Wenn Kinder geliebt werden und frei sind, dann werden sie rechtzeitig gut und ehrlich.«* (Neill, 254f)

Achtung vor dem Eigentum ist ein natürliches Reifeprodukt kindlicher Entwicklung und Freiheit das Geheimrezept, mit dem man Respekt vor der geschätzten Autorität des Rechts erzeugt, so der große Antiautoritäre Neill.

Alternativpädagogen unterschreiben den bürgerlichen Tugendkatalog. Sie teilen nämlich den Irrglauben, daß die Prinzipen des Rechts nichts sind als der Ausfluß allgemein-menschlicher Grundwerte. Aus der Übertretung von Gesetzen schließen sie nun – hier ihre Differenz zum »gesunden« Menschenverstand – nicht auf einen Mangel an strafender Gewalt, sondern auf das Entgegengesetzte: Wer Diebstahl verbietet und bestraft, erzeugt Verbrecher, denn nur durch die Freiheit zum Eigentumsdelikt entwickelt sich die rechtstreue Person. Als existierte die ganze Unterscheidung von Eigentumsdelikt und rechtem Gebrauch von Eigentum überhaupt jenseits der Gewalt, die diese Sortierung vornimmt und am unbotmäßigen Willen vollstreckt!

2. Lernziel Selbstbestimmung

Das Geheimrezept der Alternativen

Das Zauberwort der Alternativen, die sich den programmatischen Titel »Freie Schulen« gegeben haben, lautet denn auch *Selbstbestimmung* (Vgl. Kritik der Erziehung, Teil 1, 64f). Damit ist wie immer, wenn der Kult der Freiheit gepflegt wird, nicht gemeint, daß Kinder machen sollen, was sie wollen. Der konservative Vorwurf, der Willkür und Beliebigkeit in der Erziehung das Wort zu reden, trifft solche Pädagogen zu unrecht. Sie haben sich ja ein Selbst des Kindes konstruiert, das sich in prästabilisierter Harmonie mit den erzieherischen Forderungen befindet, und *das* wollen sie freisetzen. Denn dann ergibt sich wie von selbst, daß Kinder alle pädagogischen Träume wahr werden lassen, so die Überzeugung, die Alternativpädagogen in die Tat umsetzen wollen. Sie haben eben noch, bevor ein Kind papp sagen kann, bereits eine recht klar umrissene Vorstellung von dem Gebrauch, den freie Kinder von ihrer Freiheit ganz natürlicherweise zu machen haben.

Für die Durchsetzung ihres Erziehungsziels wollen sie sich aber nicht der üblichen pädagogischen Technik bedienen, alle in der Schule gestellten Anforderungen *gegen* das Kind geltend zu machen und sich *daneben* den schönen Gedanken zu leisten, daß sie das Kind »nur zu seinem Besten« schuhriegeln. Die Kindgemäßheit der Erziehung glauben sie sich und anderen nur, wenn sie es hinkriegen, daß das Kind selbst sich als Kronzeuge dafür präsentiert. Daß das nicht ausbleiben kann, wenn man Kindern endlich Freiheit gewährt, wollen sie sich und ihren Kollegen aus der Regelschule demonstrieren. Dem Glauben, daß die »Selbstregulierung« des Kindes in die richtige Richtung führt, verdankt sich denn auch der Zauber, den Alternativpädagogen um die Erfahrung machen.

Die Sache mit der Erfahrung...

Daß Kinder wie jedermann sonst Erfahrungen machen, wird keiner bestreiten. Sie gehen auf ihre Umgebung los und behandeln sie als Objekt ihrer Bedürfnisse und Neigungen. Dabei bemerken sie Wirkungen auf sich, die manchmal angenehm, manchmal eher schmerzlich sind. Sie machen also Erfahrungen nicht nur mit heißen Herdplatten. Auch daß, wer an die Schokolade geht, ohne vorher die Mutter zu fragen, etwas hinter die Ohren bekommt, gehört zu den Erfahrungen, die Kinder sammeln. So erwerben sie sich ein Repertoire an Urteilen, die den Mangel aller Erfahrungsurteile an sich haben: Es wird nicht gewußt, *warum* die objektive und subjektive Umwelt sich so verhält. Daher bleibt man den unbegriffenen Gesetzen der Sache ausgeliefert. Wer das Wesen der natürlichen und sozialen Verhältnisse nicht ergründet hat, der ist eben nicht in der Lage, begründet den für seine Interessen richtigen Weg zu wählen.

In diesem Mangel des Erfahrungsurteils liegt der *Ausgangspunkt* für systematische theoretische Befassung mit den gesellschaftlichen und natürlichen Phänomenen. Daß dieser vernünftige Übergang deshalb längst nicht automatisch aus Erfahrung folgt, kann man an den zahlreichen Erwachsenen studieren, die ihr Leben lang nicht über die »Einsicht« hinausgelangen, daß die Welt »nun mal« ist, wie sie ist.

Auch ein Kind kann natürlich von selbst auf die Notwendigkeit systematischen Wissens stoßen. Meistens aber fragen einem die Kleinen eher Löcher in den Bauch und sind mit ihren Gedanken schon wieder ganz woanders, wenn man sich an die Antwort macht. Diese Willkür, die jeder spontanen Neigung und jedem Einfall folgt, zeugt davon, daß das Kind bei allem bekundeten Wissensdurst die Notwendigkeit nicht begriffen hat, sich von seiner praktischen Interessiertheit zu trennen und sich dem neuen Vorhaben der theoretischen Analyse zuzuwenden: Wer sein Märchenbuch lieber selber lesen können möchte, der muß *deswegen* von seinem Interesse am Märchen vorübergehend Abstand nehmen und sich ganz der Sachlogik des Lesenlernens zuwenden. Kinder können da ganz schön borniert sein. Kaum tut man ihnen den Gefallen und erklärt ihnen die Buchstaben, erlischt ihre Neugier schlagartig – sie wollten doch eine spannende Geschichte genießen!

Solche Willkür mag bei Tätigkeiten ihren Platz haben, bei denen es darum geht, die physischen oder geistigen Potenzen frei spielen zu lassen, um daran Vergnügen zu finden. Im Bereich des Spiels haben die Phantasie und Spontanität ihr Recht. (Wenngleich Kinder auch den Spaß am Spiel verderben können, wenn sie sich einfach ignorant zu den Regeln stellen, deren Einhaltung gerade den Reiz der Sache ausmacht.) Wenn es aber um Erkenntnis geht, dann stören spontane Einfälle und subjektive Neigungen nur beim Begreifen dessen, was die Sache objektiv ist. So ein Vorgehen verdient daher *Kritik:* Das Kind muß einsehen, daß es nur durch systematische Analyse des

Gegenstandes geistiger Herr seiner Lage wird. Eine Kritik, die ihn der Regelschule nicht üblich ist. Der ist es ja wirklich nicht darum zu tun, dem Kind Wissen als Mittel seiner Interessen verfügbar zu machen; aber auch Alternativpädagogen können damit wenig anfangen. Sie sehen die Sache mit der Erfahrung nämlich ganz anders.

...und der alternativpädagogische Erfahrungskult

Durch eine vernünftige Kritik die Interessen eines Kindes zu verändern, das halten alternative Erzieher für ein ebenso schändliches wie unnötiges Ansinnen. Denn per definitionem ist doch das Kind, wie es geht und steht, der fertige Aktivist ihrer Erziehungsziele. Durch diese Brille betrachtet, erscheint ihnen alles, was Kinder so von Haus aus treiben, als Königsweg zum Lernen. Kinder spielen gern und ohne Zutun von außen, das Spiel ist also der kindgemäße Weg zur Aneignung der Wirklichkeit – und schon hat der Widerspruch spielerischen Lernens das Licht der Welt erblickt. Kinder machen Erfahrungen, erleben ihre Betroffenheit durch die sie umgebende Welt, also muß Schule nur erfahrungsorientiert sein, dann stellt sich das Lerninteresse der Kleinen wie von selbst ein:

> *»Alle Lernangebote sollen an den Bedürfnissen und Erfahrungen der Schüler anknüpfen.«* (Behr, 21)

Das aus jedem Kinderzimmer bekannte Kaufmannspiel avanciert so zur »konkreten« Vorstufe der Mathematik, als ergebe sich daraus bruchlos und logisch zwingend der Übergang zu Addition und Subtraktion:

> *»Das Konzept der Glocksee-Schule ist daraufhin eingerichtet, gesellschaftliche Wirklichkeit in die Schule einzubeziehen und mehr: die gesellschaftlichen Erfahrungen der Kinder sind Ausgangspunkte für Lernprozesse und die Organisation von Unterricht. ... Die Kinder in der Glocksee-Schule untersuchten die Mathematikangebote der Schule von anfang an auf ihren Gebrauchswert für die Realisierung ihrer Bedürfnisse. ... Im Zentrum ihrer Interessen standen dabei zunächst ausgedehnte und intensive Spiele mit Gewichten und Geld (Kaufmann, Post, Büro) , mit Längenmaßen, Hohlmaßen und Zeitspannen. ... Nicht zuletzt bildeten diese konkreten ›Operationen‹ die Grundlage für die mathematischen Operationen des Addierens, Subtrahierens, Multiplizierens und Dividierens.«* (Manzke, 153 u. 155)

Kindliche Erfahrungen und kindliches Spiel sind auf diese Weise zum Gegenstand der pädagogischen *Wertschätzung* aufgestiegen. In ihnen hat der Lehrer eine machtvolle Instanz auf seiner Seite, wenn er zur Sache kommen will. Die schulische Praktizierung dieses Ideals, im spontanen Verhalten des Kindes habe der Lehrer den Bündnispartner seiner erzieherischen Absichten, ist ebenso verlogen wie das Ideal vom selbstregulierten Kind selbst.

3. Freies Lernen in Aktion: Das verlogene Ideal der Selbstregulierung wird praktisch

Unterricht aus dem alternativpädagogischen Bilderbuch

Der alternativpädagogischen Optik bleibt nicht verborgen, welches ungeheure pädagogische Potential beispielsweise in einer Schneeballschlacht steckt. Man muß nur ein Auge dafür haben! Alternativpädagogen bringen die passende Sehstörung mit:

> *»Ein möglicher(!) Tag in der Freien Schule Essen*
> *Es schneit. Die Kinder laufen mit großem Hallo und betrachten, befühlen, bestaunen den langsam zur Erde schwebenden Schnee. Sofort(!) tauchen die ersten Fragen und Bemerkungen auf. ›Warum fallen die Schneeflocken so langsam?‹ ... Ein paar Fragen werden beantwortet, andere bleiben offen. Der Lehrer merkt sich die Fragen, um eventuell klärende Experimente anbieten zu können. Einigen Kindern wird es zu kalt draußen. Sie gehen mit Elisabeth, einer Lehrerin, wieder hinein. ... Die Kinder bedrängen Elisabeth. Sie holt sich ein Buch zuhilfe, und nun versuchen alle gemeinsam herauszufinden, was es mit dem Schnee, dem Regen und dem Hagel auf sich hat...«* (v. Dick, 230)

So sieht der Pädagoge also den idealen Schulbetrieb: Die Kinder toben nicht nur im Schnee, sondern sie fragen den Lehrer förmlich in die von ihm für wertvoll erachtete Unterrichtseinheit hinein. Was der Pädagoge hier sieht, ist allerdings – er gibt es unfreiwillig zu – eher sein Wunsch als die Wirklichkeit von Schneeballschlachten auf (alternativen) Schulhöfen, wo Kinder bekanntlich nicht mit Fragen, sondern mit Schneebällen um sich werfen. Deshalb kann der Lehrer auch an diesem »möglichen« Tag in der Freien Schule Essen von Glück sagen, daß es den Kindern irgendwann zu kalt wird. Zu behaupten, daß die Kleinen ins Klassenzimmer stürmen, um endlich die vielen theoretischen Probleme zu lösen, die die spielerische Erfahrung mit dem Schnee dringlich gemacht hat, fände der Autor wohl selbst ein wenig zu dick aufgetragen. Aber daß der alternative Lehrer nur den durch Erfahrung gewachsenen tiefen Wunsch nach Lernen befriedigt, wenn er, kaum im Warmen angelangt, Wetterkunde auf die Tagesordnung setzt, das soll schon ins Bild gesetzt werden. Der Unterricht des alternativen Lehrers ergibt sich ganz aus der Betroffenheit der Kinder. Schließich tischt er ihnen ja nur *ihre* Fragen auf.

Interpretationskünste zur Rettung des Ideals

Natürlich bleibt Alternativpädagogen die Erfahrung nicht erspart, daß ihr Dogma von der im Sinne des Lehrers zielführenden Macht spontaner kindlicher Neigungen durch so manchen tatsächlichen Unterrichtsverlauf konterkariert wird:

»Die Lehrer geben sich viel Mühe mit erfahrungsnah vorbereiteten Unterrichtsprojekten. Die Mühe steht wohl (zumindest unter herkömmlichen Gesichtspunkten) in einem Mißverhältnis zu der Aufnahme durch die Kinder. In dem oben angeführten Film über die Glockseeschule zeigt dies eine Szene eindringlich. Ein Lehrer will die Luftströmung durch Wärmeerzeugung anhand einer Flamme und einer Papierspirale demonstrieren. Auch die Kinder haben solche Papierspiralen. Das Projekt ›Wärme‹ wird von den Kindern prompt umgewandelt, als die Spirale Feuer fängt. Im Nu sind alle dabei, Feuer zu machen und fasziniert ihre brennenden Spiralen durch die Gegend zu werfen. Der Lehrer scheint zusehends in innere Konflikte zwischen seinem Anspruch auf Selbstregulierung der Kinder und der Enttäuschung über seinen mißlungenen Versuch sowie einer wohl auch vorhandenen Wut auf die Kinder zu kommen.« (v. Dick, 198)

Von solchen Vorfällen lassen sich Alternativpädagogen nicht in ihrer Auffassung korrigieren. Lieber interpretieren sie am abweichenden Interesse der Kleinen solange herum, bis es (zunächst theoretisch) für die Harmonie zwischen Lehrer und Schüler vereinnahmt ist. Da prügelt Markus, das Parade-Problemkind der Glockseeschule, seine Mitschüler. Und was entdeckt der Pädagoge, der sich darauf verpflichtet hat, das Selbst des Kindes als die Quelle seiner erzieherischen Vorhaben sprudeln zu lassen? Markus trägt nur *vermeintlich* gewaltsam einen Gegensatz zu seinen Kameraden aus – was ein Glockseepädagoge als unsolidarisch verurteilen müßte. In Wirklichkeit betätigt Markus beim Prügeln das pädagogische Motiv der *Kontaktpflege:*

»In der Anfangszeit hielt sich Markus überwiegend auf dem Schulhof auf. Er reagierte nicht auf Lernangebote, die von den Lehrern gemacht wurden, und beteiligte sich auch nicht an Aktivitäten, die von Kindergruppen ausgingen. Kontakt(!) zu den Mitschülern suchte er über körperliche Auseinandersetzungen. ... Die erwachsenen Bezugspersonen verhielten sich abwartend und beobachtend; sie griffen bei Prügeleien nur dann ein, wenn Verletzungen unmittelbar drohten oder wenn sie ihr Prinzip, sich in Verhaltenskonflikte nicht einzumischen, nicht mehr durchhalten konnten.« (Manzke, 109)

Der Pädagoge kann Markus also guten Gewissens selbsttätig zuschlagen lassen. Das Verbrechen des Eingreifens muß er nur begehen, wenn der Junge seinen Anlehnungsdrang soweit treibt, daß er jemanden totknutscht.

Während Markus ein pädagogisch ehrenwertes Interesse verwirklicht, sehnen sich andere Störenfriede danach, für ihren durchaus vorhandenen, aber zielgehemmten Lernwillen Raum geboten zu kriegen. Kinder die durch die Gegend streunen und nichts als Unsinn machen, zeigen nicht ihr Desinteresse an Unterricht, sondern ihr Bedürfnis danach:

»Vagabundieren ist dann eine Form des (unbewußten) Protests einiger Kinder. Sie drückt das Spannungsverhältnis aus zwischen großer Motiva-

tion und geringer Abarbeitungschance. ... Die Angebotsstruktur der Schule läuft an diesen Kindern vorbei. Sie wollen sich zwar beteiligen, aber wissen nicht wie. Die Flucht durch die Räume der Schule ist im Grunde ihre Flucht vor sich selbst.« (Glockseebuch, 184)

»Vagabundieren«, interpretiert als Protest gegen fehlende Gelegenheiten, den Willen zur Unterrichtsbeteiligung auszuleben – da steht der Alternativpädagoge doch gleich ganz anders da. Der Kleine braucht ihn und seine »Angebote«!

Von der Interpretation zur Inszenierung

Soweit hätte der Pädagoge die Realität kindlichen Benehmens trefflich mit seinem Ideal vom Kind versöhnt, allerdings nur im Geiste. Und damit mag er sich dann doch nicht zufrieden geben. Es soll doch die Wirklichkeit des alternativen Schulalltags sein, die Zeugnis ablegt vom im Kind beheimateten Drang zum Guten, Wahren und Schönen. Selbstbestimmte Kinder sollen sich schließlich wie gelungene Erziehungsprodukte *aufführen*. Daher tut neben der theoretischen Vereinnahmung auch ein wenig praktische Verpflichtung der Kleinen not. Nicht daß Alternativpädagogen darauf verfallen würden, einfach gegen das Kind durchzusetzen, was sie für gut und richtig halten. Eine sachliche Kritik kindischer Allüren kommt ihnen ebensowenig in den Sinn. Beides widerspräche ja ihrem Beweisanliegen, daß Kinder sich zu wohlerzogenen Menschen entwickeln, wenn man sie nur selber läßt. Stattdessen kommen all die verlogenen Touren zur Anwendung, die dem Kind als Eigeninteresse *unterjubeln* wollen, was von Erziehers Seite angesagt ist.

Zunächst einmal verlassen sich Pädagogen überhaupt nicht auf die Erfahrungen und spielerischen Einfälle des Kindes, wenn sie an sein Spiel und seine Erfahrungen anknüpfen wollen. Es wollen nämlich Erfahrungen konstruiert und Spiele erfunden sein, in die der pädagogische Erziehungseifer sich einklinken kann. Also werden dem Kind Erfahrungen »ermöglicht«, die allesamt von dem Interesse zeugen, eine »Betroffenheit« herzustellen, an die sich der Pädagoge mit seinem Unterrichtsprojekt anhängen kann. Kaum lassen sich die Kinder dann auf dieses Spielchen ein, dann liegt der Pädagoge ständig auf der Lauer und hält nach Äußerungen der Kinder Ausschau, denen er einen Übergang zu seinem Lernprogramm ablauschen kann.

Diese Strategie, sich ins Spiel der Kinder einzuschleichen, bedarf einiger Verrenkungen, wie man an einem Bericht aus der Freien Schule Frankfurt studieren kann. Da will eine Lehrerin das Weltbild zu Kolumbus Zeiten durchnehmen. Sie tut aber nicht das, sondern setzt die Kinder auf das »Kolumbusspiel« an. Anschließend sucht sie dann verzweifelt eine Öse, an der sie einhaken und den Kindern nahelegen kann, ganz selbsttätig das Spiel Spiel sein zu lassen und zu ihrem Stoffplan überzugehen.

»Am nächsten Morgen, nach dem Frühstück, wollen Felix, Philip und jetzt auch Tobias (sieben Jahre) im ›gemütlichen Zimmer‹ weiterspielen. Ich

schlage vor, in die ›Lese-Ecke‹ zu gehen. Jetzt stelle ich an mich die Anforderung, das Spiel – eventuell nach meinen Vorstellungen – weiterzuführen. Ich denke an die Entwicklung naturwissenschaftlicher Theorien über die Erde im Weltall. Die Kinder gehen sofort auf meinen Vorschlag ein. Die ›Lese-Ecke‹ wird zu einem abgeschlossenen, verdunkelten Raum umgestaltet, und wir wiederholen das Spiel des Vortags: Die Erde kreist um die Sonne, der Mond kreist um die Erde. Ich bringe – noch einmal – ein, daß die Menschen früher glaubten, die Erde sei eine Scheibe. Auf diesen Einwurf reagieren die Kinder nicht so, wie ich es mit wünsche; kein Kind will mehr wissen. Ich bin enttäuscht.« (Bericht einer Alternativpädagogin, in: Behr, 83)

Wenn die Kinder nicht recht mitspielen, dann läßt sich ein echter Alternativpädagoge natürlich nicht entmutigen. Daß die Kleinen sich für die Sache einfach gar nicht interessieren könnten, scheidet schließlich per definitionem aus. Dafür tun die oben genannten Interpretationskünste gute Dienste. Sie verbürgen, daß der Pädagoge nur einem vorhandenen Lernwillen auf die Sprünge hilft, wenn er ein bißchen nachhilft. Wenn die Kinder nun aus ihrer vom Lehrer inszenierten »Betroffenheit« heraus partout keine Fragen entwickeln mögen, an die sich der Pädagoge anhängen könnte, dann müssen eben neue Register gezogen werden. Es bietet sich für den Lehrer zum Beispiel an, einmal ganz unauffällig selbst grüblerisch zu werden und sich demonstrativ mit Problemen das Hirn zu zermartern. Vielleicht steigen die Kinder ja darauf ein, dann kann man hinterher auf Probleme zurückkommen, die »uns alle« bewegen, sich also auf die Kinder selbst berufen, wenn man zum Unterrichtsstoff übergeht.

Ein von Glocksee-Erfahrungen gestählter Schüler weiß von der pädagogischen Technik, sich ins Spiel der Kinder einzuschleichen, ein Lied zu singen. Ihm wird angst und bange, wenn ein Lehrer Interesse an einer Beschäftigung der Kinder zeigt:

»In einer Ecke des Werkraums hat sich eine Gruppe von Kindern aus verschiedenen Klassen eine Fahrradwerkstatt eingerichtet. Eine Lehrerin, die mit anderen Kindern im Werkraum arbeitet, sieht das und äußert spontan ihre Begeisterung. Darauf eines der Kinder: ›Toll finden kannst Du es ja ruhig, aber mach' bloß nicht wieder ein Projekt draus‹!« (Borchert, Derichs-Kunstmann, 52f)

Wenn alle Tricks, den Kindern ein brennendes Interesse anzuhängen, ganz spontan vom Spiel zum Unterricht überzugehen, nichts fruchten, dann sind Alternativpädagogen mit ihrem Latein noch längst nicht am Ende. Denn gibt es nicht demokratische Verfahren, mit denen sich die Kleinen so einbinden lassen, daß es aussieht, als hätten sie den Unterricht selbst beantragt? Man braucht die Kinder den Unterrichtsverlauf, die Themen etc. schließlich nur *selbst wählen* zu lassen, dann haben sie doch den Unterricht gewollt und man kann sie hinterher auf ihre *eigenen* Pläne festnageln. Nein, die Lehrer machen nichts über die Köpfe der Kinder hinweg verbindlich – mit einer kleinen Ausnahme freilich. *Daß* ein Lernpensum absolviert zu werden hat, steht nicht zur Disposition. Kneifen gilt nicht. Also wird ein allumfassender Abstimmungs- und Vereinbarungszauber institutionalisiert. Die Kleinen werden allenthalben an Entscheidungen beteiligt, damit die Pädagogen sich dann auf sie berufen können: Sie »achten darauf, daß einmal vereinbarte Regeln eingehalten werden« (Behr, 32), wachen also nur darüber, daß das Kind sich nicht gegen seine eigenen Lernbedürfnisse versündigt! Daß diese »Selbstverpflichtung« des Kindes auch in Alternativschulen ihren letzten Halt in der Macht des Lehrers hat, andere Saiten aufziehen zu können, plaudern solche Pädagogen aus, wenn sie auf ihre schleimig-vereinnahmende Art schon mal eine kleine Drohung plazieren:

> *»Du kannst nicht in der Nase bohren, weil ich es nicht mag – es macht mich nervös, und das gefällt dann keinem von uns beiden.«* (Ritter, 139)

Das alternative Vorhaben, jeden Gegensatz zum Kind praktisch zu leugnen und die spontanen Neigungen der Kleinen als den Motor des Erziehungsprogramms zu mobilisieren, kommt ohne ein gerüttelt Maß an Heuchelei nicht aus. Es ist ja dauernd mit einer Korrektur kindlicher Interessen befaßt und will eben das ungeschehen machen. Das Kind muß dazu gebracht werden, frei und ungezwungen genau die Interessen als seine eigenen zu formulieren, die der Pädagoge für die kindgemäßen erachtet. Dem Erzieher kommt der Part zu, dem Kind seine Ziele so unterzujubeln, daß seine Einbildung über den harmonischen Charakter des Erziehungsverhältnisses sich nicht blamiert. Dem Kind ist die Rolle zugewiesen, so zu tun, als dränge es aus sich heraus zu dem Lernprogramm, das der Lehrer vorsieht. Damit ihm diese Rolle aufgenötigt werden kann, darf es sich in einem demokratischen Prozeß so auf sie verpflichten, daß es wie eine freie Selbstverpflichtung aussieht.

Auch eine Erziehung zum Opportunismus

Auch Alternativschulkinder lernen also nicht nur die Grundrechnungsarten und die Regeln des Benimms. Sie lernen vor allem, sich den pädagogischen Techniken ihrer alternativen Erzieher anzupassen. Mindestens ab und an muß man dem Lehrer den Gefallen tun und von einem Thema so betroffen sein, daß man mit Engagement dabei ist. Immer kann man nicht überhören, daß man beim Spiel drängende Fragen entwickeln soll. Und ein Interesse trägt man am besten unter Berufung auf einen alternativpädagogischen Wert vor: Man will z.B. nicht schon wieder Geschirr abspülen, weil einen die Jungs nur in die Frauenrolle drängen wollen!

Daß Alternativschulkinder auch dann klarkommen, wenn ein Wechsel in die Regelschule angesagt ist, daß sie also keineswegs »lebensunfähig« aus ihrer freien Schule kommen, darauf verweisen Alternativpädagogen daher zurecht. Ein Kompliment an diese Schulen ist das allerdings nicht. Es zeigt ja nur, daß auch in diesen Einrichtungen die Anpassung ans Verlangte gelernt wird. Solche Kinder müssen sich daher bloß auf *neue* pädagogische Anforderungen einstellen – und schon passen sie in jede normale Klasse.

4. Alternativschule – die bessere Regelschule

Alternativschulen meinen es bitter ernst mit ihrem Ansinnen, der Regelschule bei ihren Leistungen den Rang abzulaufen. Sie praktizieren nicht nur eine alternative Tour bürgerlicher Erziehung, sie sind auch noch stolz darauf. Deshalb finden sie auch nichts dabei, ihr ganzes hochfliegendes Selbstregulierungstheater am Ende als eine auch für die Regelschule empfehlenswerte, weil höchst effektive Technik zu präsentieren, mit der man Erziehungsziele ins Kind transportiert. Ganz ohne rot zu werden, propagieren sie in der Pose des reinen Anwalts der Kinder ihr »Lernen ohne Zwang« als *Mittel,* die erzieherischen Ziele fest im Kind zu verankern. Sie preisen »Freies Lernen« als die *einzig erfolgversprechende Methode* an, aus Kindern Tugendbolde zu machen. Erzwungener Anstand beschwört nämlich einen heillosen Machtkampf zwischen Schüler und Lehrer herauf, so warnen sie ihre irregeleiteten Kollegen von der Staatsschule. Disziplin muß vom Schüler selbst kommen, sonst sitzt sie nicht:

> *»Nein, der Machtkampf ist ein Schuß nach hinten. Und der Erzieher ist zu bedauern, der ihm die vierzig Jahre seiner Laufbahn konfrontiert ist. Wir sehen glücklicherweise eine Lösung: Die kooperative Arbeitsdisziplin. Haben Sie schon gemerkt, wie brav und leicht zu ertragen Kinder zu Hause oder in der Schule sind, wenn sie sich ganz mit einer Sache beschäftigen, die sie fesselt? Das Disziplinproblem stellt sich nicht mehr: es genügt, eine begeisternde Arbeit zu organisieren. ... die Erfolge, auf die wir stolz sind, beweisen uns, daß in unseren Klassen der Machtkampf seitdem überholt ist. Wir kommen langsam zu einer demokratischen Disziplin, die das Kind darauf vorbereitet, eine demokratische Gesellschaft aufzubauen.«* (Freinet, 48f)
>
> *»Eigentlich glaube ich kaum, daß man Fleiß und Pünktlichkeit regelrecht lehren kann, wenn es nicht durch eine Handlung von selbst als sinnvoll erlebt wird. Man kann wohl versuchen, so etwas anzudressieren, aber dann wird dieser Dressurakt auch sofort wieder wirkungslos werden, wenn der Dompteur nicht mehr anwesend ist – also zum Beispiel außerhalb des Klassenzimmers.«* (v. Dick, 163f)

Alternativ Erzogene haben nicht nur den Anstand mit Löffeln gefressen, sie kommen auch mit den Leistungsanforderungen der Regelschule bestens klar, kümmern sich selbst ums Verlangte und bestehen Prüfungen:

»Der Schulbesuch unserer Kinder hat uns zwei wichtige Dinge klargemacht. Erstens hat sich gezeigt, daß sich ein autonomes Kind bei Aufnahmeprüfungen zu einer guten (!) Schule ohne weiteres bezüglich Intelligenz und Eignung mit den Konkurrenten messen kann. Zweitens hat sich herausgestellt, daß ein solches Kind auf seine Weise mit der Schuldisziplin und den Regeln der Gemeinschaft fertig wird und deshalb auch gerne zur Schule geht und sich normal entwickelt. Natürlich können Schwierigkeiten entstehen, wenn sein Freiheitsbedürfnis mit der Forderung nach Disziplin in der Schule kollidiert. Das autonome Kind scheint jedoch solche Situationen mit Verständnis und Selbstdiziplin zu meistern.« (Ritter/Ritter, 172)

»Bei all dem ist den Kindern sehr wohl bewußt, daß sie bestimmte Notwendigkeiten erfüllen müssen. So ist es keine Seltenheit, daß die Kinder der Freien Schule Bochum selbst in den Prüfungsanforderungen nachschauen, um zu erfahren, was sie für einen Schulabschluß noch lernen müssen.« (Behr, 182)

Freie Kinder bestehen also vor allen bürgerlichen Beurteilungsmaßstäben ganz hervorragend. Sie sind einfach »lebensfähig«, also bereit und willens, alle ungeliebten Pflichten auf sich zunehmen, die die bürgerliche Welt bereithält:

»Ich zwinge sie nicht zu Arbeiten, die ihnen verhaßt sind. Wie Sie und ich werden auch diese Jungen später vieles tun müssen, was ihnen nicht gefällt. Wenn man aber im Spielalter Freiheit gibt, werden sie später besser mit Schwierigkeiten fertig. Soweit ich weiß, ist noch keinem ehemaligen Schüler von Summerhill der Vorwurf der Faulheit gemacht worden.« (Neill, 322)

Der Papst der Antiautoritären findet nichts dabei, in diese Sorte Konkurrenz mit der bürgerlichen Erziehung einzusteigen. Die Frage: ›Was leistet Schule für die Anpassungsfähigkeit der Kleinen?‹ hält er nicht für ein Beurteilungskriterium, das Kritik verdient. An dieser Meßlatte will sich alternative Erziehung vielmehr *bewähren.* Sie strengt den Nachweis an, daß erfolgreiche und anständige Individuen dann und nur dann erzogen werden können, wenn man das schulische Leben um all die Instrumentarien bereinigt, die gegen das Kind durchsetzen, was Alternativpädagogen nicht nur für die Ziele der Schule, sondern auch für den inneren Drang der Jugend halten.

***

Alternativpädagogen treibt also eine eigentümliches Bedürfnis, das mit dem Versuch, einigen Kindern ein paar Härten des normalen Schulbetriebs zu ersparen, keinesweg treffend umschrieben ist. Es geht um Höheres. Wo immer ihnen nämlich in der Staatsschule der Gegensatz von Schülerinteresse und Schulprogramm bemerklich wird, da möchten sie nicht seinen Grund ermitteln. Um die Rettung ihrer guten Meinung vom eigentlichen Sinn bürgerlichen Erziehungsbetriebs bemüht, kontern sie jede Häßlichkeit des schulischen Alltags mit einem trotzigen »Das muß doch nicht sein!« und machen sich daran, diesen Glauben zu bewahrheiten: Neben der offiziellen Schule treten sie *für diese* den Beweis an, daß bürgerliche Erziehung auf Übereinstimmung mit dem Kind angelegt ist, wenn man sie nur richtig macht.

Dieses Bemühen war seit jeher von der Debatte begleitet, ob es nicht problematisch sei, wenn die ideale Erziehung nur eine Randerscheinung neben dem normalen Schulbetrieb ist. Dieses Problembewußtsein ist folgerichtig. Denn der Beweis, daß Schule anders geht, zielt ja auf die Schule *überhaupt,* ist also gar nicht recht erbracht, wenn er nur *am Rande* der Staatsschule stattfindet. Das alternativpädagogische Projekt leidet also immer auch unter seiner Entzweiung von der Staatsschule. Daß seine Vertreter ständig auf der Suche nach Anhaltspunkten waren und sind, die der Überzeugung Material geben, das erzieherisch Gute müsse sich doch auch im normalen Schulbetrieb verankern lassen, muß daher nicht wundern. Der pädagogische Idealist wartet der Haltbarkeit seines Ideals wegen auf die Gelegenheit zur Heimkehr in die Staatsschule. Und die ist ja nun geglückt!

III. Steinerpädagogik und Waldorfschule

Auch Waldorfschulen verstehen sich als praktizierte Kritik an der Staatsschule. Dennoch stehen sie bei den für die Genehmigung von Alternativschulen Zuständigen nicht in dem Verdacht, Kindern kritische Flausen in den Kopf zu setzen und zu vergessen, daß Freiheit nicht »Bindungslosigkeit« heißen darf. Diese Schulen gelten der Bildungspolitik als wertvolle Ergänzung der Staatsschule und sie genießen ähnlich den Konfessionsschulen das Privileg, die Kinder bis zur 13. Klasse in ihre erzieherische Obhut nehmen zu dürfen.

Der von modernen Waldorfpädagogen auch heute noch hochverehrte geistige Zieh- und Gründervater Rudolf Steiner hat lang und breit niedergelegt, wes Geistes Kind die anthroposophische Schulkritik ist: In der Einmischung der irdischen Mächte aus Staat und Ökonomie in die Volkserziehung sah er eine schädliche Entzweiung der Menschheit von ihrer eigentlichen *geistig-göttlichen Bestimmung*. Eine Schule, die an den Erfordernissen des »profanen« Lebens orientiert ist, galt ihm als Verfehlung des höheren Sinns, den Steiner der Menschennatur selbst abgelauscht haben wollte.

Die neue Schule, die Steiner dem entgegensetzte, zielte allerdings nicht darauf, die Jugend der Indienstnahme durch die irdischen Mächte zu entreißen. Denn die gesellschaftlichen Verhältnisse gelten Steiner als ein *Bestandteil* seiner geistig-göttlichen Weltordnung, in der sich recht eigentlich nur die menschliche Natur verwirklicht:

> *»Da das Leben des Staates und der Wirtschaft nichts von der Menschennatur abgesondertes sind, sondern das Ergebnis dieser Natur, so ist niemals zu befürchten, daß ein wirklich freies, auf sich selbst gestelltes Geistesleben (meint: in der Waldorfschule; F.H.) wirklichkeitsfremde Menschen ausbildet.«* (Steiner, nach: Lindenberg, 175)

Nein, auch der Gesellschaft verspricht Steiner die schönsten Früchte einer von weltlichen Ansprüchen freien, geistig orientierten Bildung:

> *»Das Leben aber ist kein einheitliches. Es kann nur gedeihen, wenn die treibenden Kräfte von allem ethisch-religiösen Leben herunterwirken in das alltäglichste und profanste Leben.«* (Steiner, Die Kernpunkte..., 82)

Das konnte Steiner auch so konkret sagen, daß es einem Herrn Waldorf, zeitgenössicher Vertreter der irdischen Macht namens Kapital, imponiert hat und er sich zum Sponsor der ersten Waldorfschule berufen fühlte:

> *»Ein gesundes Wirken dieser Art wird beim Arbeiter Verständnis erzeugen, daß eine rechte Betätigung des Kapitalverwalters den sozialen Organismus und damit den Arbeiter, der ein Glied desselben ist, selbst befördert.«* (Steiner, Die Kernpunkte..., 78)

Daß Steiner die weltlichen Mächte um der Menschenbildung willen aus der Erziehung verbannen wollte, obwohl er sie andererseits für ein organisches

Element einer zutiefst menschengemäßen Ordnung hielt, dieser Widerspruch machte ihm wenig Kopfzerbrechen. Er hat nämlich das *materielle* Streben von Geschäftsleuten und Arbeitern zur *Quelle* aller Häßlichkeiten und zum *Verstoß* gegen deren eigentliche menschliche Bestimmung erklärt, wie *Teile* eines *Organismus zusammenzuwirken*. Und diese harmonische Sicht der Dinge, die an dem ökonomischen Verhältnis von Kapital und Arbeit nicht seinen Inhalt und damit Gegensatz zur Kenntnis nehmen möchte, sondern alle ökonomischen Charaktere durch die Abstraktion charakterisiert, zur Gesellschaft *zugehörig* zu sein, hat es ihm so sehr angetan, daß er sie ganz unbehelligt vom kapitalistischen Alltag in die Köpfe der Jugend pflanzen wollte. Jenseits aller wirklich organisierten gesellschaftlichen Gegensätze soll die Jugend etwas ganz anderes für das eigentlich Wichtige halten: Letztlich ist die ganze Welt ein harmonischer Sinnzusammenhang, wenn die Menschen dessen nur teilhaftig werden und ihrem Egoismus abschwören. Steinerpädagogik ist demzufolge von vorne bis hinten als *Orientierung auf Antimaterialismus* gedacht.

Das gefällt den Herren der Politik immer gut. Schon an den Kirchen schätzen sie schließlich die Propaganda, die materiellen Opfer, die diese Gesellschaft produziert, seien nicht das Wesentliche an einem Leben, das aus dem Jenseits seinen Sinn bezieht. Dem speziellen religiös-mystischen Brimborium der Steinerschen Ersatzreligion gewähren sie daher in einer eigenen Schule Raum, weil und sofern es sich auf eine Variante der Begründung staatsbürgerlicher Moral, also auf eine Zutat zum staatlich verordneten Bildungskanon zurücknimmt.

1. Die Anthroposophische Religion

Die Rolle, die die Anthroposophie dem vernunftbegabten Zweibeiner zugedacht hat, kommt – einer guten wissenschaftlichen Tradition folgend – als *Erkenntnis* über den Menschen daher. Es handelt sich um eine

> *» ... Menschenerkenntnis, die es mit dem ganzen Menschen zu tun hat – mit dem zeitlichen Menschenleben zwischen Geburt und dem Tode und mit dem, was sich innerhalb des physischen Erdenlebens im Menschen als das Ewig-Göttliche auslebt und verwirklicht.«* (Steiner, Anthroposophische Menschenkunde..., 106)

Der Mensch, wie er geht und steht, ist also bei Lichte besehen nicht Geschäftsmann, Schüler, Vater oder Bundeskanzler. Er ist ein Wesen, das sich zwischen Sein und Nichtsein bewegt. Und in diesem flüchtigen Dasein zwischen Geburt und Tod nimmt er sich nur vermeintlich dies oder jenes vor, scheitert an diesem oder jenem. Letztlich findet etwas ganz anderes statt. In jedem von uns west ein überirdisches Prinzip, ja recht eigentlich sind wir nur *Ausfluß* und *Verwirklichungsform* desselben. Dieser überraschende Befund ließe sich mit einem »Aha« zur Kenntnis nehmen und als bedeutungslos beiseite legen. Denn wenn wir schon in *allem,* was wir tun, ein höheres Prinzip realisieren, dann können wir ja getrost weiterhin *alles* tun, was *wir* wollen. Was sich verwirklichen läßt, verwirklicht ja nur das Ewig-Göttliche! Aber so ist die Sache natürlich nicht gemeint. Wie bei jeder religiösen Erhöhung des Menschen zum »Geschöpf Gottes« soll ihm damit auch hier nicht die Generalabsolution erteilt werden, sondern an ihn ein Auftrag ergehen. Deswegen *ergänzt* Steiner die *Determination* des Menschen durch die überirdische Kraft um die Freiheit des Menschen, dieser Bestimmung gerecht zu werden, sie aber auch *verfehlen* zu können. Und wer an seiner höheren Bestimmung vorbeilebt, den steckt Steiner zwar nicht in Hölle und Fegefeuer, aber die Rache des Überirdischen bleibt ihm dennoch nicht erspart. Der Weltgeist kennt nämlich neben dem Menschen noch eine ganze Reihe anderer, minderwertiger Verkörperungen: Vom Stein bis zum Rhinozeros läßt er sich herab. Kaum hat er sich in uns verkörpert, ist uns dieser sein Abstieg in unsere weltliche Hülle als *Bewährungsprobe* auferlegt. Machen wir es dem Geist nicht recht, dann rächt er sich im nächsten Leben und verkörpert uns in einer niedrigeren Stufe der Schöpfung:

> *»Der Menschengeist muß sich immer wieder und wieder verkörpern; und sein Gesetz besteht darin, daß er die Früchte des vorigen Lebens in die folgenden hinübernimmt.«* (Steiner, nach: Hemleben, 89)

Man mag gar nicht nachfragen, woher Steiner seine Wertordnung der Natur hat, derzufolge der Mensch so ziemlich dasselbe ist wie ein Stein, nur höherstehend; man mag auch nicht fragen, warum der Weltgeist derart masochistisch ist, daß er sich von seiner Verkörperung namens Mensch in unangemessenere Verkörperungsformen hineinmanövrieren läßt. Denn die Botschaft dieses Unsinns ist nicht zu übersehen:

Erstens darf der Mensch den Hut vor sich ziehen. Der Weltgeist ist in ihm zur Höchstform aufgelaufen. Zweitens aber hat es diese Respektsbezeugung in sich. Wichtig ist der Mensch nämlich nicht hinsichtlich der Interessen, die er sich setzt. Die wichtig zu nehmen, lenkt nur vom eigentlichen ab. Das besteht drittens darin, es dem Göttlich-Geistigen recht zu machen. Gelingt das, dann wartet im nächsten Leben der »Lohn« einer hochrangigen Verkörperung. Andernfalls hat er sich sein Karma verpatzt, und wer will das schon! Woraus viertens schlüssig folgt, was wirklich wichtig ist im Leben: Der Mensch muß mit sich in seiner Eigenschaft als geistig-göttlichem Parkplatz ins Reine kommen. Und was das bedeuten soll, ist im Prinzip auch schon klar. Der Mensch hat sich geistig so in die Welt einzuordnen, daß er allem, was ihn umgibt, seine Wertschätzung zuteil werden läßt. In jedem Lebewesen, ja selbst in der unbelebten Natur tritt ihm schließlich sein eigener weltgeistlich durchwirkter Wesenskern entgegen.

Diese Konstruktion für nichtssagend, weil inhaltsleer zu halten, wäre ganz falsch. Noch bevor die Steinerpädagogik nämlich ein Wort darüber zu verlieren braucht, *was* der Mensch denn nun zu tun hat, um dem in ihm hausenden Weltgeist gerecht zu werden, steht eines längst fest: Hier sollen unter Berufung auf die Menschennatur zugelassene und nicht zugelassene Willensinhalte geschieden werden. Steiner will den Leuten also Vorschriften machen, was sie zu wollen und nicht zu wollen haben. Und das Prinzip dieser *Vorschrift* steht auch fest: Es wird gegen die »banalen« Sorgen polemisiert, die die Leute tagtäglich umtreiben. Die sind als *Ablenkung* vom eigentlichen Sinn des Daseins denunziert.

Daß Steiner mit diesem Weltbild nicht auf der Höhe der Zeit wäre, braucht er sich durchaus nicht nachsagen zu lassen. Ganz im Gegenteil. Der Mann ist eher schon ein früher Ökosoph, der mit seinem »ganzheitlichen« Denken voll in die Landschaft paßt. Zwar mag der eine oder andere Zeitgenosse bei der religiösen Ausgestaltung der anthroposophischen Welt die Nase rümpfen. Aber wenn das höhere Prinzip, dem der Mensch sich als Teilchen einzuordnen hat, nicht als Weltgeist, sondern als »Gleichgewicht der Natur« daherkommt, dann mag doch niemand mehr widersprechen. Und daß es der Raffzahn im Menschen ist, der das ganzheitlich-ökologische Weltgefüge stört, ist schließlich auch Konsens.

2. ... als Erziehungsprogramm

Und was hat die Krone der Schöpfung nun laut Steiner zu tun, damit die Arbeit am Karma gelingt? Welche erzieherische Behandlung muß man dem heranwachsenden Menschlein angedeihen lassen, damit es nicht am Sinn des Seins vorbeilebt? Steiner weiß Rat. Wenn sich der Geist in uns verkörpert hat, dann sieht man am *Körper,* was der Geist verlangt! Die skeptische Frage, was denn an krummen Beinen oder einer aufgeschossenen Gestalt für geistige Qualitäten zum Vorschein kommen sollen, läßt Steiner nicht gelten. Wer es nicht sieht, dem fehlen eben die entsprechenden seherischen Fähigkeiten, so lautet der Konter, der sich jeder Beweisnot entledigt. Ihm kann aber geholfen werden.

Der große Seher Steiner hat seine Einblicke für jeden Gläubigen handlich niedergelegt. Er verrät uns nicht nur, *»daß jemand, der ungeschickt die Finger bewegt, wenig biegsame Gedanken und Ideen hat«* (Steiner, nach: Carlgren, 106), er enthüllt auch, welche Behandlung die jeweilige körperliche Entwicklungsstufe eines Kindes erforderlich macht:

> *»Der Mensch hat als Naturwesen bis zum Zahnwechsel zu seiner Umgebung eine Art naturhaft-religiöses Verhältnis, das Verhältnis der Hingebung.«* (Steiner, Anthroposophische Menschenkunde..., 110)

»Für das Kind (bis zum Zahnwechsel; F.H.) gibt es noch nichts, als daß es Sinnesorgan ist. Und es nimmt alles, was es aufnimmt, so auf wie ein Sinnesorgan. ... Das Kind ist in den ersten 7 Lebensjahren ein rein nachahmendes Wesen.« (Steiner, Anthroposophische Menschenkunde..., 168)

Man täuscht sich also gewaltig, wenn man meint, die Kleinen hätten ihren eigenen Kopf. Nein, sie sind mit einem völlig *leeren* Willen ausgestattet, der nur darauf wartet, vom Erzieher eine Füllung *verabreicht* zu kriegen. Letzterer ist gehalten, Vorbildliches vorzuleben und tut dem Kind nur einen Gefallen, wenn er auf Nachahmung dringt, statt seinen Verstand mit Argumenten zu strapazieren. Denn schon an den Milchzähnen sieht man, daß die Erziehung berechtigt, ja verpflichtet ist, auf bedingungslose Gefolgschaft zu dringen:

»Das Kind soll nicht in abstrakter Weise durch ein bloßes Urteil ... entscheiden, was wahr und falsch ist, was schön und häßlich ist, was gut und böse ist. Sondern es soll das Kind etwas als wahr empfinden, wenn der selbstverständlich innig verehrte Lehrer es als wahr empfindet.« (Steiner, Allgemeine Menschenkunde als Grundlage..., 139)

Zwar ist gar nicht absehbar, wie ein Kind ein Gefühl für gut und böse entwickeln soll, ohne dabei sein Urteilsvermögen zu benutzen, also ohne über die gebotenen Maßstäbe für diese Einsortierung selber zu verfügen. Aber Steiners Ideal ist klar. Er hält den Verstand für einen unsicheren Kantonisten und möchte daher sein Moralprogramm unter *Umgehung* des kindlichen Urteils in ihm verankern. Erst wenn diese begriffslose Aneignung gelungen ist, dann darf nach Steiners Entwicklungsgesetz die Verstandesbildung einsetzen. Steiner schätzt den Verstand eben für Leistungen, deretwegen er ihm zugleich auch verdächtig ist. Das Kind darf also schon einmal nach Begründungen fragen, aber erst, wenn sichergestellt ist, daß die geforderten Antworten fest genug sitzen, also nicht mehr ins Wanken geraten. Steiner ist auch hier wieder voll auf der Höhe des Zeitgeistes. Modern ist schließlich ein »Mut zur Erziehung«, der darauf abzielt, die Werte im Gefühl der Kleinen zu verankern, statt mit rationalen Argumenten alles Wichtige zu »zerreden«.

Die von der Entwicklung vorgezeichnete Reihenfolge hat die Erziehung, Steiner zufolge, strikt zu beherzigen. Denn Gedanken zur Unzeit machen krank:

»Man muß die geistige Führung des Kindes so leiten, daß sie in den Organismus in der richtigen Weise hineinwirkt, daß man zum Beispiel nicht so durch das Überladen mit Gedächtnisstoff bei dem Kinde wirkt, daß im späteren Alter Stoffwechselkrankheiten hervorkommen.« (Steiner, Antroposophische Menschenkunde, 135)

Der verkörperte Geist rächt sich also am Körper, wenn er nicht seiner Entwicklung gemäß behandelt wird. Steiner beruft sich hier auf das Interesse an einer intakten Physis, aber nicht ihretwegen. Sie dient bloß als Beweismittel für die Natürlichkeit seiner Indoktrinationsvorhaben. Krankheiten werden extra dafür zum bloßen Ausdruck seelischer Defekte umfabuliert. Deshalb ist auch auf die Formung des *Willens* berechnet, was Steiner als *körperliche* »Behandlungsmethoden« in petto hat:

»... man hat über die Gründe, warum gestraft werden soll, viele Theorien aufgestellt. Die einzig mögliche findet man nur, wenn man weiß, daß es sich darum handelt, mit der Strafe die Kräfte der Seele so anzuspannen, daß das Bewußtsein sich erweitert über die Kreise, über die es sich vorher erstreckt hat. ... Eine körperliche Strafe, von einer respektierten erwachsenen Person erteilt, kann mitunter einen günstigen, aufschreckenden Effekt haben.« (Steiner, Allgemeine Menschenkunde als Grundlage..., 172f)

Gewalt, die den Willen bricht, ist also gesundheitsfördernd, wenn man bedenkt, daß so nur Hindernisse weggeräumt werden, die der Entfaltung der kindlichen Seele im Weg stehen. Diesem Plädoyer für den pädagogischen Nutzen körperlicher Züchtigung wird ein moderner Waldorferzieher nicht folgen. Er wird sich auf den Standpunkt stellen, daß Gewaltanwendung gegen das Kind mit dem anthroposophischen Grundsatz unvereinbar ist, die Erziehung habe nichts von außen in das Kind »hineinzutrichtern« (Steiner, Anthroposophische Menschenkunde..., 179).

Aber man täusche sich nicht. Solche modernen Anthroposophen finden nichts dabei, wenn das Interesse, durch Einwirkung auf die Naturseite des Kindes seinen Willen verbindlich zu formen, als die in der Anthroposophie übliche Körperkultur namens Eurythmie daherkommt. Körperliche Bewegung und Klang sollen hier dazu dienen, den Willen für seinen geistigen Auftrag aufzuschließen. Demselben rassistischen Ideal verdankt sich die anthroposophische Formen- und Farbenlehre. Man umgebe das Kind mit den rechten Sinneseindrücken, dann wird die gewünschte Gemütsverfassung ganz von selbst erzeugt:

»Ein aufgeregtes Kind muß man mit roten oder rotgelben Farben umgeben und ihm Kleider von solchen Farben machen lassen, dagegen ist bei unregsamen Kindern zu blauen oder blaugrünen Farben zu greifen. ... Es kommt nämlich auf die Farbe an, die als Gegenfarbe im Inneren erzeugt wird. ... Hat das aufgeregte Kind eine rote Farbe in seiner Umgebung, so erzeugt das in seinem Inneren das grüne Gegenbild. Die Tätigkeit des Grünerzeugens wirkt beruhigend.« (Carlgren, 102f)

In diesem Sinne ist bei Steiner auch Kunst eine Therapie, und die Krankheit, der sie gilt, ist wenig physischer Natur:

»Das Kind hat in seinem Inneren Kräfte, welche es zersprengen, wenn sie sie nicht heraufgeholt werden in bildhafter Darstellung. Und was ist die Folge? Verloren gehen sie nicht; sie breiten sich aus, sie gewinnen Dasein, treten doch in die Gedanken und Gefühle, in die Willensimpulse hinein. Und was entstehen daraus für Menschen? Es entstehen Rebellen, Revolu-

tionäre, unzufriedene Menschen, Menschen, die nicht wissen, was sie wollen ...« (Steiner, Allgemeine Menschenkunde als Grundlage..., 81)

Wer sich an der Welt stört, der *ist gestört.* Er hat den von der Anthroposophie, pardon: den von der Natur der Seele geforderten Willen, sich mit sich und der Welt in Harmonie zu setzen, nicht betätigt. Seine Vorhaben sind nicht zu prüfen, gegebenenfalls zu kritisieren. Solch ein Wille ist als Wille gar nicht erst ernstzunehmen. Wer nicht will, was der Weltgeist vorgesehen hat, der weiß nicht, was er will.[12]

3. Unterricht aus dem Geist der Anthroposophie

Ob in der Waldorfschule Mathematik, Physik oder handwerkliche Betätigung dran ist, irgendwie findet immer Religionsunterricht statt. Den letzteren gibt es natürlich auch noch als selbständiges Fach:

> *»In den Klassen 1-4 entwickelt sich der Unterricht aus Erzählungen, die die Verehrung für den Vatergott, für das Göttliche in der Natur wecken und starke Impulse geben können, menschliche Eigenschaften wie Dankbarkeit, Wahrheitsliebe, Andacht und Hilfsbereitschaft zu wecken.«* (Carlgren, 148)

Aber dieselbe Botschaft darf auch beim Rechnen nicht fehlen:

> *»Eins ist die größte Zahl ... Das Ganze gibt sich hin, damit die Teile entstehen. Der Lehrer geht beim Üben im Rechnen immer wieder auf das gleiche Prinzip zurück: das Verteilen, Verschenken aus einer Einheit heraus. Daß die Welt eine Einheit ist, entspricht zunächst einmal dem instinktiven Empfinden der Kinder ... Dabei wird gerade das Rechnen und Berechnen, falls man nicht acht gibt, leicht zum Tummelplatz kleiner Egoismen. Wenn du von Karl zwei und von Oskar drei und von der Katja zwei Bonbons kriegst, wieviele hast du dann? ... In das Zählen, Vergleichen, Messen schießt der Egoismus von selbst ein – besonders wenn nur an den Verstand appelliert wird. Der Intellekt will seiner Natur nach ansichraffen, erobern, neugierig sein – Herz und Wille müssen Selbstlosigkeit dagegen setzen.«* (Carlgren, 191f)

Den Kindern etwas beizubringen, damit sie darin ein *Mittel* für ihre Interessen haben, hält die Waldorfschule für eine *Gefahr.* Sie wittert in jedem Wissensbrocken, der für sich stehen bleibt, ein Einfallstor des Materialismus, dem entgegenzuwirken an keiner Stelle unterlassen werden darf.

Auch die Staatsschule hält es zwar für angesagt, die Natur zum Material der Moralerziehung zu machen. Da lernt man vom ökologischen Gleichgewicht, das wir respektieren und auf keinen Fall stören dürfen; da darf gestaunt werden, wie perfekt das Kunstwerk Natur von der Evolution oder dem lieben Gott eingerichtet ist. Daneben aber konfrontiert die Staatsschule den Nachwuchs mit einem naturkundlichen Unterricht, der sich über weite Strecken nur naturwissenschaftlichen Erkenntnissen widmet, ohne bei jeder physikalischen Formel wieder das Lied vom Wunder Natur anzustimmen. Anthroposophen halten das für ein Problem. Wenn dem Kind irgendein Stück Naturerkenntnis zur freien geistigen Verfügung überlassen wird, wittern sie einen Anschlag auf sein Seelenheil. Sie sind so beseelt von dem Willen, Naturerkenntnis zum Transportmittel der richtigen Gesinnung zu machen, daß sie die am liebsten an jeder Stelle unausweichlich machen möchten. Also muß vom Rechnen bis zur Atomphysik alles auf die eine Botschaft hingetrimmt werden:

> *»Die Aufgabe der Schule sollte es sein, in dem Menschen ein starkes Erlebnis der geheimnisvollen und wohlstrukturierten Materie zu erwecken ...«* (Carlgren, 278)

Die Erkenntnis der Naturgesetze, die objektiv dem andächtigen Staunen die Grundlage entzieht, weil sie die nur für den Unkundigen geheimnisvollen Zusammenhänge lüftet; weil sie damit preisgibt, daß die Natur willfähriges *Material* von Interessen ist, wenn man sie ihren Gesetzen entsprechend manipuliert, soll hier die gegenteilige Auffassung erzeugen: In der Natur tritt uns ein Übersubjekt entgegen, das das Universum auf geheimnisvolle Weise höchst sinnvoll geordnet hat. Der Schüler soll sich ausgerechnet da, wo er zum theoretischen Herren über ein Stück Natur wird, ganz wie ein Rädchen im großen Weltgetriebe vorkommen: Was ist unsereiner mit seinem popeligen Verstand für ein Niemand, verglichen mit einem Weltgeist, der den ganzen Kosmos zu einem riesigen Kunstwerk zusammengefügt und uns darin einen vorbestimmten Platz zugewiesen hat!

Der Unterricht in der Waldorfschule soll also im Namen eines alles durchwaltenden gemeinsamen Sinnprinzips eine dauernde geistige *Vereinigung* des Schülers mit seiner göttlichen Umwelt hervorbringen. Daher wird der Schüler in der Sozialkunde wie der Biologie darauf verpflichtet, sich in den Gegenstand anteilnehmend *hineinzufühlen:*

> *»Man sollte über alle diese Dinge so sprechen, daß konkrete menschliche Schicksale miterlebt werden können, oder in der Biologie so, daß der Lebenskampf eines Tieres, das Aussterben einer Tierart u.ä. von den Schülern mitempfunden werden.«* (Lindenberg, 110)

In diese Anteilnahme haben Waldorfschüler unter dem Stichwort Heimat gleich alles einzuschließen, bloß weil es zu ihren vorfindlichen Lebensumständen zählt:

> *»Sinn der Heimatkunde ist es, dem Kind zu helfen, sich in seiner Umwelt zu verwurzeln ...«* (a.a.O, 73)

Und die Eurythmie wird nicht bloß gemeinsam veranstaltet, sondern dient der

> *»Bemühung um die Übereinstimmung des Tuns mit anderen.«* (a.a.O.,105)

Handwerkliche- künstlerische Betätigung genießt in der Waldorfschule hohes

Ansehen, weil sie als besonders geeignet gilt, das Kind auf die Harmonie mit seiner und die Hingebung an seine Lebenswelt zu polen:

> *»Der Schüler, der mit aller Anstrengung schnitzt, vergißt sich selber .... Gerade in der künstlerischen Arbeit, die keine Routine wird, ist der Mensch ganz drin, ganz bei der Sache, und zwar nicht als ein überlegen Überlegender, der aus der Distanz betrachtet, beurteilt, sondern als der, der eintaucht und sich mit der Sache verbindet.«* (a.a.O., 95)

Gebastelt wird also auch nicht, weil es Spaß macht und/oder ein ansehnliches Produkt zustandekommen soll. Darin läge nämlich schlicht ein *instrumentelles* Verhältnis zum eigenen Tun. Solche Zweckgerichtetheit fiele damit unter die »Distanz« zur Sache, die die Waldorfpädogogik dem Schüler durch das handwerklich-künstlerische Agieren gerade austreiben will. Sie erhofft sich davon nämlich, daß das Werkeln den ganzen Menschen völlig mit Beschlag belegt und ihm so jede *Differenz* zwischen sich und seinem Arbeitsgegenstand und -mittel so sehr verschwimmen möge, daß nur noch der *Einklang* des Subjekts mit sich und seinem Objekt übrigbleibt. Zwar erzeugt keine Schnitzarbeit diese Wirkung. Aber so wird immerhin bekanntgemacht, in welchem *Geiste* ein Waldorfschüler schnitzen soll.

Demselben Gesichtspunkt verdankt sich die anthroposophische Kritik an den Noten: An Noten stört Waldorfpädagogen nicht, daß hier Bildung benutzt wird, um eine Masse von Kindern auf eine materiell sehr unbekömmliche Lebensperspektive festzulegen. Umgekehrt sehen sie es. Noten stacheln die Kinder zu eigensüchtigem Streben an, treiben einen Keil zwischen die Kleinen und stören die »Hingebung« an die Gemeinschaft wie die Sache. Diese Ablenkung vom Eigentlichen ist »unmenschlich« und muß vermieden werden. Auslese dagegen muß natürlich sein, denn schließlich muß jedermann an dem ihm vorbestimmten Platz in der Gesellschaft landen. Die schulische Auslese aber ist bei der Erziehung störend und außerdem »unsachgemäß«:

> *»Sie (die Waldorfschulen; F.H.) meinen nicht nur, daß es im tiefsten unmenschlich ist, die Schule als Instrument der Auslese zu mißbrauchen, sie meinen vor allem, daß die Auslese der Schule eine unsachgemäße Auslese ist: Die wirkliche Auslese geschieht besser durch die Bewährung in irgendeiner Praxis.«* (Lindenberg, 56)

***

Man sieht, moderne Waldorfpädagogik ist voll auf der Linie ihres geistigen Ziehvaters. Noch jedes Moment des Schulalltags wird zum Material, die Jugend radikal auf die gelebte Harmonie mit Gott und der Welt zu verpflichten und den »Egoismus«, das »Berechnen« selbst beim Rechnen auszutreiben. Sie versäumen es bei allem religiös-wahnhaften Brimborium keineswegs, die Jugend auf die Welt hinzuorientieren, in der wir »hier und heute leben«:

»Es kommt hier darauf an, daß der Schüler im Prinzip durchschauen lernt, was sich hinter den Fabrikmauern, im Gehäuse des Telefons, in der Fernmeldezentrale, im Motor abspielt – nicht etwa um gegebenenfalls Dinge reparieren zu können. Wenn das auch dabei herausspringt, so ist es gut; aber das Wesentliche ist, daß der Schüler seine Umwelt kennenlernt, daß er weiß: Man kann hinter die Dinge kommen. Es hat sich in ihm das Gefühl gebildet: Ich kenne diese Welt. Steiner bemerkt dazu: ... Sie werden in keinem Beruf Menschen mit tüchtiger Initiative haben können, wenn diese Menschen nicht so in der Welt drinnen stehen, daß sie auch von dem, was nicht zu ihrem Beruf gehört, das Gefühl haben: sie haben sich einmal ein wenn auch primitives Wissen davon angeeignet.« (Lindenberg, 83)

Waldorfpädagogen verlieren also die gesellschaftlich gültigen (Prüfungs-) Anforderungen an die Jugend nicht aus dem Blick, wenn sie in jedem Stück Kapitalismus das Wirken des Weltgeistes ausfindig machen. Moderne Vertreter dieser Erziehungskunst schaffen es in diesem Sinne durchaus, manches am Steinerschen Gesamtkunstwerk für verschroben, allzu mystisch und unzeitgemäß zu halten. Dann entrümpeln sie ein wenig, auf daß die jenseitige Botschaft verträglich sei mit den Anforderungen an eine moderne Volksbildung. So geht es am Ende in solchen Schulen doch wieder ziemlich normal zu und die Vertreter der Staatsschule können zufrieden sein.

Moderne Steinerpädagogen können sich allerdings nicht nur eines guten Rufes bei der staatlichen Bildungsbehörde erfreuen. Auch schulkritische Pädagogen und Eltern gewinnen dieser Schule einiges ab und halten sie für ziemlich alternativ. Schließlich hat die Waldorfpädagogik all das bei sich integriert, was fortschrittlichen Pädagogen als Essentials jeder Erziehung zur Selbstbestimmung gilt: Vom Wortgutachten über handwerklich- künstlerische Betätigung bis zum projektorientierten Unterricht, von Erziehung zur Solidarität über ökologisches Denken bis hin zu sozialem Verantwortungsgefühl – alles was modernen Pädagogen am Herzen liegt, findet in der Waldorfschule seinen Platz. Letzteren kommt dann vielleicht das Religiös-Mystische der Anthroposophie ziemlich suspekt vor. Erziehungsziele wie Orientierung auf Demut, Hingebung und Ehrfurcht mögen auch als reaktionär eingestuft werden. Aber diesen Schulen das Gütesiegel »alternativ« einfach absprechen, das mag man auch nicht. Eher schon wird der Steinerpädagogik vorgehalten, daß sie *zwar* Solidarität statt Konkurrenzdenken groß schreibe, *aber* die Erziehung zu Kritikfähigkeit vernachlässige; daß sie *zwar* ökologisches Problembewußtsein erzeuge, *aber* einer mystischen Naturverehrung das Wort rede. Fortschrittliche Pädagogen entdecken auf diese Weise in der Waldorfschule immer auch ihre eigenen Erziehungsideale wieder. Das spricht gegen beide.

Anmerkungen

[1] Die in der Geschichte der Erziehung anzutreffende Hymne auf den segensreichen, nur am Wohl des Nachwuchses orientierten Staatseingriff entbehrt jeder Grundlage. Nichts kann das Desinteresse des bürgerlichen Staates an einer Unterrichtung des Volkes in den geistigen Disziplinen besser bezeugen als der mühselige Prozeß der Durchsetzung des allgemeinen staatlichen Ausbildungswesens. Es war der Kampf gegen die Kinderarbeit, die den Staat dazu brachte, sich um die Zurichtung seines Volkes für Dienste zu bemühen, zu denen es ausersehen war. *Frühzeitiger* Verrohung und Ruinierung von Teilen seines Volkes wollte er damit vorbeugen. Die Zurichtung war denn auch alles andere als von Idealen der Aufklärung getragen: Jahrzehntelang war sie allein darauf beschränkt, die für praktische Dienste erforderliche Minimalunterweisung in eine moralische Erziehung zu Fleiß, Gottesfurcht und Bescheidenheit, vor allem aber zur nationalen Obrigkeitsgesinnung einzubetten. Die Loslösung von Ausbildungseinrichtungen aus der Obhut der Kirche verdankte sich also nicht einer Sorge um die unschuldigen Kinderseelen. Es war der Bedarf der sich entwickelnden Industrie nach Wissenschaft und Berufsausbildung, dem der bürgerliche Staat Geltung verschaffte.

[2] Noch 1967 stellten Schultze/Führ fest, daß es in Deutschland keine Analphabeten gibt.

[3] Leider bringt auch die *Wahrheit* in keiner ökonomischen und politischen Konkurrenz des demokratischen Kapitalismus einen Vorteil. Sie taugt in der Welt, deren Kritik sie ist, weder zur Sicherung des Einkommens noch zur Senkung von Mieten. Mit der richtigen Erklärung der Welt stellt diese sich bekanntlich nicht selbst um. *Blamieren* läßt sich allerdings die Wahrheit mit dem Verweis auf ihre fehlende Einträglichkeit auch nicht. Blamiert steht vielmehr derjenige da, der sich als gelehriger Absolvent der Volksbildung erweist: »Das mag ja alles stimmen, aber was nützt es?!«, lautet die realistische Tour des geistigen Opportunismus. Vor die Wahl gestellt, sich zwischen den Lügen über die Welt, die als Schlüssel für das erfolgreiche private Fortkommen der Bürger daherkommen, und der richtigen Erklärung des notwendigen Scheiterns der Mehrheit der Bürger in ihr zu entscheiden, »wählt« der erfolgreich Erzogene – vielleicht schon gegen alle Erfahrungen – das verlogene Nützlichkeitsversprechen. Es ist die Wahrheit denn auch keine Alternative für ihn.

Dabei wäre es schon etwas, sich nur einmal gescheit zu *erklären, warum* über den Arbeitsmarkt die Verewigung von Lohnabhängigkeit läuft, *welche* »Zwangsgesetze« die Ökonomie der Marktwirtschaft regieren, *warum* der bürgerliche Staat eine Notwendigkeit für den mit ihm entschiedenen Klassengegensatz ist usw. Die Kritik von Lohnarbeit und Kapital, wie sie K. Marx in den drei Bänden des »Kapital« niedergelegt hat, die Kritik von Demokratie und Recht, kurz, der wissenschaftliche Nachweis, daß und warum die Wohlfahrt einiger Bürger notwendig auf der Not anderer basiert, daß und warum diese Not in den Metropolen des Kapitalismus *funktionelle Armut* ist, die den Videorecorder, das Auto und den Kleinkredit einschließt, gibt immerhin Auskunft über die tatsächlichen Gründe des Scheiterns der Lebensperspektive ganzer Volksteile. Deswegen steht davon auch nichts im Lehrplan der Volksbildung, und deswegen sind die aus dieser Kritik resultierenden praktischen Konsequenzen auch ziemlich unerwünscht.

[4] Der Soziologe Schelsky weist denn auch auf die *Gefahr* des »Umschlagens formaler Freiheitsforderungen in materielle Sozialforderungen« hin (Schelsky, Schule und Erzie-

hung, 21), auf die die Schule aufpassen soll. Er legt wert auf die Feststellung, daß die politischen Freiheitsrechte nicht als *Garantien* zur Erfüllung eigener »materieller Sozialansprüche« mißverstanden werden dürfen. Eine klare Auskunft!

[5] An den einmal im Jahr stattfindenden *Projektwochen* oder an den *AG's* könnten Schüler bemerken, was das Prinzip schulischer Unterweisung ist. Wenn es von der Schule als *Ausnahme* zugelassen wird, daß sie bei der Auswahl von Lernangeboten einmal ganz ihren Interessen folgen dürfen, heißt dies eben umgekehrt, daß der normale Schulbetrieb diese Interessen nur soweit berücksichtigt, wie sie sich im Lehrplan wiederfinden. Daß gerade solche Schulveranstaltungen, die von der Abwesenheit des durchgesetzten Lernprinzips leben, die Schüler für die Schule etwas mehr einnehmen sollen, ist zwar die Absicht solcher Projektwochen. Doch liegt ihr »Erfolg« allein darin, daß nach der einen Woche den Schülern gar nichts anderes übrig bleibt, als sich wieder in den normalen Schulbetrieb einzufädeln.

Übrigens sind beide Umgangsweisen mit Schülerinteressen nicht in Ordnung. Weder sind Schülerinteressen heilig zu sprechen, noch ist der staatliche Lehrplan das vernünftige Kriterium, an welchem sie sich zu messen haben. Die notwendige Auseinandersetzung über Gründe für inhaltliche Interessen findet nämlich in keinem Fall statt. Dabei hat auch die ihre »natürlichen« Grenzen. Denn das unverständige, noch auf Spiel geeichte Kind muß zu dieser Auseinandersetzung erst befähigt werden, und auch der verständige Heranwachsende vermag schwerlich über Lernangebote zu streiten, die er nicht kennt. Probleme stellen diese Grenzen aber nur dann da, wenn es beim Lernen gar nicht um die sachliche Qualität der Lerninhalte geht, sondern um den dargelegten geistigen Unterwerfungsakt.

[6] Ein Trainingsfeld für die Fortschritte in dieser Charakterbildung sind im übrigen die *Hausaufgaben.* Sie unterliegen in der Regel nicht derselben genauen Zensierung wie die Schul- bzw. Klassenarbeiten. An ihnen ist allein wichtig, ob sie gemacht worden sind. Denn dies gibt Aufschluß darüber, wieweit der Schüler in der Lage ist, *selbständig* Pflicht und Neigung sinnvoll auf seinen freien Nachmittag zu verteilen. Der ist dann häufig genug hin, was den pädagogischen Wert der Hausaufgaben unterstreicht.

[7] Immer wieder versteigen sich besonders Pfiffige zu der Behauptung, daß jede vorgelegte und aus dem Rahmen des Üblichen fallende Schulkritik, also auch die vorliegende, sich selbst und damit auch dieses Urteil über die Geisteswissenschaften *widerlege.* Denn, so lautet der Beweis, wenn in der Tat die Schule an jedermann eine Volksbildung herstellen würde, die auf die nationale Indienstnahme geistig vorbereitet, dann könnten doch nicht einige Schulabsolventen aus der Reihe tanzen!

Das Interesse, die Kritik an der Schule mit der Schulkritik selbst zu blamieren und damit die Indoktrinations- und Sortierungsanstalt theoretisch als eine ziemlich neutrale Gelegenheit für eine ganz eigenständige Entwicklung des Verstandes vorzustellen, ist offenkundig. Von dem Anliegen, die Schule tatächlich in eine »freie geistige Begegnungsstätte« umzurüsten, lebt der Einwand wirklich nicht. Zur Verteidigung des Schulwesens – es trägt sich immer mit der Vorbemerkung vor: »Natürlich gefällt mir auch vieles nicht!« – springt man denn auch schon einmal über den eigenen Schatten und interpretiert den offenkundig nicht zu 100% erreichten Indoktrinationserfolg der Schule, der den Maßstab dieses Einwands abgibt, in eine *positive Leistung* der Schule um. Zum Zwecke der Blamage der Kritik greift man auch einmal zu einem Urteil, das quer zur verteidigten Schulauffassung steht, und *rühmt* an der Schule etwas, das man doch am liebsten durch sie *unterbunden* sähe. Man kann es sich leisten, weil man weiß, die Sache steht ganz anders als ihre Interpretation es weismachen will.

Der Fehler liegt auf der Hand: Volksbildung wird als *Determination* des Geistes aufgefaßt, die keine der schulischen *Anstrengungen,* die Köpfe des Nachwuchs zu gewinnen, erklären kann. Gerade weil es der Volksbildung um den *dienstbaren Geist* geht, der jedes Urteil aus dem Schulbuch *selber denken* und beurteilen muß, um ihn sich anzueignen, gerade weil also dem Verstand das gewünschte Denken *nicht* eingeimpft werden kann, deshalb unternimmt die Schule über einen ziemlichen Zeitraum hinweg alles mögliche, um dem Nachwuchs die erlaubten und »nützlichen« Gedanken nahezulegen. Überzeugungsarbeit, die sich allein auf die Güte des Arguments verläßt, gehört dabei nicht zum bevorzugten Repertoire der Lehrer. Wo abweichende Gedanken und Taten mit schlechten Noten, mit disziplinarischem Eifer und mit lebenslangem Ausschluß von Wunschkarrieren bestraft werden können, da sorgt der Opportunismus des um das eigene Wohl besorgten Schülers dafür, daß frühzeitig nur noch funktionelle Kopfarbeit stattfindet. Der Einwand hält also ausgerechnet der Staatsschule eine *Eigenschaft des Geistes* als *ihre Leistung* zugute. Dabei besteht die gerade darin – und kann, wie man an unserem Kritiker selbst sehen kann, auf gute Erfolge verweisen –, die der Sache nach nun einmal freie geistige Tätigkeit zwar nicht zu *unterdrücken,* aber ausschließlich für nationale Belange *in die Pflicht zu nehmen.* Wo ihr das nicht gelingt, da kann sie sich bekanntlich voll auf außerschulische Helfer und Helfershelfer verlassen. Diese reichen von den ökonomischen Notwendigkeiten, denen sich die Verwandlung einer überzeugten Gesellschaftskritik in eine zu verzeihende Jugendsünde verdankt, über die Rechtsverhältnisse, in denen das freie Meinen nur solange erlaubt wird, wie es sich seine praktische Umsetzung selbst verbietet, bis hin zu den härteren Kalibern der Verfolgung und Zensur unerlaubten Gedankenguts.

Daß kann selbst dem Pfiffikus nicht entgangen sein, daß diese Gesellschaft nicht jedermann dazu *einlädt,* seine angeblich in der Schule ganz frei entwickelten Urteile in eine Praxis umzusetzen, die allein das private Wohl zum Maßstab hat.

Der Einwand trägt sich auch als Verweis auf die »*Dialektik* der schulischen Erziehung« vor, die sozusagen unfreiwillig und gegen ihr eigentliches Anliegen nicht umhin kommt, auch jede Sorte von prinzipieller Schulkritik zu befördern. Die hiermit aufgeworfene merkwürdige und sofort von der Sache wegführende Frage des Schulkritikers, wieso ihm denn eine Schulkritik nach langjährigem Schulbesuch überhaupt *möglich* sei, verweist darauf, daß auch diesem Urteil der Determinismusgedanke zugrundeliegt: Es wird jetzt als die *eine Eigenschaft* der – in diesem Fall – für *kritikabel befundenen Sache* vorgetragen, was überhaupt nur die Leistung eines Geistes ist. Als die *andere* Eigenschaft derselben Sache wird die erfolgreiche Unterbindung von Kritik behauptet. So soll also jetzt die Schule *gegensätzliche* geistige Regungen gleichermaßen hervorbringen oder auch nur *ermöglichen.* Dieser Unfug wird nicht dadurch plausibler, daß man ihn ›dialektisch‹ nennt. Wer auf die hier vorgetragene Schulkritik auch schon gekommen ist, der hat sie sich nicht *wegen,* sondern trotz der Schule zusammengedacht.

[8] Daß der Staat sich als Steuerstaat am Einkommen auch seiner Staatsbeamten bedient, deren Einkommen er selbst, und nicht zuletzt aus Steuern finanziert, stellt nur auf den ersten Blick eine Merkwürdigkeit dar. Der bürgerliche Staat kann sich nicht so ohne weiteres wie weiland Münchhausen am eigenen Schopfe aus dem Sumpfe ziehen. Der Zirkel, daß er Einkommen *zahlt,* um sich an ihnen zu *bedienen,* klappt nur deshalb, weil der gesellschaftliche Reichtum, die tatsächliche Wertschöpfung in der bürgerlichen Gesellschaft einen Umfang erreicht hat, der es erlaubt, den – »unproduktiven« (K. Marx) – staatlichen Zusammenhang zu alimentieren (»faux frais«). Was an Reichtum vom Staat, der ihn selbst nicht schafft, ausgegeben und wieder kassiert wird, hat seine Grundlage in einem von den unmittelbaren Produzenten in den kapitalistischen Unternehmungen geschaffenen Wertüberschuß. Der Umfang des heutigen Staatshaushalts verweist so einerseits auf eine nicht unbeträchtliche Rate der Ausbeutung (»Mehrwertrate«), und erklärt andererseits, warum der Staat, im Vertrauen auf seine »Kunst«, sich diese bequeme ökonomische Grundlage seiner Souveränität auch in Zukunft zu erhalten, laufend *Schulden* macht, die

er mit Schulden bedient.

Im Begriff des Volkseinkommens, auf das der Staat scharf ist, ist dieser Zusammenhang von tatsächlicher Wertschöpfung und zirkulierenden faux frais ausgelöscht. In ihm gilt jedes Einkommen gleichermaßen als Produkt seiner Revenuequelle. (vgl. dazu K. Marx, Das Kapital, Bd. 3, 822ff)

[9] »Nur jeder dritte geht gesund in Rente... Das zweite Drittel scheidet vorher wegen Berufsunfähigkeit aus. Der Rest stirbt vor Erreichen der beruflichen Altersgrenze. Auf diese Zahlen verwies die SPD am Mittwoch. Sie« ... zog daraus die Konsequenz, die Marktwirtschaft insgesamt zum menschenverachtenden und -zerstörenden System zu erklären und für den nächsten Parteitag die Einführung der Planwirtschaft auf die Tagesordnung zu setzen!!! Unlogisch wäre das nicht. Aber mit der Logik hat es die SPD nicht. Deswegen »verlangte (sie) drastische Verbesserungen des Arbeitsschutzes durch ein neues Gesetzespaket.« (FR, 23.4.1992) Sie will also jene Gesetze noch *»verbessern«,* die dem Kapital bisher die Herstellung dieser Sorte von Zweidrittel-Gesellschaft erlaubten.

[10] Das alles hat also seine Ordnung, auch wenn bis auf den heutigen Tag das Rechnen von einer verkehrten philosophischen Kritik begleitet wird. *Bloß* quantitativ sei die Zahl, eine gewaltsame Abstraktion von der Qualität, die jedem Ding eigen sei. So lautet der Vorwurf, der der Zahl ausgerechnet ihre *Leistung* ankreidet: Gegenstände nach der Anzahl ihrer Einheit aufzufassen, wenn man sie zählt. Die Rechenoperation 2 + 2 = 4 wird gern mit dem Hinweis blamiert, man könne zwei Äpfel und zwei Birnen nicht addieren, woran man dann die Herzlosigkeit der Arithmetik gegenüber den konkreten Dingen abliest. Dabei offenbart dieser Einwand nur seine eigene Dummheit: Er verlangt das Zusammen*zählen,* verweigert sich aber der logischen Notwendigkeit, die damit angesprochen ist. Die Zahl ist nämlich die Anzahl einer Einheit, daher macht die Bündelung *verschiedener* Einheiten keinen Sinn. Wer also Äpfel und Birnen zählen will, der kann dies durchaus sinnvoll tun, indem er an beidem die gemeinsame Qualität zur Einheit der Zahl erhebt. Jede Hausfrau hält sich übrigens daran, wenn sie zwei Äpfel und zwei Birnen zu vier Stück Obst zusammenfaßt – und daraus Kompott macht.

[11] Die Auffassung, kritikable Umstände seien eine Wirkung der psychischen Verfaßteit »des Menschen«, macht der kritisierten Gesellschaft, wenn auch unfreiwillig, ein Kompliment: Sie *entspreche* nur den »autoritären« Neigungen der Volksmassen. Es muß daher unerklärlich bleiben, warum staatliche Organe überhaupt noch Gewalt zur Durchsetzung ihrer Vorhaben benötigen. (Zur Kritik der Vorstellung, gesellschaftlicher Veränderungswille habe beim Individuum und seiner Prägung durch Erziehung anzusetzen, vgl. Kritik der Erziehung, Teil 1, 172ff)

[12] Man täusche sich also nicht über den Gehalt anthroposophischer Gesellschaftskritik. Wenn von dieser Seite Naturzerstörung, Krieg oder Ausbeutung angeprangert werden, dann gilt die Kritik nicht einer Schädigung von Interessen, für deren Durchsetzung Partei genommen würde. Ganz im Gegenteil. Immer besteht der Anschlag in der Entzweiung zwischen Mensch und geistig-göttlicher Weltordnung, für die gerade auch die geschädigten Interessen verantwortlich gemacht werden. Und immer mündet sie in den Auftrag, sich auf das Eigentliche zu besinnen und um Harmonie mit dem weltgeistlich durchwebten Kosmos zu ringen.

Literatur

Arbeitsgruppe Bildungsbericht am Max-Planck-Institut für Bildungsforschung, Das Bildungswesen in der Bundesrepublik Deutschland, Reinbek 1990 (zit. Max-Planck-Institut)

Beck, Johannes, Lernen in der Klassenschule, Reinbek 1974

Behr, Michael, Schule ohne Zwang, München 1984

Bernfeld, Siegfried, Sisyphos oder die Grenzen der Erziehung, 1976 (2.)

Bollnow, Otto Friedrich, Wesen und Wandel der Tugenden, Frankfurt a.M. 1958

Borchert, Manfred; Derichs-Kunstmann, Karin (Hg.), Schulen, die ganz anders sind, Frankfurt a.M. 1979

Brückner, Jens A., Schulrecht und Schulpolitik, Berlin 1982

Bundeszentrale für politische Bildung (Hg.), Informationen zur politischen Bildung, Heft 221: Entwicklungsländer, Bonn 1988,

Carlgren, Frans Erziehung zur Freiheit. Die Pädagogik Rudolf Steiners, Stuttgart 1972

Dahrendorf, Ralf, Bildung ist Bürgerrecht, Osnabrück 1965

Deutscher Bildungsrat, Empfehlungen der Bildungskommission. Strukturplan für das Bildungswesen, o.O. 1970

Dick, Lutz van, Alternativschulen, Reinbek 1979

Dohse, Walter, Das Schulzeugnis, Weinheim, Berlin 1967 (2.)

Flitner, Andreas, Mißratener Fortschritt, München 1977

Freinet, Celestin, Pädagogische Texte mit Beispielen aus der praktischen Arbeit nach Freinet, Reinbek 1980

Funk-Kolleg, Erziehungswissenschaft 1, Klafki, Wolfgang u.a. (Hg.), Frankfurt a.M. 1977 (12.)

Funk-Kolleg, Pädagogische Psychologie, Weinert, Franz (Hg.), Frankfurt a.M. 1980

Furck, Carl-Ludwig, Das pädagogische Problem der Leistung in der Schule, Weinheim und Basel 1975 (5.)

Gegenstandpunkt, Heft 1/1992

Geißler, Erich E., Die Schule. Theorien, Modelle, Kritik, Stuttgart 1984

GEW, Im Brennpunkt, Heft 8/1986

Günther, Karl Heinz u.a. (Red.), Geschichte der Erziehung, Berlin 1966

Habermas, Jürgen, Zur Logik der Sozialwissenschaften, Frankfurt a.M. 1970

Häuser, Kurt, Volkswirtschaftslehre (Funk-Kolleg), Frankfurt a.M. 1967

Handbuch des bremischen Schulrechts, Bremen 1980 (4.)

Hartfiel, Günther, Wörterbuch der Soziologie, Stuttgart 1976
Heckel, Hans, Schulrecht und Schulpolitik, Ulm 1967 (zit. Heckel 2)
Heckel, Hans; Avenarius, Hermann, Schulrechtskunde, Neuwied 1986 (6.) (zit. Heckel 1)
Hemleben, Johannes (Hg.), Rudolf Steiner in Selbstzeugnissen, Reinbek 1963
Huisken, Freerk, Anstiftung zum Unfrieden, Berlin 1987 (2.)
Huisken, Freerk, Ausländerfeinde und Ausländerfreunde, Hamburg 1987
Huisken, Freerk, Die Wissenschaft von der Erziehung. Einführung in die Grundlügen der Pädagogik. Kritik der Erziehung, Teil 1, Hamburg 1991
Huisken, Freerk, Berufliche Aus- und Weiterbildung, oder: Über das Pech, auf die lebenslange Verknüpfung von Qualifikation und Einkommen angewiesen zu sein, in: Giger, Hans, Bildungspolitik im Umbruch, Zürich 1992
Ingenkamp, Karlheinz (Hg.), Die Fragwürdigkeit der Zensurengebung, Weinheim, Berlin, Basel 1971 (2.)
Ingenkamp, Karlheinz, Pädagogische Diagnostik, Weinheim und Basel 1975
Jencks, Christopher, Chancengleichheit, Reinbek 1973
Kohl, Helmut, in: Frankfurter Allgemeine Zeitung vom 30.3.92
Lindenberg, Christoph, Waldorfschulen: angstfrei lernen, selbstbewußt handeln, Reinbek 1976
Manzke, Ernst (Hg.), Glocksee-Schule, Fulda 1981
Maier, Hans, Ein Pyrrhussieg der traditionellen Bildungsidee, in: Süddeutsche Zeitung, 17.9.1976
Maier, Hans, Zwischenrufe, in: Süddeutsche Zeitung, 11.1974
Marx, Karl, Das Kapital, Bd. 1-3, Berlin 1962
MSZ-Marxistische Streit-Zeitschrift, Heft 4/1987
Michael, Berthold; Schepp, Heinz-Hermann (Hg.), Politik und Schule von der Französischen Revolution bis zur Gegenwart, Band 1 und 2, Frankfurt a.M. 1973 (zit. Michael 1 u.2)
Neill, Alexander Sutherland, Theorie und Praxis der antiautoritären Erziehung. Das Beispiel Summerhill, Reinbek 1969
Netzer, Hans, Erziehungslehre, Kiel 1963
Petrat, Gerhardt, Schulerziehung. Ihre Sozialgeschichte in Deutschland bis 1945, München 1987
Picht, Georg, Die deutsche Bildungskatastrophe, Olten 1964
Poignant, Raymond, Das Bildungswesen der EWG-Länder, Beiträge zur Europakunde 3, Bonn o.J.
Popper, Karl Raimund, Die Zielsetzung der Erfahrungswissenschaft, in: Theorie und Realität, Tübingen 1972
Ritter, Paul und Jean, Freie Kindererziehung in der Familie, Reinbek 1972
Rutschky, Katharina, Schwarze Pädagogik, Berlin, 1977
Sacher, Werner, Praxis der Notengebung, Bad Heilbrunn 1984
Schelsky, Helmut, Anpassung oder Widerstand, Heidelberg 1961

Schelsky, Helmut, Schule und Erziehung in der industriellen Gesellschaft, Würzburg 1965

Schultze, Walter; Führ, Christoph, Das Schulwesen in der Bundesrepublik Deutschland, Weinheim 1967 (2.)

Staff, Ilse, Schulaufsicht und pädagogische Freiheit des Lehrers, in: Brückner, J.A., Schulrecht und Schulpolitik, Berlin 1982

Steiner, Rudolf, Die Kernpunkte der sozialen Frage, Dornach 1961

Steiner, Rudolf, Allgemeine Menschenkunde als Grundlage der Pädagogik, Dornach 1968

Steiner, Rudolf, Anthroposophische Menschenkunde und Pädagogik, Dornach 1979

Struck, Peter, in: Welt am Sonntag, 11.1991

Teml, Hubert, Entspannt lernen, Linz 1989 (2.)

v. Weizsäcker, Richard, Die Deutschen und ihre Identität, Bulletin Nr. 64, Bonn 1985

v. Weizsäcker, Richard, Nachdenken über Patriotismus, Bulletin Nr.119, Bonn 1987 (zit. Weizsäcker 1)

Schulbücher und Lehrpläne

Albert, Karl; Richard, Ernst, Sozialkunde, 8. Jahrgangsstufe, Arbeiten und Leben in der Gesellschaft, Ansbach 1979

Ashauer, Günther, Grundwissen Wirtschaft, Stuttgart 1979

Aßhäuser, Johannes u.a., Mit-Sprache. Sprach-Lese-Buch Sekundarstufe 1, Klasse 7, Düsseldorf 1982

Barsig, Walter u.a. (Hg.), Heimat- und Sachkunde in der Grundschule, 2. Jahrgangsstufe, Donauwörth 1982

Barsig, Walter u.a. (Hg.), Heimat- und Sachkunde in der Grundschule, 3. Jahrgangsstufe, Donauwörth o.J.

Beck, Gertrud; Soll, Wilfried (Hg.), Sach- und Machbuch für den Sachunterricht in der Grundschule, Frankfurt a.M. o.J.

Broer, W.; Schulze-Weslarn, A.-Sch., Kunst in der Gesellschaft, Hannover 1979

Danner, Wilfried u.a., Unsere Geschichte, Band 2, Frankfurt a.M. 1985

Dassau, Peter u.a., Wir entdecken unsere Welt, Sachbuch für die Primarstufe, Frankfurt a.M. 1985

Dichanz, Horst (Hg.), Erproben und Begreifen 3, Elementarer Sachunterricht für das 3. Schuljahr, Düsseldorf 1978

Engelhard, H. (Hg.), Sachbuch für den Sachunterricht, 2. Schuljahr (mit Lehrerheft) München 1977

Fischer, Kurt Gerhard, Gesellschaft und Politik. Ein Arbeitsbuch für Sozial-

und Gemeinschaftskunde der Klassen 7 bis 9/10, Stuttgart 1974 (2.)
Fischer, Kurt Gerhard, Demokratie lernen 2. Ein Arbeitsbuch für den Politikunterricht in Nordrhein-Westfalen (Klassen 7 u. 8), Stuttgart 1989
Grix, Rolf; Knöll, Wilhelm, Lernfeld Gesellschaft, Frankfurt a.M. 1973
Hanakam, Hans u.a., Sprechen und Schreiben, Deutsch 8, Lese- und Sprachbuch, München 1984
Heinrich, Hans; Huber, Josef, Arbeitslehre 3, Arbeitsbuch für die 9. Jahrgangsstufe, München 1984
Herold, N.; Pleger, W.H., Was sollen wir tun?, Probleme der Ethik, Hannover 1977
Högy, Tatjana; Weiß, Horst (Hg.), Wirkungen von Massenmedien, Frankfurt a.M. 1976
Hug, Wolfgang u.a., Unsere Geschichte, Band 1, Frankfurt 1984
Kritisches Lesen 2, Lesebuch für das 6. Schuljahr, Frankfurt a.M. 1975
Kultusminister des Landes Schleswig-Holstein, Arbeitspapier. Überlegungen zu Fachzielen, Kiel 1983
Kultusminister des Landes Schleswig-Holstein, Hauptschule. Übersichten zu den Lehrplänen, Kiel 1986
Lesebuch für das 7. Schuljahr, Frankfurt a.M. 1991
Menne, E.; Werner, T. (Hg.), Ethik, Arbeitsmaterialien für den Philosophieunterricht Sek. II, Düsseldorf 1977
Niedersächsischer Kultusminister, Werte und Normen, Rahmenrichtlinien für den Unterricht, Hannover 1980
Senator für Bildung Bremen, Lehrplanentwurf Eigensprache/Fremdsprache, Deutsch Hauptschulklasse 7, Bremen o.J.
Senator für Bildung Bremen, Lehrplanentwurf Gesellschaft/Politik, Geschichte Realschulklasse 9, Bremen 1981
Senator für Bildung Bremen, Lehrplan Sachunterricht, Bremen 1984
Senator für Bildung Bremen, Leben und Lernen in der Grundschule, Bremen 1984
Senator für Bildung Bremen, Lehrplan Orientierungsstufe Naturwissenschaft, Bremen 1987
Taenzer, Uwe, Grundlagen der Wirtschaftswissenschaften, Teil 1, Einführung, Stuttgart 1975
Winterling, Fritz (Hg.), Kommunikation/Sprache, Materialien für den Kurs- und Projektunterricht, Sprachnorm und Gesellschaft, Frankfurt a.M. 1978